本书为福建省高校人文社会科学研究基地
“闽台乡土文化社区研究中心”的研究成果

乡土文化社区和三农问题研究

——闽台乡土文化社区研究中心论文集

黄章树 主编

厦门大学出版社
XIAMEN UNIVERSITY PRESS
国家一级出版社
全国百佳图书出版单位

图书在版编目(CIP)数据

乡土文化社区和三农问题研究:闽台乡土文化社区研究中心论文集/黄章树主编.—厦门:厦门大学出版社,2020.6
ISBN 978-7-5615-3817-3

Ⅰ.①乡… Ⅱ.①黄… Ⅲ.①农村社区—文化工作—福建—文集②三农问题—福建—文集 Ⅳ.①G127.57-53②F327.57-53

中国版本图书馆 CIP 数据核字(2020)第 097813 号

出 版 人 郑文礼
责任编辑 潘 瑛

出版发行 厦门大学出版社
社　　址 厦门市软件园二期望海路 39 号
邮政编码 361008
总　　机 0592-2181111 0592-2181406(传真)
营销中心 0592-2184458 0592-2181365
网　　址 http://www.xmupress.com
邮　　箱 xmup@xmupress.com
印　　刷 厦门集大印刷厂

开本 720 mm×1 000 mm 1/16
印张 22.75
插页 1
字数 400 千字
版次 2020 年 6 月第 1 版
印次 2020 年 6 月第 1 次印刷
定价 108.00 元

厦门大学出版社
微信二维码

厦门大学出版社
微博二维码

前　言

农村、农民、农业问题是关系国计民生的根本性问题，为此，党中央作出实施乡村振兴战略的重大决策部署。但各地资源禀赋各异，乡村振兴任务艰巨。乡土文化不可转移的特征和巨大经济增值潜能，使之成为实施乡村振兴战略的重要资源。因此，持续关注乡土文化与三农问题，服务乡村振兴战略不仅是一种机遇，更是一种社会责任。

阳光学院于2009年启动两岸乡土文化创意社区研究。基于民办高校特点，其经过近十年的努力逐步形成了一个以青年教师为主体的、富有活力的研究团队。数年来，研究团队先后跑遍闽台几十个社区，开展个案田野调查，从区域发展战略视角出发，结合创意学、符号学、社区再造原理等，运用扎根理论方法(grounded theory)、跨案例研究(cross-case study)、系统动力学(system dynamics)、社会网络(social network theory)等方法，对两岸地方特色文化资源特点及其产业开发、社区发展开展了系统研究，获得多个省级科研项目立项，并取得一系列的研究成果。2016年至今，在学校党委统一安排下，商学院研究团队联手学校各院系的教师团队，结合全校学生暑期社会实践活动，以当地特色乡土文化资源开发为抓手，在多个村落助推乡村振兴，已先后完成屏南县70%以上乡镇的乡土文化调研，在此基础上撰写出棠口镇漈头耕读文化资源开发报告、黛溪镇创建北墘黄酒文化小镇策划报告、棠口镇创建仕洋果蔬文化小镇策划报告等，并为这些策划报告设计出几十个智力助农、文化扶贫项目，大大激发了当地村民乡贤参加乡村振兴的积极性，受到当地政府和民众的高度肯定。

2018年阳光学院成立了乡村振兴战略研究所；2019年1月，福建省教育厅(闽教课〔2019〕5号)批准我校建设福建省高校人文社会科学研究基地“闽台乡土文化社区研究中心”。至此,闽台乡土文化社区研究中心以闽台乡土文化资源开发研究、闽台乡土文化社区比较研究、闽台乡土文化融合发展研究为主要研究方向,以乡土文化资源作为战略资源,开展闽台乡土文化社区比较,探索闽台乡土文化融合模式与路径。

本书是闽台乡土文化社区研究中心聚焦乡土文化社区和三农问题研究的成果,分为文化资源开发、农村社区营造、一般三农研究、福建三农研究四个篇章,集中呈现了闽台乡土文化社区研究中心工作实践中的新进展、新成效、新经验,如实反映实践中存在的困难与问题,并提出了相应的对策和建议,为各地深入展开乡村振兴工作提供参考依据。

衷心感谢福建省教育厅、福建省社科联、阳光学院一直以来的各种项目及资金支持;感谢厦门大学出版社对本论文集出版的鼎力支持,感谢宋文艳总编为本论文集的出版提供的支持和帮助,感谢责任编辑潘瑛老师为论文集的出版做了大量具体细致的工作;感谢闽台乡土文化社区研究中心的各位成员、各位论文作者以及各单位对本论文集出版提供的支持和帮助。

福建省高校人文社会科学研究基地——闽台乡土文化社区研究中心

阳光学院商学院　黄章树

2020 年 4 月于福州

目　录

文化资源开发

农村社区营造

一般三农研究

福建三农研究

文化资源开发

地方特色文化创意产业发展模式研究

福建江夏学院 韦信宽
阳光学院商学院 王秉安

摘 要： 从“文化—创意—产业”产业链的三个环节出发，研究地方特色文化创意产业发展，形成特色文化产业化、传统产业文化化和传统技艺文化产业化等三种不同的地方特色文化创意产业发展模式。只要因地制宜，抓住重点，把握好各种模式的发展关键，就能依托当地的特色文化，开发出适合地方经济发展的文化创意产业来。

关键词： 地方特色文化；创意产业；发展模式

一、地方特色文化产业概念的辨识

文化是创意产业的精髓，也是创意产业发展的灵魂（张京城，2007），浩瀚无边的文化海洋为文化创意产业的多样化发展提供了丰富的资源。地方特色文化创意产业就是基于地方特色文化的文化创意产业，或称以地方特色文化为核心资源的文化创意产业。

地方特色文化的特殊性使得地方特色文化具有如下一些显著特征：

（一）地域性

地方特色文化是一种地域文化，往往与特定地域紧密联系在一起。比如，惠女文化只属于惠安，而船政文化无法与马尾割裂开来。地域文化是特定时代、特定地域人群在长期的生产生活中创造的物质财富和精神财富的总和（扶小兰，2007）。地域性造就了地方特色文化不可转移性的优势。某一地域的文化资源往往具备独有性和稀缺性的特点，只有充分挖掘其特色内涵，才能将资源优势转化为产业优势（叶立群，2009）。

（二）传统性

地方特色文化是一种传统文化。文化是一定地区在一定时间内的有形和无形物质财富和精神财富的积淀，不但具有起源的古老性、遗存的多元性，而且有很强的观赏性（李创新，2009）。比如，永安的抗战文化是中华民族抵抗日本侵略的历史，福州的三坊七巷文化是明清以来闽越文化的累积。传统性造就了地方特色文化丰富的内涵，为地方特色文化产业提供了巨大的潜在开拓空间。

（三）民俗性

地方特色文化是一种民俗文化。民俗文化是当地民众在长期的生活与生产过程中形成的风俗、习惯与信仰。例如，莆田的妈祖文化、平和的龙艺文化都是当地民众几百年来与大自然交融、共处而逐步形成的民俗文化。民俗性使得地方特色文化有了深厚的民众基础，是当地民众自己“拥有”的文化，为地方特色文化创意产业发展提供丰富的“专业”人力资源和创意技能资源。

（四）独特性

地方特色文化的独特性表现在：虽然它是一种地域文化、传统文化、民俗文化，但不应该是一般意义上的地域文化、传统文化、民俗文化，而应该是独特的或最具代表性的。例如，福安畲族文化具有独特性，因为福安畲族人口达6.89万人，远高于我国唯一的畲族自治县浙江景宁县的1.7万人。独特性使地方特色文化具有开发差异化优势的文化创意产业的潜力，有可能成为该文化创意产业的核心竞争力。要确保独特性，就必须在多样化的地域文化、传统文化和民俗文化中有效筛选出一种最有潜力的文化进行深度开发，培育成地方特色文化，以发展文化创意产业，并整合其他文化，为地方特色文化创意产业提供更为殷实的文化资源。

二、地方特色文化产业对区域发展的特殊价值

从区域发展角度考察。由于地方特色文化是一个地方所独具的，因此地

方特色文化创意产业具有不可替代的价值，主要表现在：

（一）经济发展的价值

地方特色文化创意产业是这个区域的战略性产业，它是地方经济的新增长极。地方特色文化创意产业的核心资源是地方特色文化，这使得区域经济发展所依托的资源从原来的硬资源扩大到软资源，在各个区域为资金资源、人力资源、技术资源竞争更加激烈的情况下，对具有不可转移性的地方特色文化资源进行开发就显得更有意义了。地方特色文化创意产业是知识密集型产业，它的“加盟”将加速区域产业结构的调整，并为传统产业的升级开辟了新途径。

（二）社会发展的价值

地方特色文化产业的发展将大大提升文化在推动区域发展中的作用，使文化与经济成为区域发展的两翼；地方特色文化的民俗性决定了民众在推动地方特色文化创意产业发展中的主力军地位。换言之，地方特色文化将为区域发展提供大量的就业机会；地方特色文化产业的发展必然带动创意区域的发展，极大地丰富区域文化内涵，提升区域品牌形象，推进区域精神文明建设。

（三）文化发展的价值

在为区域经济和社会发展做出贡献的同时，地方特色文化创意产业将有效推进区域文化事业的发展。地方特色文化从被动保护转变为主动开发，从资源投入转变成资源产出，从简单挖掘转变成深度开发，提炼升华。这将彻底改变文化事业发展模式，使文化事业在新的层面上得以更好发展。

三、地方特色文化创意产业模型

（一）地方特色文化创意产业模型的提出

地方特色文化创意产业模型是对地方特色文化创意产业组成要素及其相互关系进行描述，以期揭示出地方特色文化创意产业的某种规律性，加深对文化创意产业的研究。

学者们根据各自理解，从不同角度对文化创意产业模型进行了探讨。芮佳莉娜·罗马(2002)提出了文化创意产业的“金字塔模型”。在此金字塔模型中,文化产业处于金字塔的顶端,处于塔底的是由经济、技术和艺术组成的三角,这个三角共同支撑了文化产业(林拓,等,2004)。该模型强调了文化产业的支撑因素结构。厉无畏(2009)提出了由核心产业、支持产业、配套产业和衍生产业四个同心圆构成的创意产业价值体系模型,强调文化创意产业的产业链辐射结构。胡晓鹏(2010)提出知识产权的保护、技术创新的激励、文化理念的推广是发展文化创意产业的三个不可或缺部分,从而构造出文化创意产业发展的政策模型。

旨在揭示内在规律性的文化创意产业模型应该更注重表达文化创意产业的内部结构,即组成要素及其相互关系。一些学者对文化创意产业的探讨,对地方特色文化创意产业模型的构建为我们带来有益的启示:

1.文化创意产业的产业链概念

文化创意产业的“文化”“创意”“产业”三个关键词,构成了一条“文化—创意—产业”产业链。学者从祝帅(2010)研究传统工艺与文化创意产业发展关系时认为,“文化”保证了满足消费者的特定需求与人文关怀,“创意”使得消费者可以在核心形象创作之上继续进行“创作”,“产业”表明产品必须能够投入市场并批量生产,其中“创意”是传统工艺现代转换的一个核心产品。陈桂玲(2010)讨论文化创意产业链时强调:第一,必须有很深的文化基底;第二,必须有创意,就是说必须有很好的主意,然后有好的创新思维,不能再用传统的思考逻辑去运作;第三就是产业,也就是基础理念跟各行各业的产业链,它是可以链接在一起的。

就地方特色文化创意产业而言,此产业链的上端环节为地方特色文化,下端环节为地方传统产品或新开发的具有地方文化特色的产品与服务,中端环节为创意技艺与过程,而地方传承的工艺美术技艺是最重要的创意技艺。

2.文化创意产业的“三化”概念

在中国知网中分别用篇名的关键词“文化产业化”和“产业文化化”进行检索,前者有131篇,最早的篇为孙福民(1998)对民族地区文化产业化的探讨;后者仅有4篇,最早的篇为厉无畏等的《论产业文化化》,将产业概念扩大到经济概念。最早论述文化经济化和经济文化化的是吴承旺(1996)。朱红缨(2010)讨论文化创意产业中经济与文化之间的关系时认为,经济的文化化是指企业中的文化资本成为经济增长的构成因素,文化的经济化是指文化不再附属于经济的一种构成要素,其价值也不在于仅仅提升物质产品的文化含量,而是将文化本身进行再创造使之进入市场成为商品或资本来产生效益。在探讨文化创意产业发展模式时，文化的产业化和产业的文化化是两个必然的主题，它们分别以文化创意产业产业链的上端环节与下端环节为基点来发展文化创意产业，同样产业链的中端环节即创意技艺，也有可能成为发展文化创意产业的基点。这样就构成了地方特色文化的三种不同发展模式：文化产业化、产业文化化和创意技艺的文化产业化。

(二)地方特色文化创意产业模型

基于以上的讨论，可以得出由文化要素、创意要素和产业要素构成的地方特色文化创意产业模型，示于图1。特色文化要素体系可以通过挖掘当地传统民俗文化的精华，或者培育新的特色文化进行开发；创意技艺体系可以通过传承当地传统技艺如工艺美术技艺，或者导入现代创意技艺如动漫制造技艺进行开发；文化产业可以是以有形产品为主、以无形服务为主，或者两者并重，以一般意义的产品为主，或者还包括公共产品、整个区域如创意城市。

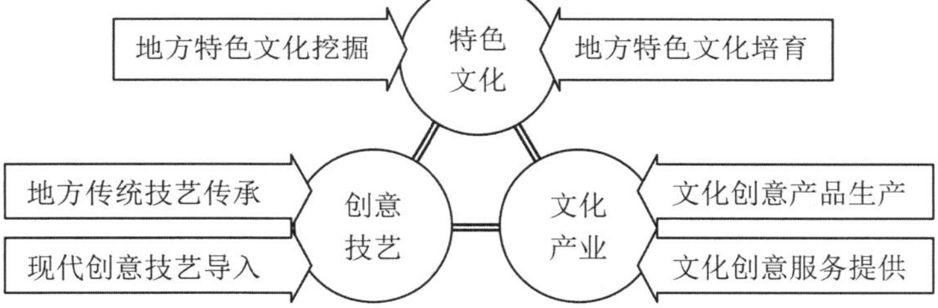

图1 地方特色文化创意产业模型

四、地方特色文化创意产业发展模式

基于上述模型，有三种不同的地方特色文化创意产业发展模型可供选择：特色文化的产业化发展模式、地方传统产业文化化发展模式、地方传统技艺文化产业化发展模式。

(一)地方特色文化的产业化

1.地方特色文化产业化的理解

文化产业化是文化创意产业诞生与发展的最原始途径与模式。文化产业化可以理解为，将文化本身作为信息，嵌入生产经营过程的设计和操作的文本之中(朱红缨,2010),抽象的文化概念转化为不同层次人群所需的各种商品(尚洁,2010),发展出以文化要素为基点的文化创意产业。经由这样的模式发展出的文化创意产业集群,以特色文化为区域品牌的基本特征,比如永安抗战文化创意产业就是以其独特的抗战文化而凸显的。地方特色文化产业化,就是通过对地方特色文化进行"符号化",以符号化了的地方特色文化基本要素作为产品开发和服务开发的出发点,形成文化符号统一、产品与服务多样化的地方特色文化产业集群(图 2)。从现代人的审美视角对传统文化进行进一步挖掘,赋予其新时代的内涵,适应了社会发展的需要,满足不同年龄、不同阶层、不同文化背景人们的文化审美需求,从而达到以文化联结情感、以文化促进发展的目的(尚洁,2010)。

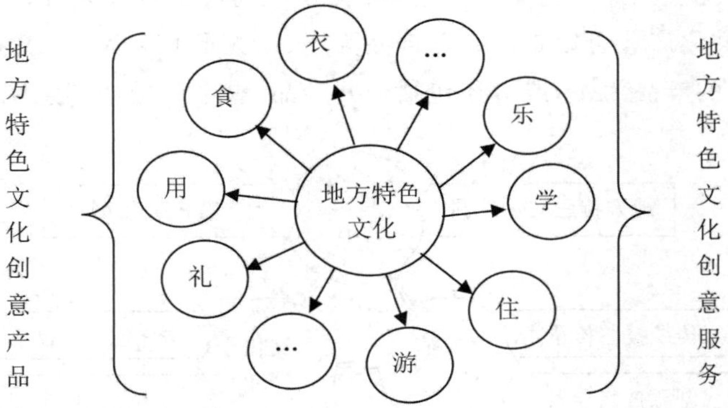

图 2　基于文化产业化的地方特色文化创意产业发展基本思路

2.地方特色文化产业化发展模式

该模式可表达为:提炼地方特色文化的基本要素→应用现代创意技艺开发包含地方特色文化要素的产品与服务→生产和提供基于地方特色文化的文化创意产品和服务。

地方特色文化往往渗透于民众生活之中,是靠非书面记载形式传承的。另外,即使是得以很好挖掘和记载的地方特色文化,多数也是以有利于文化保护的形式存在的。因此,地方特色文化产业化开发的关键是提炼其基本要素,并使之符号化,从而形成能供产业化开发的文化资源。文化产业强调以文化符号创作为工作核心,在其影响下,使以知识财产为内容的文化资本转化为某种被抽离内容的象征符号的形式得以存在和流通(荆琳,2009)。地方特色文化的基本要素常包括图腾(地方特色文化的 LOGO)、形象人物(如始祖型人物和英雄型人物)、形象动物或植物、代表性色彩等。文化元素构建是一项难度极大的工作，要使这些符号的形象从模糊变成清晰，符号的含义从平淡变成强烈，符号的认同度从局部（本地民众或少数感兴趣的人员）扩大到全局（整个社会），就要付出极大的努力。

3.地方特色文化产业化发展模式的实证——福安畲族文化创意产业

畲族自称“山哈”，意为居住在山里的客户。福安畲族人口近 7 万人，比全国唯一的畲族自治县——景宁县多出约 3 倍。福安畲族文化的基本要素包括信仰、传说、图腾（暂无，畲族为崇凤民族，可以凤凰为蓝本进行设计开发），信息符号有（畲族积锦带的几十种花纹代表不同的含义）标准色（大红、墨黑）、形象植物（杜鹃花）、形象动物（凤凰）等。福安畲族文化长期与福安当地的民俗文化融合，畲族文化基本要素体系中应吸纳福安民俗文化相关成分。以这些基本要素为特色文化符号，开发出多样化的畲族文化系列产品和服务，形成文化创意产业（图 3）。

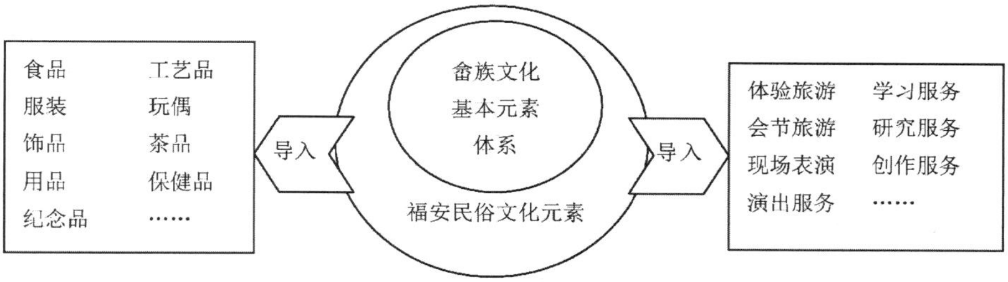

图 3　福安畲族文化产业化发展模式

（二）地方传统产业的文化化

1.地方传统产业文化化的理解

地方传统产业的文化化越来越被认为是与科技创新一样重要的推动传统产业升级的手段与途径。胡玲等（2010）认为，对于陶瓷产业，其科技创新主要提供新的、更高的使用价值，而文化创意则是提高陶瓷产品与服务的观念价值。文化创意是一种差异化的增值设计，为传统产业产品属性体系增加了文化属性，不同文化属性造就出产品之间的差异，满足了不同目标市场的“精神层次和物质层次的双重需求”（陈桂玲，2010），从而创造出传统产业的文化附加值（图 4）。

2.地方传统产业文化化发展模式

该模式可表达为：运用文化变量进行市场细分，确定有开发价值的目标市

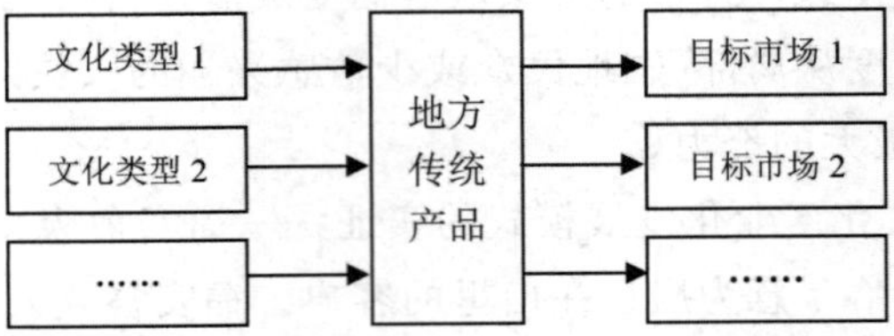

图 4　基于产业文化化的地方特色文化创意产业发展基本思路

场→识别目标市场共享文化，导入相应的文化基本要素→开发地方传统产品的文化附加值→生产与提供基于传统产品的地方特色文化创意产品和服务。

传统产业文化化的地方特色文化创意产业的关键在于对导入文化类型的成功选择，其取决于地方传统产业的市场定位，即要赋予产品什么样的文化概念，突出哪一种文化特色，服务于哪些目标市场。文化差异造就产品的差异，进而形成地方传统产业的差异化竞争优势。只有充分地调研市场，对消费变动趋势做出清晰判断，才能准确地选择导入的文化元素体系。

3.地方传统产业文化化发展模式的实证——德化陶瓷文化创意产业

德化是中国三大古瓷都之一。德化传统陶瓷产业正沿着工艺陶瓷实用化和日用陶瓷工艺化的途径，探索陶瓷文化创意产业发展模式(图 5)。以承载国际文化要素的西洋工艺陶瓷产业成为德化陶瓷产业的优势产品，有效地满足了北美、西欧这一特定目标市场的需求，极大地增强了德化陶瓷产业的竞争力。

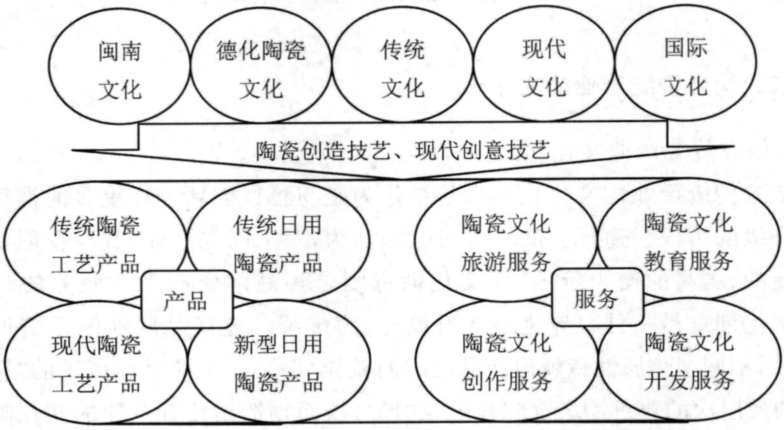

图 5　产业文化化发展模式实证：德化陶瓷文化创意产业(王秉安，等，2009)

(三)地方传统技艺文化产业化

1.地方传统技艺文化产业化的理解

传统技艺本身就是创意技能。传统技艺通过师承或家传代代相传,成为一个地方的独门技能。其中工艺美术技艺是最为典型的,并且极其丰富多彩。以福建为例,有脱胎漆器、木偶头雕刻、泥面谱、彩扎、彩塑、面塑、漆线雕、花灯、角梳、剪纸、木版年画、剧装、民间刺绣、渔船绘饰、纸伞、绢扇、编织等技艺(毛文正,2010),工艺美术对福建文化创意产业的贡献居十大行业之首。工艺美术更加具备文化创意产业的资源和条件(祝帅,2010)。通过传统技艺文化产业化培育地方特色文化创意产业,要向产业两端延伸,一方面要与传统文化以外的其他类型文化相对接,注入新文化元素;另一方面要从工艺品产品范畴,进入实用品生产领域(在前述的德化陶瓷文化创意产业的实证,陶瓷工艺品实用化,就是将以德化的瓷雕技艺为代表的陶瓷制造传统技艺应用于实用型陶瓷产品的开发)。同时,传统技艺本身要与现代创意相结合,与现代工业设计方法相结合,从而提升创意技巧与能力(图 6)。

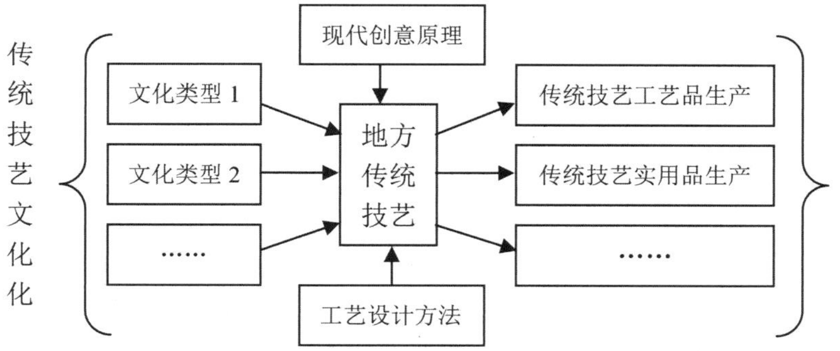

图 6　传统技艺文化产业化的地方文化创意产业发展基本思路

2.地方传统技艺文化产业化发展模式

该模式可表达为:地方传统技艺产品试验性开发和产品市场潜力分析→拟开发的产品品种、品类的确定→目标市场选择→产品的文化增值开发→基于传统技艺的文化创意产品和服务的生产与提供。

传统技艺文化产业化的文化创意产业的关键是,摆脱传统技艺所依附的传统文化的束缚,进行文化创意新产品的开发。这就要求要从其他类型文化中去捕捉传统技艺创作的灵感,将新的文化元素导入传统技艺的产品开发之中。换言之,要彻底改变传统技艺产品长年不变的老面孔,开辟产品创新新天地。同时，让产品范围从少数人收藏的工艺品拓展到千家万户喜好的工艺实用品或实用型工艺品，也是基于传统技艺文化创意产业发展的一条重要途径。

3.地方传统技艺文化产业化发展模式的实证——北京百工坊

被命名为“中国工艺美术生产研发、传承创新的基地”的北京百工坊，集聚了以牙雕、玉雕、景泰蓝、金丝镶嵌、宫毯、京绣、花丝镶嵌、雕漆等为代表的京城30多个门类的传统手工技艺，包括商品、礼品销售、出口贸易和大师现场制作工作室等项目，品种涉及传统工艺和民间工艺两大类。参观者在这里既可以观赏和购买现成的商品，也可以按照自己的意愿指定或参与商品的制作。百工坊成为一个以传统技艺为特色的文化创意产业园。

参考文献：

[1]张京城.中国创意产业发展报告[M].中国经济出版社，2007：3.

[2]叶立群.基于地域文化的辽宁文化创意产业发展策略[J].理论，2009(8)：75-76.

[3]谭志云.浅议地域文化创意产业集群的发展策略——以南京为例[J].商场现代，2009(8)：236-237.

[4]扶小兰.论重庆地域文化资源与文化创意产业的发展[J].重庆行政，2007(4)：91-93.

[5]李创新.文化创意产业视角的传统文化资源开发模式设计——对陕北民间文化开发与保护的实证研究[J].资源开发与市场，2009(10)：893-896.

[6]朱红缨.茶文化创意产业的发展条件与路径探讨[J].浙江树人大学学报(人文社会科学版)，2010(3)：41-45.

[7]厉无畏.创意改变中国[M].新华出版社，2009.

[8]胡晓鹏.文化创意产业的地区发展模式研究[J].中国地质大学学报，2010(1)：25-30.

[9]祝帅.传统工艺：从“申遗”走向“文化创意产业”[J].美术观察，2010(4)：11.

[10]陈桂玲.服装业与文化创意产业的融合[J].现代商业，2010(5)：136-137.

[11]孙福民.民族地区文化产业化进程与文化产业扩张[J].湖北民族学院学报(社会科学版)，1998(5)：74-78.

[12]厉无畏，王玉梅.论产业文化化[J].科技和产业，2004(11)：8-12.

[13]吴承旺.文化经济化与经济文化化——《文化经济论稿》简介[J].理论与当代，1996(3)：45.

[14]胡玲，熊伟，朱云莉.论景德镇陶瓷文化创意产业体系的构建[J].中国陶瓷工业，2010(3)：43-45.

[15]陈麦.民间工艺的功能、审美价值与艺术形态[J].装饰，1989(1)：14-16.

[16]毛文正.论闽台高校文化创意产业平台的构建——福建传统民间工艺在闽台文化创意产业中的运用与实践[J].福建师范大学学报(哲学社会科学版)，2010(1)：51-55.

基于文化资源的传统产业增值效应与转型模式初探

阳光学院商学院　蒋依娴

摘　要：本文从文化资源实现成本递减、文化资源为传统产业带来高附加值、基于文化的产品市场需求增长不会停滞三个方面分析了文化资源对传统产业的良性增值效应，并在此基础上提出传统产业基于文化资源实现增值的“产品—服务”文化化模式，为传统产业依靠文化资源突破自身发展瓶颈提供启示。

关键词：文化资源；传统产业；增值效应；转型模式

对于传统产业，劳动力、自然资源等一直是产业发展的主要贡献，但是由于对自然资源的过度依赖所带来的粗放式发展后果也越来越受到人们诟病。而文化资源通过人们的创意开发，在传统产业的设计、制造等环节被吸收、消化与利用，又能够促进传统产业的新发展。

一、文化的资源性解析

(一)文化是一种资源

资源是一切可被人类开发和利用的物质、能量和信息的总称。因此，只要是能够用于生产过程以创造财富的要素，不管是自然的产物还是人类劳动的结晶，都属于资源。[1]

对于传统产业来说，土地、普通劳动力、原材料是资源，而文化的注入，能够使原本具有相同使用价值和技术质量的商品大大提升附加价值，从而使其经济价值大为增加。因此，我们所熟悉的文化要素，不管是有形的物质载体（如土楼），还是无形的民间信仰与神话（如妈祖精神），只要是通过人类的创意开发，为传统产业的设计、制造等环节所利用，从而促进产业发展的，都能视为资源。

（二）创意创新是文化资源转化的手段

传统产业对文化资源的利用是在传统产品之上对文化元素进行一定的技术与艺术的加工，合理的创意创新是文化资源转化的最重要手段。正如罗默所述，好的创意是经济增长的决定性推动力量之一。创意创新能够鼓励个人创造力的无穷释放，这种释放创造了新的产品和新的市场需求，冲破了传统资源的硬约束，从而实现传统产业对文化资源的最大化利用。

二、文化资源对传统产业的增值效应

文化资源的投入能够帮助传统产业实现成本递减，带来高附加值，并且基于文化的产品市场需求增长不会停滞，所以在其他投入要素数量不变的前提下，文化资源能够为传统产业带来收益的良性增加。

（一）传统产业利用文化资源能够实现成本递减

1.主要生产过程中的边际成本递减

传统产业依附文化资源获得的产品具有这样的特点：一次投入研发创意，接近于无限的复制与重复利用。传统产业基于文化资源设计出的创意产品供给可分为生产过程和复制过程两部分。在产品的生产过程中要投入很大的人力、财力，假设这些投入可以用货币来表征，而其产品的复制只需极低的单位成本。以下给出了基于文化的创意产品的供给成本状况分析，如图1所示。其中，TSC表示基于文化的创意产品的总供给成本，ASC表示平均供给成本，MSC表示边际供给成本，PC表示生产（研发）成本，DC表示复制成本，Q表示复制数量。

$$\mathrm{TSC}=\mathrm{PC}+\mathrm{DC} \tag{1}$$

由于DC≪PC，故TSC＝PC＋DC≈PC。它表示，当复制数量在0～1之间时，基于文化的创意产品的创新成本较高；大于1时，由于复制成本极低，因

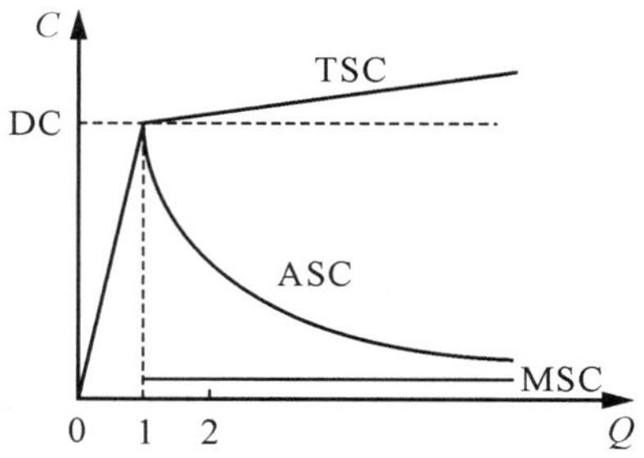

图 1　基于文化的创意产品的供给成本状况

此 TSC 线接近水平方向(DC)。

$$\begin{aligned} &\mathrm{DC} \times \mathrm{MSC} \\ &\mathrm{ASC} \times (Q+1) = \mathrm{TSC} \approx \mathrm{PC} \end{aligned} \tag{2}$$

从公式分析可以看出,传统产业在基于文化的创意产品的生产过程初期,即在 $Q<1$ 的区间,生产成本(主要是研发设计成本)DC 迅速上升,此时 TSC 与 DC 重合。而从 1 开始,随着供给量的增加,TSC 有微量的线性上升。边际供给成本 MSC 为一常量,平均供给成本 ASC 随供给量增加无限逼近 MSC。

因此传统产业利用文化资源发展生产,其成本中包括一个数额较大的固定成本(研究与开发成本),而一旦产品投入批量生产之后,产品的边际成本是非常小的且固定的。这样,传统产业基于文化资源的产品生产就表现出平均成本递减的特征。

2.传统产业在利用文化资源生产时可以减少其他相关成本

首先,相对物质成本降低。传统产业在利用与开发文化资源时,生产要素的比例结构发生改变。核心生产要素转为文化、创意与必要的技术投入,物质性固定投入所占的比例将降低。例如剪纸艺术窗帘,窗帘的基本材料依旧是普通的布料与金属轨道,但可能只占总成本的 20%～30%,主要是文化与创意在吸引着消费者。

其次,营销成本相对降低。文化资源的积累并非从无到有的创造性生产,而主要以传承的方式实现。在传统产品中注入文化要素,也就相当于注入了人们所选择与遵从的特定价值观体系。如果一种文化为某一特定人群所共同拥有,那么拥有此文化附加特征的产品不需要投入太多的宣传,就能够引导人们对该产品的认同,并激发需求。

(二)文化资源能够为传统产业带来高附加值

具有相同使用价值和技术质量的商品,其经济价值会由于其附加的文化含量的不同而不同。根据美国经济学家罗默的“新增长理论”,文化作为要素投入生产中时,对其投入应用和改进越多,这个要素所创造的价值就越大,产品的核心价值也就越高。传统产业以创意为手段开发与利用文化资源,实现产品的差异化,价格竞争已不再是市场竞争中的决定性力量,差异化带来的需求成为市场的主要推动力。因此传统产品才能够制定高价,成为高溢价商品,从而提高产业利润。

(三)基于文化的产业市场需求增长不会停滞

1.注意力锁定

消费者的注意力是有限的,他们往往会选择购买最受其关注的产品。正如高科技产品中大量存在的注意力锁定现象,传统产业可以利用文化与创意强化竞争优势,在吸引消费者的同时也在一定程度上锁定了顾客,从而形成强的正反馈效应,为领先生产者赢得进一步的优势。

2.累积效应

传统资源所带来的“需求满足”一般是针对人们的生理需求或物质生活需求(如食欲等),这种需求总有一个限度,因此消费的商品或服务达到一定数量后,带给人们的满足程度就会下降。而文化主要满足人们的社会需求或精神生活需求,而这种需求几乎是无限的,人们对附着文化的产品的满足程度不会随着商品或服务数量的增加而下降。相反,消费者拥有的文化知识越多,他对产品产生的需求就越多。例如,一个人刚开始对某种文学不熟悉,接触后开始喜欢,随着了解加深会更加沉迷。文化选择就是具有“增强效应”的“成瘾性行为”,而拥有一定的文化思维,就会对掌握更多的同类文化产生更加迫切的需求,产生累积效应。

三、传统产业利用文化资源实现增值的转型模式

通过上述对文化资源增值效应的分析,笔者认为传统产业通过文化资源实现转型升级的总体战略思路应为:通过多种途径与方法将各种文化资源与产业的活动、产品、技术、服务以及市场需求有机结合起来,生产出差异化、富

含文化价值的商品与服务。在此，笔者将传统产业基于文化资源转型升级的战略思路定义为“传统产业文化化”，并依此提出“产品—服务”文化化模式设想。“文化化”意为各种对文化资源的运用行为与方式。

根据其所展示的形态，文化分为有形和无形两种。有些文化是有形的，例如古建筑景点（如长城、土楼），传统工艺品（如面人、剪纸），有形的文化易于通过转移、嫁接附加到一般的商品与服务上。而传说、故事、习俗、大众语言，这些虽然是无形的，但是可以根据一定的创意总结、提炼出相符程度极大的特征符号，融入传统产业的产品与服务之中。因此，根据文化资源的“有形—无形”与传统产业项目的“产品—服务”之分，设计出传统产业利用文化资源实现增值的“产品—服务”文化化模式，如表 1 所示。

表 1 “产品—服务”文化化模式

产品/服务	文化资源			
	有形文化资源		无形文化资源	
	建筑、景点（如长城、土楼）	传统商品（如剪纸、服装）	故事、传说（如妈祖传说）	习俗、精神（如闽南精神）
产品	景点模型仿制 文化符号提炼	工艺符号提炼 融入产品设计	利用传说开发 系列作品	设计产品理念 嵌入产品营销
服务	工业景观体验 现代工艺体验	历史工艺复原 传统工艺体验	仿真故事情境 虚拟角色体验	设计活动环节 提供体验服务

在“产品—服务”文化化模式中，对于传统产业产品的设计，有形文化资源重在形象的提炼，灵活运用于产品的廓形、款式、包装与商标上，因此对文化资源的创意化运用是资源转化的关键；而无形文化资源的利用重在对其精神价值的提取，融入了产品理念的设计，在商品的营销中易于引发消费者的情感共鸣，以较高的文化价值获得良好的市场效应。该模式对于传统产业服务的设计，重在体验。可以从消费者对现代工艺流程文化的探索需求出发，整合企业的生产资源，让消费者能够观赏与体验现代的生产技艺；也可以满足部分消费者对商品的历史工艺的文化认知需求，设计传统产业的服务体验项目，如“历史技艺重现模式”。企业通过复原一些传统产品在历史上的生产工艺与生产场景，如重现服装制造历史中的纺织技术与古时使用的提花机、斜织机等传统机器，在一定程度上复原历史上的技艺，再现传统生产场景，在特定文化消费群体中引起强烈的反响。

对文化资源采用何种运用方式应视不同产业的特征与目标消费者的特性而定。有些行业的产品本身就具有浓郁的文化气息，例如陶瓷、红木家具，那么稍经整合，企业便可呈现具有较高文化附加值的文化产品与体验服务；有些行业属于资源性行业，则可以思考塑造优质的工业景观，满足消费者的现代文化体验需求。

四、结论

本文从四个方面阐述了文化资源对传统产业的增值效应，并提出了传统产业利用文化资源实现增值的模式——“产品—服务”文化化模式。要实现高的价值，文化资源离不开高创意、高科技与高艺术，且产品的设计与生产需充分考虑市场的需求、消费者的偏好，同时结合传统产业自身固有的特质以及所要利用的文化资源的特质进行科学合理的利用与转化，找到适合自身的最佳途径。这样传统产业才能够从文化资源中打破粗放型增值方式，实现产业的良性增值与发展。

参考文献：

[1]厉无畏.历史文化资源的开发利用与创意转化[J].学习与探索，2010(4)：114-119.

[2]吴圣刚.文化资源及其特征[J].河南师范大学学报(哲学社会科学版)，2002，29(4)：11-12.

[3]陈林，朱卫平.边际报酬递减规律是客观存在的吗？——来自上市公司面板数据的实证检验[J].中国工业经济，2009，6(6)：46-56.

[4]厉无畏，王玉梅.论产业文化化[J].科技和产业，2004(11)：8-12.

符号学视阈下土楼和客家的文化融合的重构与应用研究

阳光学院商学院　吴春琼　王秉安

摘　要：皮尔斯的三元符号模型对大部分客观事物都可以做很好的分析，但对文化的符号化分析则略显不足。文化具有时间变迁的特殊性，以符号学分析文化现象与文化资源，须在三元符号模型的基础上增加"符事"元素以记载与符号相关的故事，增加"符史"元素以记载符号的演化历史，由此形成五元文化符号模型。

关键词：符号学；福建土楼；皮尔斯符号模型

人类为了彼此沟通而产生语言后，符号信息就出现了。所谓地方特色文化，是指在多元文化群体下基于区域特色所发展起来的文化特性的总和与聚集，它带有强烈的区域特色。可以说文化是由符号体系组合构成的，因此在考虑区域特色时，不可避免地要以一个或多个相对应的"符号化"的表征来看待地方特色文化的提炼。

一、引言

狭义上的符号常被理解为某种图形图像的标记，广义上的符号可以包含感知层面的各个角度，除了图形图像，还可以是文字表示、声音音效、肢体动作、行为举措、建筑造型，甚至可以是一种潮流、一种思维文化等。例如"广场舞"就是一种包含肢体动作、行为举措与意识形态的典型符号。再比如"红顶商人"这一称谓，人们能够跨越其本身"清朝的红顶官帽"的具体形象来理解其代表的官商内涵。这些例子都说明符号具有指代性，符号的出现让人们能在更简洁的表述中实现更多的表述信息量，同时也说明符号具有简洁、方便、容易辨认的特点。

二、文化符号五元模型

(一)皮尔斯的三元符号模型

在皮尔斯的三元符号模型中，将一个符号定义为由符号形体(符形)、符号对象(符指)和符号解释(符义)所组成的三元关系。赵毅衡先生指出，符号是携带意义的感知。[1]

符形：也称符号形体、符号形态，指的是在人们的传播与交流中能代表某种特定事物的东西。

符指：也称符号对象，指的是符形所代表的某种特定事物。

符义：也称符号解释项，指的是符号在被使用的过程中所承载的意义或信息。它甚至可以是超越符号本身形态的某种意义。

(二)文化符号学中的五元符号模型

在皮尔斯的三元符号模型中，符号对象是符号解释项的具体表现形态，解释项的产生需要解释者在特定情境下进行具体、明确的解释活动。这就产生了符号的异化性，形成不同的符号解释，使符号承载的意义谬以千里。

1.文化符号的特殊性

赵毅衡指出，符号不因任何解释而产生改变，但是解释项是主观生成的存在。只有正确的解释才能还原符号发送方的原有意图。[2]皮尔斯也认为，当且仅当符号被感知、识别、解释时才真正形成一个符号。[3]

日本符号学者加池上嘉彦认为，当某事物作为另一事物的替代而代表另一事物时，它的功能被称为“符号功能”，承担这种功能的事物被称为“符号”。[4]从解释项的角度来说，这是一次符号的再现。

如影像的符号化不是单纯意义上的呈现物，而是意义表现的介质——信息载体。当其推广后，还能具备更广泛的内容，比如器物、图像、文字、言语、通道，甚至是人。[5]如盛行至今的视觉文化，其本身带有多学科性质，其中重要的一条就是符号性质。[6]而语言永远介入，像是一个调节者。[8]可以理解为，哪怕是行为符号这种非语言结构特性，也可以经由解释项的作用，从“语言描述”这种解释方法上与语言符号学产生对应。

2.文化符号五元模型的构建

在文化符号的形成与传递过程中,解释功能贯彻始终。符义虽然概括了符号的意义的解释项,但是在符号形成、符号被再次解释形成的过程中忽略了符号变化产生的故事。由上所述,符号的理解与传递是和特定的情景相关联的。因故事而产生符号意义,这样的拓展甚至对同一个读者而言也能形成新的符号。举例来说,一对热恋中的情侣以枫叶结缘,枫叶的五角形状就成为他们爱情稳固的符号象征。但是若这对情侣因一方背叛而含恨分离,枫叶符号转瞬间就会成为否定爱情的符号象征。在这个案例中,符形指的是枫叶五角形状,符指是具体的枫叶,符义经由解释项产生"爱情稳固"与"否定爱情"的不同意义。之所以在同样两人身上,同样的符号解释出现偏差,原因就在于符号关联的故事发生了变化。因此符号故事(符事)独立于符义产生出来,在符号的形成、传递、再现中起到重要的区别作用。

另外一个决定构成符号独立性的因素为符号经历的历史(符史)。在此必须先提及索绪尔的历时性与共时性理论。索绪尔认为事物都处在一个不断发展的过程中。而文化的发展更是如此。皮尔斯没能把这样的时间元素融入三元符号模型中,事实上这样的时间元素可以用符号历史(符史)来概括。仍然以上述枫叶五角符号为例,情侣最初结缘的枫叶是独一无二的特殊叶片,在这之后情侣看到其他枫叶,因其形状与最初的枫叶相似,而认同其他枫叶也是枫叶符号的一种。在情侣眼中,枫叶五角符号符形的认同与一直在发生演变,甚至在看到其他抽象的五角形符号时,也可认为是枫叶五角符号的表示。在该符号的符形演变过程中,经由情侣(接收者)不断地通过符事再现最初的符形来重新对符指进行符义上的解释,这一个符形的发展阶段就是符史。

由此导出以符形、符指、符义、符事、符史五元为结构的符号层次模型,完整地构建一个描述符号产生、传递、再现、解释的符号组成模型。该模型尤其适合对文化符号的解读。

符形:符号的表现形态,是可感知的形式。

符指:符号所指的具体事物。

符义:符号的意义,对符号的解释项。

符事:形成符号或符号引申出的逸事。

符史:符号的历史形态。

文化符号的正确读解有两个必不可少的前置条件,即特定情境和具体、明确的解释活动。在这一需求下,符事和符史满足了文化符号对特定情境条件的重构需求，能尽可能地避免文化符号在传递、再现过程中由于解释项的差异造成的缺失与误解。

3.文化符号五元模型应用实例

以符形、符指、符义、符事、符史为结构的五元文化符号层次模型如图1所示。

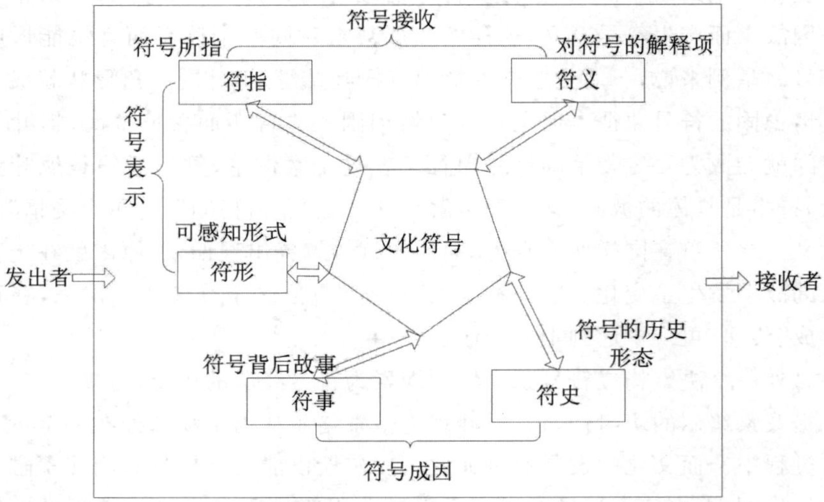

图1　五元文化符号层次模型图

龙是一种虚拟的神话生物，在东亚地区广泛流传，其形象兼具数种动物的特色。我们普遍接受的龙形符号形象一般具有蛇形特征，具有四肢，身躯修长，嘴边与头顶有蓬松的须发，能在云中飞翔。在东亚地区，龙具有神灵、吉祥、力量、庇佑、领袖等意义。上述特征即符合皮尔斯三元符号结构的符形、符指、符义。

符形：蛇形，身躯修长，有四爪，有须发，飞翔在云中。

符指：神话龙。

符义：神灵、吉祥、力量、庇佑、领袖。

事实上，龙形符号的发展是一个长期的过程，几千年前的龙形符号和现代龙形符号大不相同，所代表的意义也有差别。有记载显示，龙形图腾的形态源于蛇形，而龙行图腾最早是伏羲氏族的图腾，后来又衍化成为太皞部落的图腾。[7]

从龙形符号的发展的故事背景来看，最早是原始氏族把龙作为图腾来崇拜；随着农牧业与宗教信仰的发展，人们渐渐将龙视为具备力量的神灵崇拜；在秦汉时期，统治阶级设立一个统一的龙神形象，并把龙神崇拜与帝王崇拜相结合；隋唐时期在龙形符号中又引入了印度龙崇拜元素。这些曾发生的故事改变了龙的地位和意涵，伴随着各个时期符号生成的故事而构成了龙形符号的符事，如春秋时期萧史乘龙化仙的神异故事、叶公好龙的故事等。尤其是统治阶级为了自我神话而衍生出的故事，都对龙的形态、地位、意涵变化产生影响。龙形符号发展过程中因符号故事而使符号解释项发生变化，这就是符号关联的故事，也就是符事。

五六千年前的洪山文化遗物青玉龙形态如弯钩；辽宁建平白玉熊龙身体粗胖，头部像熊；五千多年前安徽凌家滩遗址的白玉龙的龙首呈牛头形；明清时期的龙形头小颈细，是因为受到西方艺术影响。这些龙形符号都代表一个时期对文化符号龙的理解，展示了龙形符号生成过程中形态的改变，共同构成了龙形符号的符史。

以上符事与符史元素的补充，改进了皮尔斯三元符号模型，形成了文化符号五元模型。

符形：蛇形，身躯修长，有四爪，有须发，飞翔在云中。

符指：神话龙。

符义：神灵、吉祥、力量、庇佑、领袖。

符事：图腾崇拜、神灵崇拜、龙神崇拜与帝王崇拜、印度龙崇拜与中国龙崇拜。

符史：猪嘴龙、鳄鱼嘴龙、牛头龙、熊头龙、四爪龙……

龙形符号的文化符号五元模型如表1所示。

表1　龙形符号的文化符号五元模型

符号组成项目分解	定义	理解
符形	符号的表达表示	蛇形、身躯修长、四爪、胡须、鬃毛、鳞片、顶角、飞翔、腾云、风雨……
符指	符号的目标所指	中国神话龙
符义	对符号的理解与内涵拓展	神灵、力量、吉祥、庇佑、领袖、权威、神力、神秘、超自然、血统、破邪、水族王……
符事	形成符号或符号引申出的逸事	伏羲氏族的故事、太皞部落的故事、农业社会形成于水灾等天灾的故事、秦汉统一中国与帝王自我神话的故事、魏晋时期战乱中多民族文化融合的故事、隋唐佛教传播中引入印度神话龙的故事、清朝引入西方艺术交流的故事、现代中国对外交流以龙的传人自称的故事……
符史	符号的历史形态	猪嘴龙、鳄鱼嘴龙、牛头龙、熊头龙、四爪龙、钩形龙、无爪龙、多趾龙、多彩龙、蛇形龙、波纹形龙、盘结形龙……

在加入符事和符史之后，能够更好地、更完整地理解龙形符号，避免割裂历史发展因素，片面看待龙形符号而导致理解差异。

加入符事和符史所形成的文化符号五元模型不仅可以方便地解析跨越历史时代的文化符号，也可以很方便地在各个方面对比，来解构地方文化差异的产生。仍以龙形符号为例，东方和西方的龙存在巨大差异。西方龙英文为“dragon”，基督教推广了这一文化符号后，把龙看作是邪恶、贪婪的象征。统治阶级为了彰显自身的强大与神性，也衍生出战败恶龙的故事传说。

西方龙形符号的文化符号五元模型如表 2 所示。

表 2　西方龙形符号的文化符号五元模型

符号组成项目分解	定义	理解
符形	符号的表达表示	蜥蜴形、头小、利齿、粗壮、有短小四肢、蝙蝠翅、卵生、厚皮、喷火……
符指	符号的目标所指	西方龙
符义	对符号的理解与内涵拓展	邪恶、黑暗、贪婪、毁灭、财富、魔法、秘藏、天空霸主……
符事	形成符号或符号引申出的逸事	维京人宗教故事、基督教扩张故事、西方王权更替故事、希腊神话伊克德尼半龙人故事、看守金苹果树的百头龙拉顿故事、看守金羊毛的巨龙故事、北欧神话世界树长蛇故事、《约伯》的海龙利维坦故事、《新约外传》的丹尼尔与龙的故事、圣乔治屠龙故事、启示录中的灭世龙戴弗和魔龙撒旦的故事、亚瑟王与龙的故事……
符史	符号的历史形态	蛇形龙、蜥蜴形龙、无翅龙、有翅龙、血肉质龙、金属或矿物质龙……

通过对比发现，作为文化符号，东方龙与西方龙的共性为神话性、宗教性、代表力量，在历史和民族融合的时期发生变异。所不同的是，统治阶级对它们的定性与运用正好相反，不同的符号故事所传达的是完全相反的符号解释意义。如果脱离符事与符史看待东西方龙文化符号，则刚好在符义的解释项上互相矛盾，令文化理解陷入僵局。最容易得出的结论是“文化差异”，但是这个结论太过草率。无论是东方龙还是西方龙，导致龙文化符号神异化的重要推手都是统治阶级，所使用的手段、方式也都涉及宗教、统治阶级自我神化等。从这一点来看，东方龙和西方龙在符号形成的方式上并没有不同，令它们产生差异的是符事和符史元素的作用。可见符形、符指、符义、符事、符史五元独立

而统一，能够完整地对文化符号完成构建，避免地区局部化或历史片面化，使差异分析有法可循。在五元共同作用下，不仅能对同一个文化符号的发展演变做出全面的比较、解析，也适合在各个层面上分析、对比不同地区文化差异对文化符号的构成与意义的异同。

三、地方特色文化重构

客家地区的土楼建筑是一种文化特色，具有强烈的符号性质。以泥土盖楼的地区非常多，许多欠发达地区的人民发挥聪明才智，因地制宜，利用一定比例的沙质黏土和黏质沙土拌合而成泥土，建造房屋的墙体等建筑结构。但是这些土楼形态随意，格局仅仅以简便、能实现为先决条件，缺乏文化传承，也不具备文化符号的代表意义。而客家地区一直以来继承中原汉文化，在长期的发展中，把汉文化因素与当地的地形地貌、资源矿产、时局政治、地方文化等因素结合起来，形成了独特的文化融合现象，即土楼文化特色。

地方特色文化的符号表达也由符形、符指、符义、符事、符史组成，因符事与符史的演变差异，必定带有与其他文化不同的地方特色。以坐落在福建省永定县湖坑镇洪坑村的振成楼为例，振成楼俗称八卦楼，由洪坑村林氏二十一世林鸿超兄弟等人于民国元年（1912 年）建造，其内部格局以八卦形态来设计、建设，装饰格局富丽堂皇，内部空间设计精致多变，被誉为“土楼王子”。振成楼是典型的汉民族建筑，由两环同心圆楼组合而成。从文化符号五元体系来看，振成楼是由所承载的文化符号构成的。在其构成体系中，首先应考虑建筑文化因素，其次考虑建筑构件中涵盖的文化因素，之后才是非建筑文化因素等。另外，客家土楼具有鲜明的汉文化特色，并在演变中形成具有一定独立性的文化。

1.建筑文化符号层

振成楼的外观是一座圆楼，内部是八卦形态，总体可以用方形来简化表示。其建筑元素融合了中西方的建筑特色，可谓中西合璧。

振成楼的建立者是当地的林氏兄弟。林氏兄弟虽然少年家贫，但颇有勇气与眼光。他们最初以 3 个银元建立“日升”烟刀场，靠烟草经营起家致富，多年艰苦奋斗后终于富甲一方。三兄弟富贵不忘桑梓，数十年如一日为家乡修路、架桥、办学。1923 年，三兄弟获得民国总统黎元洪赠予的匾额“里党观型”。

在建筑振成楼之前，林氏兄弟曾建筑方形土楼“福裕楼”。三兄弟中的老三在两位兄长去世后即动念兴建土圆楼振成楼，未成而逝。其次子林鸿超继承父志，召集族亲合资继续建成了这座土圆楼，为纪念上代祖宗富成公、丕振公父子而命名为振成楼。林鸿超的做法是中国传统孝道、宗亲意识的典型体现。林鸿超是清末秀才，后为民国中央参议员，他博学多才，通晓琴棋书画，精研易经。他所设计的圆楼一开始就是按照风水脉定址，按八卦格局设计布局。

以符形、符指、符义、符事、符史五元看待振成楼总体建筑文化符号，可以认为：

符形——圆土楼。

符指——振成楼。

符义——南方圆楼的典型代表、亲族宗亲聚集的居所、文化与产业的传承。

符事——振成楼在建成前、设计、建筑、使用中发生的故事。

符史——不同需求时期，代表土楼的楼型，可能是圆楼、椭圆楼、方楼、五凤楼、凹型、半圆形、八卦形……

振成楼的总体建筑文化符号可以表示为表 3。

表 3　振成楼的总体建筑文化符号表示

符号组成项目分解	定义	理解
符形	符号的表达表示	圆环状土楼形态
符指	符号的目标所指	振成楼
符义	对符号的理解与内涵拓展	邻里交好、大家族、兴旺发达、互利互助、共同生存与发展
符事	形成符号或符号引申出的逸事	林氏兄弟奋斗致富、林氏兄弟回馈乡里、林氏兄弟及其后人动念建筑土楼、设计施工、集资兴建、聚族而居……
符史	符号的历史形态	方楼、府第楼、圆楼

振成楼是由林氏兄弟致富后建成的，是一个典型的勤劳致富的案例，激励后人勤勉上进，也鼓励亲族邻里之间守望相助，共同富裕。振成楼虽然是林氏兄弟及其后人设计建筑的，但是从它一开始的建筑规模就可以看出，它并不是仅仅为几户兄弟共同居住而建设的，它的建筑格局足以容纳林氏宗亲。这与林氏兄弟不忘祖先、致富后回馈乡里的做法一脉相承。从这一点来看，振成楼

的格局不仅限于血亲、亲族，它庇佑一方乡邻，代表一个地区的兴旺及传承精神。

在振成楼建成之前，林氏兄弟曾建筑福裕楼。福裕楼虽然不是圆楼，但和振成楼一样，是基于宗亲聚居的思路而建造的。之后的振成楼可以说是福裕楼思路进一步的改进与发展。因此在振成楼的建成史上，可以把福裕楼看作是振成楼的前身或者预演，这就是说振成楼的符史前身也包含了方楼、府第楼。

2.构件建筑文化符号层

振成楼的总体格局是中国传统文化的体现，外圈是典型的院楼，内部格局切分是太极八卦形态。同时，振成楼在建筑时引入了西方审美元素，在建筑风格、装饰、花色上采纳了希腊建筑风格，产生了中西审美相融合的建筑美学效果。

楼内的格局布置是典型的易经八卦布局，前门是巽卦，后门为乾卦。一圈楼房被砖墙划分成八个单元，对应八卦。每个卦象内的建筑布局和北方四合院的格局相似。

振成楼的总体构件建筑文化符号可以表示为表4。

表4　振成楼的总体构件建筑文化符号表示

符号组成项目分解	定义	理解
符形	符号的表达表示	八卦形
符指	符号的目标所指	振成楼、八卦楼
符义	对符号的理解与内涵拓展	天人合一、万物共存、坚如磐石、安居、聚族而居、宗族兴旺、传承
符事	形成符号或符号引申出的逸事	振成楼维修与复建的故事、振成楼两次撑过人为纵火的故事、振成楼关门拒贼的故事……
符史	符号的历史形态	圆形、八卦形

振成楼格局的八卦排列是典型的中原建筑形态，在天井左右各设有一口水井，其一为阴井，另一为阳井。水井的位置恰恰落在太极阴阳鱼的眼睛部位。一侧是公共场所，另一侧为住房居所，每个卦象都按照其对应的意义安置其用途。

以八卦形态构建振成楼的布局，取天人合一、万物共存、共同发展、连绵不绝的寓意。

3.非建筑文化符号层

分析振成楼的非建筑文化因素，就已经脱离了建筑格局、建筑材料等物理构成元素，开始考虑起居文化、习俗风俗、工艺配饰等非建筑文化因素。此处以客家地区常见的楹联为例。楹联是中华传统文化的一种表现形式。客家地区重视读书学问，一直在践行传统的耕读文化，因此楹联在土楼随处可见，起教化、正家风的作用。

振成楼内悬挂有许多富含深意的楹联。如挂在大门口的楼名"振成楼"牌旁刻有左右两幅楹联："振纲立纪，成德达材。"楹联以"振""成"为句首，一方面表示纪念祖上名号，不忘祖宗；另一方面，总领振成楼建楼展望，寓意树立纲纪，子孙德才兼备，成为有用的人。与此呼应的家训楹联包括"振乃家声，好就孝悌一边做去；成些事业，端从勤俭二字得来"等，着重强调"耕读""勤勉"等汉民族传统美德。

振成楼的楹联有赞美祖居、追求风雅的，如"春托风生兰知领未，静无人至竹亦欣然"，"带经耕绿野，爱竹啸名园""花开东院，竹茂西园，最怡情无过莳花种菜；画抚南宫，书临北海，真乐处莫如作画读书"；有要求子孙三省吾身、不欺暗室的，如"言法行则，福果善根"等表现出"修身、齐家"的修身养性的小家意识；也有抒发报效祖国意愿的，如"干国家事，读圣贤书""从来人品恭能寿，自古文章正乃奇"等强调子孙应具备家国意识，鼓励子孙具备"治国、平天下"的国家、民族情怀，一方面融合了儒道传统文化思想，另一方面融合了土楼先民开疆落户、寻求发展的精神。

振成楼的非建筑文化符号可以表示为表5。

表5　振成楼的非建筑文化符号表示

符号组成项目分解	定义	理解
符形	符号的表达表示	八卦楼、文字"振成"、族谱、家史、记述文字……
符指	符号的目标所指	振成楼、居住者、儒家思想
符义	对符号的理解与内涵拓展	读书重教、知书达理、达则兼济天下、正心诚意、日新其德……
符事	形成符号或符号引申出的逸事	楼内的悲欢离合故事……
符史	符号的历史形态	随着各种文字记述的产生，符号的历史也产生了……

非建筑文化符号是一直在更新进步的一种符号，它随着文化、起居、交际、繁衍等变化而演变。但是总体来说，振成楼的符义离不开宗族兴旺、崇文重教、兼济天下的精神。楹联也好，家训也好，其产生本身就有特定的时代背景和期望，历史故事也是符号无形的组成部分。

4.核心文化符号层

振成楼的屋顶、房檐、栏杆上多有刻绘梅、兰、竹、菊等花色，无一不显示出儒家文化教养下的文人情趣与修养。楼中心大厅是集会、议事、宴客的场所，在年、节时也兼做戏台演出之用。楼上观戏台中间为客座，主人座位反而错落在两边，且客座比主座更高6寸，这是客家人礼敬客人的表征。厅堂上多有名人对联、书法等，体现出客家人深厚的文化功底。楼中住户出入只走左右两边的侧门，中间的“天门”常年关闭，重大节日或重要客人来访时开启。只有迎接七品以上官员时才能内外两道大门一齐打开，以示郑重。这是客家文化遵守传统纲纪的表现。

振成楼的核心文化符号可以表示为表6。

表6 振成楼的核心文化符号表示

符号组成项目分解	定义	理解
符形	符号的表达表示	“振成”
符指	符号的目标所指	振成楼、传承、儒释道融合文化……
符义	对符号的理解与内涵拓展	薪火相传、宗族兴旺、报效祖国、谨守操守……
符事	形成符号或符号引申出的逸事	林氏家族历史故事、立志修身、齐家读书故事、求学游历故事、耕读故事、齐家治国故事、林氏后人创业历程、参加革命故事……
符史	符号的历史形态	“振成”

振成楼的楼名就是它的核心文化符号，“振”与“成”都是重要的文化期待，包含了对个人自身的修身养性，也包含了期望子孙繁衍、生生不息、与地区国家共同发展的愿望，这是中国主流文化操守的体现。

5.汉文化核心层

从上述建筑、非建筑等文化符号的分析中可以看出，振成楼是经典的中国传统文化意识的表现。首先是风水八卦的楼房规格。整个振成楼不仅呈现太极图形布局，而且与周围的山脉水流形成呼应，是良好的风水格局。太极不仅是一种风水布局，也表现出道家与儒家的阴阳调和、生生不息、道法自然的精神。阴阳互补元素与现代的唯物辩证法的对立统一的观念很相似，都强调了事物互补、共同发展、互相包含的意义。

振成楼的汉文化核心符号可以表示为表7。

表7 振成楼的汉文化核心符号表示

符号组成项目分解	定义	理解
符形	符号的表达表示	“振成”、八卦楼、圆楼、阴阳鱼
符指	符号的目标所指	传承的读书人气节、包容与发展、与天地呼应……
符义	对符号的理解与内涵拓展	从正心诚意、修身齐家做起，心怀天下，与万物共同发展……
符事	形成符号或符号引申出的逸事	振成楼生活起居故事
符史	符号的历史形态	太极符号，代表生生不息与和谐共存精神

文化在任何一个时代都是重要的财富，在很大程度上代表进步的阶级与生产力。客家先民的几次历史迁徙中都有相当数量的士大夫阶层，也就是有余力读书的知识分子阶层，这为客家文化的传续提供了较好的条件。在历史发展过程中，中原的耕读思想影响了一代又一代客家人，客家文化得以在保持汉民族文化特色的基础上吸纳改革创新精神，本质上体现了汉文化的文化包容性。

四、结论

以符号的形式对文化资源进行重构，有助于对文化资源的形成、历史、发展、特色、优势等方面进行归纳，有利于更好地理解和继承文化。

传统的皮尔斯三元符号学模型对世界上大部分客观事物都可以进行很好的描述，但是文化有其特殊性，受历史与实事的约束，所以传统的三元符号模型不能很好地应用在文化资源、文化形态、文化意识的分析上。文化符号五元模型的构建丰富了皮尔斯三元符号模型的内涵和外延，在符事与符史元素上增加了文化符号学的内涵深度并很好地解决了历史跨越对符号变迁的影响描述。

参考文献：

[1]赵毅衡.重新定义符号与符号学[J].国际新闻界，2013，35(6)：6-14.

[2]赵毅衡.符号学原理与推演[M].南京：南京大学出版社，2012：98.

[3]涂纪亮.皮尔斯文选[M].涂纪亮，周兆平，译.北京：社会科学文献出版社，2006：30.

[4]池上嘉彦.符号学入门[M].张晓云，译.北京：国际文化出版公司，1985：45.

[5]郝朴宁.影像符号的意义构成[J].当代文坛，2008(3)：173-176.

[6]周宪.反思视觉文化[J].江苏社会科学，2001(5)：71-74.

[7]罗兰・巴尔特.符号学历险[M].李幼蒸，译.北京：中国人民大学出版社，2008：188.

[8]何民捷.中国龙文化中的人文精神[N].人民日报，2012-02-23(7).

森林旅游资源价值核算体系的探析

阳光学院商学院　艾静文
福建省国资委　朱志晖

摘　要：森林旅游的发展虽然促进了经济的发展，但对森林旅游环境造成了一定程度的损害。在这样的背景下，对森林旅游资源价值进行核算就显得尤为重要。本文通过对森林旅游资源价值的构成进行分析，构建包括实物核算、价值核算以及绿色 GDP 核算的森林旅游资源价值核算体系，为相关决策者提供决策有用的信息和依据，促进森林旅游的可持续发展。

关键词：森林旅游资源；价值；核算体系

一、森林旅游资源价值核算的意义

随着人民生活水平的不断提高和闲暇时间的日益增加，森林旅游不断发展，森林旅游资源的开发活动越来越频繁，但是在追求森林旅游带来的经济效益时，人们往往忽视对森林旅游资源的保护，从而导致森林旅游环境被破坏。在这种情况下，不仅森林旅游资源的质量下降，而且森林旅游活动的质量也随之下降。从长远来看，这不仅影响了森林旅游的可持续发展，也制约了旅游经济的发展。在这样的背景下，如何对森林旅游资源的价值进行核算就显得非常重要。森林旅游资源价值核算是用货币价值计量来反映和评价森林旅游资源的作用，对森林旅游资源的经济价值进行测算，目的是为政府改善森林旅游环境提供决策依据，从而促进森林旅游经济的可持续发展。

二、森林旅游资源价值的构成

森林旅游资源提供了使用价值和非使用价值，对其进行开发可带来经济、社会和生态效益。森林旅游资源的使用价值是指森林旅游资源对当前的旅游经济活动的直接贡献或间接获得的收益。森林旅游资源的非使用价值是指能够为子孙后代或未来社会提供的可以持续利用的价值，但是目前并没有被人们利用；主要由选择价值、遗产价值和存在价值构成。[1]因此，森林旅游资源的总经济价值就等于森林旅游资源的使用价值加上森林旅游资源的非使用价值，而森林旅游资源的非使用价值等于选择价值、遗产价值和存在价值三者之和。

三、森林旅游资源价值核算体系的内容

建立森林旅游资源价值核算体系不仅需要对森林旅游资源进行实物核算，还要对其价值进行核算，从而将其纳入 GDP 核算体系，修正森林旅游绿色 GDP。

（一）森林旅游资源实物核算

森林旅游资源实物核算包括两方面内容：一方面是需要对不同类型的森林旅游资源的存量分别进行核算，从而加总求和得到总量指标；另一方面是核算由于森林旅游资源开发活动产生的森林旅游资源流量的变化，包含森林旅游生态资源在数量和质量上的变化。

森林旅游资源实物核算可用公式表示如下：

$$Q_2 = Q_1 + (I_1 + I_2) - (D_1 + D_2 + D_3) \quad \text{（公式 1）}$$

其中，Q_2 是期末存量，Q_1 是期初存量，I_1 是本期自然增长量，I_2 是本期重估增加量，D_1 是森林采伐使用量，D_2 是重估损失量，D_3 是本期损失量。

森林旅游资源实物核算不需要对森林旅游资源进行货币量化，可直接反映现有的森林旅游资源信息和状况以及未来可持续利用的趋势。但是森林旅游资源实物核算却难以把实物信息完全纳入现行的国民经济核算体系。

(二)森林旅游资源价值核算

森林旅游资源价值核算是赋予森林旅游资源的可持续利用或损耗部分货币价值,包括森林旅游资源的损耗成本、降级成本、恢复和再生成本、保护成本以及环境的收益等。

森林旅游资源价值核算可用公式表示如下:

$$V = Q \times P \qquad \text{(公式 2)}$$

其中,V 是价值量,Q 是实物量,P 是单位价值。

森林旅游资源价值核算可以对森林旅游资源进行货币量化,从而使森林旅游资源的经济功能和生态功能相融合。

(三)森林旅游绿色 GDP

通过森林旅游资源价值核算,可以将其纳入 GDP 核算体系,对现有的 GDP 进行修正,从而形成森林旅游绿色 GDP。森林旅游绿色 GDP 是在现有的 GDP 基础上加上森林旅游资源能够获得的收益再扣除森林旅游资源的耗减成本、降级成本、恢复和再生成本以及保护成本计算出来的。森林旅游绿色 GDP 通过把森林旅游环境污染与森林生态恶化造成的经济损失货币化,可以看出森林旅游开发活动给森林生态环境带来的负面效应,即为了 GDP 的增长付出的森林旅游资源的成本和代价,从而引导人们在追求经济增长的同时珍惜森林旅游资源,保护森林生态环境。

四、森林旅游资源价值的核算方法

森林旅游资源价值核算的关键是对各种类型的森林旅游资源进行价值估算。由于不同类型森林旅游资源的特点和计量的复杂程度不同,因而其价值确认与计量方法也不同。

(一)森林旅游资源资产估价方法

1.成本法

成本法是通过估算森林旅游资源的重置成本和森林旅游资源实体性贬值、功能性贬值、经济性贬值,将重置成本扣减各种贬值作为森林旅游资源价值的一种方法。该方法适用于没有收益或未来收益难以预测，而在市场上又很难找到相同或类似的可比交易参照案例的森林旅游资源。成本法主要包括重置成本法和费用价值法。在对森林旅游资源进行管理的过程中，预测幼龄林未来的价值是比较困难的，收益法将难以施行，市场上很难找到交易案例；而作为营造不久的幼龄林，其各项营林成本较清晰，测算重置成本较为容易，因此重置成本法最适用于对幼龄林林木资产的价值评估。而对森林旅游资源林地用地存在着林地改良和苗圃地评估时则适用森林旅游资源林地资产的费用价值法。

2.市场法

市场法也称市场价格比较法，是通过直接比较或类比分析市场上与被估价对象相同或类似的近期交易资产参照物的价格并进行调整后来确定评估的森林旅游资源资产价值的一种方法。在森林旅游资源价值评估中，市场法有两种基本方法：一是森林旅游资源木材市场价倒算法，二是森林旅游资源市场成交价比较法。森林旅游资源木材市场价倒算法是对成熟、过熟龄森林旅游资源林木资产价值评估的常用方法。而森林旅游资源市场成交价比较法是将现行市场上和被评估森林旅游资源资产相同或类似的资产的成交价格作为其价值的一种方法。

3.收益法

收益法是选择使用一定的折现率将通过预测估算被评估森林旅游资产在未来经营期可能产生的预期收益折现为评估基准日时的现值作为评估价值的一种方法。在森林旅游资源价值评估中，根据评估对象和未来的收益期的不同，有多种测算方法：有限收益期如森林旅游资源经济林评估的收益净现值法和用材林评估的收获现值法；无限收益期如森林旅游资源林地和林木评估的年金资本化法和用于林地的林地期望价法。在森林旅游资源价值评估中，收益净现值法主要用于经济林林木资产评估。收获现值法理论上可以用于任何年龄阶段的林木资产评估，但实际应用中一般用于中龄林和近熟林的林木资产评估。年金资本化法主要用于地租收益稳定且明确的林地资产评估以及把林木和林地作为一个整体的异龄林永续经营前提下的资源资产评估。林地期望价法适用于同龄林林地资源资产价值的评估。

（二）森林旅游资源环境的功能效益评估方法

对森林旅游资源环境价值进行直接测算比较困难，因而对于不同的森林旅游资源环境功能应使用不同的定价方法。

（1）机会成本法：在没有市场价格的情况下，森林旅游资源使用的成本可以用所放弃的将其用于其他用途所获得的收益或损失来估算。在评估比如自然保护区、热带森林等没有价格的资源时,可以采用机会成本法来评估价值。

(2)替代市场评价法:是将没有市场价格的森林旅游环境物品的价值通过替代物的市场价格来衡量的一种方法,主要包括内涵房地产价值法、工资差额法、旅行费用法等。[2]

(3)条件评价法:通过采取市场调查的方式对客源市场规模进行估计,并采用模拟市场技术,评价不同类型的旅游者对特定的森林旅游资源所愿意支付的最大金额,从而推导计算出森林旅游资源的经济价值。森林旅游的客源市场范围越小,条件评价法的效果越好。

(三)森林旅游资源环境的费用评估方法

当以上各种方法仍然无法衡量森林旅游资源环境效益时,可将评估保护和避免森林旅游资源环境恶化造成的危害以及恢复已损害的森林旅游资源环境所需要的费用作为其价值。

防护支出法:防护支出指为了防止森林旅游活动对森林旅游资源环境所造成的退化而准备将来使用的支出,可用来推断现有的森林旅游资源环境的价值。[3]森林旅游资源环境的防护费可以采取“谁污染、谁治理”;也可以采取“谁污染、谁付费”[4];还可以采取受害者自行治理,而由污染者给予相应补偿的方式。

五、森林旅游资源价值核算账户

森林旅游资源价值核算通过设置实物账户和价值账户来进行。

1.森林旅游资源实物账户可以通过编制森林旅游资源实物核算表来反映(表1)。

表1　森林旅游资源实物核算表

	森林旅游生物资源	森林旅游土地资源	森林旅游景观资源	森林旅游生态资源
期初存量				
本期自然增长量				
本期重估增加量				

续表

	森林旅游生物资源	森林旅游土地资源	森林旅游景观资源	森林旅游生态资源
森林采伐使用量				
重估损失量				
本期损失量				
期末存量				

2.森林旅游资源价值账户按照会计核算制度设置资产类、负债类、所有者权益类、成本类和损益类账户等。

(1)资产类账户

设置森林旅游资源资产账户的主要目的是对森林旅游资源资产所发生的增减变动的情况进行反映。增加森林旅游资源资产存量或者对森林旅游资源进行新开发时,计入该账户的借方;出现能够替代现有森林旅游资源的其他类型的旅游资源时,计入该账户的贷方。

森林旅游资源资产累计折耗账户用来核算森林旅游活动中森林旅游生态资源的减少或降级,是森林旅游资源资产的备抵账户。当期按照会计制度核算要求的方法计算的或者需要相关部门核定的折耗额计入账户的贷方,而当由于不同原因导致森林旅游资源资产减少时就需要相应地在账户借方进行转销。

设置在建森林旅游资源账户主要是用来核算培育森林旅游资源资产的过程中所发生的各项开支。当森林旅游资源资产培育成熟后,就直接转入森林旅游资源资产账户。在培育过程中所发生的各项开支计入该账户的借方,培育成熟后将所有培育过程中发生的各项开支从贷方转出到森林旅游资源资产账户中。

(2)负债类账户

应付森林旅游资源补偿费账户核算森林旅游资源效用减少的补偿额,贷方反映相关管理部门要求应该缴纳的森林旅游资源环境的降级补偿费,实际上缴时计入借方。

应付森林旅游环境保护费账户核算森林旅游环境环保费用的计算和缴纳情况,贷方反映森林旅游资源环境遭到破坏时计算应该缴纳而实际上尚未缴纳的环保费用,借方反映实际缴纳的森林旅游资源环境保护费用。

(3)所有者权益类账户

森林旅游资源实收资本核算取得投资者投入开发的森林旅游资源的成本。当取得投资者按照投资合同规定投入的森林旅游资源资产时,按照合同规定的公允价值计入该账户的贷方;当森林旅游资源资产并非由于损耗原因而造成价值减少时,计入该账户的借方。

森林旅游资源资本公积账户核算收到投资者投入的森林旅游资源的成本超出所占份额的投资部分,也就是溢价部分,计入该账户的贷方。

(4)成本类账户

森林旅游资源耗减成本账户用来核算森林旅游开发活动中所产生的各项支出或者累计发生的按照一定的分配方法应计入本期的成本支出。借方反映森林旅游资源成本的发生额,期末将所有借方累计发生额结转到主营业务成本账户,再由主营业务成本账户相应地结转到本年利润账户,结转后没有余额。

(5)损益类账户

在森林旅游开发活动中所耗费的森林旅游资源的价值需要通过森林旅游资源费用账户来反映。在该账户下设置森林旅游资源耗减费用账户和森林旅游资源保护费用账户两个明细账户,借方反映森林旅游开发所耗用的森林旅游资源价值和保护生态森林旅游资源发生的实际支出,期末该账户结转后没有余额。

开展森林旅游活动所获得的各项森林旅游资源收益需要通过森林旅游资源收益账户来核算。当获得各项森林旅游资源收益时计入该账户的贷方,期末将所有贷方累计发生额结转到本年利润账户,结转后没有余额。

综上所述,森林旅游资源价值核算的研究在我国尚处于探索阶段,但随着生态经济的发展,特别是随着森林旅游环境保护和可持续发展的意识日益深入人心,森林旅游环境问题对森林旅游资源的影响也越来越大。通过进行森林旅游资源价值核算,可以使森林绿色核算被更多的人了解,从而促进提供真实有效的森林旅游资源信息,促进国家绿色经济的发展。

参考文献:

[1]吴强.矿产资源开发环境代价及实证研究[D].北京:中国地质大学,2008.

[2]艾静文,石惠春.环境经济综合核算的环境资源价值问题的研究[J].环境科学与管理,2010(7):161-165.

[3]王艳.区域环境价值核算的方法与应用研究[D].青岛:中国海洋大学,2006.

[4]吕杰.土地资源环境价值核算研究[D].昆明:昆明理工大学,2011.

创意经济视角下的地方文化产业发展研究

——以莆田妈祖文化为例

阳光学院商学院 谢莉莉

摘 要：妈祖文化是莆田最重要、最具价值的传统文化资源，发展妈祖文化产业是摆在政府、专家、学者面前的一个重要议题。文章首先介绍了创意经济相关理论知识，概述了妈祖文化内涵与资源状况，其次探讨了创意与文化资源的融合路径，最后试探性提出发展妈祖文化产业的措施和建议，以期为莆田妈祖文化产业的发展提供参考性价值。

关键词：创意经济；妈祖文化；文化产业

一、创意经济

创意经济是一种推崇创新、个人创造力，强调文化艺术对经济的支持与推动的新兴的理念、思潮和经济实践（Howkins J，2001[1]）。它是一种边缘经济，通过个人创造力、技能及才华的运用，将文化与经济物质融为一体，利用思维方式和模式的革命，加速文化和经济的融合，进而实现文化的经济化与经济的文化化。

在创意经济条件下，创意已经成为继土地、资本和劳动力之后的第四大生产要素，成为推动经济增长的强动力。它是资源利用方式的核心手段，是一种思想，是文化产业赖以生存的基石，是知识信息生产、传播和使用的关键因素（Throsby，1999[2]；熊皮特，2000[3]），形成了地区文化产业不同的竞争优势

(Florida,2005[4];Robinson,2001[5])。

学者们力主在特定的文化价值中发掘出特定的使用价值与元素,使之成为市场所需的特定商品,但简单的复制、生产并不会对消费者产生强烈的吸引力,文化产品价值的核心在于是否具有独特的创意,唯有依靠人的想象力和灵感,激发创意,并借助高科技对传统特色文化进行再提升,创造出新的生产形态、产品形态及服务形态,才能更好地满足消费者猎奇的心态和需求。创意是对人的智慧和灵感的高层次加工,对物质形态进行的裂变性创造,对文化资源进行的创造性开发,有力促进单一产业的再造与升级。

因此,以创意的方式为丰富的文化资源注入智慧要素和科技元素,不仅能够获得可观的经济效益,也是传播优秀文化、增强文化影响力的有效途径。

二、妈祖文化概述

(一)莆田与妈祖

妈祖,又称天妃娘娘,其真名为林默,福建莆田望族九牧林氏后裔。出生时霞光满天,岩石发红。幼年聪明颖悟,八岁从塾师启蒙读书,过目成诵。长大后决心终生以行善济人为事,矢志不嫁。她专心致志从事慈善公益事业,平素精研医理,为人治病,性情和顺,热心助人;同时还洞晓天文气象,熟习水性,湄洲岛与大陆之间的海峡有礁石,在这海域里遇难的渔舟、商船,常得到林默的救助。她还会预测天气变化,能事前告知船户可否出航,因此人们称她为"神女"、"龙女",是历代船工、海员、旅客、商人和渔民共同信奉的神祇。

(二)妈祖文化资源

一般来说,文化资源可以分为物质文化资源和非物质文化资源。其中,物质文化资源是指具有历史、艺术和科学价值的有形物质资源,包括可移动文化资源和不可移动文化资源、文化历史资源和文化现实资源等类型。具体如古文化遗址、古建筑、图书、字画、文献等存在形式。而非物质文化资源,是指各民族人民世代相承的、与群众生活密切相关的各种传统文化表现形式和文化空间,如民俗活动、表演艺术、传统知识和技能,以及与之相关的器具、实物、手工制品等。

妈祖文化资源同样包括以下两个方面:

(1)物质表现形式:包括妈祖宫庙、妈祖像、代表性原始资料(包括妈祖档案、志书、壁画、碑记等)、妈祖信俗活动中所需的器物、妈祖宴、妈祖旅游工艺品等。

(2)非物质表现形式:包括妈祖祭典相关技艺和仪式、妈祖民间习俗活动等。如“船仔妈”崇拜、对海祭拜、家中供奉和汽车上挂妈祖像、日常行礼活动,庙会祭祀大典等。民间习俗则包括诞辰禁捕、妈祖服饰、帆船发髻、圣杯问卜、龙舟挂彩、香袋避邪、“蒸九重粿”、泛槎挂席、“尾晚元宵”、装点“烛山”、悬挂菖蒲、奇特祭品、换花求孕、妈祖挂脰等。

三、创意与地方文化资源的融合

通过建立在传统文化资源基础上的创新来促使文化资源与创意的融合是发展文化产业的必然趋势(赵永进,2012[6])。学者们纷纷对融合路径提出自己的看法:曲慧敏(2012[7])认为可通过以文化创意为核心,以文化产品为载体,以文化市场为导向,把文化、创意和市场有机地结合起来。张雷(2009[8])则认为创意与文化资源的融合即对物质文化资源的创意性升级与非物质文化资源的创意性开发。李书文、尹作升(2004[9])则更具体地指出用创意、资本和技术去开发固有文化资源、用智慧和技术创造新的文化产品(包括工艺品、玩具、书籍、影视产品、文化之旅、娱乐服务等)的方式。韦信宽(2012[10])则认为可通过提取文化元素,进行有形产品与无形产品的创意性开发。

虽然学者们说法各异,但表达的意思相近,即均承认创意是文化产业发展的重要驱动力,都认为创意与文化资源的融合即是对现有产业资源的文化提升,又可以是对传统文化的有形开发。据此,笔者在前人研究基础上,认为文化与创意的结合可通过文化艺术创新、有形产品创新与文化资源创新三部分构成。其中,文化艺术创新化偏重对文化知识和艺术资源的再创作;有形产品创新偏重对实体产品的创意化;文化资源创新侧重对地方文化资源的探索和开发。

四、创意经济视角下的妈祖文化产业发展构想

(一)创意艺术

妈祖信仰文化中关于神灵的故事传说非常丰富,它们是民族文化宝库中

重要的非物质遗产。随着社会影视文化成为大众娱乐、接受外界事物的重要通道,我们可借助电视纪录片和宣传片,专题介绍妈祖的故事传说、民间习俗、音乐舞蹈、传统技艺等各类民俗文化,将妈祖文化搬上影视荧屏,拍摄成电视,编成各区,排成戏剧,通过现代技术手段将凝固的时空变成动态的呈现,在光影变幻中再现妈祖的传奇经历,使人们能够从更深刻的角度理解妈祖文化。

另外,互联网是近年颇受年轻一代喜爱的娱乐方式,地方可考虑在互联网上开办模拟祭祀网站,将妈祖祭祀活动中的可行环节搬至网络,方便更多民众脱离时间和空间的束缚,以更加健康、文明的方式在网上进行祭祀祭典活动,这样不仅可以吸引年轻一代参与到妈祖文化中,还能更为广泛地向世界传播妈祖文化。

(二)创意商品

妈祖文化现有的内容创造形式还较为单调,如妈祖信仰旅游纪念品、地方工艺品、土特产等,基本上都是无差别的复制品。因此,当务之急是要以创意的方式、新颖的形式设计出抓人眼球的产品。

妈祖服饰最能形象传递妈祖文化,极具开发价值。设计时可加入精心提炼的文化元素,并注意色彩搭配和潮流动态,使其更具时代感,迎合消费者的审美与实用的双重需求。抑或是将妈祖文化元素注入工艺产品及日常生活用品中,发挥创意思维,设计出现代版妈祖动漫玩具、妈祖传说漫画、绣有妈祖图案的碗筷、形似船舶的烟灰缸,这样能抓住各年龄层的消费者,让妈祖文化与时俱进,丰富产品的文化内涵,提升产品附加值,实现传统文化与现代创意的融合,为莆田妈祖文化创意产品的发展提供更大的发展空间。

(三)创意旅游

最早提出在传统旅游业中引入创意元素的是 Pine 和 Gilmore,他们在其著作《体验经济》中提出:在体验消费时代,文化旅游产业中的供应商之间的激烈竞争会引导他们把产品供应提高到一个新的阶段。经营者利用创意手段和过程,通过引导游客体验去完善自己,来创造新型的经济价值。[11]

有学者通过对妈祖旅游的数据分析,提出"妈祖旅游已处于成熟停滞向衰退转折时期。"[12]据此,妈祖旅游必须发挥出创意性,通过创意来促进和提升妈祖旅游的新鲜度和吸引力。笔者认为,发展妈祖文化生态旅游可有力促使妈祖文化产业重焕生机。生态旅游关键在于建立文化社区,将传统文化、自然环境、居民生产生活三者相互融合,真实反映当地人民的社会习俗、精神生活与宗教信仰。让游客体验当地居民的信俗生活与“原生态”妈祖信俗产品，同时开发一些创意型旅游项目，如渔家生活体验、游滨海观光度假、海上体能极限、环岛徒步自助游、现代娱乐旅游度假区、航海巡游等，提升民众的参与积极性，让游客在这种创意旅游过程中主动学习妈祖文化，既实现个人成长又促进经济增长[13]。

五、结论

妈祖文化有着巨大的开发利用空间，对莆田的发展有着非凡的意义。要如何有效地开发利用妈祖文化这一宝贵资源，发挥出其应有的效益，产生良好的社会与经济双重效益是当下地区经济发展的重要问题。创意经济视角下的妈祖文化产业开发既要重视与当代艺术的创意融合，对既有实体产品的创意提升，还应注重与当地人民生活习俗的融合以发展创新型体验旅游，使妈祖文化以多角度、多维度的形式和方式展现在世人面前，这样更有利于妈祖信俗的保护、传承和发展。

参考文献：

[1]HOWKINS J.Creative economy：How people make money from ideas[M].London：Penguin Books，2001.

[2]THROSBY D.Cultural capital[J].Journal of Cultural Economics，1999(23)：3-12.

[3]约瑟夫・熊彼特.经济发展理论[M].何畏，易家详，译.北京：商务印书馆，2000.

[4]FLORIDA R.The flight of the creative class[M].London：Harper Collins，2005.

[5]ROBINSON K.Mind the gap：The creative conundrum[J].Critical Quarterly.2001(43)：41-45.

[6]赵永进.创意经济视角下的农村文化资源产业化研究[J].农业经济，2012(8)：31-34.

[7]曲慧敏.以文化产业化模式推动中华文化走出去的思考[J].山东师范大学学报(人文社会科学版)，2012，57(3)：123-128.

[8]张雷.地方文化资源与创意经济的融合机理分析[J].理论学刊，2009(7)：59-62.

[9]李书文，尹作升.文化产业化与传统文化资源的开发[J].社会科学研究，2004(3)：64-66.

[10]韦信宽.少数民族文化创意产业发展研究——以福建福安为例[J].广西民族师范学院学报，2012，29(4)：29-33.

[11]PINE B J GILMORE J H The Experience Economy[M]. Harvard University Press,1999.

[12]陈超,吴臻霓.湄洲岛国家旅游度假区生命周期规律分异探[J].莆田学院学报,2006,13(4):81-85.

[13]Richards G.Creativity:A new strategic resource for tourism[J].International Journal of Cultural Policy,2005(9):32-43.

改进的五元符号模型构建
——以福建客家土楼文化为例

阳光学院商学院　吴春琼　王秉安

摘　要：虽然客家文化与土楼文化研究成为人类文化学研究的一个受人关注的议题，但目前研究陷入局部最优的僵局，既不能产生实际的社会应用，也不能兼顾人文、社会学、历史、美学等领域，现急需一种统合性研究进行突破。符号学原理与方法提供了一个能对文化进行系统性、层次性重构的工具，能跨越多个学科领域。运用符号学原理对客家土楼文化进行研究应是一个很值得开展的。本文针对皮尔斯的三元符号模型对信息承载能力不足的弱点进行修正，使其更适用于文化的符号学分析。本文增加导入“符事”元素，以记载与符号相关的故事，同时导入“符史”元素，以记载符号的演化历史。

关键词：符号学；福建土楼；皮尔斯符号模型

一、引言

自 1956 年福建土楼首先被刘敦桢[1]关注以来，国内外研究者不间断地从不同视角对土楼进行了各种研究。用检索词“土楼”查找中国知网，篇名中含有“土楼”二字的各类文献近 1500 篇之多，是中国民居研究最多的一类。福建土楼作为世界文化遗产，以其奇异的造型、独特的聚居方式和深邃的文化内涵吸引了世界的目光[2]，土楼文化研究成为土楼研究最重要的一个方向。然而，在对土楼文化的大部分研究中，系统性研究并不多，也相对较少出现颇具深度的对土楼或客家进行“深描”的专著。[3]

客家文化研究通常缺乏全局观，常着眼于一点进行分析研究，难以统合视角。如，从文化伦理方面的分析来说，罗付灵[4]认为客家文化有教育意义，赖琳、林春香[5]认为客家文化应遵从现代审美习惯与伦理倾向而发展，谢重光[6]等人从民俗信仰、道德、伦理、传统文化礼俗等多方面探究土楼文化的和谐特征。又如，从文化旅游方面的分析来说，沈晖[7]等从客家文化的现代设计观体现、景观保护与规划方进行策划，郑吉祥[8]运用现代社会学观点探索社会交换过程对旅游目的地居民态度影响与互相促进，重视乡村资源与现代富媒体技术结合。有些学者从文化传承方面进行分析，如詹石窗[9]探究了土楼的文化底蕴与价值，从民居、地方土特产资源的文化积淀中发掘文化的传承与发展。

二、概念梳理与研究动态

一切文化现象都是由符号构成的，都可以归纳为对符号现象的研究。[10]也有学者认为，文化不仅限于物质，如王欢欢[11]更多考虑文化体系中精神价值观因素。丁家钟、贺云翱[12]延续费孝通理论，认为文化体系是一个多元一体的组成，是多地区文化创造和文化特性的综合，是多时空多维度的文化复合体。

民系文化的符号学研究，显示出文化符号学能较全面地分析多元文化。如王悦[13]从传统节日、风俗媒介仪式等文化形式方面研究其在符号中的意义。符号学对文化的研究应用在多个领域，发展出诸如传播符号学、经济符号学、历史符号学、旅游符号学、建筑环境设计符号学等方向。

将符号学导入土楼文化研究，有助于提高研究的深度、层次性和完整性，从全新视角进一步揭示土楼文化的内涵和特性。极少数土楼文化的研究开始涉及符号概念，如吴兴帜认为土楼在客家人的情感认同中逐渐扮演了一个象征性符号；[14]韩啸对如何应用符号学进行土楼文化旅游产品设计做了探讨。[15]

本文在对符号学中重要的基本理论之一——皮尔斯三元符号模型进行修正的基础上，对土楼文化进行解构与重构，以期建构出一个土楼文化符号体系来加深对土楼文化的认识。同时，探索运用符号学原理研究地方特色文化的途径与方法。

三、皮尔斯三元符号模型的修正

皮尔斯三元符号模型与索绪尔二元符号模型是被一起公认为符号学研究文献中的最经典、最重要也是最经常被引用两个的符号模型。皮尔斯三元模型指出，一个完整的符号概念应该包括三个元素：符号代表项（representamen）也称符号载体（sign vehicle），指涉（代）对象（object）也称符号代表物（referent）和解释项（interpretant）也称对符号的理解 sense，不少文献中用中文习惯表达，这三者依此为符形（符号的图形）、符指（符号的指代物）和符义（符号的意义）。皮尔斯三元符号模型结构如图 1 所示。

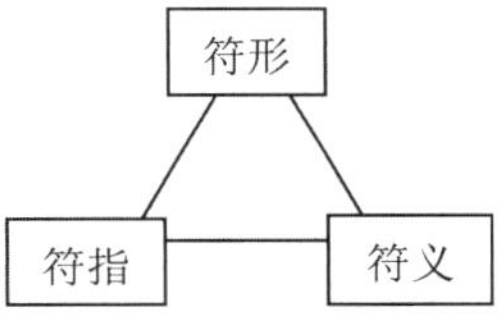

图 1　皮尔斯三元符号模型

为了丰富该模型内容，增加其厚度，本文在原有的三元元素基础上，首先导入第四个元素——符事。其依据讨论如下：文化经由符号表达出来，不同文化都有各自与其他文化不同的符号体系，符号作为文化的表达物，必带上文化特性，文化意涵往往靠故事来表达和传承，因此符号中的符义也必然与这样的故事对接起来，与符号关联的故事，简称符事，即符号后面的故事。而文化符号通常是一个长期发展的事物，在其发展过程中存在多个不同的历史面目，符号发展历史上存在的形态就是该符号发展的历史，简称符史，形成新的符号模型的第五个元素。符事和符史元素的加入，使三元符号模型延展为五元符号模型，极大地增加了符号概念的厚度和符号内涵的丰度，为应用符号学来重构地方特色文化拓展了空间。皮尔斯五元符号模型的修正如图 2 所示。

本文选择了闽西土楼中最有代表性的永定承启楼进行田野调查，以获取一手资料来修正和丰富原有的判断，并以该土楼为对象，并应用本研究提出的符号分析理论体系进行实证验证。

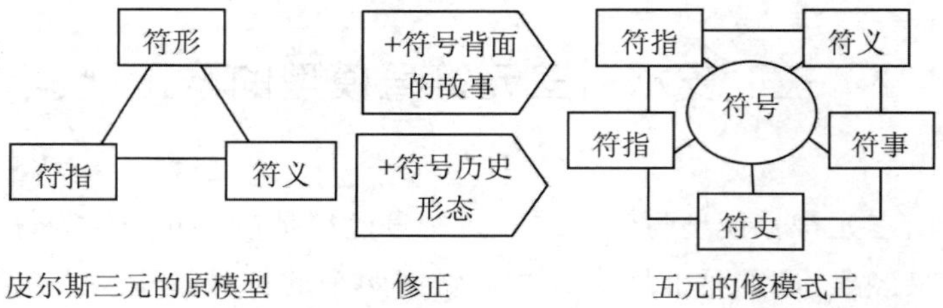

图 2　皮尔斯模型的修正

四、土楼文化五层次符号体系

土楼文化的本质是客家文化。客家作为中原文化的一个民系分支，带有强烈的汉文化特征，又因历史变迁的缘故，与当地文化交流融合，最终形成了别具内涵的客家文化。研究土楼文化，首先要确定其核心是中华汉文化。文化的表征显示为文化资源，文化资源可以分为物质文化资源和非物质的文化资源。从文化资源抽象意义上的概括性与重要性来说，一切文化资源必定有一个或多个的根元素，作为其发源、拓展的基础。中华汉文化就是土楼文化的根元素，土楼文化可表现出的总体建筑文化、构件建筑文化、非建筑文化等则可以视作代表土楼文化的名片元素。另外，在根元素与名片元素之间，作为中介、中转的基本元素应为客家文化起到在根元素与名片元素之间承上启下的作用。客家文化的核心地位仅次于中华汉文化。以中华汉文化为核心符号，客家文化次核心符号为基本元素，以总体建筑文化符号、构件建筑文化符号、非建筑文化符号为名片元素的土楼文化五层次符号体系如图 3 所示。

名片元素是在文化体系中最突出，最具有特色，能被人强烈感知的一部分元素。在符号学的视角下，根元素、基本元素、名片元素都是承载意涵的文化符号。

（一）土楼文化的核心文化符号层

土楼文化的核心文化符号层分为中华汉文化核心符号和客家次文化核心符号两部分。

客家民系起源于中原，客家源流始于秦征岭南融百越时期，历经魏晋南北朝、唐宋等时期的大迁徙，逐渐形成了固定的一支民系。西晋以来，中原地区

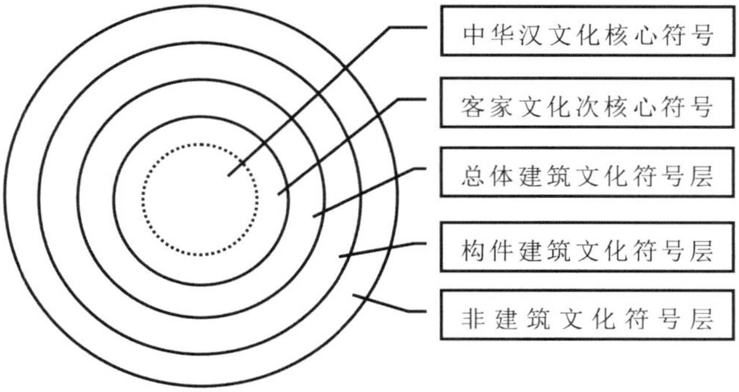

图 3　土楼文化五层次符号体系

不仅出现政局内乱的局面，而且北方的少数民族乘虚而入，各自据地称王，彼此间征战不休形成长期的战乱、动荡、饥荒等灾害局面，史称“五胡乱华”。西晋灭亡后大批不堪被胡人奴役的中原汉族士大夫大举南迁，南迁移民的潮流持续 170 多年，迁徙人口达一二百万之多，在当时的人口基数下，这是一个巨大的比例。

一般认为客家民系延续至今，经历了 6 次大规模的迁徙活动。每一次迁徙都离不开战乱、动荡的原因。一方面南迁汉民为生计所迫，另外一个重要的方面则表现为士大夫阶层不肯与乱局中的统治者同流合污的坚持。迁徙的移民多是举族迁徙，从财富上看贫富不均，但是从文化节操上看，南迁汉人具有非常鲜明的士大夫气节。如西晋末年匈奴俘虏晋文帝，北方豪门随晋室迁居长江以南，史称“衣冠南渡”。又比如北宋末年“靖康之变”后，中原许多百姓随皇室成员逃到福建、广东等地。士大夫阶层使客家民系的移民不同于一般的战乱流民，能保持住极强的宗族观念、文化坚持和节操气节。客家先民自称“客家人”即可见一斑。客家先民南迁后，无论最后停下迁徙定居何处，总不忘以“客人”自居，即表示对当地原住民的谦逊之意，更是为了提醒自己及子孙后代不忘根本，不忘故土。这一份文化和认同上的坚持使客家民系极大地保留了中原汉文化的传承。例如，时至今日客家话虽然受各定居地方言的影响各自产生了变化，但总体来说，客家话中保留了大量古中原语的发音和用词。

客家文化与中华汉文化密不可分，核心是儒家和道家的精神，践行仁、义、礼、智、信，以孝悌、忠义为美德，尊孔重道，重视文教，又信奉天人合一，道法自然，清净无争、睦邻友好、守望相助。客家人南迁后生活不易，所以尤其具有吃苦耐劳、艰苦奋斗、拼搏的精神，又勇于开拓、不断进取。从最初南迁起，客家先民就表现出强烈的民族意识和爱国心，勇于革命，溯本思源、怀国爱乡的精神和赤子之心。

土楼是客家人的居住建筑，是一个居住生活的空间，建筑形态有多种。人总是对最熟悉的事物产生认同感，客家人聚族而居，在土楼中生活、成长，有关劳作、休憩、学习、婚丧嫁娶等活动都在土楼的见证下进行。因此土楼作为一个代表家乡、乡土的标识在客家人的心里留下不可磨灭的印象。土楼在客家文化中，作为一种物化的符号标识，与客家人的故乡情怀相共鸣，在情感认同上扮演了一个表示家乡的符号。而对非客家人而言，土楼建筑形态以鲜明突出的特点吸引了人们的注意力，相比客家习俗、工艺等物质或非物质的文化特色，土楼建筑形态更符合人们心中对客家文化的直观想象。因此在人们的理解中也以土楼作为客家文化的符号形象。

以符形、符指、符义、符事、符史五元看待客家文化这个文化符号，可以认为：

符形——土楼

符指——客家文化

符义——客家民系共同创造的物质文化与精神文化的总和

符事——围绕客家人历史、生活、习俗所发生的故事

符史——以圆楼为主

土楼符号的文化符号五元模型表示如表 1 所示。

表 1　土楼符号的文化符号五元模型

符号构成元素	概念	内　容
符形	符号表现形态	土楼
符指	符号所指对象	客家文化
符义	符号解释意义	坚忍、勤劳、团结、爱国、进取、家族、故乡、耕读、崇文重教
符事	符号关联的故事	南迁故事、与当地文化融合故事、建设与保卫家乡故事、游子故事、生活中的语言、戏剧、音乐、舞蹈、工艺、民俗、建筑、饮食所带来的故事……
符史	符号曾经的历史形态	圆楼、方楼、五凤楼、楼群……

值得注意的是，作为土楼文化符号的符形表现方式，大多数时期使用的是圆楼，更多是采用多个圆楼楼群的表现方式。土楼的楼型不仅仅是圆楼，而圆

楼的外观形式也是许多其他地区古民居曾出现的形式。之所以用圆楼作为代表土楼文化的符号，这与客家精神与人们的认同感有关。客家的圆形土楼建筑形式与布局安排是完全呼应汉文化的儒家和道家精神建设的，具有浓厚的汉文化底蕴，这与一般的圆形古民居区别开来。因此，在圆楼、方楼、五凤楼、楼群等土楼文化符号表现历史中，最终圆楼的符号形态基本固化下来成为代表土楼文化的符号。又因为客家文化注重宗族相亲，强调友爱互助，所以也常以圆楼楼群的符号形态作为土楼文化的符号。

(二)土楼文化的总体建筑文化符号层

土楼的建筑材料主要是生土、木材、石料、竹子等，利用未经焙烧的并按一定比例的沙质黏土和黏质沙土拌合在一起，再用夹墙板夯筑而成楼房。福建土楼历史悠久，可以追溯到宋元时期。几百年来历经发展，从明朝末年至今渐渐发展成熟。在世界遗产土楼目录中最古老的土楼是六百年楼龄的集庆楼，位于永定初溪土楼群。

客家先民南迁之初，生存环境恶劣，为了避难，多选在山区定居，因地制宜，利用有限的条件建造了城堡和山寨。又因长期以来对抗外敌的需求——如明嘉靖后倭寇、山匪横行，连年战火——土楼的建筑很大程度上把防御性放在所有的需求之前，并且融合汉文化的风水学说，土楼的形态最终演变成圆楼、椭圆楼、方楼、五凤楼等四种主要建筑类型。除此之外常见的还有凹字型、半圆形和八卦型等不同的土楼建筑格局。

土楼的居住功能包括防火、防盗、防潮、防震、冬暖夏凉等功能。在建筑构件结构上延续了中国传统木结构的建筑的风格，以风水文化为基础布置，每个房间的规格大小一致。土楼内设水井，又有窖藏可以储备物资，以具有内封闭性、自成一局为特色。尤其是圆楼形状的土楼，外形浑圆内敛，出入仅有一个大门，可谓一夫当关万夫莫开。

其中最出名的是圆楼，土话叫作“走马楼”，意思是土楼内部二层以上各个房间前都有环形的走马廊，能连贯各个方向。汉文化讲究天圆地方的说法，认为天是一个圆盖子，大地是方方正正的。圆在汉文化中代表圆满、完满的吉祥意义，也代表周全、无疏漏的行事方式，有时也做“万事和合，家人团圆”的理解。圆楼的外形是对外封闭的圆形，有对外防御的作用，但是内部是个敞开的空间，表示对内团结。因此以圆楼为居所形态代表了客家强烈的宗族观念和守望互助的愿望。另外，根据风水学的概念，物体的形似可以实现功能类比，浑圆的楼型能够不沾“恶气”，让“恶气”无所驻足。因此，清代以后的土楼多为圆楼。圆楼内部结构的齐整可以用外圆内方来形容,这也是儒家精神所提倡的处世之道。有些土楼群落的建筑布局也是按几个圆楼围绕一个方楼的散布方式建造的。外圆内方的土楼群楼布局如图 4 所示。

图 4　外圆内方的土楼群楼布局

以符形、符指、符义、符事、符史五元看待土楼文化的总体建筑文化符号,可以认为:

符形——土楼

符指——土楼建筑文化

符义——土楼建筑具有不同形态,分别代表不同的功能和意义

符事——土楼在设计、建筑、使用中背后发生的故事

符史——不同需求时期,代表土楼的楼型,可能是圆楼、椭圆楼、方楼、五凤楼、凹字型、半圆形、八卦型……

广义上的土楼建筑文化符号可以表示为表 2。

表 2　广义上的土楼建筑文化符号

符号构成元素	概念	内　容
符形	符号表现形态	土楼
符指	符号所指对象	土楼建筑文化
符义	符号解释意义	防御、生活、团圆、定居

续表

符号构成元素	概念	内　容
符事	符号关联的故事	土楼在设计、建筑、改变、居住中背后发生的故事……
符史	符号曾经的历史形态	圆楼、椭圆楼、方楼、五凤楼、凹字型、半圆形、八卦型……

土楼建筑文化符号不以具体的建筑材料、技术为主要表达对象，而是更多地表达土楼建筑所带来的实用性意义与精神上的指导作用，因此符事主要是土楼建筑文化在利用居住地环境与融入当地文化时所发生、关联的故事。符史表现为土楼在设计、建造和使用过程中曾经采用过的形态，这些形态一开始呈两极分化，一方面具备汉文化典型建筑特色，如五凤楼等，另一方面必须与当地地理环境、建筑材料的生土、砂石、州木等互相妥协依存，形成堡垒建筑，最终形成外圆内方，内部自成一派格局的较固定、成熟的楼型。

（三）土楼文化的构件建筑文化符号层

从土楼的构件结构和使用的材料来看，注重天人合一，强调善加利用周边环境，让建筑与自然融为一体。土楼的建筑细节受中国传统文化影响，在细节上处处彰显出儒家文化和道家文化的刻印。例如在建筑方楼时，从风水学上认为方正的楼型某个边角是煞气冲突的地方，因此在楼角基石上刻印上“泰山石敢当”的字样来挡煞、辟邪。也有在楼角钉上八卦或写有咒符的木板、压胜，用以制煞。客家土楼的外部一般是黄土色，但内部建筑精美细致，富有文化情调，装饰有雕饰彩绘，通常以历史典故、神话传说、民间习俗为题材，有些人物、花鸟、吉祥纹都是典型的传统文化图样，不仅美观大方，有装饰性，而且内具意义，宣扬仁义道德、友爱忠孝等精神，能起到道德教化的目的。

土楼的构件一开始就是以道家文化的风水学为根基的，在择址时多用八卦定位，注重选择向阳避风、临水近路的地方起楼。楼址多坐北朝南，左有流水，右有道路，前有池塘，后有丘陵。内部格局也多有借重八卦形态的，比如八卦楼内部就是仿八卦太极形态布局的。

客家人的宗族意识和团结精神也可以从土楼内部的构件格局上看出来。土楼内部格局由祠堂与围合在其两侧的居住部分构成，从建筑布局来说，是中轴对称的。圆楼、方楼、五凤楼等都是以祠堂礼制空间为中轴的，强调了对祖宗的尊重。沿着中轴线形成丰富的空间序列，作为居住部分。土楼内部的居住空间散列在祠堂两侧，彼此并无高下贵贱之分，这一布局尤其在圆楼中的布局更为明显。总体来说，土楼内部的构件格局表现出高度的整体性、秩序性、凝聚力。

以符形、符指、符义、符事、符史五元看待土楼文化的构件建筑文化符号，可以认为：

符形——土楼

符指——土楼建筑的构件

符义——土楼所表现出的儒家文化、道家文化与当地特色文化

符事——客家人在土楼生活所发生的故事

符史——各种随着时代发展所改变的土楼建筑构件特色

土楼文化的构件建筑文化符号可以表示为表3。

表3　土楼文化的构件建筑文化符号

符号构成元素	概念	内　容
符形	符号表现形态	土楼
符指	符号所指对象	土楼建筑的构成，包括建筑材料、布局、装饰……
符义	符号解释意义	天人合一、居所、宗族、血缘、祖宗、道德教化、平等互助……
符事	符号关联的故事	客家人在土楼生活所发生的故事……
符史	符号曾经的历史形态	各种随着时代发展所改变的土楼建筑构件特色……

虽然土楼的基本构件模式在长期的发展中相对固定了，但这期间也经历过各种变化，如受传统儒家、道家的思想产生的变化，受当地文化与自然环境影响发生的改变，甚至受时代演变所带来的文化冲击而产生调整等。如号称土楼王子的振成楼，其外观是圆楼，内部居所的布局也是以宗祠为中心围合的居所，但是这座宗祠不是传统的中国古典建筑格局，而是一所引入西方审美的西式建筑。可见在土楼文化的构件建筑文化符号的发展过程中，符号所关联的故事早就对应了符史的变异和产生。土楼文化的构件建筑文化符号也不是一成不变的。

(四)土楼文化的非建筑文化符号层

另外，一些非建筑、非物质的文化符号也属于土楼文化符号之列，如语言、戏剧、歌谣、工艺、音乐、饮食等形成的非建筑文化符号。这些元素虽然不是构成土楼建筑的材料或结构，但它与生活在土楼的客家人密切相关，体现在衣食

住行的生活、学习与娱乐中，因此也被认为是代表土楼文化的符号。

服饰是折射一段时期文化面貌的镜子，服饰的款式结构、配件、装饰图案都能反映一个时代的文化认知。客家人的服饰种类繁多，但总体说来以朴素实用、宽敞简便为主，这与客家人辛苦劳作有关。客家人的服饰色调以素色为主，衣物通常是粗布制作，再漂染颜色，最常见的是蓝色、黑色和灰色。“上穿大襟衫，下着大裆裤”是客家人最常见的衣着打扮。大襟衫是客家人男女老少最常穿的上衣。现在许多文化符号中即以蓝粗布的大襟衫和大裆裤作为土楼文化的服饰符号。

再如闽西客家的特色饮食“闽西八干”，各自对应一个地区的特产，例如连城地瓜干、上杭萝卜干等。食材本身不算名贵，而且晒制成干货，反映出客家生活艰辛的一面。经由人们口耳相传，使食材也能代表一个地区的特色，成为代表当地土楼文化的饮食符号。客家地区生活环境恶劣，当地年轻人为强身健体、保卫家园，多有修习武术、体术的，比如塘下的吴家棍、北山的张家刀、西陂的林家枪、上杭的五枚拳等。这些体术的流传都有许多动人的历史故事，都能作为代表一个地区的符号。

以符形、符指、符义、符事、符史五元看待土楼文化的非建筑文化符号，可以认为：

符形——食品、服饰、配饰、工艺品

符指——客家地区土楼文化

符义——土楼文化氛围下传递的勤劳、朴实、对美好生活的追求

符事——符形表现物与土楼生活所发生的故事

符史——各种随着时代发展所改变的符号

土楼文化的非建筑文化符号可以表示为表 4。

表 4　土楼文化的非建筑文化符号

符号构成元素	概念	内　容
符形	符号表现形态	食品、服饰、配饰、工艺品
符指	符号所指对象	客家地区土楼文化
符义	符号解释意义	勤劳、简朴、奋斗、美好生活、创新、革命、爱国……
符事	符号关联的故事	符形表现物与土楼生活所发生的故事、下南洋故事……
符史	符号曾经的历史形态	各种随着时代发展所改变的符号

这些非建筑文化符号——有些甚至是非物质文化——在时代的发展中也相应发生变化。比如上文所述闽西八干，以当地土特产为符号代表一个地区，这些符号在经济发展、对外交流的过程中也可能产生变化。

比如宁化老鼠干，其符号形态是老鼠干，代表宁化客家地区。近年来客家文化向外发展，被更多的人所了解。有相当多宁化地区以外的人们不能接受山老鼠或田鼠制作的老鼠干，不仅不利于老鼠干食品的推广，而且间接影响了外界对宁化地区的文化评价。因此宁化地区渐渐以“宁化兔仔干”来代替“宁化老鼠干”，成为新的闽西八干之一。老鼠干的符号形象渐渐被兔仔干所代替。这和闽西八干发展的符事是分不开的，形成了闽西八干的符史。

又比如近代客家人为生计所迫，或主动，或被骗卖，漂洋过海，到东南亚国家务工求生存，成为“下南洋”大潮中的一员。“下南洋”在近代也成为代表土楼客家文化的一个标志符号。

(五)五元符号模型对承启楼文化符号体系的分析

以坐落在福建省永定县高头乡高北村的承启楼为例。承启楼历史悠久，据传说其奠基于明代崇祯年间，由江氏第十五代江集成兴建，建造过程中因战乱而屡次打断，又数次继续建造，直到清朝康熙四十七年(1708 年)才告竣工，跨越了祖孙三代之力建成，是土楼楼群中规模最大的圆楼。

承启楼建筑规模巨大，又历史悠久，具有典型的客家土楼建筑特征与汉民族文化符号特征，在 1981 年即被收入中国名胜辞典，号称“土楼王”，2008 年 7 月被列入世界文化遗产目录，2010 年进入世界吉尼斯最大土楼纪录。承启楼直径 73 米，外围周长 1915 米，走廊周长 229.34 米，全楼为三圈一中心。外圈 4 层，高 16.4 米，每层设 72 个房间；第二圈二层，每层设 40 个房间；第三圈为单层，设 32 个房间，中心为祖堂，全楼共有 400 个房间、3 个大门、2 口水井，整个建筑占地面积 5376.17 平方米。鼎盛时期全楼住着 80 余户、600 多人。

仍然以土楼文化五层次符合体系来分析承启楼的文化符号体系，将其分解为承启楼的总体建筑文化符号层、构件建筑文化符号层、非建筑文化符号层，由此得出承启楼的核心文化符号层与客家文化、汉文化的关联。对承启楼的文化符号学模型建构可以由总体建筑文化符号层、构件建筑文化符号层、非建筑文化符号层、核心文化符号层、汉文化核心层组成。

1.承启楼的总体建筑文化符号层

承启楼总体建筑符号形态可以用外圆内方的图形化符号来表示。承启楼是由三圈同心圆搂圈所构成，最内部中心为方正的祖堂。三圈的主楼形成环状，层层相套，护卫着正中的祖堂。

以符形、符指、符义、符事、符史五元看待承启楼总体建筑文化符号，可以认为：

符形——圆土楼

符指——承启楼

符义——南方圆楼的典型代表、亲族宗亲聚集的居所、文化与产业的传承

符事——承启楼在建成前、设计、建筑、使用中背后发生的故事

符史——不同需求时期，代表土楼的楼型，可能是圆楼、椭圆楼、方楼、五凤楼、凹字型、半圆形、八卦型……

承启楼的总体建筑文化符号可以表示为表 5。

表 5　承启楼的总体建筑文化符号

符号构成元素	概念	内　容
符形	符号表现形态	圆土楼
符指	符号所指对象	承启楼
符义	符号解释意义	亲情、乡情、定居、勤恳、拼搏、团结、传承、泽被乡里
符事	符号关联的故事	江氏家族迁移、定居、江集成积蓄立业、江氏祖孙设计、建筑、改变、居住土楼发生的故事……
符史	符号曾经的历史形态	方楼、府第楼，圆楼

承启楼最初的兴建者江集成并不是富贵出身，仅仅是以耕田、养鸭子为生的普通农民。江集成通过勤俭持家，点滴积蓄，先买下了五云楼，又兴建承启楼，因此承启楼的建成经过代表拼搏致富的可实现，也代表氏族齐心的凝聚力。承启楼虽然由江集成兴建，但是它一开始就不是为一个小家小户所建立的居所，它的建筑格局足以容纳江氏宗亲。在其建筑阶段，正是社会动荡的时期，直接影响了承启楼的整体格局，它不仅仅是一座有防御性的、巨大的居住堡垒型建筑，更是代表亲情、乡情、不忘桑梓、传承不息的精神。

在兴建承启楼之前，江集成曾购买五云楼。五云楼是一座较小的方形土楼。后因五云楼的空间格局与防御功能等不能满足需求，又继续兴建承启楼。从这个发展的轨迹上来看，承启楼的符史可以从方楼、府第楼算起。

2.承启楼的构件建筑文化符号层

承启楼外观是圆楼，内部是太极八卦形态，最中心的祖堂建筑比外圈三环略低，使全楼形成外高内低、逐环递减的格局，强调风水学中天人合一的境界。

外环楼以土木结构为主，内环楼则是砖木结构。

最外一环最为厚实，高 4 层，直径 73 米，最底层墙厚达 1.5 米，具有极好的对外防御效果。最外一环的底层和二层都不设外窗，其中底层为厨房，二层为粮仓，三、四层是卧室。除外墙和门厅、梯间的墙体以生土夯筑之外，厨房、卧室的隔墙均以土坯砖砌成。遇有外敌侵扰，只需要关闭承启楼大门，即可有效抵御。

外环楼圈的卦象分界十分明显，底层的内通廊以开有拱门的青砖墙相隔，按中国传统易经的八卦原理布局，前门是巽卦，后门为乾卦。以青砖防火墙分隔成 8 个单元，楼房呈辐射状八等分，寓意乾、兑、坤、离、巽、震、艮、坎八卦，每等分 6 间起脚为一卦。每层 72 开间，含门厅、梯间。第二环与第三环之间的东面和西南面的天井各有一口水井，称为阴阳井，各代表承启楼的八卦楼型中阳眼、阴眼的位置。

承启楼的总体构件建筑文化符号可以表示为表 6。

表 6　承启楼的总体构件建筑文化符号

符号构成元素	概念	内　容
符形	符号表现形态	八卦型、同心圆
符指	符号所指对象	承启楼、八卦楼、同心圆型楼
符义	符号解释意义	天人呼应、坚固、稳定、聚居、宗亲、凝聚力、和谐、敬祖
符事	符号关联的故事	永定县史所记载的地震不能动摇土楼结构故事、江氏设计八卦楼故事、承启楼抵御流寇故事……
符史	符号曾经的历史形态	圆型、八卦型、同心圆型

承启楼从符史的角度来说形态较多，这不仅因为承启楼建楼历史教长，也因为承启楼设计建设受儒道文化影响，特色极为鲜明的缘故。承启楼格局的八卦排列具有天人呼应的思维导向，以坐落在太极阴阳鱼眼的两口天井内的水井为中轴，左右各呈半圆排布，中轴线上和东西两侧的二、三环各有 4 个开间作为豁口；设主通道，外环 3 个门均可直通祖堂，其他方向亦有多条通道，每个卦象都与自然相对应，各具特性。表 7 显示出八卦卦象的对应元素。

表 7　八卦卦象

卦名	自然	特性	家人	动物	方位
干	天	健	父	马	西北
兑	泽	悦	少女	羊	西
离	火	丽	中女	雉	南
震	雷	动	长男	龙	东
巽	风	入	长女	鸡	东南
坎	水	陷	中男	猪	北
艮	山	止	少男	狗	东北
坤	地	顺	母	牛	西南

八卦型与承启楼内部构造布局如图 5 所示。

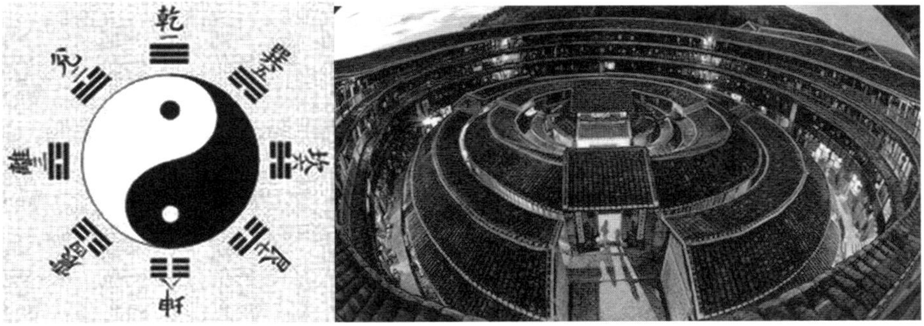

图 5　八卦型与承启楼内部构造布局

用八卦型构建的承启楼布局，用意非常明显，是希望宗泽绵长。有天人和谐、自然与人和谐共存、内部凝聚、阴阳转化、生生不息的含义。

3.承启楼的非建筑文化符号层

承启楼的装饰、配件、工艺、起居、习俗等都构成其非建筑文化符号，其屋顶、梁头、斗拱、墙基和门窗装修等局部的工艺美术都令人叹为观止。这里以其楹联为例。大部分土楼都挂有楹联，这与客家人耕读为本、崇文重教的文教思维密不可分。楹联起到警醒、教育客家后人践行教化的作用。

承启楼内多有楹联、木刻等悬挂，在大楼门口的门楣镌刻楼名“承启楼”，两边镌刻楹联：“承前祖德勤和俭，启后孙谋读与耕”。楹联以“承”、“启”为句首，一方面表示不忘祖先的勤俭立业美德，另一方面又对子孙后代长久的发展提出“读与耕”的期望。与此呼应的家训楹联包括“承先人遗训，启后辈良规”

等，着重强调“耕读”、“勤勉”等汉民族传统美德。

承启楼其他有名的楹联诸如“一本所生，亲疏无多，何必太分你我？共楼居住，出入相见，最宜重法人伦”体现了土楼居民平等有爱的宗族精神。“天地人三盘，奥妙无穷；助人间为乐，造福万年”即显示出道家传统文化思想，又表达了达则兼济天下的儒家情怀。

承启楼的非建筑文化符号可以表示为表8。

表8　承启楼的非建筑文化符号表示

符号构成元素	概念	内　容
符形	符号表现形态	八卦型、同心圆型、文字“承启”、楹联、家训……
符指	符号所指对象	承启楼、承启楼住户、江氏子孙、儒家思想、道家思想
符义	符号解释意义	耕读为本、崇文重教、修身养性、齐家治国……
符事	符号关联的故事	文教故事、家训故事、楹联故事、承启楼祖孙耕读故事……
符史	符号曾经的历史形态	每一个楹联、家训的成就都能代表一个小阶段承启楼的符形历史

承启楼的非建筑文化符号不是一朝一夕成就的，总体来说它的符义精神指代子孙繁荣、道德教化、修身治国，每一次楹联、家训等承载物的产生、成就，既包含了其背后的符号故事，也代表了这一阶段江氏楼民的期望与符号历史。

4.承启楼的核心文化符号层

承启楼的核心文化符号层可由其总体建筑文化符号、构件建筑文化符号、非建筑文化符号等提炼而来，表现为客家人坚忍、勤劳、团结、爱国、进取、家族、故乡、耕读为本、崇文重教的精神。承启楼第三环楼圈为单层砖木结构，有32开间，做私塾之用。难得的是，江氏楼主崇文重教，让女性也有读书的机会。

承启楼中心的祖堂寄托了江氏家族的核心价值观，因此具有强烈的仪式感。北门是“喜门”，为婚嫁时的通路，东门是“生门”，供满月的孩子通行，西门是“死门”，为丧葬时的通路。祖堂中放置有一块珍贵的清朝文物“郭子仪拜寿图”屏风。据永定县志记载，乾隆十九年(1758年)江集成次子江建镛71岁寿辰时朝中尚书、京城太学士60余人合资赠送了一块楠木屏风，即是寿礼，又间接恭贺承启楼为天下第一圆寨。这块屏风雕工精细，由12块楠木连接而成，正面雕刻有“郭子仪拜寿图”、“二十四孝图”、“四季图”，背面刻两篇寿序，一篇是诰授资政大夫礼部左侍郎加三级年家侍生邓钟岳撰写的《镛翁江老年台六秩荣寿序》，另一篇是翰林院庶吉士王见川撰写的《声翁七秩加一荣寿序》，都记述了江建镛的生平事迹。这块屏风至今仍然供奉在祖堂，在重大节庆时，作为重要的文教展示，鼓励族人的孝悌精神。

承启楼的核心文化符号可以表示为表 9。

表 9　承启楼的核心文化符号

符号构成元素	概念	内　容
符形	符号表现形态	文字“承启”、屏风
符指	符号所指对象	承启楼、承启楼传承、儒道思想、客家文化……
符义	符号解释意义	传承、宗族、家国、礼义……
符事	符号关联的故事	承启楼学塾故事、承启楼婚嫁故事、承启楼获赠屏风故事、承启楼轮替展示屏风故事、承启楼梅花间居住格局故事、承启楼“半门”设计故事、承启楼葫芦牌故事……
符史	符号曾经的历史形态	承启之名从一开始就为承启楼的核心符号

承启楼的核心文化符号就是“承启”二字，从“承启”再延伸出对个人修养、子孙教化、宗族延续、回报故乡、报效国家的情怀，这和中国大地上的主流文化操守是一脉相承的。

（六）承启楼的汉文化核心层

从承启楼的构造、布局楹联、家训、待客之道、传承故事、族学等元素都可以看出，承启楼传递的是主流中华传统文化意识。最典型之处在于八卦楼型布局。承启楼的八卦布局围绕太极图形布局建成，太极和无极代表中国传统信仰，包含儒家和道家的精义，被认为可以指代儒、道的终极本体“道”。太极是典型的二元对立论的调和，寓意阴极阳生、阳极阴生、阴阳互化、阴阳互含，太极的阴阳含意与唯物哲学的矛盾二元对立论不谋而合，有天人合一、生生不息的意思。八卦是中国文化的基本哲学概念，八卦的概括就是“为人处事，逢凶化吉”八个字，是古代的阴阳学说。八卦用八个基本卦象来表达一定的事物，干代表天，坤代表地，巽代表风，震代表雷，坎代表水，离代表火，艮代表山，兑代表泽。八卦在中国文化中像五行、阴阳一样抽象世界的构成，是一种中国文化视角下的世界观。这种世界观表现出世界万物内在的区别与联系，强调局部独立与整体统一，不仅可以用在自然环境、宇宙万物中，也可以延伸到人类社会、人际交往的万事万物之中。

承启楼的汉文化核心符号可以表示为表10。

表10 承启楼的汉文化核心符号

符号构成元素	概念	内容
符形	符号表现形态	文字“承启”、八卦楼、同心圆、圆楼、太极
符指	符号所指对象	士族精神、传统、包容、“道”……
符义	符号解释意义	穷则独善其身，达则兼济天下、道法自然、心怀天地、坚忍不移……
符事	符号关联的故事	承启楼每一个构件组成和生活过的人群足迹故事
符史	符号曾经的历史形态	承启楼核心汉文化符号为同心圆与太极，能同时代表道家的天人合一与儒家的包容仁爱精神

客家先民以士大夫阶层为主，这是客家文化能在先民南迁后极大地保留中原汉文化，并坚持传承至今的重要原因。古代的士大夫阶层具备较高的文化修养，有吸纳新事物的改革创新精神。深厚的文化底蕴造就了客家文化不同于一般的地区文化，它承前启后、生机勃勃，本质上体现了汉文化的文化包容性。

五、结论

文化资源都可以用符号来表示，对文化资源的符号化过程就是对文化的梳理与理解过程。文化符号五元模型的构建修正了传统皮尔斯三元符号模型符形、符指、符义的局限性，增加了符事与符史元素，在文化涵盖的深度和时间跨越的广度上丰富了符号的内涵与外延，使人们更容易设计、传递与理解符号。

尤其对一些具有历史传承与地方特色的文化符号，以文化符号五元模型结构文化符号，对文化符号的现状解构及重构的具有深刻的意义，能尽可能多地发掘更多文化深层意义，产生共鸣与理解，进而使之与应用在社会经济、物质空间、精神认知、城市文脉等层面上。

本文以土楼文化的符号体系为例，构建了土楼文化五层符号体系，分别为汉文化核心符号层、土楼核心文化符号层、土楼总体建筑文化符号层土楼构件建筑文化符号层、土楼非建筑文化符号层。在使用文化符号五元模型对土楼文化符号体系的重构应用中，重构主要分析符号的功能变异、符号形态的变异与重构、符号内涵意境的重构等。

本文对文化符号的研究还存着一定的局限性，主要是由于资料收集的途径和厚度有限，有很多更深的符号内涵还未被发掘出来。另外，本文主要以土楼文化为文化符号研究对象，其他地区的文化现象与文化特色未加入进行对比分析，这是未来研究需要改进的地方。

参考文献：

[1]刘敦桢.中国住宅概论[M].天津：百花文艺出版社，1956.

[2]黄汉民，陈立慕.福建土楼建筑[M].厦门：福建科学技术出版社，2013.

[3]雷喜斌."重建"土楼[D].中央民族大学，2004.

[4]罗付灵.以"跨文化交际研究"视角探究土楼的和谐特征[J].福建论坛：人文社会科学版，2011(6)：54-57.

[5]赖琳.活着的文明待兴的产业——福建土楼文化及其产业化[A].中国文联理论研究室、中国民间文艺家协会、甘肃省文联.中国民间文化艺术产业建设研讨会论文集[C].中国文联理论研究室、中国民间文艺家协会、甘肃省文联，2005：10.

[6]谢重光.土楼之根与土楼文化的精髓[J].中共福建省委党校学报，2009(6)：77-81.

[7]沈晖.福建洪坑客家土楼民俗文化村景观规划设计初探[J].农业科技与信息(现代园林)，2014(9)：51-56.

[8]郑吉祥.福建南靖土楼饮食文化及其旅游开发研究[D].集美大学，2014.

[9]詹石窗.土楼的文化底蕴与价值[J].东南学术，2001(4)：176-186.

[10]张宪荣.符号学 I：文化符号学[M].北京：北京理工大学出版社，2013.

[11]王欢欢.作为文化体系的宗教[D].中央民族大学，2013.

[12]丁家钟，贺云翱.长江文化体系中的吴越文化[J].南京大学学报(哲学·人文科学.社会科学版)，1998(4)：69-72.

[13]王悦.基于莫里斯符号学理论的满族传统体育文化研究[D].吉林大学，2015.

[14]吴兴帜.客家土楼的结构功能与文化隐喻[J].百色学院学报，2009(4)：1-6.

[15]韩啸.福建土楼文化背景下的旅游纪念品开发设计[D].江南大学，2013.

“一带一路”视阈下闽江口文化旅游圈开发模式研究

阳光学院商学院　陈思新

摘　要：在福建省旅游业发展的大背景下，闽江口旅游业面临着周边地区的激烈竞争。为帮助闽江口地区抓住政策机遇，加快发展旅游产业，文章运用RMIP模式对闽江口文化旅游圈的开发进行策划，提出闽江口地区要利用自身旅游资源优势，聚焦市场需求，将“三坊七巷”打造为标志性景点，并在此基础上，对其形象进行准确定位，创新和拓展旅游产品。

关键词：“一带一路”；闽江口；文化旅游；开发；模式

一、研究的缘起

关于文化旅游模式的开发，目前国内的研究成果较多，在中国知网上键入相关的关键词“文化”、“旅游”和“模式”等，可以搜索到713篇文献。许志晖、丁登山、向东（2006）探讨了南京市文化旅游深度开发的模式与重点整合方向。王珊、吕君（2009）构建了旅游资源开发的RMIP模式框架，从四个方面展开内蒙古中部文化旅游资源的开发研究。袁锦贵（2010）提出了浙江老字号文化旅游资源开发与利用的模式与途径。胡海燕、巴桑吉巴（2014）以拉萨市为例，论证分析了五种典型的非遗旅游开发的运作模式及其适用性。马荣江（2016）提出以“大黎母文化”旅游品牌为核心，系统整合海南中部旅游资源开发模式的具体建议。[1]目前，国内的研究重点主要集中在非物质文化遗产旅游、民俗文化旅游、生态文化旅游、文化旅游深度开发和融合路径等方面。虽然前人的研究已比较丰富，但还没有针对闽江口文化旅游方面的研究，而从“一带一路”

角度专门针对闽江口文化旅游方面的研究也尚属空白，有待突破。

闽江口地区主要是指以福州市区为核心，包括闽侯县、平潭综合实验区、福清市、长乐县、罗源县、连江县等沿海县市、实验区以及各县市、实验区下面的乡镇组成的地区。从历史来看，闽江口是"海丝"之路的咽喉要道和近代中国海洋文化的孕育之地；从现代来看，闽江口已成为福建和中国东南沿海经济发展的先行区、对台交流合作的前沿和海上贸易的枢纽地区，其重要性日渐凸显。2013 年 9 月，习近平主席在出访国外时提出了"一带一路"倡议，该倡议不仅有助于我国借助过去古代丝绸之路建立起来的友好文化氛围拓展我国的对外关系，增进我国和沿线各国的交流与合作，而且有助于我国统筹全局，消化过剩产能和外汇资产，深入推进改革开放和产业结构转型升级，解决经济发展积累的深层次矛盾和风险问题，实现资源要素的优化配置和市场经济的深度发展，激发区域经济活力和国际协作潜力，维护自由开放的世界经济贸易体系，构建国家安全战略体系，应对复杂的国际局势变化等，具有深刻的历史背景和时代背景。在这种形势下，从"一带一路"视阈下，对闽江口文化旅游圈开发模式的研究立足现实，具有较强的针对性和指导意义。因此，本次研究目标确定为在对闽安古镇、福州市区、长乐、连江等实地走访调查的基础上，为闽江口文化旅游圈提出一个可行的区域旅游规划和开发方案，希望为政府制定相关决策提供参考依据，也希望有助于闽江口地区缩短与福建省内周边著名的旅游地如厦门、武夷山等在旅游业发展方面的差距，提升闽江口的旅游竞争力，使闽江口旅游圈在海峡西岸、福州自贸区和福建"21 世纪海上丝绸之路核心区"等建设中进一步发挥辐射带动作用。

二、闽江口文化旅游圈 RMIP 模式分析

(一)闽江口文化旅游资源开发模式框架和研究方法设计与实施

针对区域旅游资源的规划和开发，吴必虎(2001)提出了著名的昂谱模式，又称为 RMP 模式。杨新军、张祖群(2005)对 RMP 模式进行发展和完善，首次提出 RMIP 模式理论。RMIP 模式由四个方面构成，分别是资源(resource)、市场(market)、形象(image)和产品(product)。该模式认为，旅游资源不能被旅游者直接消费，旅游资源要有效地转化为旅游产品，成为可以被旅游者直接消费的对象，必须要根据旅游者的市场需求和现有的旅游资源对旅

游地进行形象定位，在形象塑造的统领下，设计出符合市场需要的旅游产品，以此强化旅游市场的消费者对旅游产品的直接感知。

闽江口地带是一个开发水平一般的区域旅游地，还有较大的提升空间，因此，本次研究主要运用 RMIP 旅游地策划模式对闽江口区域进行四位一体的旅游拓展。根据以上规划的重点，本次研究的技术路径如下：资源拓展（resource）—市场拓展（market）—形象塑造（image）—产品拓展（product）。如图 1 所示。

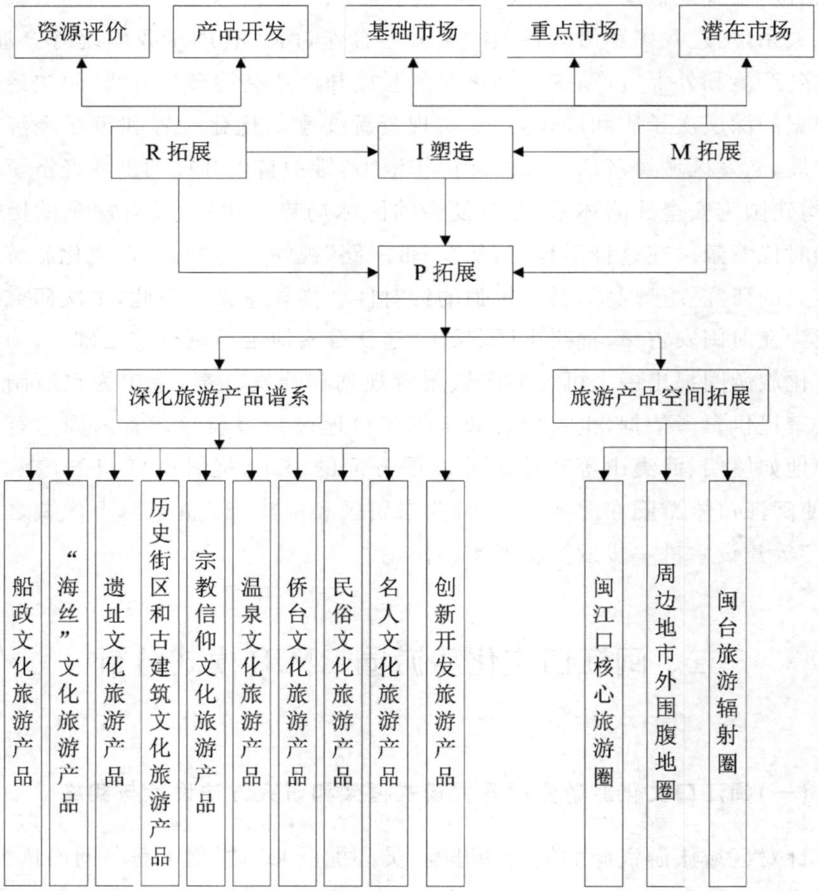

图 1　旅游资源开发技术路径图

（二）闽江口文化旅游圈的建构

闽江口文化旅游圈内自然景观和人文旅游资源丰富，历史底蕴深厚，具有区位、生态、历史文化、地域民俗、自然奇观等旅游资源优势,集中了遗址文化、船政文化、“海丝”文化、侨台文化、宗教信仰文化、温泉文化、民俗文化、历史街区和古建筑文化、名人文化等多种文化,是一个海洋文化和陆地文化、中华文化和外国文化、历史文化和现代文化、闽越古风和中原文化交融汇集之地,总之,闽江口文化旅游圈的核心闽江口文化是多元文化融合的结果。作为上层建筑的闽江口文化是由闽江口经济发展决定的,而闽江口经济发展又是由其发达的海上贸易决定的。根据以上研究结果,建构具体模型如图 2 所示。

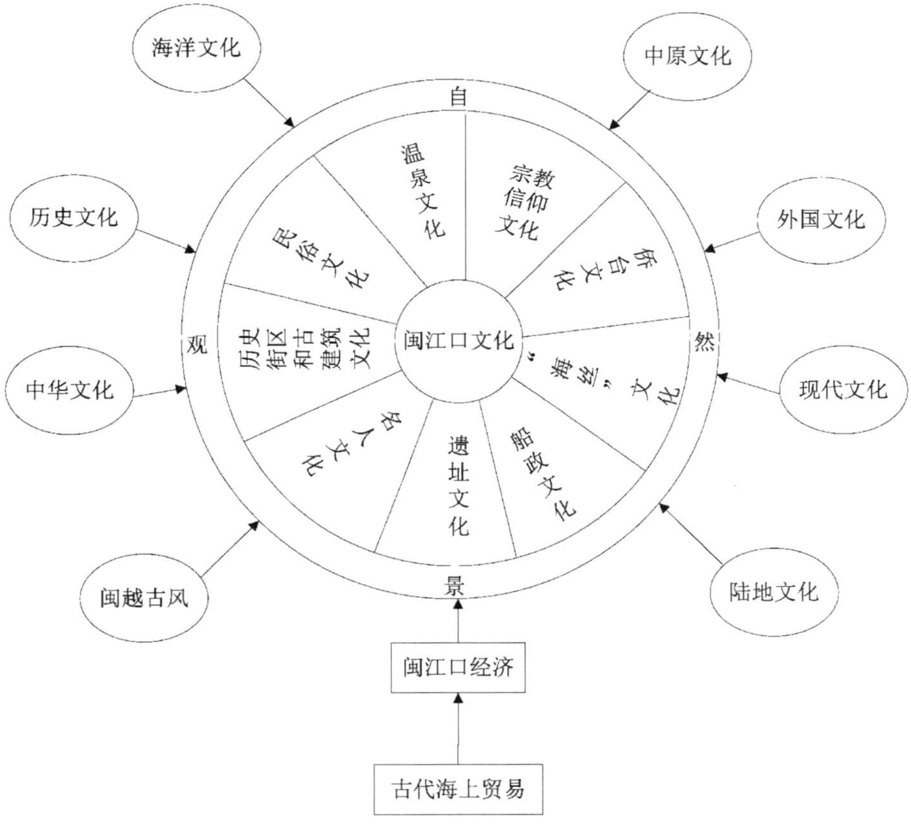

图 2　闽江口文化旅游圈的建构模型

(三)R一闽江口文化旅游圈的资源评估及其开发思路

1.文化旅游资源优势分析

(1)历史久远,底蕴深厚

主要表现为:①从新石器时代就有闽越先民在闽江口从事原始的生产劳动,创造了中国最早的海洋文化。②闽江口的中心城市福州市建城已经2200多年,很早就入选我国历史文化名城,是“海丝之路”的重要节点和门户城市。③古代“海上丝绸之路”纵贯闽江口从古至今的历史,把中国文化与外来文化、海上文化与陆地文化有机融合在一起,形成了闽江口独具特色的古代海上贸易文化,保留了大量的古塔、寺庙、祠堂、碑牌、名人故居、造像、古村镇等,浓缩了中外文明的精华。

(2)类型丰富,数量众多,多元文化融合

闽江口文化旅游资源丰富,自然景观和人文景观并存。据初步估算,闽江口旅游资源有8个主类、24个亚类、48个基本类型,其实体数量为216处,占福建省旅游资源实体总量的26.1%。此外,宗教文化、民俗文化、饮食文化、海洋文化、侨台文化等在闽江口区域交融汇集,遗留下了大量的历史名胜古迹。

(3)品位较高,垄断性较强

体现为:中国保存最完整的古街——福州三坊七巷;近代中国军事、科技、工业和高等教育的发源地——马尾船政;中国乃至世界最早的海洋文化——昙石山文化遗址;中国江南地区现存最古老的木结构建筑——华林寺;中国第一个海关的诞生地——闽安镇;全国最大的用整块花岗岩就地雕琢而成的立体石刻——福清弥勒佛坐像;目前中国记载郑和航海创举仅存的碑刻——“天妃灵应之记”碑;色彩质地适合雕刻,被誉为国宝的石头——寿山石……

(4)旅游资源空间分布相对集中

据统计,闽江口地区各文化旅游景点基本分布在福州市区及周边区县,交通便利,因此各景点之间短距离驱车即可到达,游客在途时间大为缩短,有效提高了游客在景区的游玩和逗留时间,使各景点容易形成规模效应和聚集效应。

(5)名人辈出,辐射效应大

闽江口从古至今名人辈出,历史上有200多位名人在这里工作、学习和生活过,如陈宝琛、林纾、林则徐、冰心、郁达夫、林徽因……,这些中国历史上的名人成为闽江口文化旅游的靓丽名片。

(6)对外商贸氛围浓厚

闽江口地区是闽江与大海交汇之处,东面靠海,南面临江,其西北两面皆为崇山峻岭和高山险阻，与内陆各省来往困难重重，这使得其向东南面大海方向发展成为必然。而闽江水系流经区域较广，通过水路运输便可将内陆的瓷器、木材、纸、茶等当地特产带往闽江口地区，为闽江口的海上对外贸易提供充足的货源。独特的地理位置和宜人的海洋性气候使得闽江口地区自古以来海上贸易连绵不绝，这给闽江口文化带来了浓厚的对外商贸氛围。

2.文化旅游资源劣势分析

(1)存在功能缺陷

闽江口文化旅游以休闲观光游览度假为主，缺少高级度假旅游景区，商务旅游、探亲访友、会议旅游、交流访问等功能次之，总体看，闽江口文化功能旅游潜力巨大，有待开发提升。

(2)“近邻效应”威胁

闽江口文化旅游资源受到周边地市的强烈竞争威胁，如生态资源旅游方面、海丝旅游方面、宗教旅游方面、温泉旅游方面、涉台文化资源方面……，这就使得屏蔽效应明显，造成知名度难以提升和客源流失的严重后果。

3.文化旅游资源开发机会分析

闽江口是古代“海丝”之路的重要门户和近代海洋文明的摇篮，在福建对外经济、文化等交流中发挥了重要的作用。从现代来看，闽江口生态环境优美，区位优势明显，其位于福建东南沿海中部的咽喉位置，南北两面分别连接珠三角和长三角，是距离台湾最近的大陆区域，也与港澳比邻而居，有着广阔的内陆经济腹地，是我国重要的交通枢纽之一，也是我国著名的侨乡和港澳台同胞、海外侨胞的重要祖籍地，民间财力雄厚，社会资本充足。目前，国家支持福建加快“21世纪海上丝绸之路核心区”和国家生态文明先行示范区建设，国家批准的福建自贸区福州片区和福州国家级新区、福州国家自主创新示范区也位于闽江口区域中，此外，国家和福建省各级政府在最新的国土规划纲要和经济发展规划中，均提出要大力发展海洋经济、文化产业和旅游产业，闽江口可紧抓上述“五区叠加”以及与平潭综合实验区“一区毗邻”的政策机遇，利用自身在生态环境、区位交通、侨台和民间投资等方面的优势，着力打造闽江口文化旅游圈，以此形成新的区域经济增长点。

4.文化旅游资源开发面临的挑战

(1)台风和洪水灾害

闽江口属于沿海地区，台风危害巨大。其次，闽江口处于闽江下游的位置，地势较低，洪水造成的破坏较大。

(2)旅游服务环境有待提升

第一，政府部门管理机制不够完善，各自为政、缺乏协调的情况较为突出；其次，政府对闽江口旅游资源的开发缺乏总体布局和资金投入，从而导致闽江口对外宣传力度不够；第三，闽江口的旅游业缺乏高端人才，闽江口地区难以实现全域化旅游发展人才不足的困境；第四，旅游从业人员和居民的素质与旅游业的发展要求差距较大；第五，旅游交通体系和景点配套服务设施还不够完善；最后，以“互联网＋”为基础的智慧旅游服务体系的建设还有很大的提升空间。

（四）M一闽江口文化旅游圈的市场分析及其拓展思路

1.基础市场：本地市场和省内市场

（1）市场分析

闽江口文化旅游圈的基础市场由本地市场和省内市场构成，这两个市场占其国内游客总量的八成以上。闽江口地区经济发达，常住人口总共有700多万人，本地人群消费能力和旅游需求构成了一个庞大的市场。除此之外，福建省目前常住人口有3800多万，近几年来福建交通发展快速，便捷的交通体系带动省内游客来闽江口地区旅游。

（2）开发策略

闽江口文化旅游资源的基础市场拓展，必须瞄准本地市场和福建省内市场。主要对策有：①首先是发展本地休闲市场，通过升级、优化、整合现有旅游项目，完善旅游配套设施建设，以观光旅游为基础，发展休闲度假旅游和专项旅游，扩大本地区旅游客源。②拓展福建省海滨旅游市场，福建沿海共有福莆宁和厦漳泉六个地市，这六个地市的市区和其下辖的海滨县市经济较为发达，民众生活水平较高，而且由于均是海滨地带，生活习俗、文化信仰等相近或相似，容易在文化旅游方面引起共鸣，可重点开拓闽南地区旅游市场。③闽江口在全国知名度有限，而且受厦门和武夷山两大旅游圈屏蔽效应影响，尤其是厦门旅游圈，与闽江口地区在温泉、生态、滨海等旅游资源方面高度同质化，使闽江口地区很容易成为“阴影旅游区”，针对这种情况，闽江口地区可主动融入厦门和武夷山旅游圈，借力使力，加强同城一体化旅游，与其共享客源市场。

2.重点市场：长三角、珠三角、京津唐和周边省市等

（1）市场分析

闽江口文化旅游圈的重点市场由长江三角洲、珠江三角洲、江西、河南、武汉、北京等地构成，该部分省外客源大概占其国内游客总数的两成左右。其中一级市场是长三角、珠三角地区，二级市场是以北京为中心的环渤海地区和江西、河南、湖北等周边省份，客源市场大小基本按照距离远近逐级衰减。

(2)开发思路

针对省外市场客源开发思路有:①注意加大宣传推介力度,重点拓展长三角和珠三角市场。②可利用高铁、节事、新媒体营销等手段,加大对京津唐地区和福建周边中部省份的旅游辐射力,开拓华北、中部地区的客源市场。

3.潜在市场:港澳台、东南亚、东亚、欧美、澳大利亚、俄罗斯和印度

(1)市场分析

目前闽江口地区海外游客太少,未形成规模效应,而且旅游外汇收入占国内外旅游总收入中的比重不高,整个境外市场尚未全面启动。根据以上情况,结合闽江口旅游现状,笔者认为,闽江口地区的境外市场可由三部分构成:一是以港澳台和东南亚地区为主的传统客源市场,二是以日本、韩国、欧美等国和大洋洲为主的发展客源市场,三是以非洲、俄罗斯、印度为主的潜在客源市场。这三部分市场最终形成了以东亚和东南亚为中心,欧美和大洋洲为两翼,非洲、俄罗斯、印度为潜在开发重点的国际旅游市场格局。

(2)开发策略

①重视港澳台和东南亚市场的开发

首先,针对以上港澳台和东南亚旅游市场情况,闽江口文化旅游圈如果要提升对旅游者的吸引力,提高游客的重游率,就要积极将观光旅游产品升级为体验旅游产品和专项旅游产品。例如,利用妈祖文化、陈靖姑传说等大力发展宗教朝觐产品,利用滨海旅游资源优势,发展海滨旅游产品、度假旅游产品和“海丝”文化旅游产品等,利用温泉优势,发展医药保健旅游产品、康复养生旅游产品等。其次,利用港澳台同胞和海外华人华侨多的优势,闽江口要加强与港澳台同胞和海外侨胞的合作,发挥自身优势,积极发展商务会展旅游产品和修学旅游产品等,促进两岸共同形成海峡旅游一体化合作区,大力发展闽江口旅游产业。另外,闽江口地区要与国内其他海丝文化遗产申报城市以及国外海丝沿线国家协作,共同打响海丝旅游的知名度,实现旅游共赢的局面。

②大力开拓日韩、欧美和澳大利亚市场

日韩、欧美和澳大利亚均是发达国家。针对这几个国家的旅游市场,应重点推出中高端旅游产品来满足这些发达国家旅游消费者的需求。针对日韩这两个滨海国家,闽江口应侧重发展海滨旅游特色产品,如邮轮游艇、康养健身、娱乐休闲等,满足日韩各个年龄层次旅游者较高层次的旅游需求。欧美旅游者一向对民俗文化、生态旅游产品情有独钟,因此,可为法国游客提供文化含量高的宗教信仰类旅游产品,为德国游客提供山海风光类旅游产品,而英美旅游者的喜好则兼具了法德旅游者的特点。对于澳大利亚游客,须提供组合型

旅游产品。在条件成熟的时候，闽江口也可推出水下探险类、竞技运动类、沉船考古类等旅游产品，满足欧美旅游者探奇和追求刺激的心理，并在合适时机推出短期度假、邮轮游艇等专项旅游产品，增强与欧美市场的互动性。

③注重挖掘非洲、俄罗斯、印度的市场潜力

非洲、俄罗斯、印度属于中等发达或发展中国家和地区，是闽江口地区潜力巨大的新兴市场，这三个市场只要细心培育，运用得力的促销措施，将能够进一步激发上述国家和地区的旅游消费需求，使之成为闽江口地区客源市场的新增长点。

(五)I—闽江口文化旅游圈的形象现状及其提升思路

1.形象现状和诊断

闽江口金三角经济圈在地方政府层面一再提出，但未受到国家政策大力支持，因此，这也使得闽江口的旅游开发缺少政府力量的支持推动和统一规划，在省内外旅游地内外围攻的情况下，造成闽江口的旅游形象至今给人模糊不清的感觉，从而导致闽江口旅游圈发展至今在国内外仍然知名度较低。为此，闽江口旅游圈必须在今后的开发过程中，制订出一个详细的中长期发展计划，增加旅游形象塑造和推广的资金投入，整合资源，统一筹划，下大力气打造标志性旅游项目，并通过强有力的旅游促销措施和有针对性的营销推广手段为闽江口文化旅游圈树立一个鲜明、独特、稳定的形象，以增强闽江口文化旅游圈的核心竞争力。

2.形象定位

通过对闽江口地脉、文脉和文化旅游特色资源的整理和挖掘，将影响闽江口旅游圈形象定位的各个要素整理如下：清新优美的生态环境、山海秀丽的自然风光、灿烂悠久的闽越文化、独具特色的传统工艺、多元融合的宗教信仰、丰富多彩的民俗风情、古老悠久的“海丝”贸易、雄伟壮观的现代都市、闽台同根的海峡亲情、魂牵梦萦的侨胞祖地、海洋孕育的船政文化、古朴特色的历史街区……综合以上要素，笔者认为闽江口文化旅游圈的形象定位应该是“古街船政甲天下，生态温泉领风骚，闽台同根情意深，海丝贸易耀古今”。[2]这个定位既体现了闽江口旅游资源的现实优势，又指出了闽江口未来旅游的发展方向。

3.促销措施

(1)设计和推广旅游形象标志

根据上述形象定位，抓取闽江口旅游资源中独具特色的要素，设计出符合现代人审美观念的闽江口旅游形象标识，用卡通动漫的形式表现出来，并在未来旅游营销工作中统一宣传口径,大力加以推广该标志。

(2)着力建设标志性景区景点

如:推动5A景区——三坊七巷升级为世界文化遗产,恢复三坊七巷各建筑的原有格局,营造出古民居原有的文化气息,复原三坊七巷明清时期的盛景,并严格限制周围现代建筑的高度和色调,对三坊七巷进行准确的定位,使三坊七巷成为闽江口的"鼓浪屿"。

(3)实施精细营销

例如,不仅通过营销人员推广温泉旅游,而且还注意通过营养师、保健人员、医疗人员等专业团队的配合,使游客真正感受到温泉对人体的益处和温泉旅游的价值,提升游客的满意度。

(4)紧抓人才队伍建设,培育和引进旅游专业人才

一是旅游企业与省内外著名高校合作,联合培养紧缺型和应用型人才;二是对在职人员加强培训,实施人才培训计划,划拨专款培训人才;三是适当引进专业人才,建设旅游人才队伍,提高旅游从业人员的素质;四是由政府出面,抓紧建设闽江口旅游的专家库,把营销、管理、文化、科技、医疗、生态、保健等相关领域顶尖人才纳入其中,一起为地区旅游发展出力,并在此基础上,建立旅游资源库和信息库。

(5)加强区域旅游协作,发挥对台旅游优势

首先,在省内,闽江口旅游可发挥"福莆宁岚"一体化优势,加强与莆田、宁德、平潭的旅游深度合作,在线路规划、产品促销、项目招商、景区服务、游客咨询等方面实现一体化运作;其次闽江口旅游业应发挥对台优势,加快与台湾共建"环台湾海峡旅游圈",把海峡两岸打造成为世界著名的旅游胜地。最后,闽江口地区还要积极与国内其他"海丝文化"遗产申报城市和"海丝"沿线国家结成战略联盟,在旅游推广、产品营销、品牌打造、平台共享、酒店建设等方面实现资源共享,互利合作,最终实现双赢。

(六)P—闽江口文化旅游圈的产品体系拓展

从上述分析可以看出,目前,闽江口地区旅游产品文化含金量较低,对文化内涵的挖掘还不够深入,欠缺在全国有影响力、知名的标志性旅游产品项目,这直接导致目前闽江口区域的旅游形象无法得到全面有效的支撑,并在极大程度上阻碍了闽江口地区旅游经济的进一步发展。为此,闽江口地区急需全面深化拓展旅游产品体系,突出旅游产品的个性特色,增加旅游产品的文化含量,[3]打造出标志性旅游产品,以提高旅游产品的核心竞争力。[4]笔者认为

闽江口地区旅游应根据自身特性，以古代海上贸易为主线，将相关的文化旅游产品进行资源整合，对闽江口文化旅游产品进行全面深入拓展，具体对策如下：

1.深化和完善文化旅游产品谱系

(1)闽江口船政文化旅游产品拓展

船政文化旅游产品开发要依托马尾船政博物馆、马江海战纪念馆、罗星塔、船政天后宫和船政文化城以仿真模拟、动漫展示、5D电影等方式全景展现福建船政在中国近代史上波澜壮阔的画面，并可以考虑采用AR或VR等信息技术把当时福建船政制造飞机、军舰、商船和海军操练、学堂教育等场景复现出来，把当时海军所穿的制服、船政学堂学员和教师等服装用现代工艺仿制出来，让观众穿上参加情景模拟，增强游客的参与感和体验感。

(2)闽江口“海丝”文化旅游产品拓展

“海丝”文化旅游产品开发要以过去遗留下来的古海港、古码头、商品制造基地、碑刻和航线沉船为主，对这些历史文物，首先应深挖文化内涵和历史题材，把旅游资源的开发主动融入“一带一路”、自贸区、亚投行等的发展机遇中，甚至发挥这些景区景点背后的经济政治等资源优势。其次，可考虑与其他“海丝”城市合作，将郑和下西洋的创举开发成手游产品，也可以请张艺谋等著名导演以郑和下西洋为主题，打造出“印象·郑和”系列的实景演出，形成旅游的轰动效应。再次，可考虑让游客参与福船的制造、选材、设计、安装等过程，使游客身临其境，领略到福船工艺之精湛和古代劳动人民的聪明智慧。最后，可举办“海丝”创客大赛，建设“海丝”旅游创业基地，策划与“海丝”主题相关的节事会展等活动，打响闽江口“海丝”文化旅游品牌的知名度。

(3)闽江口遗址文化旅游产品拓展

闽江口文化遗址较多，著名的有昙石山文化遗址、壳丘头遗址、黄土仑遗址等，这些遗址都出土了一批重要的文物，深刻地反映出海上贸易对古代闽江口经济的巨大影响，对这些遗址的开发已经建立了相应的博物馆。今后可通过与省内外文化遗址合作进行联合展览，或开发成青少年素质教育基地等形式，丰富闽江口文化旅游圈的内容。

(4)闽江口历史街区和古建筑文化旅游产品拓展

以三坊七巷为代表的历史街区和古建筑群见证了中外海上贸易的潮起潮落，可以说商贸文化对这些历史街区和建筑群的影响随处可见。对历史街区和古建筑文化旅游产品的开发要在保护的基础上，将其与其他旅游文化产品融合起来，学会用“讲故事”的方式提升旅游产品的文化品位，例如，通过聘请知名导演拍片的方式，将过去的历史故事一一呈现，这将对闽江口历史街区和古建筑文化的开发起到促进的作用。

(5)闽江口宗教信仰文化旅游产品拓展

闽江口自古以来中外贸易往来频繁，形成了独具特色的多元宗教信仰文化。现存有涌泉寺、华林寺、连江妈祖庙、福清瑞岩寺、女神陈靖姑祖庙、真神堂、吕祖宫等宗教建筑，这些建筑目前都保存较好，内有大量珍贵的历史文物，具有较高的历史、社会、艺术、人文等价值，成为海内外信众瞻仰、祭拜的地方。闽江口地区的宗教信仰与港澳台同胞、海外华侨等相似，这些都使得闽江口发展宗教朝拜、节事活动等文化旅游产品大有可为。

(6)闽江口温泉文化旅游产品拓展

闽江口温泉资源分布广泛，地热资源丰富，其中心城市福州市市中心有一条宽1公里、长5公里的温泉带，这在全国实属罕见，因此，“中国温泉之都”名副其实。针对这一情况，建议温泉旅游产品的开发可侧重发展温泉养生、养老专项旅游产品、温泉浴等康体休闲产品，推进温泉文化建设，再现“泡汤”文化等。

(7)闽江口侨台文化旅游产品拓展

闽江口侨台文化浓厚，留存在闽江口的涉台、涉侨文物和史迹众多，成为开发侨台文化旅游产品的宝贵资源。针对港澳台同胞和海外华侨，可重点打造商务旅游、会展旅游、养生旅游、养老旅游、祖地旅游、寻根旅游、宗教朝觐旅游、修学旅游等专项旅游产品。

(8)闽江口民俗文化旅游产品拓展

闽江口民俗资源丰富多彩，在饮食方面，闽菜位列我国八大菜系之一，在国内外久负盛名，鱼丸、肉燕等小吃也让游客赞不绝口。在工艺技术方面，寿山石、脱胎漆器、软木画等工艺品特色鲜明，展现出闽江口浓郁的地方特色文化。在说唱歌舞等语言曲艺民俗方面，闽江口拥有闽剧、新厝车鼓舞、评话、十番乐等，这些非物质文化遗产集聚了八闽风情，是闽江口劳动人民千百年传承下来的精华，独具特色。开发民俗文化旅游产品，可考虑从以下方面着手：饮食制作工艺、工艺品生产方式和流程、民间曲艺展示。

(9)闽江口名人文化旅游产品拓展

闽江口历史名人较多，可将这些名人的故居和墓妥善保护，开发成名人旅游等专项旅游产品或开发成爱国主义教育基地，吸引学生前来参观瞻仰。

2.创新旅游产品的开发，拓展旅游产品的空间

首先，旅游产品的开发要实现不断创新，才能实现与竞争产品的差异化，达到提高竞争力，稳定客源市场的目的。可考虑从以下方面去创新：一是根据旅游市场需求变化，做好产品转型工作，如目前游客开始由过去的团队游向散

客游转变，并以家庭出游、背包出游、小众旅游为主要发展方向。闽江口旅游业者应深入开发一些新的无景点旅游，开发中青年游客喜好的旅游产品，丰富旅游产品体系。二是利用最新的大数据、云计算、物联网等信息技术，实现旅游产品数字化，提升景区景点的“智慧”水平，完善旅游配套设施建设。三是根据闽江口文化旅游资源特点，开发特色旅游线路，如闽江口自驾游、闽江骑行游、大化山登山游、十八重溪探险游、长乐郑和开洋游等。

其次，以闽江口旅游圈为中心，将旅游产品的空间向外拓展，往北向宁德拓展，往南向莆田拓展，往东向台湾拓展，往西向南平、三明、泉州拓展，形成以闽江口为核心圈、周边地市为外围腹地圈、福建和台湾为辐射圈的大旅游圈格局。

五、结论与启示

现代旅游业对国民经济的带动作用越来越大，旅游业也成为未来国际社会发展的主导产业之一。发展旅游业既可以促进经济发展，协助国家安排就业，又可以减轻环保压力，可谓一举两得。目前，国家和地方政府层面均出台一系列法规政策用于鼓励和引导区域和地方旅游业的健康发展，为此，笔者运用 RMIP 模式对闽江口文化旅游圈的旅游开发进行分析，认为闽江口地区作为海滨地区，地理位置优越，旅游资源较为丰富，发展文化旅游产业优势较大，但也面临激烈的同质化竞争的严峻挑战，要想抓住所面对的潜力巨大的旅游市场，闽江口地区必须通过深化和完善旅游产品谱系，拓展旅游空间，着力打造标志性的旅游产品项目，才能在游客心目中确立鲜明的特色和旅游形象，从而实现超越竞争对手，提升本区域的核心竞争力。

参考文献：

[1]马荣江.海南中部文化旅游模式分析——以大黎母文化旅游为核心[J].海南大学学报(人文社会科学版)，2016，34(3)：138-144.

[2]马勇，李芳.海滨旅游规划与开发——理论、方法与案例[M].北京：科学出版社，2013：168-196.

[3]王志华，汪明林，王爱忠.山西省旅游产品结构优化[J].中国集体经济，2011(10)：179-180.

[4]曹诗图，李锐锋.旅游功能新论[J].武汉科技大学学报(社会科学版)，2011，13(1)：47-52.

传统产业利用文化资源转型升级的路径探讨

——基于消费者偏好的分析

阳光学院商学院　蒋依娴

摘　要：本文分析了文化资源能够促使传统产业转型升级的原因，并指出传统产业对文化资源的运用方式需从消费者的需求与偏好出发。通过对消费者问卷调研的实证分析获得文化资源转化方式的五个消费者偏好因子——“传统文化产品化”、“现代文化产品化”、“传统工艺体验”、“现代生产技艺体验”和“生产观赏”偏好，揭示了传统产业利用文化资源转型的“产品文化化”与“服务文化化”路径选择。

关键词：传统产业；消费者偏好；文化资源；转化方式

一般而言，传统产业是指发展历史较长、劳动生产率水平较低、经济效益相对不高的一般产业。传统产业多采用劳动密集型、资源密集型的生产方式，其产品的差异化较小，想要获得市场竞争优势，较多采取成本领先的竞争模式，这对产业的发展有极大的局限性。福建的传统产业有纺织、制鞋、服装、食品加工、家具制造、造纸与纸制品生产等。

随着环境破坏、资源短缺的问题日益突出，要求企业顾及消费者与社会整体的长远发展的呼声越来越高。传统产业由于其原材料和能源消耗大、增加值率较低而受到诟病。但对大部分地区来说，虽然在新兴产业上加大投入是一个趋势，但是传统产业对一个区域的经济发展的重要性却没有降低，对部分地区来说，传统产业产值甚至占地区产值八成以上，是县域经济的基础、支柱与命脉，绝对不能动摇与放弃，只能转型升级并加强。

二、文化有助于传统产业转型升级的可能性与思路

本研究基于文化经济视角，思考与文化相关的生产者与消费者的行为，即考虑传统产业作为生产者如何在认清消费者需求的基础上实现与文化产品和服务的对接。

（一）文化的定义与研究范畴

文化的范畴极为广泛，欲对文化下一个精准的定义不是一件易事。谈到文化，率先进入脑中的可能有我们所熟悉的信俗文化（例如妈祖文化）、习俗文化（例如惠安女文化）、地方史迹文化（例如船政文化）、建筑文化（例如南安蔡厝文化）、美食文化（例如沙县小吃）、工艺美术（例如漳浦剪纸文化）等，这些文化均属于地方特色的传统文化。但是，文化不一定是古老的东西，我们周围流行的品味、都市语言、生活方式等流行元素，也都属于文化范畴。除此之外，还有一类文化易被人们忽视——历史上与现代的生产工艺与科学技术亦是一种文化。

其实文化是一种社会现象，是人们长期创造形成的产物，同时又是一种历史现象，是社会历史的积淀物。确切地说，文化是指一个国家或民族的历史、地理、风土人情、传统习俗、生活方式、文学艺术、行为规范、思维方式、价值观念等。[1]广义的文化更是覆盖了人类在社会历史发展过程中所创造的物质财富和精神财富的总和。有些文化元素不起眼，而有些文化思维、形象一经描述便能引起共同认知或强烈共鸣，这是我们所能够挖掘的文化资源。本研究中所述及的文化，包含了传统文化和流行现代文化。

（二）文化资源使传统产业获得转型升级的原因

第一，文化资源能够给传统产业带来较大的产品附加值。[2]传统产业利用文化资源所生产的产品（文化产品，后同），除了能给消费者带来商品本身的经济价值外，还能给消费者带来文化价值。这种“文化价值”包括了能够满足消费者或社会群体需求的美学价值、历史价值、社会价值与精神价值等，[1]这些都将成为产品附加值的重要来源。

第二，文化资源有着资本的特性，能够实现边际效用递增。大多数文化产品的消费都是既满足了当时的消费愿望，又增加了以后理解文化产品的能力，

所以累积了长期消费文化产品的资本。[4]因此,文化产品应该像一种能够令人上瘾的商品,人们消费得越多,就越愿意花心思去了解,从而引发进一步的消费。

第三,文化资源的投入可能降低原材料与能源消耗,有助于传统产业向节能降耗方向转型。文化资源是一种经济资源。所谓经济资源是指必须付出代价才能获得的资源,[1]即为了实现对文化的资源性利用,必须放弃其他的本来可以获得的资源,例如大量的原材料与能源。若投入相同的资金,或者基于文化资源对原有产品进行创意改进,或者增加一定数量的原材料与能源生产额外产量的原有产品,前者所创造的附加值将大大超过后者的收益。因此,文化资源的合理利用一方面能够改善传统产业的获利结构,一方面能为企业节能减排的环境友好型发展做出贡献。

(三)消费者偏好是传统产业利用文化资源转型升级的出发点

以上论述阐明了文化资源有助于传统产业转型升级的观点,而如何运用文化资源更是值得思考的问题。现代市场营销观点认为,消费者的需求是企业管理与决策的出发点。同样的,要更好地发挥文化资源对传统产业的作用,就需要从消费者的偏好来决定文化资源的转化方式。

传统产业利用文化资源的方式可能因文化形态而异。有些文化具有一定的现实载体,例如文物古迹、文学作品。有些文化具有虚拟性,例如生活习俗、传说与技艺。但不管是哪类文化,都能够在一定条件下通过一定形式转移、嫁接、物化或附加到任何实用的商品之上,成为商品的造型、工艺、包装所能利用的标识;抑或通过特定的行为将文化所体现的价值与观念展现于服务体系之中。

文化具有无限性,转化的形式也丰富而多样。但不同消费者在对不同的文化产品与服务的形式上有不同的偏好。在本研究中,假定个人是在约束条件下追求效用最大化的理性经济人,他们会根据自身的偏好与消费能力,在不同的文化产品与服务的需求中做出取舍,以在文化消费支出既定的情况下获得效用最大化。同时,消费者主观上的意愿直接关系到有效需求的形成,而有效的需求正是企业以文化促产业转型升级的动因。

三、文化资源转化方式的消费者偏好分析——基于问卷的实证研究

(一)研究的基本思路

本研究首先通过二手资料的广泛查询与焦点小组访谈,了解传统产业中可能采取的文化资源利用的所有形式,包括提供融入各种元素的文化产品、文化服务的各种方式。在此基础上设计问句,以第一人称的方式铺叙对文化资源各种利用方式的观点,用李克特五级量表来区分消费者对各种观点的态度。以此为主体设计并形成调研问卷,考察消费者对传统产业利用文化资源的各种方式的偏好,从中探索传统产业利用文化资源转型升级的思路。

(二)数据来源与描述统计

本研究采取街头拦截、邮箱留置问卷等非概率抽样方法,对福建各地市的数百位受访者进行了问卷调研。问卷采用李克特量表,受访者按自身对所设计的陈述语句的真实感受,可进行从“非常赞同”到“非常不赞同”的五个量级的态度选择,5 分表示“非常赞同”,1 分表示“非常不赞同”。笔者经过预调查,并对问卷的若干不够合理的问句进行了修改,最终投入正式调查。本次调查总共发放问卷 300 份,回收有效问卷 263 份,回收率为 87.67%,符合探索性调研的要求。

使用 SPSS 16.0 对数据的可靠性进行“Reliability Analysis”分析,计算得 Cronbach's Alpha 值为 0.861,表明问卷设计较为理想。

在 263 份问卷中,除了 20 个态度测量量表,还包括了对受访者的基本信息的收集。对基本信息进行了基本的统计分析,其变量统计描述结果如表 1 所示。

表 1　受访者基本信息描述统计

信息	变量类别	比例(%)	信息	变量类别	比例(%)
性别	男	56.7	职业	机关事业单位	11.4
	女	43.3		国企、央企职员	17.5
年龄	15～25 岁	44.9		学生	31.2
	26～35 岁	30.8		自由职业者	4.2
	36～45 岁	19.4		个体经营老板	6.1
	46～55 岁	4.2		私营企业员工	25.1
	55 岁以上	0.8		离退休人员	0.8
月收入	2500 元以下	31.6		其他	3.8
	2501～3500 元	19.8	家乡	福州	14.4
	3501～5000 元	25.5		厦门	8.4
	5001～8000 元	15.6		漳州	17.1
	8000 元以上	7.6		泉州	11.4
文化程度	高中及以下	8.4		三明	11.8
	大专	3.4		莆田	12.5
	本科	63.1		龙岩	8.0
	硕士	22.8		南平	5.7
	博士	2.3		宁德	5.3
				其他	5.3

(三)文化资源转化方式的消费者偏好因子分析

用李克特量表了解受访者对传统产业利用文化所提供的各种形式产品与服务的态度，为了使得调研深入、全方位，本问卷共有 20 个态度测量陈述，所测的变量较多。而其中某些变量可能存在一定的信息重叠，有一定的相关性，因此需要通过因子分析技术来进行降维，把相关的变量进行合并、简化，达到用数量较少的公共因子变量替代原始变量，并得到合理的解释。

运用因子分析方法对原有的 20 个测量变量提取主成分，结果如表 2 显示，KMO 值为 0.806，Bartlett 球形检验的 p 值为 0.000，说明所收集的数据适合进行因子分析。

表 2 KMO and Bartlett's Test

Kaiser-Meyer-Olkin Measure of Sampling Adequacy.		.806
Bartlett's Test of Sphericity	Approx.Chi-Square	1.794E3
	df	190
	Sig.	.000

通过对因子进行正交旋转，并选取特征根大于 1 的数据，量表各个陈述语句可以较好地被 5 个因子所解释，累计贡献率达到 59.073%，如表 3、表 4 所示。

表 3 Total Variance Explained

Component	Initial Eigenvalues			Extraction Sums of Squared Loadings			Rotation Sums of Squared Loadings		
	Total	% of Variance	Cumulative %	Total	% of Variance	Cumulative %	Total	% of Variance	Cumulative %
1	5.775	28.877	28.877	5.775	28.877	28.877	3.457	17.286	17.286
2	1.890	9.448	38.325	1.890	9.448	38.325	2.365	11.825	29.112
3	1.724	8.619	46.944	1.724	8.619	46.944	2.265	11.326	40.438
4	1.287	6.434	53.378	1.287	6.434	53.378	1.918	9.589	50.027
5	1.139	5.695	59.073	1.139	5.695	59.073	1.809	9.046	59.073

表 4 Rotated Component Matrixa

	Component				
	1	2	3	4	5
VAR00019：我不满足于传统商品制作流程的观看，更希望能够参与制作来获得更好的体验，例如亲手织布、印染、刨木、制陶等	.757	.075	.122	.056	.109
VAR00018：对于一些自古就有的商品（例如陶瓷、衣服、家具），如果能让我参观这些商品在历史上不同时期的制造工艺，我会很有兴趣	.708	.255	−.001	.109	.284
VAR00012：我希望在参观企业生产流程时，企业能够配备讲解员为我们讲解古代同类商品的生产原理和工艺技巧	.655	−.129	.131	.192	.161
VAR00017：花一个下午的时间，感受古时候人们纺织时的"吱呀"声，或者抛光打磨家具的过程，也是一种情调	.614	.340	.170	.074	.212

续表

	Component				
	1	2	3	4	5
VAR00016:如果在参观制作过程时,企业能够复原一些传统产品在古时候的生产场景,且工人们身着相应的历史时代的服饰,我会很有兴趣	.542	.260	.052	.373	.146
VAR00005:若能够看到具有历史意义的老厂房、老建筑,我会很有兴趣	.529	.268	.285	-.223	-.470
VAR00001:我愿意在体验古代商品工艺的过程中,购买我所感兴趣的商品	.459	-.218	.401	.066	-.060
VAR00006:如果商品中能较好地运用唐诗宋词、中国的传统水墨画等元素,我会感到很有兴趣	-.064	.800	-.019	.177	.031
VAR00008:如果某企业利用我所熟悉的名著或故事,开发成系列产品,我会有购买的兴趣	.088	.667	.042	.171	.066
VAR00004:如果商品很好地运用了传统的图案(例如祥云纹、太极八卦图等),我会产生购买倾向	.130	.559	.405	-.122	-.140
VAR00009:如果商品中的主体色彩为中国红、青花蓝等具有我国传统味道的色彩,我会有兴趣	.355	.507	.250	-.134	.250
VAR00002:若购买的商品富含流行的文化元素,会让人觉得我很有品位	.001	.020	.793	.107	.072
VAR00007:如果一个企业的商品能够创意地使用著名影视中的标志性流行元素(例如甄嬛体、元芳体),我会有购买兴趣	.219	.157	.661	-.032	.060
VAR00003:如果传统商品能够设计并制作成著名景点的模样,我会有兴趣购买	.165	.291	.647	.160	.302
VAR00013:若能穿上该企业的工作服,尝试着其中的一些工作细节,如给汽车拧几颗螺丝钉、为织布机上线、为家具打蜡,会让我觉得非常有趣	-.050	.164	.023	.809	.133
VAR00015:我希望在亲手制作产品时,企业能够为我们配备专门的人员指导辅助	.370	.073	.028	.712	.114
VAR00014:如果参观企业的同时能够让我们动手参与企业产品的制作流程,我会更有兴趣购买该企业的产品	.484	-.032	.326	.566	.026

续表

	Component				
	1	2	3	4	5
VAR00010:我对企业制造商品的机器与厂房充满好奇,希望有机会了解	.168	.079	.003	.226	.728
VAR00011:对于日常看到的一些普通的商品,如衣服、家具、酒,我很有兴趣参观它们的生产过程	.296	.004	.321	−.011	.654
VAR00020:我认为制造型企业的生产过程、工厂风貌、工人工作场景等也是一种值得一试的旅游观光对象	.267	.416	.192	.056	.474

(四)因子解释与传统产业利用文化资源转型升级思路的提出

对各个因子所包含的测量语句的含义进行分析,并结合之前的文献研究、焦点小组访谈,在此对这五个因子进行命名与解释。与此同时,揭示出文化资源转化方式的消费者偏好,并基于此提出传统产业利用文化资源转型升级思路的五个维度。

因子1:命名为"传统工艺体验"因子。这个因子包含了七个测试陈述语句。分别为问卷中的第19、18、12、17、16、5、1个问题。这些语句共同反映的消费者文化偏好的特点是"赞同并希望能够在现实生活中对由古至今的商品制造工艺有所认识,乃至动手体验",与当今人们寻求复古文化的思潮相契合。现代社会的很多商品自古即有,只是发展至今有了不同的商品形式与生产方式。但是历史上相应商品的制造工艺在现今对人们有着空前的吸引力,大型纪录片《舌尖上的中国》的热播正体现了当下人们对传统工艺渴知与追逐的热情。因此,问卷中有着类似含义的陈述句在因子分析中被归为一类,传统工艺中所包含的是技艺文化,体现了消费者对文化的"传统工艺体验偏好"。这一偏好为传统产业如何利用文化资源转型升级提供了第一个维度的思路。

因子2:命名为"传统文化产品化"因子。这个因子包含了四个测试的陈述语句。分别是问卷中的第6、8、4、9个问题。这些语句共同反映的是受访者对加入传统文化元素的产品的偏好。不论是在商品之中加入人们较为熟识的符号类(书法、图案、色彩)文化元素,还是虚拟的传说、故事等精神类文化元素,只要运用得当,都可能使得传统产品突破"价格战竞争市场"的瓶颈,在同类产品中脱颖而出,以产品差异性获得消费者的注意力锁定与竞争上的优势。因此,问卷中的这一类陈述句所显示的态度就体现了消费者"传统文化产品化偏好”。这里的传统文化产品化,对传统产业的各个企业来讲,其实是“产品的传统文化化”,即创意地将“传统文化”提炼并融入原产品的款式、色彩、廓形、包装、品牌等的设计与制造之中,来引发消费者的文化共鸣。这是传统产业利用文化资源转型升级的第二个维度的思路。

因子3:命名为“现代文化产品化”因子。此因子包含了问卷中的3个陈述语句。分别是问卷中第2、7、3个问题。这些语句共同反映的是受访者对产品加入流行文化元素的偏好。流行文化是易于被忽视的文化要素。其实,现代人们眼中的“传统文化”何尝不是历史上的“流行文化”。流行文化的价值虽然尚待时间的考验,形成体系也需时日沉淀,但借助现代丰富、便利、迅捷的各种传播媒体与平台,那些亲民的、“草根”的流行文化因其能够直击人们内心深处并引发共鸣而广泛传播。这里的现代文化产品化,对传统产业的各个企业来讲,其实是“产品的现代文化化”,各种流行用语、图案、舞蹈、视频、人物与故事,如果能够由传统产业紧抓时机创意地运用于产品的设计、广告的策划与品牌的推广之中,也能带来巨大的关注。这是传统产业利用文化资源转型升级的第三个维度的思路。

因子4:命名为“现代生产技艺体验”因子。此因子包含了问卷中的3个陈述语句。分别是问卷中第13、14、15个问题。这些陈述语句考察的是受访者对企业生产流程的体验偏好。社会的高度分工让多数人们连最简单的物品都无法亲手制作,城市中的科普馆能够在一定程度上满足人们对商品制作流程探知的需求,但是浮光掠影的参观对很多人来说是远远不够的。而企业正拥有这绝佳的“天然”资源。对传统产业而言,生产产品能够从销售中获利,而若能够敞开生产大门,给求知若渴、充满探索好奇心的消费者一个零距离接触产品生产流程的机会,亦能够带来收益。这收益包括对消费者零阶渠道销售商品获得成本节约而得到的额外利润,也包括提供流程体验服务可能带来的门票、餐饮、纪念品等各种服务性收入。这对于传统产业与消费者是一个双赢的决策,是传统产业利用文化资源转型升级的第四个维度的思路。

因子5:“生产观赏”因子。此因子包含了3个所测试的陈述语句。分别是问卷中的第10、11、20个问题。这些陈述语句考察的是受访者对传统企业生产风貌、生产过程的观赏偏好态度。企业生产风貌、生产过程包含的是现代工业文化。对于大部分传统企业,除去偶尔接待来自高校与政府机构的调研与考察,较少将自身的生产风貌、生产过程展示于众。因为这通常不被认为是企业工作的重心。事实上,很多国家的“工业游”已经发展得相当成熟,开展工业旅游能够展示自身的优势,透明化生产能够树立企业的良好品牌形象。很多大型企业都将工业旅游视为企业公关活动与企业品牌文化建设活动的重要组成部分。[3]因此,传统产业若能在开放工厂与生产流程上加大投入,亦是基于文化资源转型升级思路的又一个维度。

四、传统产业利用文化资源转型升级的路径探讨

上述五个因子是消费者的主要态度趋向反映了文化资源转化方式的消费者偏好,为传统产业利用文化资源实现转型升级指出了方向。首先,将其中的"传统文化产品化"与"现代文化产品化"的消费者偏好融合为传统产业"产品文化化"的路径,启示企业利用文化资源获得转型升级的第一个思路是创意地、合理地转化与运用传统文化与现代流行文化元素于原产品的款式、色彩、廓形、包装、品牌等的设计与制造之中,满足消费者对文化的"实用需求"。其次,将五个因子之中的"传统工艺体验"、"现代生产技艺体验"与"生产观赏"三个因子融合为传统产业"服务文化化"的路径,启示企业利用文化资源获得转型升级的第二个思路是创意地提炼传统文化与现代流行文化元素,为消费者设计对传统产业生产技艺一般性的与深度的体验服务模式。"传统工艺体验"与"现代生产技艺体验"服务模式的设计能够满足消费者的"深体验需求";"生产观赏"服务模式的推出能够满足消费者对生产型企业与生产流程的"观赏需求"。构建传统产业利用文化资源的转型升级的路径如图1所示。

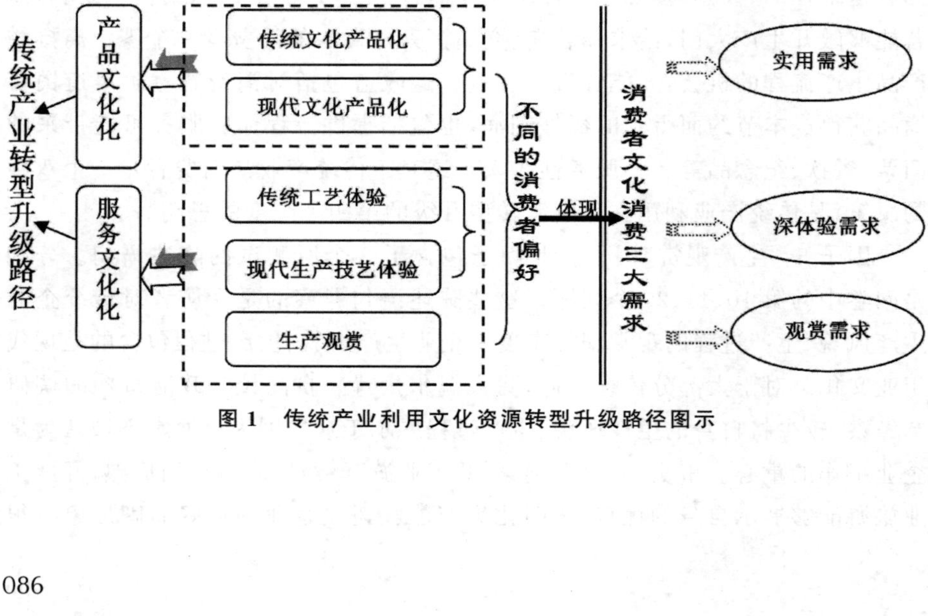

图1 传统产业利用文化资源转型升级路径图示

五、结语

通过问卷调研实证研究，获得了文化资源转化方式的消费者偏好——"传统文化产品化"、"现代文化产品化"、"传统工艺体验"、"现代生产技艺体验"和"生产观赏"，在此基础上，将传统产业利用文化资源的转型升级路径归结为"产品文化化"与"服务文化化"，通过对各种文化要素的提炼、设计与创意运用，满足消费者的"实用、深体验与观赏"需求，从而帮助传统产业获得文化资源带来的良性发展效应，为其利用文化资源实现转型升级指明了方向。

参考文献：

[1]颜士锋.文化经济学[M].山东：山东大学出版社，2011，9(4)：12，32.

[2]蔡旺春，李光明.中国制造业升级路径的新视角：文化产业与制造业融合[J].商业经济与管理，2011(2)：59.

[3]郎富平，杨东旭.国内工业旅游研究综述与展望[J].中南林业科技大学学报(社会科学版)，2012，8(4)：11.

[4]朱伟珏.文化资本与人力资本——布迪厄文化资本理论的经济学意义[J].天津社会科学，2007(3)：84.

闽江口地区文化旅游模式分析

——以"海丝"文化旅游为核心

阳光学院商学院　翁靖怡　陈哲微　陈莹华　李小榕　王　英　陈思新

摘　要：闽江口孕育着福州千年来的文化与历史，它是中国古代海上丝绸之路的摇篮，是中国文化传播的必经之路。虽然闽江口地区旅游一直不温不火，却隐藏着巨大的商机。本文通过查阅文献资料法、实地调查法、逻辑分析法等多种方法，将海丝文化与旅游产业经济结合，分析了闽江口海丝文化产业旅游的发展现状，提出文化旅游开发的对策建议，以期促进闽江口文化旅游经济的发展。

关键词：海丝文化；文化旅游；闽江口地区

随着2013年"一带一路"倡议的提出，闽江口旅游业迎来重大的历史挑战机遇。为进一步促进闽江口文化旅游经济的发展，我们以海丝为核心，对闽江口地区文化旅游模式进行了分析。目前，加快旅游业的发展有利于带动更多的生产和生活要素，而我们所探寻的闽江口包括福州市城区、闽侯县、福清市、长乐区、罗源县、连江县和平潭综合实验区，都是福州经济重点发展区，便于我们分析进而提出建议。

一、闽江口旅游发展的优势

(一)区位交通优势

闽江口地处我国东南沿海，背靠广大的内陆地区，与台湾仅一海之隔，是连接长三角和珠三角的枢纽地带，与港澳距离也很近，目前，闽江口地区已通过海陆空三位一体，多层次、多功能的立体化的交通网络体系与各地建立起密切联系。

（二）政策优势

如今，国家和福建省各级政府正在大力发展海洋经济、文化产业和旅游产业，并出台很多扶持政策，不仅如此，福建目前被定位为“一带一路”21世纪海上丝绸之路的核心区，闽江口现在面临福州国家级新区、“21世纪海上丝绸之路核心区”、中国（福建）自由贸易试验区、国家生态文明先行示范区、国家自主创新示范区“五区叠加”与平潭综合实验区“一区毗邻”的难得的历史机遇。

（三）资源优势

闽江口拥有着众多的自然资源和文化资源。部分资源列示如表1。

表1 闽江口旅游资源情况

景点	景点特色
三坊七巷	现存古民居约270座，其中159处被列入保护建筑。以沈葆桢故居、严复故居等9处典型建筑为代表
长乐南山郑和史记列馆	唯一现存于世的郑和下西洋自传碑
于山	丰富的古文化遗迹，摩崖石刻居多，据可查的从宋代以来的就有100多处
中国船政文化旅游区	中国近代海军的发祥地，也是近代教育、科技、工业的摇篮
雪峰寺	拥有中国金石史上奇迹的“树腹碑”，还有宋、元、明各代的题刻26处
昙石山文化遗址	现为全国重点文物保护单位。拥有4000～5000年前原始社会晚期的公共氏族墓地，其上层叠压着3000多年前的黄土仑文化遗物

由表1可知，闽江口目前有着独特的旅游资源优势，利用该优势，结合“海丝文化”整合闽江口文化旅游圈的旅游资源，使其成为福建旅游建设中的一大亮点。

（四）客源优势

闽江口地区的客源由六部分组成：一是福州本地的居民，只要旅游路线够吸引人和交通方便，可形成一定的旅游规模。二是闽江口自身沿海的优势，利于福莆宁同城化开发,交通的便捷使旅游人数增加。三是福建经济发展较好的厦漳泉旅游热点地区,利用闽江口独特的旅游资源,也会吸引部分游客。四是龙岩、南平等处于内陆的地区,对沿海城市会有兴趣,沿海文化旅游的设计会满足他们的需求。五是侨台的同胞,据了解,福州有300万海外乡亲;同时,福建籍台湾同胞约占台湾人口的80%,台湾与连江仅一海之隔,距离较近,这部分人员也是闽江口地区相当可观的客源。六是长江三角洲和珠江三角洲的客源,闽江口作为这两者的枢纽,旅游人数一定不会少。

(五)侨台关系优势

首先,闽江口是距离台湾最近的大陆区域,地理的接近决定了两地关系源远流长。其次,福州是全国知名的台胞祖籍地,福州籍的台湾乡亲有80多万人,福州同乡会遍布全台湾各地。最后,闽江口是我国最早实现海外移民和市场开拓的地区,目前海外福州籍华侨华人在全世界大概有400多万人,分布在全世界超过140多个国家和地区,这些侨胞为家乡发展做出了不可磨灭的贡献。

(六)生态优势

闽江口地区山清水秀,气候宜人,有着丰富的水资源和温泉资源,区内河流纵横交错,数量众多,森林覆盖率高,空气清新,生态环境较优,全年没有雾霾,夏无酷暑,冬无严寒,属于典型的亚热带季风气候,全年均适合出游。

二、闽江口旅游发展劣势

(一)自然灾害

闽江口是闽江流入大海的出海口,位于福建省沿海和闽江下游地区,海洋性气候明显,在夏季极易受台风影响,充沛的降水又会带来洪水威胁。

(二)基础设施不完善

旅游的发展始终离不开"六要素"——"吃、住、行、游、购、娱",景区围绕着"六要素"所形成的基础设施同样影响着旅游整体质量。闽江口文化旅游圈部分景区旅游基础设施薄弱,如具有深厚文化底蕴的怀安窑址等,有游玩观赏之地,却无住宿购物之所,景区的公厕、休息亭等基础配备设施不健全,导致游客流失。

(三)高素质专业人才紧缺

文化旅游的核心竞争是文化,文化不仅是指独特的文化旅游产品,还包括高素质的文化旅游人才。只有在优秀的旅游人才与特色的文化旅游产品共同推动下,文化旅游才能发展得更好。闽江口的旅游企业实力不强,竞争力不足;旅游从业队伍素质较低,存在"黑心导游";高校对培养旅游人才意识薄弱,高层次管理人才匮乏。缺乏高素质专业人才是闽江口文化旅游圈发展面临的难题之一。

(四)宣传力度不够

闽江口文化旅游圈内具有许多深厚文化以及民俗特色的景点,但旅游景区存在宣传力度不够的问题。例如坐落于闽江口的五虎门港口,中国历史上杰出的航海家郑和在五虎门开启了中国历史上伟大的远航征程,但如今仍有许多人不知其在何处。旅游圈宣传力度的缺乏,使得闽江口文化旅游圈很难打造旅游文化品牌,从而影响游客对景区的认识。

三、以"海丝文化"整合闽江口文化旅游圈的旅游资源

(一)海洋民俗旅游

民俗是每个地区特有的且具有代表性的品牌形象,海洋孕育了人类,海洋文化必然留存着悠久的民俗风情。而闽江口作为闽江的入海口,也蕴含着悠久的海洋民俗。其中南海神信仰与妈祖文化是最具历史特色的民俗文化。

福州疍民是闽江口海神文化的传播者。古籍记载,疍民终生以船为家,常年漂泊于海,饱受台风海浪威胁,因此妈祖文化在疍民的宗教信仰中有崇高的位置,并跟随着疍民的迁徙由海洋而传播到闽江内陆。考古专家也曾到堪称国宝级文物古迹的连江县城关妈祖庙考察,其妈祖庙的重要价值体现在多个方面。乾隆二十六年碑记《特建天后祠重修资寿院碑记》有记载"吾乡资寿院六扇五间,祀神卫乡,其来久矣"。这个"资寿院"是闽江口地区信奉南海神的罕见遗存。南海神是妈祖信仰产生之前中国沿海最主要的海神。直到明代郑

和来到闽江口，他还特地筑台祭祀南海神，可见南海神信仰在闽江口一带的重大影响。

（二）以“海丝文化”整合侨台归家旅游

台湾自古以来就和福州有着千丝万缕的渊源。台湾本与福建相连，后因地壳运动，形成了海峡，海峡隔得开两岸的距离，但不能断绝两岸的至亲之情。其渊源不仅体现在两岸的血脉亲情，还体现在两岸间密切的商贸往来。由古至今，闽台之间的商贸往来就十分频繁，晚清时期，闽台贸易最为昌盛。闽江口旅游文化圈的开发为侨台提供了荣归故里的契机，并且在国家政策的支持下，同样吸引着大量华侨台胞回乡寻根。

因此，根据“海丝文化”整合寻根旅游，可以促进海峡两岸的交流，这不仅仅是感情上的交流，也可以促进两岸经济交流与合作，创造双赢双丰收。

（三）以“海丝文化”为核心开发历史古迹旅游

闽江口的价值不仅在于它的自然资源，更多的是它所承载的历史文化内涵，山有摩崖石刻，海有福船文化，岸有长门炮台，陆有三坊七巷，这些历史烙印，可观可叹。

位于闽江口中部沿海的长乐区建造有一座郑和公园。据资料记载，这座公园历史悠久，文化底蕴深厚，颇具风格，于宋元明数代就曾多次修葺整建。其中园内有郑和下西洋时船队出入太平港的航标塔，即三峰塔，该塔也是中国名塔之一。公园内记录了郑和七次下西洋的重要历史，还特别建造有郑和史迹陈列馆，其中藏放着当年郑和第七次出使西洋躲避风雨时亲手撰文的石碑——“郑和碑”，碑上题有《天妃灵应之记》文，为船队官员祈报，且有酬谢海神天妃保佑之意。

在三坊七巷与马尾区的船政文化博物馆里，都详列了闽江口辉煌的福船文化，翻阅古籍，福州的造船历史甚是悠久，早在明代，福州造船首屈一指。《明史》中就有对福船的外观描述：“船舱能容百余人，高大如楼，吃水一丈二尺，全船共分四层”。如此高超的造船技艺与福船文化至今在闽江口的各个地方都有所保存与纪念。[1]

这些名胜古迹表明，闽江口地带是中华民族海洋文明孕育与发展的极为重要的源头，由古代至近代，一脉相承。

(四)以“海丝文化”整合自然生态旅游

第一,江河海滨游。闽江口区域多山多水,岛屿更是星罗棋布,其中海坛岛面积 274.33 平方公里,是福建省第一大岛、中国第五大岛;位于连江县的黄湾屿,周边水质清澈,是福建省首批 10 个典型海岛生态保护试点之一。闽江口地区还有山涧瀑布,如罗源的岱江漂流,连江贵安的水世界,各种水上娱乐设施纷呈多样。

第二,山地丘陵游。闽江口地貌类型多样,也不乏山地丘陵。其中鼓山最为著名,有道是“不到鼓山,枉费福州行”。鼓山没有想象中的那样有瀑布有湖泊,山中水系不甚丰富,偶可见泉水叮咚。山上有“十八景园”“涌泉寺”,众多年代悠久的摩崖石刻,与怪石相映成趣。风和日丽之时,登高鼓山之上可俯瞰福州全景。

第三,温泉解乏游。福州凭借着有利的盆地地形及丰富的降水量,盛产温泉。福州早在 2010 年创建了“中国温泉之都”,并作为福州“烫金名片”,更应该对外推广。且早在汉代的《温泉赋》中就曾记载,“览中域之珍轻,无斯水之神灵……熙哉帝哉,保性命哉。”温泉可以去疾保命,这样放松养身的温泉之旅能够舒缓游客压力,调理游客身体状态。因此,闽江口之行断不能缺少温泉。

第四,湿地自然游。被评为“中国十大最美湿地”的闽江河口国家湿地公园是候鸟迁徙重要越冬地、水鸟集中分布区、众多珍稀濒危鸟种的栖息地,这样美丽的湿地与罕见的鸟种自然是闽江之行不可错过的景点。

四、闽江口文化旅游圈开发的模式建议

(一)生态引领模式

湿地具有良好的休闲旅游功能,闽江口湿地是我国沿海最主要的湿地之一,湿地面积 50593.92 公顷,临近海域,海产品丰富。可以闽江口湿地为中心,辐射南北两翼,如闽侯、长乐、平潭,结合该区域的自然资源,串联十八重溪、海坛等著名湿地自然生态景区,开展湿地生态旅游线路。

(二)文化融合模式

海丝文化源远流长,其发展过程中衍生了闽江口独特的海洋文化,如妈祖

文化与南海神文化，其中妈祖文化的传播更是得益于中国海洋事业的发展，是最具地方性特色的民俗民风之一。将旅游业与当地民俗民风相结合，一方面有助于满足消费者不断提升的消费需求，另一方面有助于对非物质文化遗产起到保护和传承的作用。连江县妈祖庙堪称国宝级文物古迹，具有重要的考古与旅游开发价值。同时联合马尾区正在开发建设中的闽安古镇打造集游、购、娱、住一体化的旅游线路。

(三)再现历史模式

闽江口地区历史文化底蕴深厚，可以海上丝绸贸易形成的独具特色的历史文化内涵来建立“海丝文化博物馆”，展示海上丝绸之路有关的历史古迹，以山、海、岸、陆为博物馆主线分别展示摩崖石刻文化的石刻造像文化，福船文化的民间工艺文化，长门炮台的建筑艺术文化，三坊七巷等历史古迹文化，将具有海上贸易的历史文化通过古迹游模式融入游客生产、生活中，让游客亲身感受体验海上贸易文化。[2]

(四)品牌整合模式

自古以来，闽江口地区就与台湾隔海相望，有着血脉相连的亲情，在“海丝文化”上有着相近之处，可以说海上文化是侨乡社会文化的根，可将闽江口地区马尾(琅岐)、连江及湄洲妈祖岛、三坊七巷名人文化等统筹起来，以“海丝文化”为核心连接侨台同胞整合寻根旅游，开发侨台寻根旅游模式，同时将生态旅游，休闲养生纳入其中，促进两岸经济交流与合作，创造双赢双丰收。

参考文献：

[1]刘锡涛.福船文化：福州独特的海洋文化因子[J].中国海洋大学学报(社会科学版)，2009(4)：53-57.

[2]陈思新.“一带一路”视阈下闽江口文化旅游圈开发模式研究[J].长白山大学学报(人文社会科学)，2017，38(6)：51-58.

文化经济视阈下福建传统产业转型升级战略研究

阳光学院商学院　蒋依娴

摘　要：传统产业不等于劣势产业，福建省传统产业虽然在发展中也曾遭遇瓶颈，但其对福建省经济的贡献依然重大，应从多方面思考其转型升级的途径。本文从文化经济的视角分析了文化资源对传统产业转型升级的作用，将传统产业对文化资源的运用定义为“传统产业文化化”；同时，思考文化资源与传统产业生产活动相结合的各种可能性，展开传统产业的“产品文化化”与“服务文化化”的战略解析。前者包含三种路径，实现传统产业的高端价值链延伸；后者包含两种路径，实现传统产业的水平高附加值扩展，最终依靠文化资源的有效利用来帮助传统产业获得更高的附加值，促使其转型升级。

关键词：传统产业；转型升级；产品文化化；服务文化化

传统产业是指发展时间较长、生产技术已经基本成熟的劳动密集型行业。在我国，传统产业一般是指第二产业中的传统工业，如纺织、食品、采掘、家电、建材、一般机械工业等，也包括传统建筑业。在本研究中，主要的研究对象为前者。

福建省具有代表性的传统产业包括纺织、制鞋、服装、造纸、食品加工、建材家具等行业。这些产业为福建省的经济快速发展奠定了基础，但随着社会的发展，这些劳动力和资源双重密集的传统产业面临着环保、用工、能耗、融资等诸多瓶颈，“转方式与调结构”成为产业进一步发展的要求，转型升级成为传统产业战略决策的重中之重。

一、传统产业的正确认识

(一)传统产业不等于“劣势产业”

近年来,社会对现代服务业、战略性新兴产业的关注日益增加,但是历年的统计数据告诉我们,传统产业对经济增长的贡献及拉动作用是不可忽视的,且时至今日依然位于经济发展的最重要的地位。黄继炜、魏澄荣等(2011)在福建省产业和行业竞争力研究中指出,传统产业(例如纺织鞋服木制品行业)在经济总量中的比重相对较大,基本都是福建省的优势行业,也获得了超过平均的快速增长。

从 2012 年福建省政府工作报告中可以看到,规模以上工业增加值增长 17.5%,工业对经济增长的贡献率达 60.6%。强化传统产业的升级与发展依然是福建省政府工作报告中经济发展设想中的重点。《海峡西岸经济区发展规划》(“十二五”)亦指出“以纺织服装、轻工食品为主体的传统优势产业是福建工业经济的主体。未来五年将是产业布局调整的重要时期,福建应不断巩固提升传统优势产业”。因此,对大部分地区来说,虽然在新兴产业上加大投入是一个大的趋势,但传统产业对一个区域的经济发展的重要性却没有降低,对部分地区来说,传统产业产值甚至占地区产值八成以上,是县域经济的基础、支柱与命脉,绝对不能动摇与放弃,只能通过转型升级并加强。

(二)传统产业发展存在瓶颈

传统产业的“历史功绩”与先进的地位都不容低估,但是其发展确实存在瓶颈。

第一,传统产业有资源依赖性或劳动密集型的特征,增长主要依靠大量的劳动力与原材料、能源的投入来换取,资源利用率较低。表 1 给出了 2011 年规模以上传统产业主要经济效益指标,其中“成本费用利润率”反映企业投入的生产成本及费用的经济效益。从表 1 可以看出,在传统产业中,企业的总资产贡献率较低,这说明投入的生产成本及费用的经济效益率低。由于传统产业一般由精于中间加工环节的中小企业构成,缺乏应对上游原材料价格变动和下游自建营销网络的能力,从而受到上下游两端的挤压,利润微薄,增产不增效,虽然投入大量的原材料和能量,但是生产规模的扩张不仅无法带来“规模经济效应”,反而陷入了“贫困化增长”的“低水平均衡陷阱”。

表 1 传统产业主要经济效益指标(2011 年)

单位:%

项目	增加值率	成本费用利润率	项目	增加值率	成本费用利润率
农副食品加工业	22.30	7.21	橡胶制品业	27.28	8.82
食品制造业	27.03	9.92	塑料制品业	26.87	7.56
饮料制造业	30.71	12.02	非金属矿物制品业	30.32	10.50
纺织业	25.27	8.31	有色金属冶炼及压延加工业	23.62	13.04
纺织服装、鞋、帽制造业	32.95	11.80	金属制品业	25.61	7.82
木材加工及木、竹、藤、棕、草制品业	28.31	5.84	专用设备制造业	23.77	9.07
家具制造业	27.65	6.93	交通运输设备制造业	24.79	7.42
造纸及纸制品业	25.82	9.09	电气机械及器材制造业	25.60	8.31
印刷业和记录媒介的复制	32.24	11.22	通信设备、计算机及其他电子设备制造业	21.39	5.78
文教体育用品制造业	28.90	6.20	仪器仪表及文化、办公用机械制造业	28.24	6.30
化学原料及化学制品制造业	24.44	9.15	化学纤维制造业	21.51	8.67

资料来源:福建统计年鉴—2012。

第二,产业附加值低,缺乏核心竞争力。表 1 给出的数据显示,传统产业的增加值率大大低于平均的增加值率,中间投入率大大高于平均投入率。其中,“增加值”是指常住单位生产过程创造的新增价值和固定资产的转移价值。“增加值率”可以用来反映产业附加值的高低,增加值率高,表明产业生产消耗较低,经济效率。传统产业虽然仍是国民经济发展中的主体,但是其主要优势集中于低附加值的非核心环节——大规模加工制造和组装[3],而在产品研发设计和品牌营销方面则比较薄弱,技术、文化附加值较低,产品增值程度很小。

(三)传统产业可以转型升级为优势产业

虽然传统产业目前面临着各种发展的瓶颈,但是产业本身不会消亡,采取一定的转型升级战略能够赋予传统产业新的活力。

在发展趋缓的阶段,众多学者认为要帮助传统产业进入新的生命周期,最重要的是要对其注入高新技术,他们信奉“没有夕阳产业,只有夕阳技术”;也有众多学者从产业内管理改进的角度来思考转型升级的途径,如:周婷婷、黄章树(2009)认为信息化能够有效提高劳动生产率从而提高传统产业的盈利水平;陈建国(2009)、左峰(2010)、王孟欣等(2011)认为应该采用技术创新、管理创新与营销创新等方式来实现传统产业的升级;王志强、何雪韵和陈珺洁(2011)针对福建省泉州市的产业现状提出须改善金融支持以促进产业升级;刘宣祥(2011)、郑南源和尤瑞章等(2011)探讨通过金融创新来促进产业升级;官华平、谌新民(2011)提出通过高级人力资本积累实现产业转型升级。另有观点从产业结构的调整来讨论产业升级,认为应直接淘汰劳动密集型行业,转向从事技术与知识密集型行业。

事实上,产业升级应该是多种路径的综合运用,不应过分强调科技或管理等某一方面的单一作用。而究其根底,产业升级应该看成是企业在价值链间或价值链内上升的过程,重要的是增加价值的获取。因此本研究将“产业升级”定义为“指产业由低附加值状态向高附加值状态演变的过程”。这里的高附加值指的是独立于产品主体价值之外的价值,主要应从“产品的文化附加值”上来思考。有鉴于此,本文正是在文化经济的视角下,探讨传统产业升级的战略与路径。

二、文化资源对传统产业转型升级的作用

面对传统产业的发展瓶颈,文化资源的合理运用能够改变其附加值低、原材料与能源过度依赖的现状是因为:

一方面,具有相同使用价值和技术质量的商品,其经济价值不仅可能由于使用功能和技术质量的改进而提高,而且更会由于其附加的文化含量的不同而上升。带有文化要素的商品往往能够令人体会和感受到无形附加物,如品位、感受、感觉、情趣、意味等,易于产生“共鸣”与认同。根据美国经济学家罗默的“新增长理论”,文化作为要素投入其他生产要素中时,对其投入应用和改

进越多,这个要素所创造的价值就越大,产品的核心价值也越高。传统产业若以创意为手段开发与利用文化资源来实现产品的差异化,将使得价格竞争不再扮演市场竞争中的决定性角色,差异化带来的需求成为市场的主要推动力,传统产品能够制定高价,成为高溢价商品。因此,在传统产品之上加入特定的文化要素能够提高产品的核心价值,促进传统产业转型升级。

另一方面,对于传统产业而言,文化资源的投入可能降低原材料与能源消耗,有助于传统产业向节能降耗型产业转型。文化资源是一种经济资源,所谓经济资源是指必须付出代价才能获得的资源,即为了实现对文化的资源性利用,必须放弃其他的本来可能投入的资源,如大量的原材料与能源。通过一定的成本来转化文化资源,产生的附加值却可能大大超过用相同成本原材料与能源所增产的附加值低下的原有产品所带来的收益。因此,文化资源的合理利用改善了传统产业的获利结构,为企业节能减排的环境友好型发展做出贡献。

三、福建传统产业基于文化资源转型升级的战略要点与路径设计

传统产业要利用文化资源实现转型升级,总体战略思路应为:通过多种途径与方法将各种文化资源与产业的活动、产品、技术、服务以及市场需求有机结合起来,生产出差异化、富含文化价值的商品与服务。在此,本文将传统产业基于文化资源转型升级的战略思路定义为"传统产业文化化"。

传统产业文化化,即传统产业利用文化资源为其成长与产品及服务的市场开拓创造新的机遇与空间,实现传统产业的升级与价值最大化,同时,商品与服务的入市有利于特定文化的传播,形成良性的可再生的产业价值体系。下文将"传统产业文化化"这一总体战略思路分解为"产品文化化"与"服务文化化"来详细阐述,前者能够使传统产业实现高端价值链的延伸,后者则实现传统产业的水平高附加值扩展。

(一)产品文化化战略,实现传统产业的高端价值链延伸

文化资源能够通过合理的创意开发,为传统产业商品的设计、制造、产品包装等环节所利用,从而促进产业发展、经济增长。文化展示的形态,有些是无形的,例如传说、故事、习俗、大众语言,这些虽然是无形的,但可以根据一定

的创意总结、提炼出相符程度极大的特征符号。有些文化是有形的，例如古建筑如长城、故宫，古工艺品，如面人、剪纸，有形的文化也易于通过转移、嫁接从而附加到一般的商品之上。在商品的造型、包装、商标(品牌)之上显示出来。

传统产业可以利用现代的文化符号，也可以利用传统的文化符号。开发的路径包括以下几种：

第一种路径："文化产业产品授权(如电影、电视剧、动漫)—文化衍生产品设计—制造—营销"，即企业将文化产业产品中的流行文化元素设计并添加至原有产品之中，制造文化衍生产品，由于文化的共鸣性而拥有良好的市场基础，能够为产品制定较高的溢价，并获得较好的产品销售成果。例如电影工业发达的美国，电影票房收入只占电影产业收入的27%，而余下的73%全部来源于衍生品的开发和销售，较为成功案例的有变形金刚、迪士尼动漫，国内的如喜羊羊与灰太狼等动画片，其衍生品为与其合作的传统商品制造企业带来了丰厚的附加收益。

第二种路径："文化产品设计—文化产业项目(影视动漫)嵌入式营销—大规模制作与销售"，即设计某种具有文化特征的商品，嵌入影视、动漫或其他形式的传播媒介之中，获得良好的口碑，从而赢得大规模的订单，在销售中获得高额的边际收益。此路径实际上要求企业创造流行性文化，关键在于选择的嵌入媒介的受众必须是企业的有效目标市场，并且要求文化产品的关键要素与影视动漫的契合度较佳。

第三种路径："经典文化符号提炼—产品设计研发—细分市场消费者文化认可—特定市场与地点销售(如旅游景点、博物馆、商场专柜)"，相较前两种模式，这一路径需要企业对文化类别进行选择，对文化符号合理提炼，并在此基础上对产品创意地设计与开发。笔者采取街头拦截、邮箱留置问卷等非概率抽样方法，对福建各地市的数百位受访者进行了问卷调研，目的是了解人们对传统产业的产品文化化各影响因素的重视程度，本次调查总共发放问卷300份，回收有效问卷263份，回收率为87.67%，对背景资料的统计分析显示，受访者在不同的年龄、月收入、文化程度、职业等分布较为均衡，因此调研结论具有较大的可信性。调查结果显示"产品的创新"所占的响应度百分比最高(见表2)，说明企业在产品文化化过程中能显示出的文化特色是消费者最为关注的。此时的商品可以被称为文化产品，其物理使用价值只是满足人们消费的较小的一部分，人们更多可能获得的是精神上的文化体验价值。

表 2　产品文化化影响因素 Frequencies

		Responses		Percent of Cases
		N	Percent	
产品文化化影响因素[a]	产品创新与特色	175	41.5%	67.0%
	产品质量	166	39.3%	63.6%
	产品包装	36	8.5%	13.8%
	文化是否被广泛认知	45	10.7%	17.2%
Total		422	100.0%	161.7%

传统产业的产品文化化的三种路径，使传统产业原本位于微笑曲线底部的生产与制造，向其两端延伸，在前端的研发、设计与价值链末端的销售与营销中增值，在产品的表现上体现文化附加值，实现了产业的高端价值链延伸。

(二)服务文化化战略，实现传统产业的水平高附加值扩展

对传统产业来说，生产线不仅仅可以用于生产商品，还可以开发出生产流程体验项目。“服务文化化战略”就是引导传统企业充分利用企业的生产资源，为消费者提供近距离的参观与体验服务。“文化”很大程度上就是由劳动人民经年累月积累下的生活劳作的知识、经验与习惯所构成的，传统产业的生产之中便蕴含着丰富的技艺文化。因此，产业生产自身就是一个良好的文化资源。

这一战略思路颠覆了传统产业以提供实体产品为主营业务的固定思维，将传统产业的业务范围通过文化实现了服务化的拓展。价值延伸路径为：服务设计—过程服务—旅游营销，最终达到产业的水平高附加值拓展。

第一种路径：“现代生产流程整合—消费者生产流程参观与体验服务—现代工业游”。在这个路径中，传统企业在车间厂房开辟游览通道，向消费者展示生产流程与工厂景观。对于有深度体验需求的消费者，提供尝试产品制作的机会并配以技术人员辅助。许多著名的企业都采用文化营销的方式来获得大大超过商品本身价值的收益。例如，星巴克的价值主张之一是：星巴克出售的不是咖啡，而是人们对咖啡的体验。星巴克从视觉、听觉与味觉上传递西方文化价值，消费者可以细细品味煮咖啡时的嘶嘶声，将咖啡粉末从过滤器敲击下来时发出的啪啪声，这种“星巴克情调”是传统企业能够借鉴的。又如乌镇的三白酒、浙江的杭扇即采取“前店后厂”模式，产品售卖与生产流程参观兼备。这一路径在满足消费者对现代工业科技的文化体验需求的同时，也展示了企业的生产环境、工艺流程、高新技术、管理特色，增强了消费者对企业与产

品的了解，达到了最佳的企业宣传效果。

第二种路径：“传统工艺复原—传统生产体验服务—复古工业景观游”。传统产业生产的产品很大一部分是自古即有的，那么这些产品在历史上的生产工艺就会引发部分消费者的探知兴趣。通过这一路径，企业可复原一些传统产品（例如服装、家具、瓷器等）在历史上的生产场景与生产工艺，与现代生产流程形成呼应，满足消费者对传统工艺的文化体验需求。例如，纺织技术具有非常悠久的历史，中国机具纺织起源于五千年前新石器时期的纺轮和腰机。西周时期则采用具有传统性能的简单机械缫车、纺车、织机，汉代广泛使用提花机、斜织机。若纺织企业能够在一定程度上复原历史上的技艺，将受到特定文化消费群体的强烈响应。

现代消费经济已经步入体验经济时代，是否能够吸引消费者很大程度上取决于是否好玩，以及能够直接参与体验。传统产业可通过实现“服务文化化”，满足消费者对传统工艺与现代制造技艺文化的好奇与探索需求，用创意让传统产业变得更有活力。在前述的调研中，笔者亦对传统产业的服务文化化影响因素设计了题项，调研结论显示消费者最关注的因素是“服务质量”和“参观环境”（详见表 3），因此无论是选择哪种路径，企业都应该在自身的生产条件基础上精心设计体验与服务模式，设置消费者友好型的服务流程，达到最好的体验效果。

表 3　服务文化化影响因素 Frequencies

		Responses		Percent of Cases
		N	Percent	
服务文化化影响因素[a]	服务质量	167	13.6%	63.5%
	参观环境	170	13.9%	64.6%
	参观的安全性	108	8.8%	41.1%
	流程的趣味性	121	9.9%	46.0%
	能否有制造企业群可供参观与体验	85	6.9%	32.3%
	企业的体验服务是否创新	86	7.0%	32.7%
	参观时间	117	9.5%	44.5%
	门票价格	156	12.7%	59.3%
	参观的企业是否知名	98	8.0%	37.3%
	交通便利性	119	9.7%	45.2%
Total		1227	100.0%	466.5%

当然，传统产业的升级不是改变产业，而是改善发展。一方面，服务文化化能够为消费者提供生产流程、技艺文化的体验。另一方面，企业通过开发工艺体验服务，带来的额外贡献将包括：企业主打产品的直销收入、门票收入、旅游纪念品销售收入、餐饮等服务的收入，另外，企业将流程对外开放是一种无形的广告，能在公众中树立起透明良好的形象，亦可能带来口碑、品牌形象提升等各种潜在收益。综上所述，服务文化化能够实现传统产业的水平高附加值的扩展。

四、结论与建议

本文研究传统产业运用文化资源获得转型升级的战略与路径，基于文化经济的视角，思考传统产业作为生产者，如何与文化产品与服务进行对接。这一对接可以简单归纳为“传统产业文化化”，包含“产品文化化”与“服务文化化”两大战略思路，研究则从具体企业的生产活动角度展开。因此细化的五个路径能够为传统产业中的各个企业的转型升级指明方向。

基于文化资源的转型升级能够同时满足消费者的文化需求与企业的发展要求。

对消费者而言，文化所蕴含的品位、情趣等能够让其在社会群体中找到“共鸣”与认同，但是不同的消费者对于文化的需求方式不同。对于一部分消费者来说，购买富含文化韵味的商品是他们对文化的消费方式，他们对文化的消费需求在于“实用需求”，企业可以通过“产品文化化”来满足，产品文化化包括了在产品廓形、款式、色彩以及包装等之上的文化要素创意运用；对于另一部分消费者来说，一睹为快与亲手探索才是他们对文化期待的消费方式，即他们对文化的消费需求在于“观赏与体验”，对于这部分消费者，企业可以通过“服务文化化”来满足，企业自身的生产资源为消费者的文化体验需求奠定了良好的基础。

对传统产业中的具体企业而言，产业文化化将带来利润与名誉的双重收益。一方面，“产品文化化”利用文化元素、创意手段为企业的产品带来了差异性，带来了消费者的注意力锁定，使其所制造的商品能够在市场竞争中脱颖而出，迫切需求文化创意产品的消费者对价格的敏感度大为降低，有利于企业选择灵活的定价方式，获得商品高溢价所带来的额外收益，即获得产品的文化附加值。“服务文化化”开放了企业生产的文化体验服务，对于投入的基本生产要素多为劳动力、土地、厂房、机器设备、动力燃料、原材料等遵循着规模报酬递减的规律的传统产业而言，服务业务增加将带来边际收益递增。因此，传统产业的“服务文化化”利用自身的实体经济与生产条件优势，帮助传统业务往增值效应良好的服务业务拓展，将为企业开拓新的利润源泉，服务的低耗能也为传统产业环境的友好型发展提供了良好的契机。另一方面，产业文化化，特别是服务文化化，对企业而言实际上是一种特殊的广告，消费者在深入了解产品的生产制造过程将加深对企业的信任，加大对企业品牌的向心力与认同感，有利于企业形象与对外知名度的提升。并且，服务文化化对企业的管理水平要求较高，能够充分发挥各项设施与工艺的旅游服务价值，大大促进了企业各项资源的有效整合。

当然，基于文化资源的转型升级并不排斥其他要素的驱动，科技、金融与管理创新等各种要素资源的科学合理利用同样能够促使传统产业更快更好地实现产业转型升级发展目标。

参考文献：

[1]蒋依娴.传统产业利用文化资源转型升级的路径探讨——基于消费者偏好的分析[J].福建行政学院学报，2013(2)：106.

[2]中共绍兴市委党校课题组陈建国.浙江省传统产业转型升级的实证分析——以绍兴市纺织工业为例[J].浙江社会科学，2010(9)：28-34.

[3]蔡旺春，李光明.中国制造业升级路径的新视角：文化产业与制造业融合[J].商业经济与管理.2011(2)：58-63.

[4]蒋依娴，庄花.基于文化资源的传统产业增值效应与转型模式初探[J].海峡科学，2013(4)：4.

[5]颜士锋.文化经济学[M].山东：山东大学出版社，2011(9)：3-25.

[6]厉无畏，王玉梅.论产业文化化[J].科技和产业，2004(11)：8-12.

农村社区营造

基于扎根理论的生态文化型农村社区再造模式研究

阳光学院商学院　施　玮　吴　赢

摘　要：农村社区建设日益受到各领域学者的关注，农村社区再造模式则是关注的焦点。本文基于扎根理论，通过对台湾桃米里生态社区非政府组织（NGO）负责人、在地居民等重要人物的访谈记录、新闻媒体报道、工作报告等材料的编码分析，探求生态文化型农村社区再造模式和路径。研究发现，再造领域、再造主体和再造流程三个主范畴对生态文化型农村社区再造存在显著影响，并据此提炼出生态文化型农村社区再造模式。研究对大陆生态文化型农村社区建设与再造具有实践指导意义。

关键词：扎根理论；生态文化型农村社区；生态村；再造模型

农村社区建设是新型城镇化大战略中的重要议题，正受到学者的广泛关注，其中农村社区再造模式是研究的焦点之一。两岸文化同根同源，台湾在社区再造（又称为农村社区营造、新故乡运动、富丽农村、农村再生等）中的成功经验可以成为大陆新型农村社区建设模式选择的“他山之石”。迄今为止，大陆学者对为数不多的台湾成功社区再造模式的研究一般采用二手资料分析方法，基于田野调查的研究相对少见。本文以台湾著名的桃米里生态文化村为案例，应用扎根理论方法，提炼生态文化型农村社区再造模型，旨在为大陆农村社区再造实践提供理论和经验的借鉴。

一、文献回顾

(一)关于农村社区缘起的研究

德国学者滕尼斯在19世纪80年代末首次提出“社区”一词。20世纪30年代初,我国社会学家费孝通将“社区”概念引入国内。从1980年代开始,研究均以城市社区为重点开展,而对农村社区的研究鲜见。2006年10月,党的十六届六中全会《关于构建社会主义和谐社会若干重要问题的决定》提出“全面开展城市社区建设,积极推进农村社区建设”,首次完整地提出了农村社区建设的概念及其任务。现有研究多在政策导向基础上展开。

(二)关于农村社区模式的研究

近年来,我国各地相继展开了农村社区建设实践。学者们在实践基础上归纳和总结了农村社区创建模式,主要有三种视角的总结:一是从社区与行政村建制角度出发,划分“一村一社区、一村多社区和多村一社区三种模式”[1];二是从城镇化发展情况出发,划分出“乡村型”模式、“集镇型”模式和“城郊型”模式;[2]三是从社区形成过程方面,居德里将农村社区分为融入城镇型社区、拆迁安居型社区、规模经营型社区、投资开发型社区、休闲景观型社区、股份合作型社区六种模式。[3]现有模式偏重于农村社区建设的某一个层面,提出的模式未能全面体现农村社区实践。

(三)关于生态文化社区的研究

国外对于生态社区的研究较多,较有代表性的有加拿大、美国等,全球生态社区网(global eco-village network)对生态社区的界定等内容也有深入的介绍。直到20世纪90年代末,我国学者才逐步认可生态社区这一概念,共同认为生态社区是以自然为主要向度,强调环境的生态功能,突出社区的自我协调能力。[4]在生态社区的建设中,学者们一致认为需要同时注重社区中人与自然的关系和人与人的关系。人与自然的关系,体现在社区本身物质环境、非物质环境和居民活动的良性互动,[5]同时还体现在社区与外部环境的有机融入;[6]而人与人的关系则是在人与自然和谐的基础上,朝着生态方向和谐的永续发展。

(四)关于国内外农村社区建设经验借鉴的研究

国外农村社区的研究对我国有重要借鉴意义。较为典型的是欧盟研究中心对乡村治理经验的比较、加拿大纽布朗斯韦克省(New Brunswick)充满实验性的"新乡村地区治理模式"以及韩国的"新村运动"。[7]从20世纪90年代开始,学者们对发达国家或地区的社区建设经验进行了研究。综合看来可借鉴方案主要来自:一是政府的高参与度,如韩国"新村运动";二是社区非政府组织的高参与度,如日本的农协,欧盟的"领导+";[8]三是充足且持续的财政投入,如日本的补助金农政、韩国的新村运动;[9]四是健全的保障机制,如日本的农村社区建设[10]、加拿大的"农村透镜"、[11]马来西亚的八个五年计划[12]。

综上所述,农村社区建设研究已经受到了学者的广泛关注,并取得了较大进展,但尚有以下研究空间:(1)在模式构建上偏重于关注农村社区建设的某一个角度,如建设主体、建设阶段等,缺乏对建设模式全方位的把握;(2)国外农村社区的研究成果和发展经验受到学者的关注,但目前我国研究者对台湾地区社区再造的相关理论和实践成果的引进、比较、借鉴还较少,尤其是在对一手资料的收集和分析处理上;(3)研究方法较为单一,在对案例实证研究中往往来源于在地经验的总结,客观性不足。

台湾桃米里社区经过十余年的努力,在多方群体的协助下成功重建了著名的"桃米生态村"。为此,我们基于台湾桃米里社区再造实践,提炼生态型农村社区再造中的影响因素,并扎根在质性数据中建构理论。

二、研究设计

扎根理论方法作为一种质性研究方法,强调从实践经验中入手,在没有任何预设的前提下对原始资料进行归纳提升,从而得出系统的理论。与其他松散的质性研究相比,扎根理论研究更具系统性和严谨性。

(一)研究方法

扎根理论是由芝加哥大学的巴尼·格拉索(Barney Glaser)和哥伦比亚大学的安索·斯特劳斯(Anselm Strauss)两位学者在1967年出版的《扎根理论之发现》(*The Discovery of Grounded Theory*,1967)一书中提出的。它是一种在系统化的资料的基础上,经过研究分析,进而发掘发展后,运用归纳法对已知现象和事实加以充分比较和分析总结，最后得到结果的理论，[13]其基本流程图如图 1 所示：

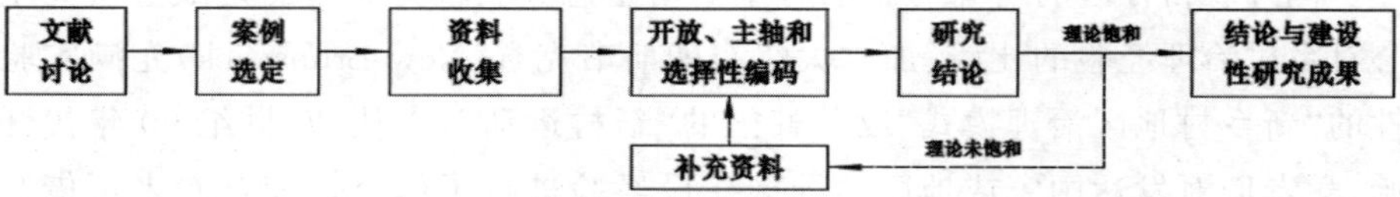

图 1　扎根研究流程图[14]

扎根理论所秉持的观点是在数据资料的研究过程中发展理论，而不是从现有的理论中演绎可验证的假设。该方法的重点是相关数据资料的收集、整理与分类。研究者在研究过程中，从一个研究区域入手，经过对数据资料进行收集、整理，使得理论逐渐浮现出来，而这种理论并非其预设。在该方法中，数据的收集、整理和最终的理论之间的关系密不可分。

在过去的几十年中，这种方法已得到国内外学者的普遍认同，学者们已经很好地将这种方法应用到各个领域，比如管理学[15]、教育学[16]和旅游学[17]等。

下面对桃米里生态村再造的讨论与分析采用扎根理论的方法。

(二)案例选择与案例背景

桃米里位于台湾南投县埔里镇，是中潭公路往日月潭方向去的必经之地，以农产为主，且产业项目繁多，主要以竹类、菇类、茭白笋、茶、花卉及金线莲为主，是台湾重要的花卉和蔬果产区。1999 年 9 月 21 日，台湾遭受了 20 世纪以来岛内规模最大的地震，灾区集中在南投县、台中县与苗栗县等，桃米小区也遭受到此次地震的波及，损失惨重，且当时的桃米里农业亦遭受到加入 WTO 所带来低价进口农产品的冲击，导致竹笋类的农产品价格大幅下跌，以农为生的居民生活困苦。在经济的不景气和地震后的灾害之双重冲击下，桃米里的发展前景堪虑。

桃米里在经历了“921”地震后，从资源盘点中发现契机，将一个没落的小村转型成为集教育、休闲、产业、观光为一体的生态社区。在重建过程中，桃米里在分析自身资源和优劣势的基础上，集合多群体合力，对小区内部进行了前所未有的变革，在“生态村”愿景的引领下，通过跨领域的合作，让愿景逐步变为现实。同时桃米社区的努力也得到外界许多肯定，如：获得台湾“文建会”第一届小区总体营造年会“优质小区奖”；“桃米生态村”的重建计划被“行政院文建会”列为“小区总体营造”的学习指标；2003 年获评为“2002 年生态旅游年特殊案例”优等奖，全台湾只有两个小区得此殊荣。

(三)数据采集

扎根方法的数据来源主要包括社区档案、田野调查、访谈记录、实地观察、相关文档、实物证据等。本研究一手数据的收集途径如下：(1)设计了包括 15 个开放性问题的访谈提纲，对案例社区的参与者、居民、经营者等进行半结构化访谈。典型访谈问题包括：桃米里社区再造经过哪几个阶段，每个阶段的重点解决什么问题，主要对策是什么。挑米里社区再造涵盖了哪些领域，各个领域主要解决什么问题。桃米里社区再造中，各自身份发挥什么样的作用。桃米里社区再造最值得肯定的经验是什么，最主要心得有哪些。(2)采取田野调查法，实地调查了民宿经营与服务、在地农产品的创意加值、生态项目的推进等情况。以上两种途径资料的搜集集中在 2014 年 8 月期间进行，经访谈者同意进行了全程录音，后期由课题组成员整理成文字资料约 4.8 万字。二手资料主要包括新故乡基金提供的内部文档、计划书、网络资料、宣传材料、分析报告、媒体报告等。

三、再造模式建构

扎根理论方法对资料的分析过程较为严格，一般来说，该分析部分由三种主要的译码组成：开放性译码、主轴译码和选择性译码。不同种类的译码程序间的界线并非一成不变。

(一)开放编码

开放性译码的作用是指将从资料中挖掘的概念及其属性进行界定的分析过程，在此过程中，可以将初始资料进行分散、再组合并归类。在概念化和范畴化阶段，研究者不仅可以对原始资料进行、缩编精简，还可以增加新的内容，并激励研究更加深入地进行。开放性译码的目的在于指认现象、界定概念、发现范畴，也就是处理聚敛问题。[18]本研究开放编码共得到 10 个范畴(表 1)。

表1　开放编码形成的范畴

范畴	概念	原始语句
自然生态	地形特征	地形由桃米坑山(720M)、白鹤山(773M)与桃米山(853M)形成天然集水区,经由桃米坑主流及中路坑溪、纸寮坑溪、茅埔坑溪、种瓜坑溪、林头坑溪六条河川切割,形成包括山谷、湿地、平原、小溪畔、丘陵地、瀑布等丰富的地貌。
	生物特征	从调查里面知道,全台湾29种原生种的青蛙,这里面就有23种,所以这23种背后代表的是生态多样性和生态丰富性。桃米重建最大的价值,我想应该是生态链。
	物产特征	桃米的主要物产包括竹类、菇类(太空包菇、柴菇)、茭白笋、茶、花卉及金线莲等。相比之下社区最重要的是竹笋,但以竹笋在台湾来讲,我们没办法用竹子跟一些成熟的以竹为产业的镇相比。
生活环境	住处受损	桃米近十年最严重灾情为1999年的"九二一大地震",当时桃米社区369户住家,共有168户全倒、60户半倒,灾情非常惨重。
	土地废耕	桃米小区农业使用的土地主要位于下城及田份仔,值得注意的是,有高达17.35%的农业使用土地呈现废耕状态,显示出小区农业发展有没落趋势。
	经济没落	老年人口比例较高。因为就业机会少,年轻人口逐渐外流,造成劳动力减少,曾为埔里最贫穷的地区。
历史文化	物质文化	社区内的福同宫已有128年历史,为小区内最具历史之建筑物,强化委员会组织,做好维护及保存庙方资产工作,并改善福同宫外围环境景观绿美化,新增福同宫解说导览设施、文化墙介绍福同宫之历史。另外,配合小区内现有保留之古厝宅院,将其宅院及小区内所保留之文化古物加以整理,做好文物古迹管理工作。
	精神文化	我们在进行解说员培训的时候,居民对"靠着一支麦克风就有饭吃"这件事情比较怀疑,或者比较揶揄式地说:"我们如果真的以后靠着拿麦克风就有饭吃,我们愿意把脚那扛下来,让你当凳子坐,这是很经典的哦。"
	制度文化	旧的社群里面,他们还坚守着原来的一些价值、一些理念,或者是在行政上比较无力的地方,让这个组织或者社区在某一个部分进步是比较缓慢的;之前生态跟这里的人毫无关系,因为他们不在乎,认为"人是万物之首"、"人可以主宰一切"。

续表

范畴	概念	原始语句
产业经济	第一产业	目前桃米社区一级农产业仍以农业为主,农产品保存/加工技术不足,极度缺乏品牌特色与创意纪念品、伴手礼等产品。因此为了达到永续农业发展,将全面推动有机无毒农业,创造可永续经营的农业生态环境。
	第二产业	竹笋是桃米社区重要的经济作物。在实践中,努力将桃米的一级农业转型为二、三级的农产加工业或观光休闲农业,增加就业机会,促使青年人口回流,改善小区环境永续发展。
	第三产业	近年发展的三级餐饮、旅游、民俗服务业等,亦有来自临近观光旅游点的威胁。我们在发展中突出“生态”特征,并增加体验环节,以维护农业生态环境。
在地群体	整体素质	他们这些学习里面他们通过他们经验,通过他们一些新的知识重新来诠释他们自己的社区。在重新诠释跟认识自己社区的过程。所以这个状况我认为是一个非常典型的,也就是说其实我们所面对的农村社区中的居民整体素质未能达到主导社区发展的程度。
	新生力量	社区建设的第一个基础就是社区内部有这样的一个氛围,就是我们收到社区邀请进来协助重建的过程里面我们看到,社区里面确实有一股新的力量,包括年轻人的力量,还有中年人的力量,对重建新社区的一种渴望。
	共同理想	因为台湾各级官员都要遴选,所以你每次选出来的会长,不见得是符合理想的。这一届的会长因为有着跟我们一样的理想,所以在推动这个事情,他就会让你的事情更顺畅,但是如换一个会长,他可能没有这样的理想。
外部群体	政府部门	和政府部门的一个叫作农委会特有生物保育研究中心合作,这个组织属于农委会;还有一个组织叫劳委会,利用其“以工代赈”我们开展了解说员培训。另外我们还充分利用政府资源来桃米里的发展,尤其是在资金方面,比如进行雇工购料等。
	民间组织	目前桃米有小区发展协会、自然保育及生态旅游发展协会、休闲农业区推动管理委员会、新故乡文教基金会四大组织,这增加了沟通的难度。在桃米重建过程中,学校组织也发挥了重要作用,比如世新大学、暨大等。
	企业	“飞利浦赞助的教育工作,虽然表面上看不到什么具体的东西,但却是最基础、最重要的工作”;在桃米少数有企业赞助。新故乡其实早期有企业赞助,那这时候是因为他们在“九二一地震”他们希望办活动,我们就对他说你不要办活动,你可不可以把钱留下来作为几个用处:一个就是教育培训生态教育培训,我们初期的那个尝鲜绘画班,就是老奶奶的那个画品等,都在靠他;另外两个也是他,比如送一些锅碗瓢盆和办料理班。

续表

范畴	概念	原始语句
资源盘点	物种调查	2000 年 5 月，特有生物研究保育中心就进来了，他们的专长就是生态，所以他就是做生态资源的调查，你会发现，社区其实是有很棒的资源的。
	资源评估	特有生物研究保育中心调查后从生态视角出发，发现社区具有非常丰富的生态资源，其中青蛙种类占台湾 29 种中的 23 种；蜻蛉数量占台湾蜻蛉总数的三分之一以上；各种鸟类占台湾 450 种中的 72 种，通过论证，将青蛙作为社区营造的核心元素。
	物种监测	现在解说员做很多物种调查，其实特生会回到生态保育中心里，那也可以做区域性的资源调查。那你的物种监测就是从调查到监测都跟着一贯走。
愿景型塑	凝聚共识	这个愿景的确认是通过跟居民的非常多的正式跟非正式的讨论，在这个讨论过程中，我们经常会将一些知识性的东西通过优秀的老师带到社区里面来。第一个年头，每周至少有四到五天在开会。
	方案选择	生态资源阶段其实就有两种路线，开始出现一个辩论，就是一个觉得要往生态村，生态旅游；一个觉得应该要往休闲农业。因为资源，社区最重要的是竹笋，但不具体明显优势，所以后来生态就胜出。当时这里头有一些，内部的冲撞，就是到底应该要走什么好。
	创发愿景	怎么样去集合各种不同的生态的生活模式，去营造一个生态的社区，所以大概以生态社区结合生态旅游的，这样的一个生态的发展模式，就成为这个桃米整个发展的愿景。
愿景实践	生态教育	往生态村走，要求居民有一些生态意识跟生态伦理，否则以往看到青蛙就抓来吃，他不会觉得青蛙是跟人是平等的。现在是从以前的“人是大自然的万物之灵”“人掌控所有东西”，慢慢扭转。
	环境治理	哪有所谓的河川跟湿地的保护，那这时候我们开始申请工期，因为台湾从现代化之后河川的鱼虾其实没有以往那么的丰富，所以我们就希望居民重新去看待自己的这一片自然环境，所以就开始有一些酝酿工期的做法。
	经营培训	民宿业者的经营成长也要预备，有了解说之后我要预备客人是可以住下来留下来，所以说开始要启动一些经营管理方面的培训，比如学习怎么叠棉被、如何招待客人、如何和客人进行沟通等。

续表

范畴	概念	原始语句
永续发展	寻求特色	生态旅游是这个产业发展最重要的，如何从传统的一级农业，当农夫，拿锄头，改为拿麦克风、接待家庭，就是大陆在讲的“农家乐”，我们去学习怎么做民宿，找到自己的特色料理，突出体验特色。
	利益博弈	居民跟居民彼此的沟通，有时候要有人扮白脸，有时候要有人扮黑脸，组织和组织也一样。譬如说我们会让一个组织去扮黑脸，另外一个就一定要扮白脸，因为你不可能和居民的关系搞太僵，可是你也不能让居民牵着鼻子走。
	反省升华	生态旅游是村里面一个产业项目，我不可能发展民宿或者说赚那个观光财。我们真正的课题是让居民怎么去理解，持续地面对环境课题。所谓的升华，其实就是一种反省、再出发的概念。

(二)主轴编码

我们将上述开放性译码中被分割的内容再次建立关联，即创建主轴译码。这种建立关联的过程并不是要把几个核心范畴联系起来构建一个全面的理论学架构，而是要好好发展主要范畴。我们通过主轴译码分析，对生态型农村社区再造模式资料内容开放性译码，进行类别划分得到三个主范畴(表2)。

表2　主轴编码形成的主范畴

主范畴	对应范畴	范畴的内涵
再造领域	自然生态	社区拥有的自然资源和生态资源，如地形特征、生物特征、物产特征。
	生活环境	社区群体对环境的认知、态度和行动，包括生态伦理、生态知识、生态习惯等。
	历史文化	社区传承下来的物质文化、精神文化和制度文化。
	产业经济	主要产业是什么？各级产业的比重？是否具备差异化优势？如何协同发展？
再造群体	在地群体	普通居民和领导层，是否认同社区愿景？是否有自我认同感？是否积极参与？
	外部群体	NGO、政府组织、社会团体、企业各自扮演什么角色，辅导者？直接参与者？

续表

主范畴	对应范畴	范畴的内涵
再造流程	资源盘点	社区再造的准备阶段，通过资源盘点发现在地光华，为后续工作提供资料参考。
	愿景型塑	需要较长时间分析、积淀与调整，往往伴随着选择和决策，属于关键要素。
	愿景实践	在愿景的指导下，将实践工作进行细分，建立不同阶段的小目标逐个实施。
	永续发展	持续性为社区发展的内生动力。包括产业的持续发展、生态的永续发展等。

(三)选择编码——构建社区再造模式

本研究的核心范畴是“生态型农村社区再造模式”，围绕核心范畴的故事线可抽象为群体(group)→领域(areas)/流程(press)。以该故事线为基础，最终建立以下生态型农村社区再造模式，如图2所示。

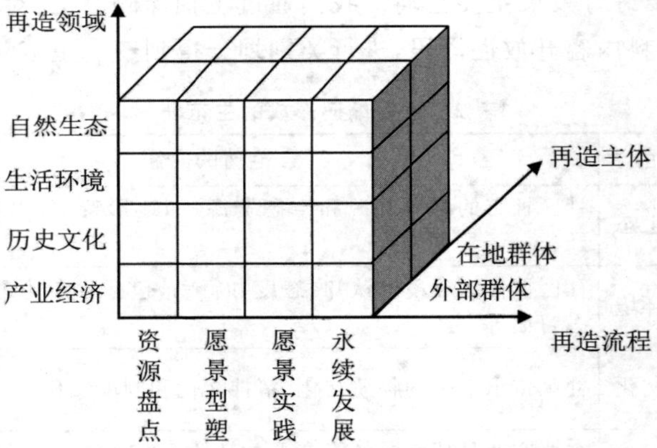

图2　生态文化型农村社区再造模式

为此，我们得出“生态文化型农村社区再造模式”，它是一个以再造主体(在地群体、外部群体)、再造领域(自然生态、生活环境、历史文化、产业经济)、再造流程(资源盘点、愿景型塑、愿景实践、永续发展)为轴线的三维立体模型。

(四)研究检验

1.理论饱和度检验

理论饱和度是指不可以获得另外的数据以使研究者进一步发展某一个范

畴之特征的时刻,它何时停止采样的判定依据。[19]我们将收集与整理得到的桃米里社区资料编码进行随机抽取,并未发现新的范畴,所以上述编码分析过程通过了理论饱和度检验。

2.研究信度检验

本研究由2位成员承担数据的分析与处理。两人分别对资料进行开放性编码,译码结果的一致率达到87.8%。根据定性数据分析的编码者信度计算公式:信度=一致编码数目/所有编码数目,本研究具有较好的信度。在后续的工作中,成员在个别关联范畴处理上出现分歧,经过较为深入磋商后最终达成一致。

四、再造模型阐释

在生态文化型农村社区再造模式中,再造领域、再造主体和再造流程三个主范畴对其存在显著影响,以下将在资料整理的基础上对其影响路径进行阐释:

(一)影响路径1:再造领域→再造模式

研究发现,再造领域影响再造模式的路径有4种:自然生态→再造模式、生活环境→再造模式、历史文化→再造模式、产业经济→再造模式。在此,我们以"自然生态→再造模式"为例对影响机理进行阐释。在访谈中,新故乡基金会执行长颜女士谈道:"在桃米里社区重建的准备阶段调查时,我们发现全台湾29种原生种的青蛙,这里面就有23种,所以这23种背后代表的是生态的多样性和丰富性。"青蛙、鸟类、植物等物种的丰富性正是社区发展的重要资源。"所以在这样的状况之下,我们开始收集国内外的文献资料,讨论生态社区建设的可能性。""桃米里其实我们现在所发现的生态标的大概建立在青蛙或者是蝴蝶为主的生态资源上,后续还有很多,例如在整个大的自然环境里稀有的资源跟溪流的景观,跟溪流的不同运动跟休闲模式,以及如何运转成为一种新的途径等。""社区现在少量农产品销售,如何协助更好的销售,包括一级产业,或者加工产业,我想慢慢地把各种不同的资源再重新去汇总,产生一种新的劳动,吸新的参与者,也许这是未来的最好的方式。"故而我们从桃米里发展中提炼出来"生态纹理→生态价值→生态产业→新的生态生活"的生态发展链(图3)。

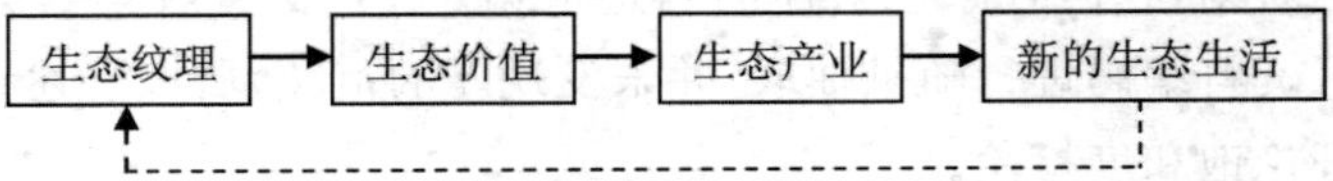

图 3　农村社区生态发展链

(二)影响路径 2:再造群体→再造模式

研究发现,再造群体作为再造中人的要素,对再造模式有正向影响。通过访谈,我们挖掘出 2 个关键事件:在地群体→再造模式、外部群体→再造模式。

关键事件 1(在地群体→再造模式):“重建的第一个基础就是社区内部有这样一个氛围,在收到社区邀请进来协助重建的过程中,我们看到社区里面确实有一股新的力量,包括年轻人的力量,还有中年人的力量,他们期待震后有一个新的产业的发展。”新故乡基金会的廖董事长谈道,“在试运营过程中,我们鼓励居民和外界交流,通过他们一些新的知识重新来诠释自己的社区。在重新诠释跟认识自己社区的过程中达到自我认同”。“但是我们也发现一个最大的困境:社区组成中大部分是农民,农民在他固有的习惯、文化方面通常是比较保守的,或者说他们比较缺乏跟外面连接的能力,或者是资本、资金,或者是在整个沟通联系协调方面,这种组织经营的能力比较弱。”因此需要对在地群体进行培训,提升专业知识、运营管理技巧等。

关键事件 2(外部群体→再造模式):外部群体对再造模式的影响有着较强的正向关系。外部群体的差异、参与力度的大小均将影响再造模式的构建。在桃米社区的重建过程中,参与的外部群体主要包括新故乡文教基金会、“劳委会(劳动部)”、“农委会(农业发展委员会)”特有生物研究保育中心、世新大学、国立暨南大学、南开技术学院、飞利浦等。桃米社区的成功是专业团体、政府与企业的协助与互动加上在地群体的共同努力而成就的:一是非营利组织与学术团体的协助,新故乡文教基金会在重建之初就参与其中,协助小区规划发展方向、凝聚小区意识、资源的引介及培养小区自主运作的能力等;二是政府和企业的经费补助,台湾主管部门提出“小区总体营造”政策,鼓励社区依本身的需求,向政府提出计划,政府再予以补助。桃米小区的居民大多是务农的,教育程度不高,因此需要基金会的协助修饰计划案,甚至代为提出计划案,以获得政府的补助。而在企业方面,新故乡廖董事长说:“飞利浦赞助的教育工作,虽然表面上看不到什么具体的东西,但却是最基础、最重要的工作”。

上述 2 个关键事件反映了再造群体对再造模式的影响。采访中不论是外部群体代表，还是在地群体代表均表示“社区再造需要多方合力”、“外部群体给予智力、财力、技艺等领域的支持”、“在地群体需要改变先前的固有观念和生活习惯”。

（三）影响路径3：再造流程→再造模式

研究发现，再造模型将再造流程的影响可以展示为4个路径，即资源盘点→再造模式、愿景型塑→再造模式、愿景实践→再造模式、永续发展→再造模式。以愿景型塑为例，“通过资源盘点，罗列出社区的特色资源。然后做减法，分析这些资源里有哪些东西是这个社区所独有的，可以与其他社区差异化发展，然后再慢慢地建构愿景。”“在刚开始的一年里，我们花很多时间跟社区沟通，基本一周有五天在开会，再去慢慢找愿景，然后做资源调查，等一年后，其实我们已经发现那个定位慢慢清楚了。”

愿景型塑对于再造模式影响深远，“在桃米重建初期，同时进入了两个系统，一个是属于生态保护系统的农委会，一个是台北世新大学系统。开始出现一个辩论，就是一个觉得要往生态村、生态旅游方向发展；一个觉得应该要往休闲农业发展。”渐渐地，通过多方论证，目标越来越清楚，大概花了一年多的时间。在愿景确定为生态村后，需要根据这个愿景确立一系列的措施，比如提升生态意识跟生态伦理、生态环境的保护等。

从案例中不难看出，愿景型塑无论对于在地群体还是外部群体均属于方向性指针。随着愿景越来越清晰，在地群体逐渐发现社区在地光华，增强了社区的自我认同感；外部群体会随着愿景的明晰，在参与度、参与方式上进行调整，以保证愿景的实现。

五、结论

扎根理论作为结构化的质性研究方法在社会学领域有较广泛的运用，但在农村社区领域的研究成果比较少见。本文通过使用扎根理论研究方法对台湾典型农村社区的创意开发进行深入剖析，从而得出农村社区的再造模式，通过在研究方法上的改进和创新，以期为大陆农村社区的研究提供新的视角，同时也为大陆农村社区的实践提供了理论参考。

本文运用扎根理论研究方法，通过对访谈等一手资料和二手资料深入剖析，对台湾桃米里社区进行深入分析，得出了生态文化型农村社区再造模式，包括再造领域、再造主体和再造流程 3 个主范畴，并对再造模式进行阐释，突出了生态文化型农村社区再造中在地资源的重要性。研究对生态文化型农村社区的实践可提供以下启示：(1)再造领域是影响再造模式的一个核心要素，启示社区应根据自身资源为核心制定再造策略；(2)在再造实施过程中，要重点关注群体要素。比如在地群体与外部群体如何优化力量，如何形成合力去实现社区愿景；(3)如何构筑共同愿景；(4)社区再造的终极目标是让社区永续发展，而不是为了吸引更多的游客等。因此在愿景型塑阶段需要提升群体意识，并需要通过不断的沟通和实践进行调整。

受研究开展条件的制约，访谈对象只涉及了外部群体和在地群体的个别代表，未能获取较为全面的数据，选择的研究案例是台湾著名成功社区，尚缺乏对失败案例的比较分析。未来研究将进一步扩大样本，增加研究案例，以便得到更普适的研究结论。

参考文献：

[1]蔡勇志，郭铁民.我国农村社区化模式的比较研究[J].中共福建省委党校学报，2010(10)：20-25.

[2]甘信奎.新农村社区建设模式及政策推进[J].江汉论坛，2009(2)：134-137.

[3]居德里.农村社区是新农村建设的有效载体[J].上海农村经济，2006(9)：35-37.

[4]朱锡金.21 世纪人类生态住区规划述要[J].城市规划汇刊，1994(5)：1-7.

[5]吴智刚，缪磊磊.城市生态社区的构建研究[J].华南师范大学学报(社会科学版)，2005(5)：43-54.

[6]黄彬.城市生态社区规划理论与方法研究[M].北京：中国建筑工业出版社，2012.

[7]林新伟.农村城市化进程中转型社区建设和治理研究——以苏州浒墅关经济开发区转型社区为考察个案[D].苏州大学，2007.

[8]叶齐茂.欧盟十国乡村社区建设见闻录[J].国外城市规划，2006(4)：109-114.

[9]王习明，彭晓伟.缩小城乡差别的国际经验[J].国家行政学院学报，2007(2)：98-101.

[10]李锋传.日本建设新农村经验及对我国的启示[J].中国国情国力，2006(4)：10-14.

[11]赵青，杨士龙.国外经验对我国新农村建设的启示——加拿大政府成为农民发展的伙伴[J].北京农业，2006(7)：44-44.

[12]韦红.马来西亚农村社会政策及其特点[J].当代亚太，2007(4)：60-64.

[13]李志刚.扎根理论方法在科学研究中的运用分析[J].东方论坛，2007(4)：90-94.

[14]根据 Pandit(1996).The Creation of Theory：A Recent Application of the Grounded Theory Method，The Qualitative Report.Vol.2.No.4 编制。

[15]杨莉，王传毅.社会分层、利益群体联盟与地市城区义务教育发展之不均衡——基

于扎根理论视角[J].湖北社会科学,2012(10):175-180.

[16]曹爱华.当代女研究生成就价值观的扎根理论研究[J].高教探索,2008(1):46-49.

[17]朱劲松.基于扎根理论的中国旅游保险发展影响因素研究[J].旅游学刊,2010(1):38-41.

[18]STRAUSS A,CORBIN J.Grounded theory methodology:An overview[M].Thousand Oaks:Sage Publications,1994:22-23.

[19]李燕萍,郭玮,等.科研经费的有效使用特征及其影响因素——基于扎根理论[J].科学学研究,2009(11):1685-1691.

基于传说文化创意的乡村社区营造模式探析

——以台湾妖怪村为例

阳光学院商学院　蒋依娴　王秉安

摘　要：　地方文化是乡村社区营造的基础，台湾鹿谷乡溪头妖怪村的成功营造来自对妖怪传说文化这一当地特色文化资源的转化与运营。本文应用扎根理论与案例分析方法，剖析了其发展机理，指出文化资源的创意开发是贯穿社区营造的主线，创意激活并重组了传说文化资源，提升了其价值，并提炼出“传说文化资源挖掘—文化符号化—文化产业化—文化商圈化—社区化”的乡村社区营造模式。基于文化创意的乡村社区营造模式可为大陆乡村社区的营造与发展提供借鉴。

关键词：　传说文化；乡村社区营造；妖怪村；创意

一、引言

所谓“社区”，是指社会群体及其习俗、制度在一定地域范围内的汇集与组合，是一定地域的居民社会生活的共同体。[1]“乡村社区”正是构成整个社会的基本单元之一，是广大农村居民社会生活的起始点。日本早稻田大学佐藤滋教授将社区营造定义为，以地域社会现有的资源为基础，进行多样性的合作，使身边的居住环境逐渐改善，进而提高社区的活力，为了实现“提高生活品质”所做的一连串持续的活动。[2]

“社区”是人群聚集的所在，涵盖了地区性的居住环境以及附于其上的生活、历史、产业、文化与环境等多个向度，不可割离。因此，社区营造强调发挥地方自然人文优势，突出地域特色。把基于文化资源的创意产业的发展与改善社区居民生活空间相结合，利用社区民众的力量，通过沟通、互动与体验，能够拓展文化创意空间，推动社区文化创意产业发展，[3]在保存文化这一“历史的记忆”的同时，也推动了乡村社区的可持续性发展。日本与中国台湾地区面对城市化过程中地方村落市镇没落的境遇，自1960年代开始至今仍在持续强调“人、文、地、产、景”的乡村社区营造，成果斐然。

许多乡村积淀着丰富的地方特色文化，这些文化能通过创意开发被转化成文化资源以推动乡村社区营造，但不是所有乡村都这么“幸运”，不少乡村在地文化资源并不显著，此类地区如何进行特色文化资源的挖掘？如何进行文化创意社区营造以获得持续的发展动力？台湾鹿谷乡溪头妖怪村的成功营造、拓展了文化挖掘、社区创意营造的思考空间。溪头妖怪村原是一个没有特别文化资源的山区小村庄，但其根据当地的传说故事，发展出创意的妖怪传说文化，依靠“妖怪”一词的特殊的眼球经济强力效应和精心设计的妖怪文化创意社区，在极短时间内成为闻名全台湾的个性乡村景区，吸引了大量游客，热度至今未减。本文将通过扎根理论与个案剖析的研究方法探讨妖怪村的社区营造过程，为乡村社区营造提供良好的经验借鉴。

二、文献述评

(一)乡村社区营造与文化关系的研究

一方面，文化之于乡村社区的讨论，主要在于阐述文化的教育与价值形成功能，从而强调文化之于乡村社区营造的重要性。如黄艳和陈悦悦指出，文化对社区居民具有教育和陶冶功能，可以培养居民的社区意识和集体荣誉感。[3]赵沛强调社区文化特征是制约社区发展模式选择的首要因素。[4]乔志龙和滕驰认为文化有利于社区形成和谐一致的价值取向和社会心理，增强社区成员的归属感。[5]另一方面，社区之于文化的讨论，大部分文献指出社区营造在文化的保护与传承上起重要作用。魏成指出，20世纪90年代以来的社区总体营造对台湾地区古迹保护起了关键的推动作用，对大陆历史文化遗产的保护具有重要的参考价值。[6]王德刚、蔡曙鹏等指出社区的发展形势在保护无形文化遗产中扮演极为重要的角色。[7][8]

(二)日本、中国台湾等地典型文创社区营造案例研究

秦红增认为台湾社区营造的思路和做法以文化兴生计和以生计促乡情，进而建立起社区独特的文化色彩。[9]刘平探讨了日本的创意农业与新农村建设。[10]张梅青与张蕾借鉴台湾社区营造实例提出了文化创意产业与社区营造互动模式。[11]黄瑞茂(2013)通过台湾的社区营造案例强调了社区文化创意设计的理念。[12]刘晓春(2014)介绍了日本、中国台湾的“社区营造”的案例，着重强调的是社区营造对新型城镇化建设过程中非遗保护的启示。这些研究者通过专门对日本、中国台湾的实际案例进行解析，以期对大陆乡村社区的营造提出建议。

(三)“传说文化”文化资源的挖掘研究

所谓传说，根据新华字典的解释，是指对民间长期流传的人和事的叙述。内容上有的以特定的历史人物、事件为基础，有的是纯属幻想的产物。传说一般具有神奇情节，内容合乎情理，有扬善贬恶的宣传作用，这在一定程度上反映了人民群众的愿望和要求。从传说发展出来的文化称之为传说文化。刘守华(1994)纯粹地解析了中国道教传说的文化价值；[13]鲜益(1999)则从文化生态学阐释彝族始祖传说文化；[14]陈丽琴(2008)从传播学视角切入，对刘三姐传说文化的传承、保护与发展问题作探讨。[15]

从现有的研究文献看，在乡村社区营造与文化的关系的讨论中，多数将“文化”视为增强社区民众向心力与归属感的一种价值取向，部分学者虽然通过借鉴日本、中国台湾案例的文献分析了成功的社区营造案例，但是未对乡村社区营造中文化资源的挖掘与应用过程进行具体的总结，也未有对传说文化等地方特殊文化资源的利用模式的探讨。目前对“传说文化”的研究集中在道教文化、少数民族传说等较为闻名遐迩的文化之上，妖怪传说等非知名、普通传说文化的挖掘与研究尚未得见，且尚未将传说文化与乡村社区营造联系起来。

从台湾“妖怪村”的成功案例来看，其借助一个并不显著的、出现在村中小范围的“妖怪传说”这种传说文化，一步步成功营造了极具特色的文化创意乡村社区。从这个典型的案例中可以看出，传说文化作为众多不抢眼的地方特色文化的一种，若能经过合理的开发与挖掘，是帮助乡村社区营造开拓新的思路。

三、研究方法与调研结果

本文以台湾溪头妖怪村作为文化创意乡村社区营造的典型案例，采用质性方法进行研究。通过对该社区的营造过程、发展状况都极为了解的人士进行深度访谈，获得一手资料。采用扎根理论这一探索性研究技术，通过对文本资料进行开放式编码、主轴编码、选择性编码三个步骤来构建基于文化资源的乡村社区营造模式。

本研究使用“深度访谈”获得扎根理论这一质性研究基础文本资料，深度访谈通过对受访者面对面、无结构、一对一的深入对话，能够获取对受访者所研究问题的深层次的感知与态度。本研究的访谈时间为 2014 年 8 月至 9 月，地点为台湾与福州两地，访问方式为当面访谈。受访者为溪头妖怪村的总经理特助王女士、台南大荣旅行社徐女士、台湾暨南国际大学休闲旅游系郑教授、台湾妖怪村当地的居民一位、妖怪村商家管理者一位、福州大学阳光学院施老师、吴老师、福建行政学院韦老师等共 8 位，他们对妖怪村与文创社区营造都较为了解。在对他们人均一个小时的深度访谈中，深入了解了受访者对妖怪村及文创社区再造问题的看法与观点，并进行了详细的访谈记录。我们对其中的 5 份访谈记录进行编码分析和模型建构，另外的 3 份访谈记录则留作理论饱和度检验。资料分析过程中采用持续比较的分析思路，不断提炼和修正理论，直至新提取的资料不再对理论建构有新贡献，最终达到理论饱和。

调研过程中，笔者还入住了妖怪村的枯麻馆进行体验，并结合了网络资料与企业简报等进行二手资料的查询与整理，这些都构成了编码与社区营造模式思考的基础。

开放式编码与主轴编码之后提炼获得主范畴及所其对应范畴如表 1 所示。

表 1　主范畴与对应范畴

主范畴	对应范畴
传说文化资源挖掘	目标市场选择 传说故事提炼 文化个性定位
传说文化符号化	传说形象活化 传说形象生动化 传说形象多样化
传说文化产业化	文化小吃产业 文化礼品产业 文化旅馆产业
传说文化商圈化	文化融入商业街设计 文化融入生活设施布局 文化融入活动秀展示
传说文化创意社区形成	社区文化形象力强辐射 文化资源社区共享 市场资源社区共享 文创商圈商业模式效用可持续 社区公众参与对企业反哺

从主范畴中挖掘出核心范畴，以故事线的方式来描述核心范畴、主范畴之间的脉络，即为发展出的理论构架，如图 1 所示。

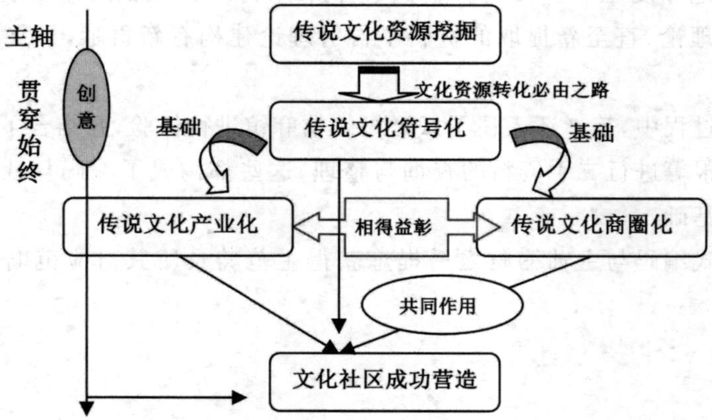

图 1　主范畴的典型关系结构

笔者所确定的核心范畴为“基于传说文化创意的乡村社区营造模式”，围绕核心范畴的故事线以“创意”为主轴展开可以叙述为：“文化资源挖掘”是所有节点的基础;“文化符号化”是文化资源转化的必由之路;“文化产业化”与“文化商圈化”并行实现,二者相得益彰;而乡村文化社区的成功供营造是符号化、产业化与商圈化所共同作用的结果。在整个故事线中,创意贯穿始终,是文化资源实现各种转化的必要条件。妖怪村的成功,正是对文化资源的深耕、实现创意的“守破离”的结果,这一创举激活了妖怪村的传说文化与文化资源价值,从而获得文化创意社区的成功营造。

四、妖怪村基于传说文化的乡村社区营造模式阐释

通过上述的分析能够发现,用“传说文化资源挖掘—传说文化符号化—文化产业化—商圈化—社区化”这一乡村社区营造模式能够有效解释妖怪村的发展机理。下面根据妖怪村的文化社区营造具体行为对此营造模式的实现进行具体阐释。

(一)传说文化资源挖掘

妖怪村的传说文化资源挖掘主范畴与对应范畴的关系内涵体现了其文化资源的挖掘过程,如图 2 所示。

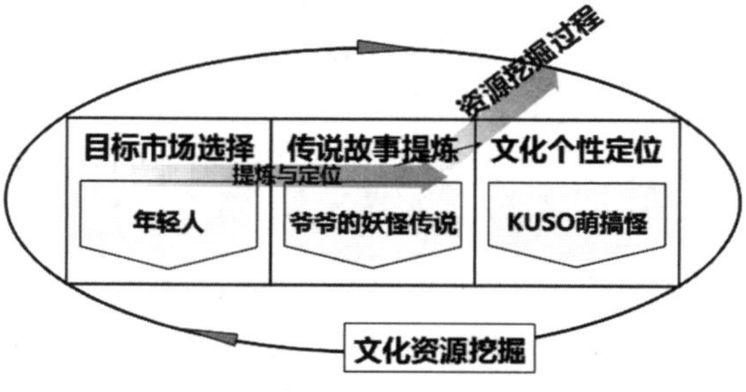

图 2　文化资源挖掘主范畴与对应范畴的关系内涵

1.目标市场选择

妖怪村毗邻溪头森林公园,实为明山森林会馆,是一个经营了 40 多年的酒店。溪头森林公园位于南投县鹿谷乡凤凰山麓、海拔 1150 米的高山上,是个天然大氧吧,拥有各种参天古木及珍贵植物,是台大农学院的实验林场。这里风景优美,曾是著名的度假胜地,很多年轻人来此度蜜月,明山森林会馆之前就命名为“蜜月馆”,也是负有盛名。但 15 年前的台湾“9・21”大地震给森

林造成了巨大的破坏，之后虽然进行了道路修复，但游客减少很多，更多的是退休老人过来休养，极少有年轻人知晓。明山会馆的林总经理希望重振昔日盛况，研究小组经过分析将目标市场定位于年轻人，因为他们是最富有活力的消费群体。

2.传说故事提炼

选定了这一目标市场之后的问题就是如何吸引他们到来。虽然溪头森林公园的风景与新鲜的空气都有一定的吸引力，但是台湾的旅游资源丰富，普通的生态优势无法在第一时间引发人们的关注，也较难打亮招牌。经过对溪头的文化资源的考察与思索，时任总经理林志颖先生选择了他爷爷所经历的遭遇妖怪的传说故事。传说在台湾日据时期，林家爷爷(即现妖怪村总经理的爷爷)年轻时在山上工作时捡到了一只黑熊和一只云豹(分别取名为枯麻和八豆)并饲养了它们。一天林家爷爷工作时遇到了妖怪，枯麻和八豆挺身而出，八豆舍命救了他，而枯麻也不幸失踪了，关于这片森林与林爷爷传说就这样流传下来。如何在这个乍一听平淡无奇的传说文化上挖出资源，但林总经理用非常规的思维将故事的重点放在了“妖怪”之上。

“妖怪”一词突破了人们通常对于旅游与景点的认识，却能在第一时间抓住人们的眼球。美国的迈克尔·戈德海伯(Michael H.Goldhaber)早在1997年就指出，当今社会是个信息极大丰富甚至泛滥的社会，人们的注意力就是最稀缺的资源。能够吸引人们注意力的事物就很可能形成商业价值，所以注意力就成了必争的经济资源。只有目标市场对某个产品或服务引起注意，未来才有可能成为消费者。妖怪村的命名与概念的推出准确而又最大限度地吸引住了人们尤其是年轻人的注意力，这构成了未来商业利益的基础。

3.文化个性定位

成功吸睛只是第一步，后续的维持更为挑战。妖怪村的管理负责人直接指出“明山森林会馆开办的是旅馆，如果是‘恐怖的妖怪’，人们怎敢来住”？于是，在吸引人眼球的基础上，妖怪村又进行了“KUSO萌搞怪”的个性定位。

KUSO一词源于一个游戏中的主角遭受敌人攻击时的叫声，后来被赋予了恶搞的意义，它指的是对严肃主题加以解构，从而建构出喜剧或讽刺效果的胡闹娱乐文化。在台湾的年轻人看来，KUSO是无厘头、搞怪、好笑的代名词，所以，妖怪村的妖怪不是恐怖的妖怪，而是搞怪、萌化的妖怪，妖怪村文化充分体现KUSO精神。这样的文化个性定位准确地迎合了年轻人这一目标市场的偏好。

妖怪村的头号形象代表就显示了萌而温情的一面——一个是为了营救爷

爷而牺牲的云豹八豆，一个是救出爷爷却从此失踪的黑熊枯麻，他们勇敢可爱而感人，是妖怪村的吉祥物。为了符合妖怪出没传说所增添的妖怪形象也完全按照 KUSO 萌搞怪定位设计得清晰有个性，在注意力经济的作用下，妖怪村的名号透过各种传播途径迅速打响，青年这一目标市场对其在精神上高度认同。

(二)妖怪村传说文化符号化

“文化符号化”是妖怪村基于传说文化社区营造的基础。所谓符号化，是指使用创意的手段将能反映文化寓意的语言与想象设计出实在的造型，符号化后所呈现的是能够表征文化的看得见摸得着的实际存在。

1.传说形象活化

妖怪村的传说文化的主角是已经消失的枯麻和八豆，带着传说中的情感与 KUSO 的定位要求，他们的形象被设计并跃然村中。在妖怪传说中，巴豆为了救林家爷爷而牺牲，为了纪念这一忠勇的小云豹，村中出处都有它的纪念雕像。而枯麻在与妖怪之战中走失，村中就随处可见“小心枯麻”的标语。妖怪传说中的两大主角形象设计得鲜明、生动而又有故事性，成为妖怪村传说文化的代表符号。

除了传说形象的造型构建，还有一个形象化的重要方面是妖怪村的整体风格构筑。一方面为了忠于妖怪的故事产生于台湾的日剧时期这一背景，另一方面为了纪念当时在艰难环境下不同民族的人民相互帮助的情感，妖怪村将总体形象再现为怀旧的日式风格。

2.传说形象生动化

枯麻与八豆的形象并非单纯的妖怪村入口标志，他们在妖怪村内的迎宾处、屋檐上、宾馆内、特色商品中等随处可见。妖怪村的创意团队竭力将二者的形象设计得搞怪又不失可爱，让它们成为各种场景与故事的主角，生动地活跃于妖怪村生活与商业的各个角落，使它们深入人心。

3.传说形象多样化

妖怪村的形象代表主要是枯麻和八豆，但妖怪村不能缺少了妖怪。妖怪有的来自动漫故事中，譬如长鼻子天狗、七眼门挡妖、清酒鬼，有些来自当地的传统故事，如一些山神山妖，妖怪形象多样化。通过不同视角的解读，妖怪魔神形象显得另类却不会令人感到恐怖，总体呈现出的是年轻搞怪的基调。

(三)妖怪村传说文化产业化

在妖怪传说文化符号化的基础之上,妖怪文化与形象被不断地挖掘与开发,基于搞怪 KUSO 的文化创意被运用在各传统行业之上,备受欢迎的当地特色小吃、礼品与旅馆的经营发展迅速,完成了量质皆有保障的产业化转化。妖怪村经营的各参与方在这三大主要产业基本实现了专业分工、配合互助的规模化经营。在此主要通过文化小吃来介绍妖怪村文化产业化的主要策略。

1.文化小吃产业

在文化小吃上可以充分感受妖怪村的格调,每日排队热购的景象也说明了妖怪文化融入小吃产业的吸引力。吸引力来自三个方面:用料、造型和命名都充分根据 KUSO 定位来设计。

第一,用料的个性 KUSO 可以妖怪村最热销的“咬人猫面包”为例。咬人猫是溪头一种有名的多年生草本植物,有尖锐的刺毛,一旦触碰就会疼痛难忍,需要一两日的时间疼痛才会消除,用阿摩尼亚或者尿液涂抹可以缓解疼痛。但同时,将咬人猫的新鲜叶片捣成汁液可以治疗毒蛇咬伤,欧洲人也用它治疗糖尿病。其叶片煮沸后可以食用,有活血、祛风止痛的功效。因此妖怪村的面包师傅创意地将这样一个奇特的植物作为食材加入面包的制作,并直接命名为“咬人猫面包”。命名与用料都契合了妖怪村的 KUSO 定位,面包的味道也很好,里面夹着三文鱼和玉米,口感松软,吸引了妖怪村的游客排长队等候购买。

第二,在造型上彰显“搞怪”风格的代表有“妖怪冰激凌”,它不同于常见的白色、粉色冰激凌,妖怪冰激凌是由橙色和黑色组成的,颜色相当突兀,其中橙色的是哈密瓜,黑色的是竹炭。突兀的颜色之下却有着清甜不腻十分优质的口感。

第三,具有妖怪村 KUSO 文化个性命名的小吃更是随处可见。如奇趣的山大王包子店中将不同馅料的包子分别命名为“山地同包/台湾同包/大陆同包/五谷同包”,还有听起来唬人吃起来却美味的眼珠麦面、妖鸡、黑心店、妖八炒、枯麻喀面等。

2.文化礼品产业

带着妖怪文化韵味的文化伴手礼也是妖怪村中的重要产业。虽然也是挂饰、杯子、钱罐、手偶、糕点、糖果类、酒类的礼品,但与小吃一样,其在命名、造型和材料使用上都独具匠心。比较有代表性的如神木桶奶酥饼、妖怪雨伞等。

3.文化旅馆产业

KUSO 文化旅馆更是妖怪村里最重要的产业，其直接用枯麻馆与八豆馆来进行命名。旅馆内的床、电视机、杯子、墙壁浴室全由枯麻、巴豆或萌化的妖怪形象构筑，体现着浓厚的 KUSO 萌定位。

妖怪村的特色小吃、礼品与旅馆的成功产业化正是依托妖怪传说文化为基础，辅以创意的手段，秉承一以贯之的 KUSO 搞怪定位，精准地打开了年轻人这一目标市场。

(四)妖怪村传说文化商圈化

带着浓厚 KUSO 风的妖怪村的商业街、旅馆、饭店、商铺、配套娱乐等组成了风格独树一帜的商圈，妖怪村传说的文化商圈化体现在妖怪文化在商业街设计、生活设施布局、活动秀展示的融入之中。

妖怪村以一条主要的商业街贯穿，商业街的装潢风格契合定位并且很吸引人的眼球，处处是搞怪的妖怪和风格非常鲜明的红灯笼木头房；村中生活相关的重要因素都布置出了妖怪文化与风格，如满是搞怪妖怪形象又符合年轻人需求的酒吧、厕所、公共汽车、KTV 等，及命名奇趣的“妖怪诊所、妖怪映像馆(照相馆)、妖怪邮政”等生活设施，营造出了浓厚的文化生活环境；在周末、暑假、春节等各种节假日，妖怪村都开展各种各样的文化秀，譬如魔神祭(暑假)、白木清酒祭等节日活动，吸引着游客过来参加。平日也有很多的妖怪村特色活动，例如枯麻八豆见面会、天狗击鼓秀、妖怪游击队等。以热门的妖怪村“桃生门”真人密室逃脱游戏为例，妖怪村的创意团队结合妖怪村的文化特色设计了这一活动，半年就累积了五千多位挑战者。

在商圈的经营上，妖怪村运用了丰富的营销模式。譬如“久保田”咬人猫面包的销售就运用了饥饿营销，这面包每天只出炉两次，分别是早上 10:30 跟下午 2:30，出炉前半小时前发号牌，许多游客早早地就排队等候刚刚出炉的“咬人猫面包”。而在周六、周日追加一个 18:30 这个时间段供应面包，但只提供给妖怪村主题饭店入住的宾客，且需要携带房间钥匙进行预约登记，每房限量 4 个。正确的商业运作方法能够聚集持久的高人气。

商圈的良好运营离不开完善的管理。村中的商铺是参与、组织活动的主要力量，妖怪村管理者对于商家实行扣点与返点管理制度。对于不配合商圈特色活动的商家给予“记警告”扣点；对于积极参与的商家予以返点奖励，固定时间统计，点数为负则予以涨房租的惩罚，反之予以奖励。

除了上述几点，促进商圈蓬勃经营业离不开很多配套的商业宣传模式，譬如：开刊每月一期的《妖怪抱报》，其上会留下原创的文字、原始的故事；设计妖怪村自身的APP,进行妖怪传说介绍、活动快讯发布、店家信息宣传、妖怪村贴图与地图展示;发行妖怪大乐透等等。

(五)妖怪村文化创意社区营造的成功做法

文化的符号化、创意化、产业化与商圈化共同作用的结果是文化创意社区的形成。文化社区的成功营造必然要体现文化资源的开拓与改善社区居民生活空间相结合,集社区民众的力量,通过沟通与互动,不断拓展文化创意空间。所以社区化的结果是社区民众共同作用从而进一步发挥地方文化优势,不断突出地域特色,促进文化创意社区的可持续发展。妖怪村也是一个这样的实践者,其社区的成功营造体现在文化形象力辐射效应强、文化资源社区共享、市场资源社区共享、文创商圈的商业模式效用可持续、社区公众参与对企业努力的反哺五个方面。

1.妖怪村文化形象力辐射效应强

由于妖怪村的"很古怪——有极强的眼球经济效应"、"很可爱——营造出人们对传统'妖怪'印象的逆反效应"、"很简明——易于民众的记忆与口碑传播"、"很KUSO——让公众的"恶搞"心理得到宣泄"的创意带来了极强的形象力,"妖怪村"的影响力大于其所在的明山森林会馆小商圈的影响力,更大于其所在的溪头社区和鹿谷乡自然教育园区(森林旅游园区)的影响力,绝大部分社会公众虽然不知道当地乡镇的名称,却知晓妖怪村,妖怪村成为在地社区的代名词,也将创意的经济效益辐射到了所处的社区,使社区的公众受益。

2.企业文化资源的社区共享

在社区能够被成功营造的影响因素中,文化资源共享这一因素尤为重要。这一因素体现在妖怪村的社区营造中也很突出。由于枯麻(小黑熊)、八豆(小云豹)和诸山妖等KUSO文化的形象物的创意源于妖怪村社区环境——台湾大学林场,极好地与当地社区融为一体,所以较好地为社区公众所接受。社区居民可利用"妖怪"概念的巨大想象空间,随心所欲地进行妖怪形象的创意设计与商业营销,共享了妖怪文化的注意力资源,而传说文化在共享中也被赋予更强大的生命力。

3.企业市场资源社区共享

妖怪村创造出一个山区小镇市场(吸引来大量顾客,创造了很大的购买力),而在地社区的公众免费共享了这个市场,他们通过销售文化创意产品、开办特色民宿服务、形成社区导游业等,成为共享"妖怪福利"的一员。同时,妖怪村的商业效益刺激了临近社区进行"me too"开发,这将使得更多的妖怪文化旅游项目在这片山区里出现，从而推进整个鹿谷乡发展成为升级版的 KUSO 文化创意社区。

4.妖怪村文创商圈的商业模式效用可持续

妖怪村文创商圈的商业模式是其社区成功营造的重要动因，可以分解为集中管理和开放经营两大特征。

第一，集中管理。妖怪村的商圈运营采用的是自由申请、集中管理的模式，景区中申请入驻并投资的旅馆、酒店、餐饮、店铺并不是松散的各自为政的经营方式，而是由明山森林会馆进行统一管理，管理者会对妖怪村的“商圈设计＋商圈经营＋商圈推广”精心规划，把握住整个商圈的统一发展方向，社区民众开发的文化产品与商铺经营都要遵从妖怪村 KUSO 文化的基本风格，从而维系商圈 KUSO 文化创意个性化特征的持续性发展。

第二，开放经营。一方面，商圈通过“不收费”的开放模式，对游客充分开放，这一模式摆脱了一般旅游点约束，游客可以不花一分钱观光这一文化社区，但绝大多数游客在这里都会忍不住掏腰包购物，免费的结果往往是源源不绝的游客量与消费潮。另一方面，商圈中的饭店和旅馆属于同一个集团，但商铺大多是开放于投资客的，只要能够遵守其集中管理要求，妖怪村欢迎各地有创意的商家来进行商品销售与投资，这也吸引了很多有才华的创业者入驻，带来了更加精彩纷呈的妖怪创意。

5.社区公众参与对企业努力的反哺

当地社区公众在享受创意与市场资源的同时，通过开发文创产品对企业进行“智慧反哺”，通过经营文创商铺进行“资源反哺”，通过开发周边项目等进行“规模反哺”，这些都反过来对妖怪村进一步的发展提供了智慧、资源（资金、人力）、规模效应等的支持。同时，社区对企业推广的 KUSO 文化的认同是对企业经营理念的认同，这一理念反哺也扩大了妖怪村文化的传播范围。

五、结论与启示

妖怪村的发展离不开其主体文化的选择——妖怪传说文化，妖怪村的经营者将原本有恐怖感的“妖怪”一词，冠以 KUSO 搞怪的奇趣文化味道，这个过程经历了“妖怪传说文化”的文化资源挖掘与符号化。对逐步清晰的妖怪传说文化符号进行各种创意开发、产业化经营，创立了妖怪文化商圈，最终将原本默默无闻的小乡村营造成为一个闻名台湾的新型文化创意社区。这个过程可以用“传说文化资源挖掘—文化符号化—文化产业化—商圈化—社区化”乡村社区营造模式来表达。“创意”在这一模式实现的过程中极为必要，可以说，选择妖怪传说这一文化资源来开发的行为本身就是一个巨大的创意，妖怪传说文化资源的选定挑战了中华传统的追求吉祥的哲学（却又能做到不与之相悖），对“妖怪”与“魔神”这些要素实现了破旧立新，用不寻常的思维实现了创意，成功吸引了年轻一代的眼球。并通过对文化资源的创意运用与精心经营不断开拓了“妖怪”注意力经济的商业价值。

本研究模式的提出是以妖怪传说文化为对象的，拓展至其他的传说文化也可适用，在传说文化之外的其他地方特色文化同样可以进行类似的挖掘，并进行“基于文化创意的乡村社区营造”。首先，通过目标市场的选择与定位，对特定文化进行挖掘实现社区特色文化资源开发；其次，提炼社区特色文化要素，构建跃然现实之中的文化形象，并将其生动化、多样化，从而实现文化的符号化；而后，以创意为手段进行文化创意特色产品开发并丰富文创商品与服务，实现文化的产业化，并以科学的商业经营管理模式实现其商圈化；最后，借助不断被扩大共享范围的文化形象力、文化资源、市场资源、商业模式效用、公众反哺力量，营造基于文化创意的乡村社区。社区营造融合了根植于地方社会自身的内生活力、社区内外各方的共同参与力量、地方民众的无限创造力，能够实现乡村社区的长足发展。

参考文献：

[1]龚贻洲.论社区文化及其建设[J].华中师范大学学报(哲学社会科学版)，1997，36(5)：1-4.

[2]刘晓春.日本、中国台湾的“社区营造”对新型城镇化建设过程中非遗保护的启示[J].民俗研究，2014(5)：5-12.

[3]黄艳，陈悦悦.民俗文化在城乡社区文化建设中的作用——以三峡地区为例[J].社会科学家，2010(4)：108-109.

[4]赵沛.社区文化评估研究.学习与探索，2011(2)：41-44.

[5]乔志龙，滕驰.文化整合与社区和谐：积极推进民族地区社会管理创新的思考[J].云南民族大学学报(哲学社会科学版)，2014，31(3)：55-60.

[6]魏成.社区营造与古迹保护——20 世纪 90 年代以来台湾地区古迹保护的经验与启示[J].规划师，2010(S2)：224-228.

[7]王德刚.旅游化生存与产业化发展——农业文化遗产保护与利用模式研究[J].山东大学学报(哲学社会科学版)，2013(2)：56-64.

[8]蔡曙鹏，周雪帆.社区在保护无形文化遗产中扮演的角色——以新加坡的马来舞为

例[J].贵州社会科学,2013(7):32-34.

[9]秦红增.消除歧视与社区营造——孟加拉国、台湾地区乡村建设的实证研究[J].中南民族大学学报(人文社会科学版),2008,28(6):57-61.

[10]刘平.日本的创意农业与新农村建设[J].现代日本经济,2009(3):56-64.

[11]张梅青,张蕾.文化创意产业与社区交融互动模式研究——借鉴台湾社区营造实例[J].山西财经大学学报,2010,32(2):1551-152.

[12]黄瑞茂.社区营造在台湾[J].建筑学报,2013(4):13-17.

[13]刘守华.中国道教传说的文化价值[J].江西社会科学,1994(11):90-92.

[14]鲜益.彝族始祖传说的文化生态学阐释[J].西南民族大学学报(哲学社会科学版),1999,20(3):74-78.

[15]陈丽琴.传播学视域中的刘三姐传说[J].民族文学研究,2008(3):31-36.

[16]企业资料:台湾妖怪村《妖怪抱报(月刊)》,2013.1—2014.8.

[17]刘立伟.社区营造的反思:城乡差异的考量、都市发展的观点,以及由下而上的理念探讨[J].都市与计划(台湾),2008,35(4):313-338.

闽台农村社区建设比较:实证与启示

阳光学院商学院　施　玮
福建省委党校　罗海成

摘　要：农村社区作为中国社区建设中的重要组成部分，正受到各界的广泛关注。本文基于前期扎根方法构建的“农村社区再造三维立体模型”，选择闽台社区营造的成功案例展开比较，探讨福建农村社区建设的对策。研究指出，福建农村社区建设需建立以核心组织为主导的农村社区发展共同参与主体，创建特色产业作为社区永续发展的物质支撑，遵循“资源盘点→愿景型塑→愿景实践→永续发展”的社区生命周期。研究对福建及大陆农村社区建设具有理论和实践意义。

关键词：农村社区；社区营造；社区建设；闽台实证

一、问题的提出

党的十八届五中全会提出了全面建成小康社会新的目标要求:我国现行标准下农村贫困人口实现脱贫。农村社区作为乡村社区共同体,是社会的组织细胞,其建设与发展不仅要满足农民个人需求,还要满足地方经济、文化传承等地域需求。早在 20 世纪 90 年代,各地已陆续进行农村社区建设实践。经过 20 多年的积淀,我国农村社区建设成效显著。从农村社区建设的内部要素来看,其所依托的建设资源日益丰富,尤其突出了历史文化资源;从农村社区外部边界来看,社区正朝着个性化、差异化的目标发展。但在农村社区建设中,固有的“自上而下”的管理模式,造成农民的认同感和归属感缺失。而台湾从 1994 年开始的社区再造运动,重视政府、社区、在地居民、公益组织的合力,从社区特色资源着手营造出了一个个“小而美”的社区，其间有诸多可供大陆参考与借鉴的经验。

本文在前期扎根理论方法构建出的“农村社区再造三维立体模型”的基础上，选择闽台农村社区建设的成功社区为典型案例，通过对再造主体、再造领域、再造流程等三维度对比分析，指出闽台在农村社区建设中的异同，并以此为基点，探求适合福建农村社区建设的路径。

二、文献回顾与模型构建

（一）文献回顾

关于社区的研究最早可追溯到 1887 年，德国社会学家斐迪南·腾尼斯(Ferdinand Tonnies)首次指出社区的最基本要素是“一定的地域”、“共同的纽带”、“社会交往”以及“认同意识”，而共同体的代表就是农村社区。[1] 自腾尼斯之后，对共同体和社区的研究逐渐增多。美国学者戴维斯(E.Davis)认为，社区应该“包括主要的社会制度，社会职位和社会利益，而且成为一个完整的社会。”[2] 史托普(Herbort H.Stroup)将社区定义为：相当多数的具有共同意识的人民居住于共同的地区。[3] 英国学者齐格蒙特·鲍曼(Zygmunt Bauman)在《共同体》中认为，“共同体是指社会中存在的、基于主观上或客观上的共同特征而组成的各种层次的团体、组织”。[4] 20 世纪 30 年代，我国燕京大学的青年学生第一次将英文“community”译为“社区”，这也是我国最早出现的社区概念。费孝通先生在《乡土中国》一书中提出了关于中国农村社会的“差序格局”、“熟人社会”的观点和社区的概念及研究方法。[5] 徐永祥指出农村社区是以农业生产为生活方式的居民组成的具有地域性或者区域性的社会生活共同体，由地域、人口、文化、组织等四个基本组成要素构成。[6] 项继权认为目前学界对农村社区的界定主要有四种规范标准：以自然村为社区边界、以行政建制村为社区边界、以血缘关系界定社区边界、以农民生产生活范围为界定边界。[7]

近年来，全国各地相继展开了农村社区建设实践。学者们在实践基础上归纳和总结了农村社区建设模式。从建设领域出发，居德里将农村社区分为融入城镇型社区、拆迁安居型社区、规模经营型社区、投资开发型社区、休闲景观型社区、股份合作型社区六种模式[8]；暨松涛将农村社区建设分为以文化为引导的模式、以技术为引导的模式、以产业为引导的建设模式[9]；王晓征则归纳为产业带动型社区、城市带动型社区、文化旅游带动性社区、新农村提升带动性社区、商贸带动型社区[10]。从建设流程出发，叶南客认为，社区是指聚集在特定的区域内由于社会交往而形成的人口共同体。根据人们在一定时空内人际关系的变化和聚居方式的变迁，可把社区的发展分为三个阶段：以血缘关系为主形成于远古时代的血缘型社区、以地缘关心为主形成于农业社会的地缘型社区、以业缘关系为主形成的科技高度发达的业缘型社会[11]。鲁可荣认为，农村社区可分为先发型社区、后发型社区和滞发型社区三种类型[12]。从建设主体出发，甘信奎认为社区可区分成三种不同模式：珠江三角洲地区城市化扩张下的农村社区建设、江浙地区“就地城镇化”下的农村社区建设、江西和湖北地区“村民自治体”下的社区建设[13]；但许远旺将实践中形成的模式总结为：“一会五站”的江西模式、“以城带乡”的胶南模式、“撤组建社”的秭归模式、江苏太仓的“12345”工程以及“城乡一体化”的义乌模式等五大代表性模式。[14]现有模式均来自农村社区实践，但各种模型的推出大多是直觉型、经验型，缺乏科学严谨的推演；较偏重农村社区建设的某一个层面，提出的模式未能全面体现农村社区实践。

当前国内外已有的研究成果在农村社区建设和资源整合方面为探讨农村社区建设和发展奠定了良好的基础，但在农村社区建设模式的构建上有待进一步深化。现有模型大多来自实践的直觉判断或经验总结，缺乏学理性，客观性不足，更缺乏对农村社区建设模式的比较研究。

（二）模型构建

扎根理论方法是质性研究方法的一种，强调从实践经验入手，通过对原始资料的编码提炼，得出系统的理论。与其他松散的质性研究相比，扎根理论研究更具严谨性。

调查小组近几年多次深入闽台农村社区，广泛收集了各社区在建设过程中的资料，并针对农村社区建设中重点关注的问题：农村社区的组织架构、行政职权、资金来源、收入分配、社会保障、建设流程等，与当地的建设者、管理者、研究者、参与人进行了深入细致的访谈与交流之后，对资料按照扎根理论方法进行整理，经过开放译码、主轴译码和选择性译码后确立研究的核心范畴是“农村社区再造模式”，围绕核心范畴的故事线可抽象为群体（group）→领域（areas）/流程（press）。并以该故事线为基础，最终建立“农村社区再造模式”，它是一个以再造主体（在地群体、外部群体）、再造领域（自然生态、生活环境、历史文化、产业经济)、再造流程(资源盘点、愿景型塑、愿景实践、永续发展)为轴线的三维立体模型(见图1)[15]。

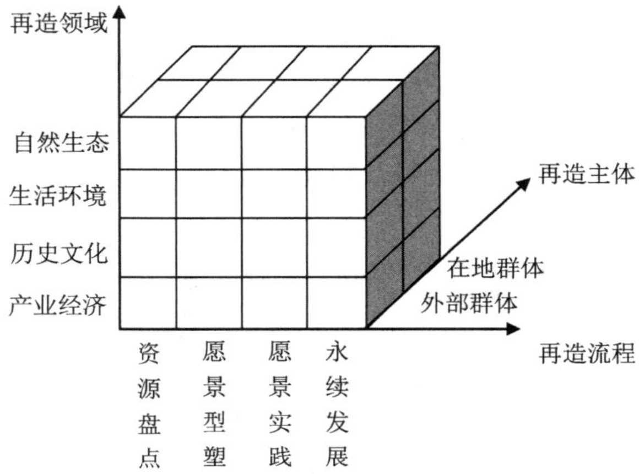

图1　农村社区再造模式

再造主体。在农村社区建设中,参与群体的不同组合会对社区建设产生差异性的影响。以农村社区为边界,社区内的参与者称为在地群体,如社区的领导者、社区居民等;社区外的参与者为外部群体。较之内部群体,外部群体的范畴更广泛,如提供政策导向的政府、提供资金支持的公益和慈善组织、提供智力支持的大学和研究机构、提供人力保障的公益组织和社会团体等。与此同时,参与群体在社区建设的作用不同也会对社区建设产生差异化的效果。例如政府和领导者在社区建设中处于决策地位,社区为"自上而下"模式;若是社区居民在社区建设中处于中心地位,则社区为"自下而上"模式。因此再造主体涵盖两个层面:一是在社区建设过程中,有哪些参与者;二是各参与者在社区建设的不同阶段处于怎样的地位。

再造领域。日本千叶大学社区营造大师宫崎清教授主张将社区营造的议题分为人、文、地、产、景五大类[16]。从闽台社区实践视角出发,再造领域有了新的扩展,并非严格遵循这一分类。从内涵来看,仅包括其中一个或者几个领域,往往取决于社区的资源禀赋。从外延来看,均涵盖自然生态、生活环境、历史文化、产业经济等领域。从某种意义上说,农村社区只是社会的缩影,是农村群体合力而建设的共同体,包括适合于居民生产生活的诸多方面,即便是在某一建设阶段尚未涉及,也可能从深层次上对社区发展、居民的日常生活产生影响。从实践角度分析,将再造领域归纳为自然生态、生活环境、历史文化、产业经济这四个方面，是因为任一维度都可能成为社区发展的核心和重要资源，亦可成为社区间个性化发展的标杆。

再造流程。流程是一个时序性概念。以时间演进作为流程确定的出发点，常常表述为“准备阶段—建设阶段—成熟阶段—升华阶段”。而这一表述却成为放之四海而皆准的内容，未能体现社区建设精髓。对于社区营造的阶段，学者们也提出了自己的观点，如陈亮全(2000)将社造阶段分为酝酿期、宣导期、扩展期、构建期、调整期[17]。通过剖析社区建设的成功案例，梳理出“资源盘点—愿景型塑—愿景实践—永续发展”的流程线路。值得一提的是，在社区建设中并非严格依照该路径。任何一个阶段都可能走向终止，因此在社区建设过程中，四个阶段呈现出循环的状态，而永续发展则是终极目标。如何真正通过社区营造让社区健康永续的发展依然是各社区面临的难题。随着外部环境的变化，社区发展的推动力也在变化，每个阶段都有自身的限制和困境。

综上，本文将再造主体(在地群体、外部群体)、再造领域(自然生态、生活环境、历史文化、产业经济)、再造流程(资源盘点、愿景型塑、愿景实践、永续发展)为轴线构建了农村社区发展的三维立体模型，并以该模型为基础，对闽台农村社区建设的典型案例进行对比。

三、闽台比较实证研究

闽台农村社区历经20多年的发展，均取得了丰硕的成果。课题组通过实地考察、专家访谈的方式，收集了大量资料。在对资料进行分析整理后，最终确定选取闽台相对成熟的社区进行对比，具体为台湾南投县桃米里社区、宜兰县白米社区，福建晋江的大浦社区、福州马尾的长安社区(见表1)。

表1　样本社区基本情况

区域	社区名称	社区位置	社区简介
台湾地区	桃米里	南投县埔里镇	桃米里经历了“9·21”地震后，从资源盘点中发现契机，将一个没落的小村转型成为集教育、休闲、产业、观光为一体的生态社区
	白米社区	宜兰县苏澳镇	白米社区由于位于山谷之中、林相丰富，因而发展出木屐产业，并在白米小区发展协会的推动下营造出“白米心、木屐情”的白米木屐村

续表

区域	社区名称	社区位置	社区简介
福建地区	大浦村	晋江市磁灶镇	大埔村因关心、重视、支持困难群众救助工作和慈善公益事业，积极开展各项民生保障和慈善救助工作，被誉为“爱心社区”
	长安社区	福州市马尾区	长安村位于闽江口北岸，知名侨村。目前海外长安村的人口有 4000 多，海外移民提供的侨汇成为村庄主要收入来源，是福建省模范乡村

(一)再造主体对比

通过研究，拟从再造主体的类型、不同主体间的互动来探讨农村社区的建设主体。我们通过对四个样本案例的调查，发现闽台社区建设均有来自社区内部和社区外部的群体参与。社区建设因生命周期、目标、驱动力的不同使主体参与的方式差异较大。面对众多的参与群体，如何有效的整合各方资源，使之发挥出自身组织的特殊功效是各社区共同面临的难题。

表 2　样本社区再造主体对比

区域	社区名称	再造主体		主体间的相互活动	总　结
		内部群体	外部群体		
台湾地区	桃米里社区	社区居民、理事会	农委会、劳委会、自然保育及生态旅游发展协会、新故乡文教基金会、世新大学、暨南大学、飞利浦	以新故乡文教基金会为核心，全体居民共同参与。外部的政府组织、民间团体、学术组织和企业为桃米里的建设提供政策、智力、财力等支持	社区组织在农村社区的发展中扮演着重要角色，对内帮助建议与凝聚居民，对外更是扮演着当地民众与政府或者其他组织团体的沟通桥梁
	白米社区	白米社区发展协会、白米社区合作社	文建会、经济部中小企业部	以社区为边界，外部以“地方整合性力量”，突出公私部门及相关组织能以整合机制来共同推动社区发展；“地方自发性力量”强调内部力量通过有效的运作机制介入社区的发展	应该强调地方自发性力量的整合和发挥。自发性地方推进组织才是社区发展得以真实存在的主要力量，也是地方特色得以永续经营及推陈出新的主力

续表

区域	社区名称	再造主体		主体间的相互活动	总　结
		内部群体	外部群体		
福建地区	大浦村	村委会、村纪委、村务公开领导小组、监督委员会	晋江政府、磁灶政府	在上级政府的政策引导下，社区进行内涵化发展，通过村规等纲领性文件的出台来保障社区的健康发展，属于"自上而下"式	各级政府的政策引导、以村支书为代表的核心人物的影响、社区纲领性的文件等对社区的发展作用重大，外部群体直接参与较少
	长安社区	村委员 村党支部组织	长安联谊会、长安村福利会、感天长安海内外慈善会	长安村福利会相当于社区议事会，海外长安村联谊会相当于监事会，"村两委会"相当于社区事务执行机构	海外华侨作为一个特殊群体，对家乡有着深厚的情感，因此有较强意愿让家乡更美。海内外的组织突破地域区隔，除了以财政投入作为主要的支持方式外，还行使着监督的使命

桃米里经历了"9·21"地震后，社区营造的根本目的是重建家园，因此民众的参与度高；自然灾难让社区群众获得了较强的精神联结，由于受制于物资、技术等其他方面的制约，因此迫切期待外部群体的参与。白米社区以特色产业为依托，突出了地方自发性力量的作用，社区发展的两大核心力量分工明确，白米社区发展协会负责社区营造，而白米社区合作社则重点关注产销发展。在大浦村的发展中，突出三级政府的作用以及核心人物的影响力，社区走的是内涵化发展的道路，并通过村规等纲领性文件来保障社区的健康发展。长安社区在感天长安海内外慈善会的引领下，汇聚了社区发展的凝聚力和持续的财力支持。相比较而言，台湾案例社区的参与群体更为广泛，不同群体间的分工更为明晰。如何协调与匹配农村社区发展中各主体的力量是一个值得关注的问题。

(二)再造领域对比

再造领域的对比主要从再造过程中涉及的区域以及实现路径展开。我们对四个样本案例分析，发现闽台社区再造领域方面，均关注了社区的生活和生态环境。因各社区的资源禀赋不一，社区的产业呈现出较大差异。

表 3　样本社区再造领域对比

区域	社区名称	再造领域	实现路径	总结
台湾地区	桃米里社区	持续改善基础设施；推动生态农业永续经营；修复保留古厝宅院；发展生态型旅游观光业	改善基础设施→推动农业发展→修复历史古迹→发展旅游观光业	突出“生态社区”的定位，在推动生态农业永续发展的基础上，充分利用特色资源开发旅游观光业
	白米社区	改善社区的生活环境；加入社区营造的种子计划；以“木屐”为元素进行社区营造；发展旅游观光业	改善环境恶劣问题→参加社区营造总体成果展→木屐产业的创意开发→发展旅游观光业	以解决恶劣的生活环境为触点，在地方组织的积极推动下发现可将传统“木屐”产业作为社区营造的特色，并以此来发展旅游观光业
福建地区	大浦村	旧村改造工程、设立“爱心援助站”；建设大浦敬老院；“农家书屋”；成立专职环卫队；组织村民参加劳动素质和就业技能培训；制定村规民约	改善居住条件→优化社区保障体系→美化生活环境→提升生活技能→制定村规民约	在社区建设中，将民生作为优先考虑的问题，从村民的行为准则到职业技能；从弱势群体到生活环境均事无巨细地进行设计
	长安社区	通过集资建房改善居住条件；建设村落公园与公共厕所；建设村庄自来水厂与燃气供应站；发展以村集体投资入股的私营企业	获取建设资金→统一调配分摊→优化物质环境→提升生活质量→发展集体经济	海外华侨的思乡情结、爱乡的意愿、雄厚的经济能力汇成一种合力，共同推动长安社区的经济发展

桃米里在重建阶段，分析出在地独特的青蛙资源。因此该社区将营造的主题定位为生态社区。社区参与群体在推动生态农业永续发展的基础上，充分关注和利用特色资源，开发了以“青蛙”为主题的旅游观光业。白米社区面对日益恶劣的生活环境，经过多次抗争成功加入当地社区营造的种子社区，将传统“木屐”产业作为社区营造的特色，并以此来发展旅游观光业；大浦村在社区建设中，将民生问题作为优先考虑的问题，社区建设中涉及居住环境的改善、解决养老问题的大浦敬老院，并制定了较详细的村规民约。长安社区建设中充分运用了自身特色，将海外华侨的思乡情结、爱乡的意愿、雄厚的经济能力汇成一种合力，共同推动长安社区的经济发展。从以上四个案例的对比不难看出，产业是社区得以永续发展的基础。台湾案例社区在社区原始产业的基础上，开发出旅游观光业等；福建案例社区均有较雄厚的经济支撑，因此在

社区营造中并未看到社区内相关产业的发展，这一现象在大陆较为普遍。如何创建产业以作为社区永续发展的物质基础是社区发展长期与否的关键。

(三)再造流程对比

案例显示社区营造过程并非呈线性展开，而是一个螺旋式的发展过程。营造的重点和内容随着发展过程而发生改变，各社区因定位差异遵循了不同的发展链。

表4　样本社区再造流程对比

区域	社区名称	再造流程	总结
台湾地区	桃米里社区	“生态纹理→生态价值→生态产业→新的生态生活”的生态社区发展链	“生态”是桃米里社区营造的关键词，突出对自然资源的保护、监测和再生，并将此作为共同的价值观
	白米社区	“改善生活环境→传统产业价值→传统产业创意开发→旅游观光业”的产业文化化发展链	传统产业的价值不容小觑。作为“传统产业文化化”的典型代表，同样证明了传统产业的强大魅力
福建地区	大浦村	“优化社区保障体系→美化生活环境→提升生活技能→制定村规民约”的爱心社区发展链	关注弱势群体是社区建设的出发点。考虑到不同阶层居民的困难之处，并给出相应的解决方案
	长安社区	“获取海外资金→优化物质环境→提升生活质量→发展集体经济”的侨乡发展链	海外资金作为侨乡发展的重要经济来源。不仅要保证资金的有效利用，更要考虑资金的永续流转

桃米里社区将“生态”作为社区再造的关键词；白米社区是“传统产业文化化”的典型代表；大浦村在社区建设中，始终将关注弱势群体作为社区建设的出发点；长安社区作为侨乡的个案，呈现出海外资金作为侨乡发展的重要经济来源这一现象。值得注意的是在使用海外资金的时候不仅要保证资金的有效利用，更要考虑资金的永续流转。从四个案例的对比发现，台湾两社区再造均从发掘社区资源出发，以社区永续发展为目标；福建社区的发展则侧重于社区再造的某一或几个领域，尚未形成从点到面的系统体系。怎样规划社区的生命周期是共同关注的焦点。

四、福建农村社区建设对策与建议

闽台四个案例社区均具备多主体参与、社区环境优化等共性，但通过对比也不难看出两地社区营造中的差距。台湾地区与福建地区的文化同根，因此可为福建地区社区建设提供一些可供参考的经验：

(一)建立以核心组织为主导的农村社区发展的共同参与主体

在农村社区的建设中，常见的参与主体包括当地居民团体、地方或中央的政府行政单位、地方旅游组织、特殊利益社区团体、职业团体、地方政府、商业利益者、对外协商广告者等。政府部门扮演制度指导和支持的角色，指明建议方向，塑造合适的外部环境角色，必要时还会给予政策倾斜和财力支持；此外，还协调地方团体与外部组织之间的关系，因此应归属于外部群体；商业利益者针对自身利益和资源成为社区发展的经济支撑。不论各组织的力量如何，参与度大小，均需透过横向或纵向的资源整合，建立起良好的运作机制，以此来协调各参与组织或个人的关系，进而形成较好的运作力(见图 2)。在开展社区建设初期，需有一个核心组织负责社区的营销与沟通，确保该组织本身能具有发掘地方特色、汇聚文化资源的意愿和能力，外加良好的沟通与协调能力，再加上具有较强的热爱家乡的当地居民，才能形成一股共同的社区建设向心力，这将是农村社区发展中较佳的主体参与方式，如案例中的共同建设灾后家园的桃米里村民、迫切改善居住环境的白米社区居民、在外打拼的长安社区居民。在社区建设中期或者成熟阶段，核心组织建议由社区自组织扮演，外部群体承担监督、服务等职责，以此形成合力来保证社区的正常运行和永续发展。

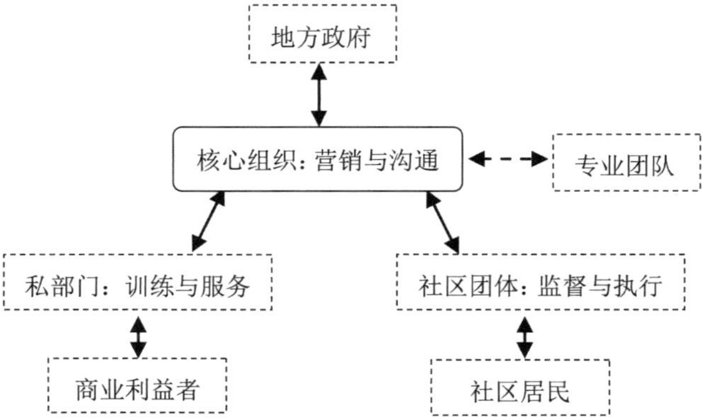

图 2　农村社区发展参与模式图

(二)创建特色产业作为社区永续发展的物质支撑

社区产业是保障社区建设的物质储备和经济来源。桃米里社区在生态农业的基础上,发展生态旅游业。在旅游业的探索中,由最初的青蛙村到浦里蝴蝶镇,最终纳入了日月潭景区规划;白米社区在对传统木屐行业创意开发的基础上,引入其他行业参与,打造出社区的生态博物馆。整个过程不仅仅是社区发展边界的变化,更是社区朝着社区永续发展的步伐。从台湾的两个案例中我们可以看出,使社区永续发展的法宝是产业的发展。而福建的两个案例均未看到使社区健康永续发展的产业。尽管因案例的特殊性使社区不缺外部经费的支持,但单就社区的健康发展来看是缺少后劲的,因此在农村社区建设中,应重点关注社区产业的发展。

(三)遵循"资源盘点→愿景型塑→愿景实践→永续发展"的社区生命周期

农村社区的建设过程是资源禀赋、文化认同、物质财富、核心价值、农民意愿、历史文化等共同作用的结果,因此将社区建设时间设定为横轴、社区建设水平确立为纵轴,构建出农村社区建设的生命周期图,其间将农村社区建设周期划分为资源盘点期、愿景型塑期、愿景实践期和永续发展期(见图3)。四个阶段并非呈线性关系,任一阶段均有可能走向终结。

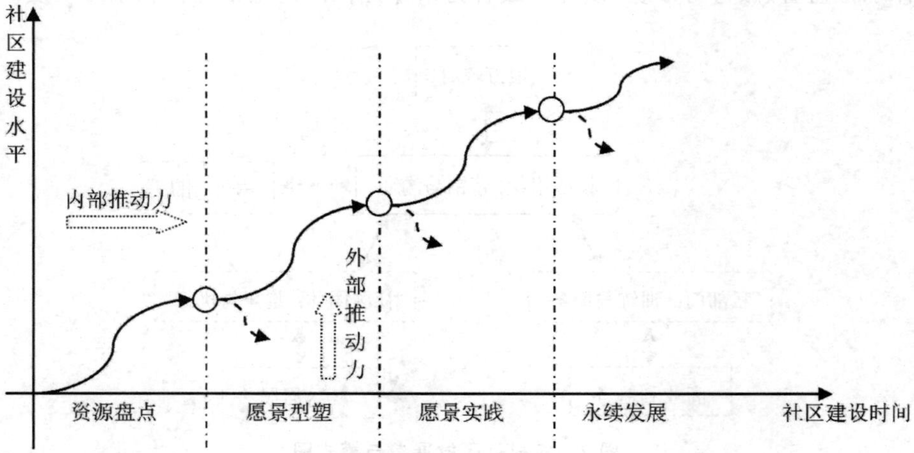

图3 农村社区建设周期图

资源盘点期:通过案例发现,社区的发展并非遵循固有模式,但都具备特色。桃米里社区在社区重建的过程中,发现该区域青蛙和蝴蝶的种类繁多,以此确定了“生态社区”的定位；白米社区为了改变恶化的生活环境，偶然发现了传统木屐产业的价值，因此对传统的木屐产业进行创意开发。这两个案例告诉我们，社区建设前的资源盘点尤为重要。然而实践中，有价值的资源被忽视的现象比比皆是。因此建议在社区建设初期，引入外部力量参与，以增加发展特色价值资源的可能性。和台湾地区的案例相比，福建地区社区特色并不是非常明显。大浦村的特色在于爱心，长安社区的特点是侨乡。这两社区的特色具备较强的可移植性。所谓窥一斑而得全豹，资源盘点是大陆地区社区营造缺失的，却是异常重要的一步，应引起广泛关注。在一些经济不太发达或者深厚历史背景的地区，社区再造初期可采用文化绘图的方式对当地资源进行归纳、汇总、提炼，在这个过程中因为外部群体和社区居民的沟通和碰撞，可能会有意想不到的收获，从而才能深入挖掘社区特色，打造“小而美”的社区。

愿景型塑期：社区的建设并非一蹴而就，漫长的过程可能会因为参与主体的重心不同而产生分歧，因此社区“愿景”的构建尤为重要。在社区建设过程中，应该着重强调地方自发性力量的整合和发挥，构建社区“愿景”，强化社区意识。桃米里社区居民因为地震自然灾害形成了强大的凝聚力，白米社区居民因为恶化的生存环境而自发性地站到一起。这两个案例均是以切身利益密切相关的推动力作为触发点引发社区再造。而福建的案例中未见此类触发点，因此会导致在社区建设的过程中关注度和参与度不高。如何构建社区共同“愿景”关系到社区发展的路径和社区居民的参与度。只有共同认可的愿景才能让各参与主体真正凝聚在一起。

愿景实践期：随着社区建设水平不断提高，社区建议会趋于常规化态势，居民的综合素质和水平也会有大幅度的提升。尽管在社区建设初期需要外部力量的参与，但是从实质上看，在地推进组织才是社区发展得以真实存在的主要力量，也是地方特色得以永续经营及推陈出新的主力。从某种意义上说，社区再造的流程同时也是社区“愿景”从无到有，从模糊到清晰的过程。桃米里社区在成功塑造青蛙村之后，外部群体逐渐淡出建设主体位置，而是承担了和外部沟通、协调的任务；白米社区在外部群体的帮助下，深入挖掘传统木屐产业的价值后由白米社区发展协会负责社区营造。愿景逐渐清晰后，需要由在地组织以“愿景”为目标，以村内的制度规范为依据，主导社区的发展。

永续发展期：永续发展是社区建设的终极目标。因此如何保障社区健康发展走向永续是所有社区共同关注的焦点。

五、结语

本文在前期调研的基础上，构建出“农村社区再造三维立体模型”，选择闽台社区建设的相关成果作为典型案例，通过从再造领域、再造流程、再造主体等三维度对比，指出福建农村社区建设需建立以核心组织为主导的农村社区发展的共同参与主体、创建特色产业作为社区永续发展的物质支撑、遵循“资源盘点→愿景型塑→愿景实践→永续发展”的社区生命周期。

由于受研究条件的限制，很多经典案例尚未纳入研究体系，同时也缺乏对失败案例的比较。未来研究将增加样本数量，以期获得更有价值的研究结论。

参考文献：

[1]GEORGE A HILLERY JR.Definitions of community：Areas of agreement[J]，Rural Sociology，1955(1)：111-124.

[2]丁元竹.社区建设的基本理论与方法[M].北京：北京师范大学出版社，2009：59.

[3]丁元竹.社区建设的基本理论与方法[M].北京：北京师范大学出版社，2009：61.

[4]尹建民.比较文学术语汇释[M].北京：北京师范大学出版社，2011：336.

[5]费孝通.乡村中国[M].北京：北京大学出版社，2012：150.

[6]徐永祥.社区发展论[M].上海：华东理工大学出版社，2000：41.

[7]项继权.论我国农村社区的范围与边界[J].中共福建省委党校学报，2009(7)：4-10.

[8]居德里.农村社区是新农村建设的有效载体[J].上海农村经济，2006(9)：35-37.

[9]暨松涛.美丽乡村建设背景下的农村生态社区发展模式研究[D].福建农林大学专业硕士论文，2014.

[10]王晓征.农村社区建设和发展中的资源整合研究[D].华中师范大学博士毕业论文，2014.

[11]叶南客.社区变迁与社区建设的沿革[J].学海，2001(4)：97-101.

[12]鲁可荣.后发型农村社区发展动力研究[M].安徽：安徽师范大学出版社，2010：35.

[13]甘信奎.新农村社区建设模式及政策推进[J].江汉论坛，2009(2)：134-137.

[14]许远旺.从政府主导到参与式发展：中国农村社区建设的路径选择[J].中州学刊，2011(1)：120-124.

[15]施玮，吴赢.基于扎根理论的生态文化型农村社区再造模式研究[J].福州大学学报(哲学社会科学版)，2015(2)：34-41.

[16]陈思琦.地方文化产业与社区营造之研究[D].国立新竹教育大学，2008.

[17]陈亮全.近年台湾社区总体营造之展开[J].住宅学报，2000，9(1)：61.

基于地方特色资源的农村休闲旅游社区营造模式研究

阳光学院商学院　王　庆

摘　要：　新型城镇化是以人为中心的城镇化，营造以休闲旅游为核心产业的特色农村社区是新型城镇化的有效途径，农村休闲旅游社区有原地改造型、区域集中型和部分改善型等三种营造途径，有特色自然资源、人文历史资源、特色生态资源、特色产业资源和特色人为资源等五种营造模式。

关键词：　休闲旅游社区；新型城镇化；地方特色资源；营造模式

中央城镇化工作会议提出，要“让城市融入大自然，让居民望得见山、看得见水、记得住乡愁”[1]，就要在建设城镇的过程中，体现顺应自然、天人合一的理念，让城市与自然和谐发展；在融入现代元素的同时，注重延续城镇的历史文脉；在促进城乡一体化发展中，注重保留村庄原始风貌，慎砍树、不填湖、少拆房，尽可能在原有村庄形态上改善居民生活条件。现阶段如何在保护生态环境的前提下发展经济，推动新型城镇化建设成为迫切需要解决的难题，中国广大农村有着丰富的地方特色资源，因此合理发展和规划地方特色资源营造以休闲、观光旅游为核心产业的新型农村社区成为解决这个难题的一个可行的策略。

一、农村休闲旅游社区营造的必要性和意义

(一)营造农村休闲旅游社区是新型城镇化建设的重要方向

中国在改革开放 30 年时间当中，城市空间扩大了二三倍，城镇化率也达

到了52.6%，但同发达国家相比城镇化率还很低，如美国城镇化率达到90%、韩国达到80%[2]，因此城镇化成为扩大内需、拉动增长的重要途径。近年来随着大力推进城镇化，城镇化得到了较快发展，但也出现了许多问题，如环境污染、鬼城频现、空心村等等，因此李克强总理在党的十八大提出新型城镇化，并且认为城镇化是扩大内需的最大动力，最近又强调新型城镇化是以人为核心的城镇化，必须保护农民的利益，使农民从新型城镇化中受益[3]。广大农村是中国城镇化的重要舞台，也是以人为核心的新型城镇化的主战场，中国有五千年的文明发展史，地大物博，资源丰富，特别在农村很多的地方特色资源没有得到深入的、系统的开发，因此通过系统的规划和开发农村特色资源，进而营造以休闲、观光旅游为核心的农村社区就成为新型城镇化的一个重要方向。营造农村休闲旅游社区有以下几个优点：一是促进农村经济可持续发展，保护环境，有效防止环境污染；二是因地制宜建设农村社区，有效防止大拆大建，通过合理的规划设计营造适合当地农民需要的农村社区；三是休闲旅游产业的规划和发展将会为农村社区吸引一定的人才和资金，营造农村社区永续经营的良好机制。

(二)营造农村休闲旅游社区是解决就业的有效途径

以人为核心的城镇化首先要让农民受益，让城镇化后的农民实现就业，有一份比较稳定的经济收入是新型特色城镇化的难点和重点，也是新型特色城镇化成功的关键。营造以休闲旅游为核心的农村社区，就是要用休闲旅游产业为工具来推动以人为中心的新型城镇化的建设。休闲旅游产业是中国未来一段时间拉动内需、促进经济可持续发展的重要手段，以服务业为基础的休闲旅游产业将提供大量的就业机会。营造农村休闲旅游社区在解决就业方面主要表现在以下几个方面：一是可促进农村社区居民就地就业，得到一定的收入，提高农民参与社区建设的积极性；二是促进外地打工者回乡，参与家乡的建设，解决外地打工者想回乡但回乡后缺乏谋生的手段的问题；三是促进以休闲旅游产业和农村社区建设为核心的各相关产业的蓬勃发展，为当地和外来人员提供大量的就业机会。

(三)营造农村休闲旅游社区是休闲旅游业快速发展的必然要求

随着各国经济的增长、人们收入的提高及带薪假日的延长，越来越多的游客已不满足于在各个旅游点之间长途跋涉、疲于奔命的旅游方式，旅游目的也从传统的开阔眼界、增长见识，向通过旅游使身心得到休息放松、陶冶生活情趣等转变。在轻松、愉快、舒适的旅游中开阔视野，增长知识，了解世界，创造生活，是现代旅游的新价值取向。因此，以休闲为主要目的的休闲旅游成为旅游业中的热点和支柱。有资料显示，在欧洲和北美，旅游客源输出的70%以上是度假休闲。据美国专家预测，到2030年，旅游业将成为全世界80%以上人员的生活必需，而休闲旅游则更具有广阔的国际市场。改革开放30多年来，我国旅游业快速发展，在我国"结构创新、融合发展"的时代背景下，旅游业更是成为新的经济增长点和促进经济发展及结构调整的有效支点。国家统计局信息显示，2005年我国国内旅游收入为5285.86亿元，到2009年的短短四年内，即实现近翻番，达到10183.69亿元，2013年预计全年旅游总收入可达2.9万亿，从一个侧面体现了旅游业的快速发展。这些表明我国已融入了整个国际休闲社会的背景中，休闲旅游已逐渐成为我国旅游消费的主流和旅游发展的重要方向。国民休闲旅游纲要(2013—2020年)指出，到2020年，职工带薪年休假制度基本得到落实，城乡居民旅游休闲消费水平大幅增长，健康、文明、环保的休闲旅游理念成为全社会的共识，国民旅游休闲质量显著提高，与小康社会相适应的现代国民休闲旅游体系基本建成。[4]

二、农村休闲旅游社区营造的可行性分析

(一)丰富的农村特色资源是农村休闲旅游社区营造的基础

地方特色资源概括起来指的是一定空间尺度地域内特有的文化气息、民族风情以及与之相适应的人居环境和地理地貌。[5]地方特色资源可大致分为特色自然资源、人文历史资源、特色产业资源、特色生态资源和特色人为景观资源等五大类。中国有五千年的文明史，幅员辽阔，物产丰富、地理地貌各具特色，这些均是我们国家的宝贵财富，中国的许多乡村坐落在这些特色资源之处，这些独特的地方特色资源通过合理的规划和开发就可以成为新农村建设的产业支柱，使其成为以休闲、观光旅游为核心产业的新型农村社区，如青岛胶东于家村的辣椒贸易加工产业、厦门新垵村的武文化、北京的门头沟潭柘寺村的名胜古迹和自然风光、广东湛江市徐闻县包宅村的乡村园林、长沙望城区光明村的田园风光等等。

(二)经济的发展和人们收入水平的提高是农村休闲旅游社区营造的保障

据统计，2013年城镇居民人均总收入29547元，其中，城镇居民人均可支

配收入26955元，其中，中等收入组人均可支配收入24518元，中等偏上收入组人均可支配收入32415元，高收入组人均可支配收入56389元。按全球休闲发展的一般规律，当一个国家人均GDP达到3000～5000美元时，就将进入休闲旅游消费爆发性增长阶段。[6]我国“十一五”期末人均GDP达到4283美元，已具备休闲消费快速发展的基础。同时，文化和旅游部要求各地重点引导休闲新业态，打造一批特色休闲城镇，培育一批休闲精品，壮大一批创新型休闲企业。国民休闲意识也日益普及，城镇居民和各年龄层的休闲理念明显增强，休闲需求不断分化。经济发展和经济收入的水平为农村休闲旅游社区的营造提供了保障。

(三)经济结构和社会结构的调整是农村休闲旅游社区营造的动力

近三十多年来随着中国经济的快速发展，中国的经济总量已经处于世界第二的位置，综合国力大幅度提升，但随之也带来了很多问题。首先是供给结构问题突出，特别是一、二、三产业比例不协调。农业基础较弱、工业大而不强、服务业发展滞后。[7]其次，需求结构问题突出，投资消费关系不协调。经济增长主要靠投资拉动，导致消费低迷，内需严重不足。同时，城乡之间、地区之间发展失衡。当前的社会结构也正在发生深刻的变革，如城乡收入水平进一步增大，农村“空心化”以及新型农村社区建设后的“二次空心化”现象屡有出现，部分城市白领、大学生以及农民工不堪大城市压力出现的返乡潮，人们越来越重视生活、健康、休闲等等。经济结构和社会结构的深刻变革预示着中国经济增长模式将会发生大的变革，农村是未来中国经济增长的重要领域，而以休闲、观光旅游为核心产业的新型农村社区将会得到大力的培育和发展。

三、基于地方特色资源的农村休闲旅游社区营造路径和方法

营造新型农村社区是一项长期的系统工程，它需要政府站在全局的高度进行统筹规划，要对相关资源进行深入调研，要深入了解当地特色资源的现状，深入挖掘当地特色资源的独特点和卖点，要深入乡村，深入农户进行广泛的观察和访谈，要在参考各方面的意见和建议的基础上进行规划和设计。农村休闲旅游社区的营造一般有以下三个途径和方法。

(一)原地改造型

所谓原地改造是指在进行农村休闲旅游社区营造中对于一些符合条件的乡村可在不改变原有布局的情况下进行系统规划和改造,使其成为以休闲旅游为核心特点的现代意义上的新型农村社区。此类乡村一般要符合以下条件:一是交通相对便利,离城镇比较近;二是人口相对集中,人口规模应在1000～5000人之间,少于1000人造成资源浪费,况且人口少了,也不能形成物流和财税的集聚,多于5000人则已经接近设镇的标准;三是当地的地方特色资源比较丰富,并且得到了一定程度的开发和建设,在当地已经形成了一定的影响,使本地特色产业有一定的发展。营造此类农村社区时要注意以下几个问题:一是在对此类乡村进行营造规划时要依据其原有布局进行规划设计,使其保持原有的特征;二是本地特色资源要采取原地保护和维护的方法,也就是要原汁原味展现其原有的风貌;三是各类公共服务设施的建设和规划要符合原有的布局和特色。

(二)区域集中型

所谓区域集中是指在进行农村休闲旅游社区营造中可把一些分散乡村集中到某个区域,进行全面的规划和改造,使其成为以休闲旅游为核心特点的现代意义上的新型农村社区。此类乡村一般要符合以下条件:一是交通相对便利,离城镇不太远;二是人口相对分散,乡村居民分散居住,生活水平比较低,缺乏产业支撑,很多中青年外出打工;三是有一定的地方特色资源,但缺乏系统的规划和开发,通过深入的调查研究和规划设计可以进行深度开发的区域。营造此类农村社区时要注意以下几个问题:一是在对此类乡村进行规划设计时一定要体现本地特色,要站在休闲旅游的角度去设计、规划和建设;二是要有全面系统的休闲旅游产业设计,要让当地居民愿意搬迁过来,并且有一定的经济收入来源;三是在深入挖掘和开发本地特色资源的同时可适当引进一些特色资源,以提高休闲旅游产业的吸引力。

(三)部分改善型

所谓部分改善是指在进行农村休闲旅游社区营造中把一些乡村按照实际情况进行部分的规划和改造,使其成为以休闲旅游为核心特点的现代意义上的新型农村社区。此类乡村一般要符合以下条件:一是交通便利,距离城镇比较近;二是人口相对集中,生活水平相对较高,有一定的产业支撑,外出打工者比较少；三是当地特色资源缺乏，或者是缺乏系统的挖掘和开发，当前没有很明显的显现出来。从地方特色资源的角度看，此类乡村缺乏营造休闲旅游社区的价值，但此类乡村其他一些资源，如地理位置、气候条件、人口结构、产业结构等等又具有开发的价值，因此可采取部分改善型对其进行休闲旅游社区营造。营造此类农村社区时要注意以下几个问题：一是要对本地特色资源进行深入挖掘，努力打造鲜明的本地特色经典；二是引进外部特色资源，形成别具风格的体验；三是此类社区营造，一般是在保持原有格局的情况下，以适当增加景点、园区、场所的形式营造。

四、基于地方特色资源的农村新型特色社区营造模式

营造可持续发展的休闲旅游社区首先要明确社区定位问题，即要建立什么样的休闲旅游社区，以什么样的形象和特色呈现在公众面前[8]，也就是以什么样的模式去营造农村休闲旅游社区，综合地方特色资源的特征，一般有以下五种休闲旅游社区营造模式。

（一）以地方特色自然资源为定位的社区营造模式

著名经济学家于光远认为，自然资源是指自然界天然存在、未经人类加工的资源，如土地、水、生物、能量和矿物等，可分为有形自然资源（如土地、水体、动植物、矿产等）和无形的自然资源（如光资源、热资源等）。拥有独特自然资源的乡村，其周围的一山一水、一草一木均是大自然赐给人们的宝贵财富，它不仅是人们陶冶情操、修养身心的好去处，也是人们创造财富、实现理想的好场所。在以本地特色自然资源为定位的社区营造中要重点关注以下几个问题：一是要在保持特色自然资源原貌的前提下进行开发，任何针对特色自然资源破坏性的开发，均会使其丧失原有的价值；二是公共设施以及居民住房要在原有的基础上进行融入式的、保护性的建设，切不可大拆大建。三是要善于创造亮点，一个传说、一则故事、一种风俗、一片场景均可以成为使人流连忘返、感慨万千的景致。

（二）以地方人文历史资源为定位的社区营造模式

人文历史资源是人类社会有史以来所创造的物质的、精神的文明成果总和，如语言文字、文化传统、历史遗存、思想观念、科学技术等等，人文历史资源

是一种非常有价值的遗产，对其进行适度开发是实现可持续发展的重要增长点，在世界各国通过开发人文历史资源发展观光、休闲旅游业，招商引资发展经济已经成为共识。我国有着五千年的文明发展史，人文历史资源非常丰富，改革开放以来很多人文历史资源得到了系统的开发，已经成为各地经济的重要支柱，但是在乡村，特别是比较贫穷和偏远的乡村，同样也会拥有具有本地特色的人文历史资源，对拥有特色人文历史资源的乡村进行深度开发，大力发展观光、休闲旅游业及其附属产业，营造以人文历史资源为定位的农村社区是新型城镇化的一个重要途径。对于此类农村社区的营造要重点关注以下问题：一是要组织专业的调研团队进行深入的调研和挖掘，进行科学的论证和设计，找到适合该乡村特点的农村社区营造方案；二是要因地制宜，有选择地去挖掘和开发地方人文历史资源，并进行必要的保护和演绎。

(三)以地方特色产业资源为定位的社区营造模式

地方特色产业指本地有一影响的产业，这种产业有自己独特的特点，区别于之前的产业，能起到带动区域发展的产业，或者是能为区域发展带来有利影响的产业。[9]在台湾针对特色产业的观光旅游开发已经得到了深入发展，比如在台湾有数十家企业开展厂区观光，如位于台湾南投县埔里镇的埔里酒厂和埔里造纸厂就是开展厂区观光的著名景点，中国有几千年的文明史，在很多地方都有独具特色的产业资源，比如古法酿酒、手工制作、剪纸艺术等等，这些地方特色产业很难与拥有现代技术的产业竞争，但作为观光旅游的资源有着巨大的优势，因此通过独特的设计去开发以地方特色产业资源为主的休闲旅游产业，进而营造以地方特色产业资源为定位的农村社区有较好的发展前景。在以地方特色产业资源为定位的社区营造中要重点关注以下几个问题：一是要深入挖掘地方特色产业，特别是那些古老的手工的制作工艺和方法，这些都是营造休闲旅游社区的宝贵资源；二是要制定一些保护地方特色产业的资源的法律法规和规章制度，对一些有较高价值的地方产业资源要积极申报世界文化遗产名录；三是要积极开发以休闲、观光、旅游为主的与特色产业资源相关的特色产品，努力做到参观免费，其他收费。

(四)以地方特色生态资源为定位的社区营造模式

党的十七大提出建设生态文明，所谓生态文明，是人类文明的一种形式，它以尊重和维护生态环境为主旨，以可持续发展为根据，以未来人类的继续发展为着眼点[10]，因此建设以生态资源为定位的休闲旅游社区是建设生态文明的有效途径。在人类生态系统中，一切被生物和人类的生存、繁衍和发展所利用的物质、能量、信息、时间和空间，都可以视为生物和人类的生态资源，如山地、森林、草原、湿地以及沙漠等等。通过对这些生态资源的深度开发可有效的营造以特色生态资源为核心定位的农村社区，如发展生态农业、生态旅游、生态养殖、生态保健与生态住宿等产业。在以本地特色生态资源为定位的社区营造中要重点关注以下几个问题：一是要积极推动和扶持当地农民、外出打工者、大学生、失业人员等各类人员去开发和建设生态产业；二是要适当引进外部资本开发本地特色生态资源；三是要制定一些法律法规去完善和保护当地特色生态资源。

(五)以特色人为景观资源为定位的社区营造模式

人为景观是人们通过规划和设计在原有的资源的基础上人为建设的景点、园区、建筑、设施和风景等等[11]，它虽然是人类作用和影响的产物，但发展规律却服从于自然规律，必须按自然规律去建设和管理，才能达到预期的目的。对于那些缺乏独特的地方资源，但地理位置、交通运输、经济发展、人口结构又有一定优势的乡村，可通过规划和建设人为景观来营造农村休闲旅游社区。如台湾南投县埔里镇桃米里是去日月潭必经之路中潭公路旁的一个小山村，通过引进日本阪神大地震中的特色建筑“纸教堂”建设和规划人为景观，营造新故乡社区见习园区，园区内除了纸教堂外，还有湿地公园、戏水池等，可以在村民自办的民宿过夜，也可在餐厅品尝当地食材为原料的美食。对于此类农村社区的营造要重点关注以下问题：一是要选择国内外具有鲜明特色和内涵的资源去营造人为景观；二是要依据农村社区现有的资源和现状去选择、规划和建设合适的人为景观；三是人为景观规划和建设要以营造休闲旅游社区为目的，如相关产业设计、附属景观设计和增加社区居民收入设计等等。

五、农村休闲旅游社区营造中的几个关键问题

(一)政府引导与农村居民深度参与

农村休闲旅游社区的营造是一项系统工程，它需要当地政府的系统规划和设计，以及当地农村居民的深度参与。当地政府在休闲旅游社区的营造中处于主导地位，但当地政府的主导地位不是控制一切、包办一切、规划一切，政

府的主导地位应该体现在宏观和战略层面的，政府的主要工作是引导、协调和管理社区的营造[12]，如社区营造的前期调研和论证，社区营造规划和设计的监督和协调，社区营造资金的筹集、发放和管理，社区公共配套设施的建设、完善和管理等等。当地农村居民在社区营造中虽不处于主导地位，但处于主体地位，休闲旅游社区的营造将会大大改变当地农村居民的生活状态，极大地影响农村居民的切身利益，因此当地农村居民有理由，也必须积极深入地参与到社区营造中去，农村居民深度参与主要体现在微观和战术层面，如积极配合和参与社区营造的前期调研和论证，社区营造具体规划的讨论和具体建设方案的设计，社区的自主管理，社区的建设等等。

（二）产业发展与社区生态环境保护

农村休闲旅游社区是以休闲、观光旅游为支柱产业的区域经济，在社区的营造中如何因地制宜规划、设计和发展休闲旅游产业体系成为最核心的、最关键的问题，而在规划、设计和发展休闲旅游产业体系时，首先要解决的是如何在产业规划、设计和发展中有效的保护社区及其周边区域的生态环境。在社区营造中产业发展和社区生态环境保护是一个问题的两个方面，两者是密切相关、相辅相成的。[13]首先，社区生态环境的保护是休闲旅游产业规划、设计和发展的基础，没有好的生态环境也就不可能有休闲旅游产业的规划、设计和发展；其次，社区休闲旅游产业的发展是进行生态环境保护的保障，社区要发展，社区居民生活水平要提高，社区生态环境也需要维护，这些都需要产业的支撑，而休闲旅游产业为这些提供了必要的经济保障。

（三）统筹规划与留人机制设计

据统计，2013 年全国农民工总量达 2.69 亿，其中 80 后、90 后农民工已经占到农民工的 70%以上，在他们中间有许多农民工希望回到家乡来发展，这些农民工经过进城务工的磨炼和自我积累，有点技能，有点资金，有点营销意识，有点办厂能力，对农村有感情。拥有各种技能和知识的农民工、大学毕业生以及想回乡发展的城市白领将可能成为农村休闲旅游社区营造的宝贵人才，关键是要给他们施展才华、展示能力的空间和机会。在社区营造中要统筹规划社区发展和产业发展，要有比较完善的留人机制设计，如规划和设计自主创业的途径、机会和场地；设置一定的创业补助资金、优惠贷款和优惠政策；提供必要的后勤保障和政策，如户口问题、人事档案问题、养老、医疗等各类保险问题等等。[14]

总之，中国经济正在发生深刻的变革，在经济发展中保护生态环境，在保护生态环境中推进经济的发展，将成为未来经济发展的主流。[15]新型城镇化是以人为核心的城镇化，让农民在新型城镇化中受益，建设美丽家乡，营造以休闲旅游为核心产业的新型农村社区将成为未来城镇经济发展的有效途径。

参考文献：

[1]“让城市融入大自然，让居民望得见山、看得见水、记得住乡愁”[EB/OL].[2013-12-15].http://money.163.com/13/1215/07/9G4BSU2500253B0H.html.

[2]任月红.城乡一体化视角下的小城镇建设发展研究——以宁波为例[J].宁波大学学报(人文科学版)，2011(4)：102-106.

[3]王子约.李克强谈新型城镇化思路：核心是人的城镇化[EB/OL].[2013-02-04].http://stock.sohu.com/20130204/n365454516.shtml.

[4]国务院办公厅关于印发国民旅游休闲纲要(2013—2020年)的通知国办发〔2013〕10号[EB/OL].[2013-02-18].http://www.gov.cn/zwgk/2013-02/18/content_2333544.htm.

[5]于希贤.旅游规划的艺术地方文脉原理及其运用[M].重庆：重庆出版社，2006.

[6]戈登 沃克，梁海东.综合休闲参与理论框架及其对跨文化休闲研究的影响[J].浙江大学学报(人文社会科学版)，2012(1)：14-24.

[7]王麓怡.都市休闲文化对区域休闲产业的激励——以武汉都市休闲文化资源为例[J].自然辩证法研究，2006(2)：91-94.

[8]张俊斌，廖绍安，梁大庆.乡村社区总体营造发展模式之探讨[J].水土保持研究，2007(2)：259-263.

[9]施建忠.挖掘地方特色资源推进新农村建设[J].江苏科技信息，2010(10)：124-126.

[10]刘希刚，韩璞庚.人学视角下的生态文明趋势及生态反思与生态自觉——关于生态文明理念的哲学思考[J].江汉论坛，2013(10)：65-69.

[11]谈志林.我国台湾地区社改运动与内地社区再造的制度分析[J].浙江大学学报(人文社会科学版)，2007(3)：16-24

[12]张艳国，胡盛仪.新农村建设背景下农村社区走势研究——以湖北省农村社区发展研究为个案[J].湖北大学学报(哲学社会科学版)，2011，38(3)：76-80.

[13]杜胜利.农村社区分化背景下的村庄治理困境及其破解路径[J].理论导刊，2012(9)：36-40.

[14]夏周青.中国农村社区从传统到现代的嬗变——以国家与社会关系为考察视角[J].武汉理工大学学报(社会科学版)，2010，23(5)：86-89.

[15]王庆.地方特色文化资源视域下小城镇建设研究[J].东北农业大学学报(社会科学版)，2013(5)：21-24.

“乡村记忆”视阈下文化特色小镇开发与保护模式研究

——以福建嵩口古镇为例

阳光学院商学院　施　玮　李志敏

摘　要：　“乡村记忆”的目的是记得住乡愁、留得住乡情。在古城的开发与保护中，如何从缓解保护与开发的矛盾是亟待解决的问题。文章选择福建嵩口古镇为案例，在实地调研的基础上结合理论，探讨出其基于“乡村记忆”的文化特色小镇创建路径。文章指出，文化特色小镇镇建设应充分挖掘和培育当地特色的文化资源，构建小镇的信息产业化和创意产业化模式。本文为后续特色小镇的研究提供了有力的帮助。

关键词：　乡村记忆；文化特色小镇；开发；模式

中共十八届五中全会规划建议提出：“加快培育中小城市和特色小城镇”，着力推动新型城镇化。住建部（2016）发布了《关于做好 2016 年特色小镇推荐工作的通知》，之后国家发展改革委（2016）出台了《关于加快美丽特色小（城）镇建设的指导意见》。随后全国各地在特色小镇建设方面展开了积极探索。

“何去何从・中国传统村落国际高峰论坛”于 2016 年 11 月 22 日—23 日在河北保定举办，本次论坛文化界人士普遍担心的问题即是“千村一面”的特色小镇发展趋势。随着旅游业日益壮大，以民俗文化、自然风光、特色古建筑为主要看点的古城镇成为人们热衷的目的地。但是，古城镇盲目的拆迁使得古镇的本真性不复存在，古镇原有的文化特色也失去了韵味。如何在古城的开发过程中突出在地特色文化资源，打造个性化古镇成为一个重要的研究议题。

一、研究缘起

(一)中国古城镇保护与开发现状

中国经济快速发展以及旅游观光业的日益壮大,催生了中国古城镇开发浪潮。当今中国古城镇的开发存在两个主要问题:其一,拆古建新、拆真建假。这种拆建模式导致了传统文化的质感和历史记忆的内涵的牺牲;其二,缺乏保护意识。造成了古城镇保护和开发利用的随意和无序,“千城一面、千村一面”现象的随处可见。据统计,在过去的15年间,中国古城镇消失了约160万个,平均每天约有300个古城镇消失。中国传统文化倡导和引领者冯骥曾忧心忡忡地说:“现在中国的古镇,除去西塘、角直、南浔、周庄、同里、乌镇这江南六镇保护得还比较好外,其余基本上正在消失。”由此可以看出,中国古城镇的保护与开发现状令人担忧。

(二)中国文化特色小镇研究现状

所谓文化特色小镇是指依赖特色文化产业或特色文化资源,打造的具有明确产业定位、文化内涵、旅游特征和一定社区功能的综合开发项目,是旅游区、休闲消费区、生活区、产业区四区合一的新型城镇化区域。[1]目前关于文化特色小镇的研究主要有以下两个特点:其一,文化特色小镇研究处于初期阶段,相关研究论文较少。截至2017年4月,在CNKI数据库中,以“文化特色小镇”为题名,只能搜索到149个结果,且主要集中在2016年份,其占比超过50%。其二,文化特色小镇研究基础理论较少。在CNKI数据库中所搜索的文章中,相关理论研究者有乔海燕[2]、荣国平[3]等,但类似这种理论研究较少,大多以新闻报道的形式出现,真正涉及该命题的基础性研究论文较少,并且古镇旅游开发的理论研究相对滞后。如何将小镇建设的最有特色、如何将小镇规划的最有味道、文化小镇与产业小镇、智慧小镇、绿色小镇如何融合等问题为研究者提出了新的研究方向。

综上可知,古镇的保护与开发已受到社会各界的广泛关注,但在以下方面尚有研究空间:一是古镇的开发现状与文化保护理想之间的矛盾;二是古镇的开发实践多与基础理论研究少之间的矛盾。因此在古镇的保护与合理开发的需求中,如何能实现在保护中开发,在开发中保护的双重目标,是当前亟待解决的问题。本文拟从"乡村记忆"的视角,对其进行探讨。

二、"乡村记忆"对文化特色小镇建设的意义

(一)"乡村记忆"工程的提出

十几年来,中国城镇化进程取得了巨大成就。国家统计数据显示,2016年中国城镇化率达到57.4%,比2000年增长了20%以上。但在城镇化快速增长、古城镇拆迁改建的同时,一些地方忽视历史文化遗产保护,致使大量乡村传统文化遭受毁坏、走向消亡。面对这一现状,2014年2月,山东省政府确定实施"乡村记忆"工程,通过采取一系列措施来实现对文化遗产的整体性和真实性保护。

"乡村记忆"工程从实际出发,顺应文化遗产丰富地区城乡建设的迫切需要,把保护和传承传统文化遗产融入城乡建设过程中,打造乡村、社区的传统文化遗产保护平台,是延续乡村历史文脉、不断丰富城镇化和新农村建设的内涵和成效的有力举措。随后业界逐渐采用"乡村记忆"来表达古镇开发与保护的核心要义,突出在保护与开发该区域中的独特视角和重要资源。

(二)"乡村记忆"在古镇开发与保护中的重要作用

1."乡村记忆"有助于地方特色文化的传承与发展

中国城镇化进程的加速不断改变着人们的生活理念,加之偏远地区自然条件日益恶化,越来越多的农民正在主动或被动的失去土地,他们从偏远的农村来到城市,享受着城市带来的生活的便利。这种无序、无规划的人口迁移导致大量"空心村"的出现,诸如捏面人、皮影、雕刻、彩陶、脸谱、珠算等世代传承非物质文化技艺日渐后继无人。"乡村记忆"将这些非物质文化遗产重新收集、整理,或做成影像,或编辑成册,使之能够以可查询的资料保存和传承下去,这种方案的实施有助于将这些即将消失的技艺从"后台"重新走向"前台",对非物质文化遗产起到很好的保护作用。

2."乡村记忆"有助于实现古城的保护与发展

旅游市场的日益发展壮大成就了各古镇经济新的增长,古镇旅游也越来越被重视,旅游开发对那些深陷困境的古城镇不啻是一次拯救,越来越多的古城镇因发展旅游业而焕发了生机。但是,旅游开发的盲目性与功利性、古城保

护意识的淡薄以及保护理念的不正确，导致了众多古城的生存危机。聊城市、邯郸市、随州市等8市县因对历史名城保护不力被住建部点名批评的影响仍记忆犹新。传统的古城镇各有特色，而现代化的城市却是高楼大厦一个样，这种“千城一面”的拆旧建新的古城开发模式在很多时候已无法勾起人们的回忆。“乡村记忆”视角下的古城保护，目的在于留得住古城的记忆，这种记忆既有非物质的记忆，又有物质上的记忆，古城墙的原色原味、古建筑的栩栩如生在乡村记忆中保存下来，不失其真的保护模式，对于古城的存在意义重大。“乡村记忆”的古城保护，必定带动以古城旅游为目的的旅游市场的快速发展，从而推动特色工业、特色农业、特色商业、文创产业、特色服务业等相关产业的发展，进而带动当地经济的快速发展。

三、“乡村记忆”视角下的古城镇开发与保护路径

如何保存和修复古城韵味，在“乡村记忆”的视角下，有以下途径可以选择：

(一)“乡村记忆”信息产业化

“乡村记忆”下的文化资源包含了人物、文化、地域、风景、特产等诸多要素，如何将这些要素更好的提炼出来，信息产业化是其中途径之一。信息产业化是指将能够反映乡土民情的特色文化，包括将传统农具、交通工具、日用品等做成产品模型，将传统技艺编辑成册，将特色建筑做成建筑模型或开具有延伸意义的创意产品，并将这些产品或作品最终做成具有一定规模的产业。这种产业化模式，其作用一部分在于将文化特色资源进行了有力的保护，另一方面产业化生产的产品，可以在一定程度提高小镇的经济水平。

实现“乡村记忆”信息产业化路径如图1所示。

(1)小镇历史“文字化”。当今，虽然我国的出版事业发展迅猛，但是以“乡愁”、“乡情”、“乡风”为重要载体的出版物很少，若能将这些载体载入史册，即实现了文化特色小镇的“乡村记忆”。

(2)开辟“乡村记忆”栏目专窗。如今媒体信息发展迅猛，可在媒体板块开辟“乡村记忆”栏目专窗，用于反映乡土民情等优秀传统文化，让人们回忆乡情，记住乡愁，传播乡风。

(3)“乡村记忆”作品展。鼓励画家举办乡村记忆作品展，支持摄影家举起

照相机留住记忆,组织作家写乡愁记乡情,动员能够反映优秀传统文化的艺术门类都来加入"乡村记忆工程"建设。[4]

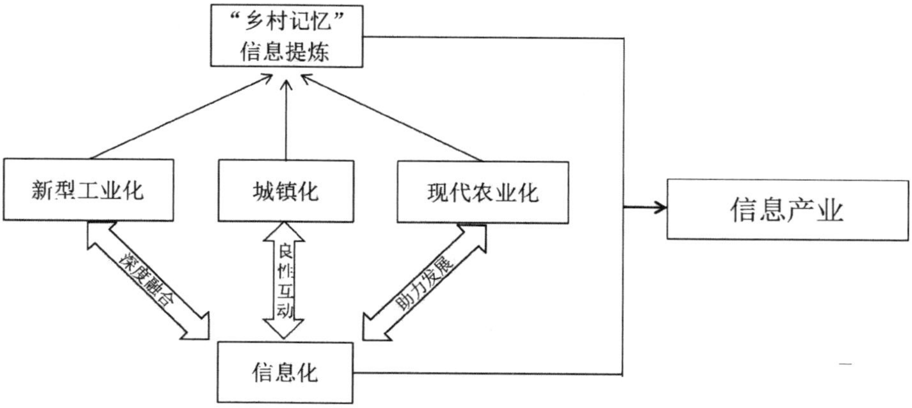

图1 "乡村记忆"信息产业化基本路径

(二)"乡村记忆"文化创意产业化

"乡村记忆"文化创意产业以"乡村记忆"文化为核心资源,具有地域性、传统性、民俗性、独特性等重要特征[5],它有别于千城一面的高楼大厦,是各特色小镇独有的文化资源。"乡村记忆"文化创意是一种策略,是用文化和创意的力量改变原来的生态,赋予它新的生命,带有一定的旅游功能。"乡村记忆"文化创意产业的"文化、创意、产业"三个关键词构成了一条"乡村记忆文化——创意——产业"产业链。在古村再生过程中,除了硬件方面,还可以通过软件——文化性的诉求让时尚的城市与乡村做对话。比如,台湾屏东的彩稻生活节,台湾的"稻田餐桌"把台北最具有国际视野的名厨带到乡下,和当地的原住民用当地的食材比赛做菜,借此吸引游客,并让游客了解当地的食材和物产等均采用了创意的手法。以"乡村记忆"文化为核心的创意产业,其构建途径如图2所示。

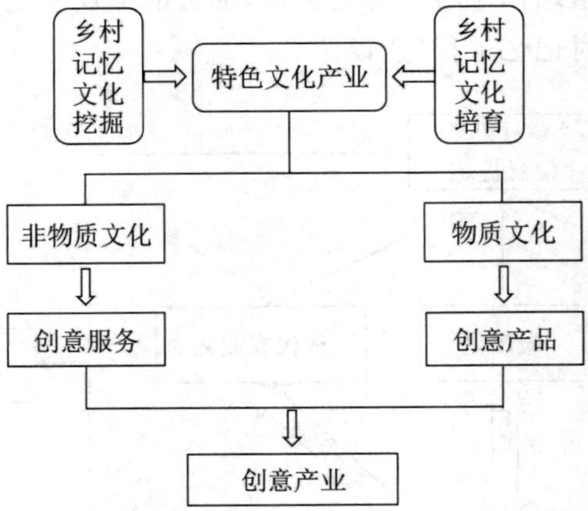

图 2 “乡村记忆”文化创意产业化途径

四、实证：基于“乡村记忆”的嵩口镇文化特色小镇创建路径

嵩口镇位于福建省永泰县西南部，处于闽清、尤溪、德化、仙游交界处，交通便利。2008 年嵩口镇成功入围第四批“中国历史文化名镇”，成为继上杭县古田镇、邵武和平古镇之后第三个入围此名单的福建省古镇，也是福州市唯一的国家级历史文化名镇。2016 年嵩口镇被认定为第一批中国特色小镇。

基于“乡村记忆”的嵩口镇特色文化小镇的创建应遵循“民众参与、政府引导、市场运作、企业主体”的开发逻辑，按部就班地走可持续开发路线，路线模式可参照图 3，在此线路模式图中，政府与企业的良性互动至关重要。

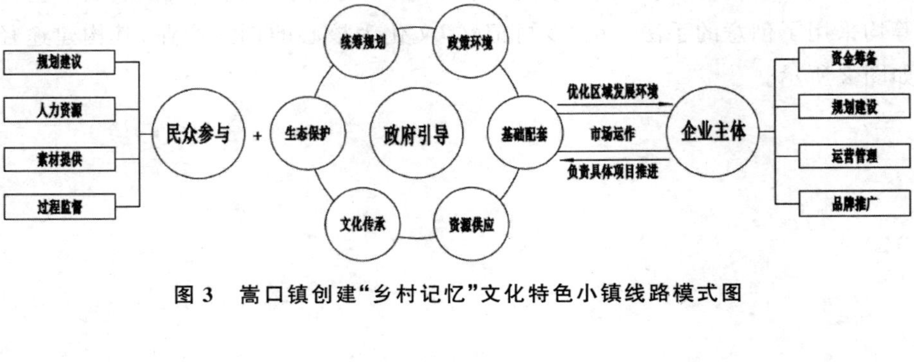

图 3 嵩口镇创建“乡村记忆”文化特色小镇线路模式图

在上述指导思想下，嵩口镇创建文化特色小镇的途径如下：

（一）建设“乡村记忆”数字村镇

“乡村记忆”数字村镇主要指村镇规划、建筑、生活方式的现代化、智能化和数字化。它的任务就是构建一个嵩口镇文化信息云服务平台，为古村落文化保护和传承提供数据交流和相关服务。这个平台的核心意图即是通过当前快速发展的信息技术，将古村落的数据信息进行流动和转换，再集成大数据库，从而给古村落文化遗产保护研究提供参考，以期启发新的研究思路。同时，通过建立古镇的平面和立体影像数据库，并将数据库免费共享，并开发先进的导游 App，可实现嵩口古镇风貌的快速浏览和共享。当地居民的积极参与，可将数据库数据及时进行更新，游客不出家门，即可实时了解旅游目的地的所有影像。同时还可以通过该数据库与游客进行积极的互动，聆听游客对古镇建设的建议与意见，这对古镇的保护与开发起到非常重要的作用，也为做好古村镇保护进行大数据分析提供了可靠依据。

（二）建设“乡村记忆”古建筑博物馆

文化特色小镇的开发与保护，既要重视物质文化遗产的保护，也不能忽视非物质文化遗产的保护。嵩口镇地方特色文化丰富，有虎尊拳、陈埔纸狮、赶墟节、剪纸、竹编、藤编、草编等民间工艺，以及以“转鸡头”为代表的传统风俗等。挖掘嵩口古镇文化内涵，提炼出古镇历史文化的亮点和文化个性，通过对特色文化的挖掘和培育，建设以农耕文明、古镇历史风貌以及乡土特色文化为主题的“乡村记忆”博物馆，在不断丰富古镇文化内涵的同时，将古镇的特色文化传播出去，对接旅游市场，把古镇的历史文化资源转化为特色旅游产品进行推广。同时，以嵩口特有的 60 多座明清时期古民居以及 8 处新石器时代遗址为元素，建设古建筑博物馆，将建筑因素融入“乡村记忆”中，将大大提升嵩口古镇的文化魅力。

（三）举办“乡村记忆”文化节

嵩口镇地理优势无可比拟，地理结构美妙绝伦，自然环境非常优美，且拥有非常丰富的生态资源，如生态农业、生态林业、生态建筑，生态文化等；还有诸如特色建筑、自然景观、特产、美食、服饰、乐器、舞蹈等“乡村记忆”元素，“铁印直行”、“赶石拦溪”、“悬崖犁渠”、“红泥鳅返生”、“桂花坊”、“赤水斩蛇石等口口相传的传奇故事，蛋燕、锅边糊、清明粿等特色美食。充分利用这种原生态的文化资源和"乡村记忆"元素，积极开展生态旅游、休闲旅游，将大大提高嵩口古镇的知名度。可以在当地举办各式各样的"乡村记忆"民俗文化节，一来有助于传统文化的流传，二来有助于吸引游客，对传统文化的地域推广添砖加瓦，同时，旅游产业可带动其他产业的发展，共同推进小镇的经济增长。相关产业链模式如图4所示。

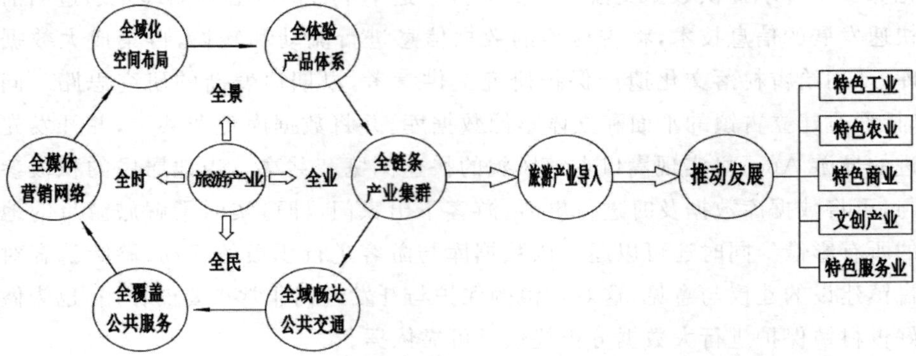

图4　嵩口镇"乡村记忆"旅游产业链模式图

(四)开展"乡村记忆"文化创意旅游

文化创意旅游是一个新兴产业，以文化作为手段与游客及社会公众构建全新的利益共同体关系，形成文化旅游产业链，带动相关产业的发展。[6]创意旅游可以将有形或无形的资源开发为时尚消费品，吸引潜在的消费群体。在旅游市场蒸蒸日上的今天，文化、建筑、自然景观、特产、品牌、设计、传承技艺，甚至符号均可开发成为旅游纪念品。众所周知，土楼是中国非物质文化遗产，也是福建漳州的一张旅游名片，以土楼形象创意制作的闹钟，音乐盒、路灯、茶叶筒、杯子、餐具等旅游纪念品以及以土楼形象设计的漳州南靖火车站等受到了人们的喜爱。嵩口古镇的开发可通过媒介进行宣传，如影视、电台、出版物、广告、手机等，其目的是将部分当地的旅游"品质"预售给游客，最终让游客产生旅游的欲望。并充分利用省市县的各种媒体进行宣传，提高知名度。如制作电视专题片，开展各种专题文化活动，积极营造旅游氛围。施玮曾指出，创意有助于区域文化与技艺的传承与发展、有助于实现"古城的保护与开发"双赢。[7]在嵩口镇的开发过程中，采用创意的手法开发产品，使其产业化，将大大提高古镇的知名度与经济水平。

六、结语

在城镇化快速发展和旅游业日益壮大的今天，古城旅游成了热门之选。许多古镇遭到了严重的破坏，“千城一面、千村一面”的现象随处可见，传统文化的质感和历史记忆的内涵消失得无影无踪。“乡村记忆”视角下的古城镇开发，应深度挖掘“乡村记忆”信息和“乡村记忆”文化，并对这些元素进行深度开发，严格遵循“以旧修旧、修旧如旧”的原则，走信息产业化和文化创意产业化的开发路线，从而保持古镇的原真性和独特性。

参考文献：

[1]http://www.davost.com/topic/town/.

[2]乔海燕.基于地域文化特征的嘉兴旅游特色小镇建设[J].城市学刊，2016(5)：13-16.

[3]荣国平，张连荣.特色小镇建设理论探索与实践——以羊平小镇为例[J].城市，2017(1)：27-32.

[4]萧若然.菏泽市实施“乡村记忆工程”的思考和建议[J].菏泽学院学报，2016(6)：36-39.

[5]韦信宽.地方特色文化创意产业发展模式研究[J].三明学院学报，2011(6)：32-37.

[6]靳涛.旅游景区文化营销方式的探衬[J].时代文学.1996(01)：115-117.

[7]施玮，吴赢，李鹏云.创意社区视阈下的古城镇开发与保护模式研究[J].小城镇建设，2014(6)：73-78.

文化创意社区模型构建研究

——以马尾船政文化创意社区为例

阳光学院商学院　王衍宇　王秉安

摘　要：本文通过对相关研究的充分剖析，提出了文化创意社区概念，构建出文化创意社区模型和文化创意社区演化周期模型。同时从中国复兴强国梦的高度，对马尾船政文化核心价值进行了再认识的研究。在这些研究基础上，对马尾船政文化创意社区的总体框架、基本要素体系、文化创意经济子系统、文化创意社会子系统和文化创意子系统进行全面研究。

关键词：文化创意社区；模型；马尾船政文化

鸦片战争结束不久问世的马尾船政文化，是福建人民对中国复兴大业的一个重大贡献，也成为福建文化的重要组成部分。马尾区政府提出了构建“马尾·中国船政文化城”的设想，该设想准备以船政文化人文景观和历史遗址为依托，以船政文化内涵所衍生产业为支持构成船政文化景区，但这一设想目前仍停留在文化创意旅游业的领域中，与文化创意社区的内涵有一定的差距。基于此，本文将对文化创意社区模型进行理论构建，并对马尾船政文化创意社区进行实证研究。通过对文化创意社区的概念梳理，并对文化创意社区演化周期的剖析，构建出文化创意社区发展模式，形成一个比较完整、系统的文化创意社区理论框架体系，将是对我国文化创意社区理论研究的有益深化。另外，船政文化是福建重大文化遗产之一，立足于“船政文化——中国梦起点”的高度上，挖掘船政文化资源，开发与培育船政文化创意产业，从全新视角与高度研究船政文化创意社区培育与建设，推进马尾船政文化创意社区建设，也具有极大的实践价值。

一、文化创意社区概念的探讨

人群集聚的地方就形成社区(community),文化创意社区就是指以特定文化为核心要素而发展起来的社区。马尾船政文化创意社区是指以船政文化为区域发展核心要素的马尾新社区。

城市是一个社区。关于创意城市的研究比较丰富,但绝大多数是从概念与原理、文创产业、文创园区、创意城市网络、创意城市评估、构成、影响要素、国外经验、发展战略与政策等切入的对创意城市的研究,而对创意城市以外的创意社区研究极少。胡沂佳提出了一个很有价值的思考,即从传统的"创意园区"演变为融入日常生活态的"创意社区";[1]陈媞、喻金田从创意资本角度讨论了创意区域;[2]丁继军、凌霓的文章标题含有"创意社区"字眼[3],但实质上是关于城市设计方面的研究。此外,已有研究中也只有极少数从区域特色文化角度来创意区域,如刘剑从城市文化研究创意上海[4],闫珊珊从双语文化研究创意邯郸等[5]。可见,学术界对文化创意社区研究正处在起步阶段,尤其是对依托独特价值的地方特色文化的文化创意社区研究极少。

文化创意社区概念强调,文化是区域新兴的战略资源,它在推动区域经济与社会发展中处于与资金资源、人力资源、土地资源等一样重要的位置上,尤其是地方特色文化的独具性、难转移性等使得它对所属区域更有价值、更有分量,如船政文化作为马尾地方的特色文化,是马尾区经济和社会发展不可转移和不可替代的战略资源。

文化创意社区是以某一特定的文化(特色文化)为核心元素,覆盖文化创意经济、文化创意社会和文化创意环境的新型社区(见图1),它是文化主导型社区。特色文化融入社区的经济生活、社会生活的方方面面;社区处处都能感受到这一文化熏陶的氛围,都能体验到这一文化染印的痕迹;特色文化核心价值被生活在社区中绝大多数民众所认同,成为民众衡量真善美的基本准则,被自觉地遵循和传递。从某种意义上理解,文化是一个特定群体习惯总成,在文化创意社区中,民众都认同同一个体现特定文化核心价值的是非标准,来决定什么是对的、什么是错的,什么是应该做的、什么是不可为的,而这一切都成为社区民众的自觉行动,成为他们的一种潜意识行为,如船政文化融入马尾船政文化创意社区的方方面面,成为马尾社区鲜明的基本色彩。

文化创意社区创建与建设要解决一系列议题:本社区民众共享地方特色

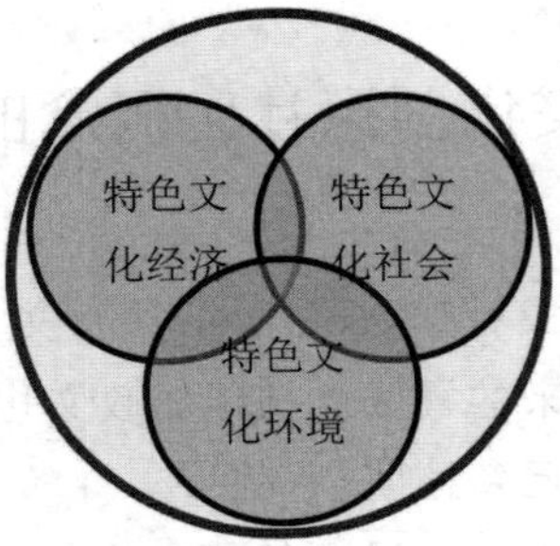

图 1　文化创意社区概念模型

文化是什么，其核心价值是什么，如何将此特色文化符号化，如何让社区内外的民众对此文化的核心价值和代表性的文化符号取得广泛认同，如何依托此文化资源开发文化创意产业链、产业集群乃至特色经济体系，如何依托此文化资源开发社区公共文化服务体系，如何依托此文化资源培育和建设社区的区域文化、社区形象体系，如何将此文化资源的精神与元素符号元素再现在社区的环境建设中，如何培育本社区内民众对此特色文化的文化认同，烙上他们举止行为的印记，发展出社区民众对此文化的自觉保护。

文化创意社区正是实现区域文化资源优化配置的最有效平台，它是区域经济建设、社会建设、环境建设及文化建设最新切点与抓手。文化创意社区作为一个亟待进一步研究的全新概念，应该引起理论界与实务界的更大关注。

二、文化创意社区演化周期的剖析

文化创意社区的培育有一个发展过程，图 2 展示了地方特色文化创意社区演化的一般周期。

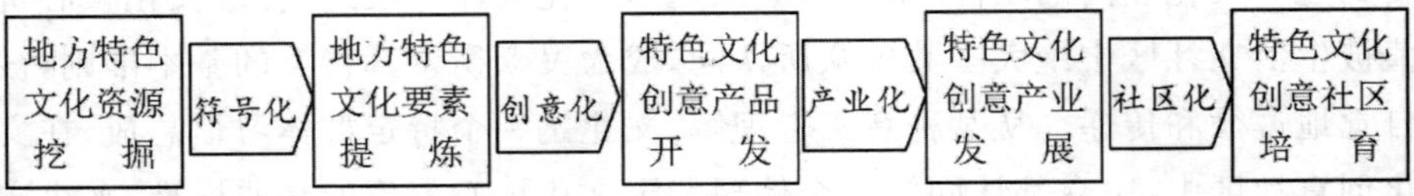

图 2　文化创意社区演化周期模型

地方特色文化创意社区培育的首项工作是对本土长期积淀的特色文化资源进行挖掘，有的本土特色文化比较模糊，有的虽然其可识别但个性不显著，与其他区域雷同;还有的本土特色文化明确,与其他区域文化也能呈现出差异性来,但是其自身混混沌沌,有待进一步挖掘与理顺。马尾船政文化就是属于这种情况的地方特色文化资源。

地方特色文化要成为推动社区发展的一种资源,就要对其进行提炼。一方面要提炼出其核心价值,另一方面要提炼出其文化基本要素体系,然后通过符号化处理使之可"视"化。特色文化基本要素主要有文化核心价值、体系核心价值的主题词(相当于企业 CIS 中的主口号)、LOGO(或图腾)、形象物(人、植物、动物、物体、建筑体等)、代表图案、代表曲调……这些要素的共同的特点是被广泛认同是这一特定文化的代表性符号,并且能被"嵌入"其他载体中,使载体烙上这一特定文化的印迹。

一般情况下,文化创意社区发展脉络是沿着文化创意经济走向的,运用区域特色文化基本要素开发文化创意产品与创意服务,形成基于特色文化的文化创意产业,沿着特色文化产业化战略途径发展;或者将地方特色文化基本要素融入本土的传统产品,推进传统产业的文化转型升级,形成基于传统产品的文化创意产业,沿着传统产业文化化战略途径发展;或者将地方特色文化基本要素与本土传统技艺(如工艺美术技艺、手工生产技艺等)相结合,形成基于传统技艺的文化创意产业,沿着传统技艺文化产业化战略途径发展。

从区域发展而言,地方特色文化资源的更高价值在于它对整个区域发展的贡献,而不仅仅限制在经济领域的所起的作用。当地方特色文化从融于社区文化创意经济,延伸到社区文化创意社会和文化创意环境中去的时候,一个文化创意区域就形成了。

综上所述,地方特色文化经过符号化、创意化、产业化和社区化的递进演化,成为整个社区的文化灵魂,成为文化创意社区发展的原动力。

三、马尾船政文化创意社区建设实证研究

(一)马尾船政文化创意社区建设的意义和价值

推进马尾船政文化创意社区建设的首项研究应是对马尾船政文化历史地位与船政文化精神的再界定。船政文化研究是个成熟的命题,已有多个学者对船政文化精神做了研究。郑剑顺归纳为自强、自主、自造、自驶和求精五大精神;[6]陈日红归纳为求实、创新和爱国等三大精神。[7]陈沙麦[8]、石沙[9]从不

同的研究的角度诠释了船政文化精神。这些船政文化精神的表达，大都与船政文化史实相吻合，多是一种史实的映像，它们之间差异仅是由于视角不同的而产生的，从中华民族历史演化高度进行深层次的挖掘都有待提升。

考察历史不难发现船政文化产生背景：第一次鸦片战争（1840—1842 年）和第二次鸦片战争（1856—1860 年）以清朝懦弱而告败。仅隔六年（1866 年 6 月 25 日），时任闽浙总督左宗棠向清廷上呈奏折，以“泰西巧，而中国不必安于拙也；泰西有，而中国不能傲以无也”为据，提出创建中国船政（船政文化博物馆资料：《试造轮船先陈大概情形折》）。不到三周时间即 7 月 14 日即获清廷批准：“实系当今应办急务……所陈各条，均着照议办理”（船政文化博物馆资料），自此翻开了中国船政文化的第一页。由此可见，船政文化是肩负民族复兴强国的重任而诞生，是中华儿女的最早复兴强国梦。这一认识可以进一步从船政文化所涵盖内容得以佐证：建厂造船、工业救国；办学育才、开放留洋；组建水师、血护海权等等，无一不紧紧扣住中华民族复兴强国这一伟大主题。因此从中国梦视阈来对船政文化进行重新定位，船政文化是现代中华复兴之路的起点，船政文化精神的核心价值是复兴强国。这一本质还原将大大彰显船政文化历史价值与时代价值。研究船政文化创意社区建设，充分发挥船政文化在推进区域经济与社会发展中的不可替代作用，也是极具现实意义的。

依据文化创意社区演化周期的规律，马尾船政文化创意社区培育应该包括船政文化核心价值深度挖掘，船政文化基本要素的确定及符号化处理，船政文化创意产品与服务及其产业链与产业集群的开发、培育与发展，马尾船政文化公共文化服务体系的开发、培育与建设，马尾船政文化创意环境体系建设开发、培育与发展，充分体现船政文化精神的马尾区域文化体系包括马尾区域形象体系的建设，马尾民众对船政文化核心价值的认同和自觉。贯穿在此庞大的文化创意社区建设系统工程中的一条重要主线，就是船政文化核心价值以及以它为中心的船政文化基本要素体系。

（二）马尾船政文化基本元素体系提炼

马尾船政文化基本要素体系提炼是船政文化创意社区建设一项基础性工作。在某种意义上，船政文化创意社区建设过程就是将船政文化融入社区经济、社区文化和社区环境的一个过程，只有船政文化基本元素体系能被准确提炼，才能保障这一融入过程有效性。

船政文化基本要素体系包括船政文化核心价值（复兴强国——见前述相关讨论），表达核心价值的主题词（待开发），标识符号或图案（相当于 LOGO

或图腾——待开发),船政文化旗和船政文化歌(待开发),形象人物(左宗棠与沈葆桢——设想),形象建筑(船政衙门——设想),形象物(万年清号军舰——设想)等。这些要素必须能准确承载船政文化的核心价值,具有极高的代表性与典型性,并有很好的嵌入性与瞩目性,这些元素都必须被高度认同。

在此研究的基础上,制定《船政文化基本要素体手册》。该手册包括两个层次的内容,一是上述这些基本要素构成核心层,二是延伸层,相当于区域文化名片,可包括船政文化名人、名舰、建筑、物件、名句等等。手册的制定能够使船政文化形象化、规范化和固化,确保船政文化创意社区建设中能准确并方便地应用这些基本要素,使整个社区成为表达船政文化一个载体。

(三)马尾船政文化创意社区系统建设研究

1.马尾船政文化创意经济子系统研究

船政文化资源对马尾文化创意社区建设的贡献首先体现在其文化创意经济子系统中。为数不多的关于船政文化创意产业研究大多集中于船政文化旅游产业上。高祥杰提出船政文化是旅游资源的概念[10];王学昭等进行了船政文化旅游市场开拓研究[11];宋立中等进行了船政文化旅游产品开发研究[12]。

船政文化创意经济子系统的建设可沿着文化创意经济体系发展链推进,即从船政文化基本要素体系出发,进行文化创意产品与文化创意服务开发,将文化创意产品生产与服务提供培育成船政文化产业链,进而发展成为船政文化产业集群,继而开发周边产品的产业链,最后形成一个以船政文化为核心资源的,多个与船政文化相关的创意产品集群与创意服务集群融合为一体的区域船政文化特色经济体系。从创意学原理出发,通过厉无畏[13]、郭占锋[14]、韦信宽[15]提出的文化产业化战略途径,发展出丰富多彩的船政文化创意产品与服务,这正是船政文化创意社区建设最需探究的核心命题之一。

船政文化创意经济子系统的重要载体就是“马尾·中国船政文化城”建设工程。马尾中国船政文化城建设可以按照“一镇、一园、一场、一线”的总体思路推进。一镇指马尾古镇,围绕古渡口(千里闽江第一渡)和古街区等项目,再现马尾悠久历史与福建交通史中的地位;一园是指马尾船政文化园,通过马尾造船厂的搬迁进行改建,围绕船政衙门、船政前后学堂、船政工厂等古迹建筑群和中国船政历史文化博物馆等项目,建成船政文化城船政核心区;一场是指马江海战纪念广场,围绕昭忠祠建筑群、马江海战纪念塔和马江海战体验馆(可在现在船政文化博物馆的基础上改建)等项目,建成船政文化城海战核心区;一线是指北起古渡口,南至一号船坞,围绕古渡口、古船坞、船政码头、海战码头等项目，建成船政文化滨江带，显水露江串联整个船政文化城。

要充分运用船政文化积淀和开发出来的基本要素体系，大力开发船政文化创意产品，如纪念品、饰品等，大力开发配套的船政文化创意服务，如文艺与体育表演等，丰富船政文化城的内容与色彩。

2.马尾船政文化创意社会子系统研究

船政文化创意社区建设不能仅停留在区域经济的“船政文化”化层面上，还要进一步将船政文化融入马尾区的公共文化服务体系、区域文化、城市软硬环境中等，也就是要在这些领域实现“船政文化”化，构建出船政文化创意社区的社会子系统和环境子系统。

船政文化创意社会子系统应该覆盖公共文化服务体系、区域文化与区域形象等领域。要将船政文化精神与内涵融入马尾区公共文化服务体系建设，包括博物馆、图书馆、文化馆、美术馆马尾电视台和基层综合文化站等的建设，使船政文化成为马尾公共文化服务系统的最重要特征。要将船政文化精神与内涵融入马尾区域文化建设，包括企业文化、机构文化、校园文化、社团文化、基层社区文化等的建设，逐步使船政文化为马尾民众的文化认同和文化自觉。对船政文化的文化认同就是对船政文化的复兴强国核心价值的认同，对船政文化的文化自觉就是将船政文化精神融为民众自身的“基因”，船政文化创意社区建设重要目标是将船政文化与社区民众文化融为一体。

3.基于船政文化环境子系统建设研究

船政文化创意环境子系统包括两个方面的内容，一是嵌刻船政文化符号的城市硬环境，二是凸显船政文化特点的城市软环境。船政文化城市硬环境建设包括城市建筑风格、城市形象建筑、城市大型雕塑、城市广场、城市公园等的建设，在这些可视强的硬体性公共建筑与设施上充分展示船政文化元素；船政文化软环境建设包括区域形象及其传播体系的培育与发展，区域形象体系是指具有表现区域形象功能的人、事、物。其中人是最重要的，人是形象，文化就是一个特定人群的思维与行事的习惯，要用船政文化的复兴强国的和价值来教化民众，让船政文化元素在马尾民众的言行举止上得到很好的显露，使民众成为船政文化环境的最重要的组成部分。

四、结论

深入研究船政文化本质，把对船政文化核心价值的提升到一个“复兴强国”的认识高度,对船政文化的传承与开发具有十分重要的意义。为此,要拓展船政文化研究的范畴,从船政文化研究和船政文化创意产业研究延伸到船政文化创意社区研究,从全新维度来丰富船政文化理论研究和实践研究的内容。开展对文化创意社区命题的研究,需要全面揭示文化创意区的内涵、构成、运行机理、建设途径与推进对策,并对文化创意社区理论及其应用框架进行探讨。船政文化创意社区建设作为一个系统工程,涵盖了船政文化核心价值再升华、船政文化基本元素体系的符号化、船政文化创意经济子系统建设、船政文化社会子系统建设、船政文化环境子系统建设以及船政文化创意社区建设对策体系等领域。当前正在推进中的“马尾·中国船政文化城”建设项目,应从一般景区建设上升为马尾船政文化创意社区建设,并将建设领域从旅游业与博物馆业领域扩大到整个经济领域、社会领域和环境领域,从局部区域扩大到整个马尾区。在船政文化创意社区的建设过程中,要紧扣船政文化创意社区建设的主线,从组织对策、人力资源对策、政策对策、投入对策等方面全面推进船政文化创意社区建设,为我省、我国文化创意社区建设提供有益的经验与做法。

参考文献:

[1]胡沂佳.从“创意园区”到“创意社区”山水杭州的创意之道[J].时代建筑,2010(6):114-115.

[2]陈媞、喻金田.欧洲学者对创意资本理论的质疑与完善[J].管理现代化,2012(3):64-66.

[3]丁继军、凌霓.创意社区:凯文·格罗夫都市村庄及其新都市主义设计[J].装饰,2010(6):101-103.

[4]刘剑.城市文化视域下的上海创意城市构建[J].上海企业,2010(5):61-62.

[5]闫珊珊.依托双语文化打造邯郸创意城市[J].中国市场,2010(26):92-93.

[6]郑剑顺.福建船政的五种精神.船政文化研究[C].北京:中国社会出版社,2003.

[7]陈日红.论船政文化精神与先进文化建设[J].福建教育学院学报,2005(1):19-24.

[8]陈沙麦.福建(马尾)船政文化民族精神研究[J].福州大学学报(哲学社会科学版),2005(1):86-90.

[9]石莎.船政文化精神对高校思政教育之借鉴[J].法制与社会,2008(3):217-218.

[10]高祥杰.福建船政文化是福州宝贵的旅游资源.船政文化研究[C].北京:中国社会出版社,2003.

[11]王学昭、宋伟.马尾船政文化旅游市场拓展策略探寻.中国市场学会2006年年会暨第四次全国会员代表大会论文集[C].北京:中国市场学会,2006.

[12]宋立中、谭申.复合型文化遗产旅游产品开发路径分析——以福建马尾船政文化为例[J].旅游学刊 2012(10):95-103.

[13]厉无畏、王玉梅.论产业文化化[J].科技和产业,2004(11):10-14.

[14]郭占锋、罗树杰.发展视角下的少数民族文化产业化——基于云南的田野调查[J].中国农业大学学报(社会科学版),2010(1):81-90.

[15]韦信宽.地方特色文化创意产业发展模式研究[J].三明学院学报,2011(3):38-43.

创意社区视阈下的古城镇开发与保护模式构建研究

——以福建邵武和平古镇为例

阳光学院商学院　施　玮　吴　赢
福建师范大学公共管理学院　李鹏云

摘　要：古城是中国历史的缩影，但古城开发与保护已成为一组矛盾，如何保护与发展中国历史古城是当前我国面临的一个困境。通过创意社区的手段对中国古城的开发与保护模式进行探索，并以邵武和平古镇为例，构建闽北民俗文化创意城，其目的在于充分发挥创意方法在古城镇保护中的作用，以期为更多的创意城镇建设提供借鉴。

关键词：地方特色文化；创意社区；古城开发；古城保护

一、文献回顾

"创意社区"是一个集中了各种工作室、博物馆、艺廊、企业、研究机构、公共文化机构等在内的非线性逻辑、多元异质性的空间集群。它也是一个由原住居民、创意人士、政府和创意产品服务对象共同构筑的整体人文生态。[1]目前国内关于创意社区的研究现状总结如下：

(一)创意社区研究仍处于萌芽状态

联合国教科文组织从2004年开始陆续指定了德国柏林、阿根廷布宜诺斯艾利斯、埃及阿斯旺、美国圣大非、哥伦比亚波帕扬、英国爱丁堡等六座创意城市，这些成功的范例为创意社区的研究提供了理论依据和实践指导，创意社区正是在创意城市的研究基础上逐渐萌芽和发展的，至今也无非十年时间。国内关于创意社区的研究更少，大多侧重从个案角度介绍某一国际著名创意社区的建设经验，对社区进行个性化建设研究较少。

（二）创意社区研究缺乏独立的体系

目前，尽管有胡沂佳提出的多元异质性的空间集群理论以及丁继军、凌霓所支持的“新都市主义”（new urbanism）等观点[2]，但创意社区的研究还没有真正形成自己独立的、成熟的研究体系。创意社区的研究更多的是基于创意城市的研究，如：Charles Landry 的《创意城市：如何打造都市创意生活圈》[3]、厉无畏的《迈向创意城市》等[4]。

（三）创意社区应用性研究较少

创意社区理念正受到政府和相关部门的关注，它已作为提升区域竞争力的重要工具而被推广。但国内关于创意社区的研究较少，大多侧重从个案角度介绍某一国际著名创意社区的建设经验，或创意社区的发展模式，如胡沂佳提出的“小木舟”与“大航母”创意社区的两种发展模式[3]和丁继军、凌霓提出创意社区的构建三原则等[2]。

本文所研究的“创意社区”是指将地方特色文化作为社区发展的重要资源，集合社区居民、创意人才、政府等构建的崭新的空间集群。

二、创意对古城特色文化区域发展及古城保护的价值

旅游已成为人们生活的重要部分，以传统文化及民俗、古建为主要看点的古城镇成为人们热衷的目的地，古城镇已成为本地特有的文化名片。目前我国有 2000 多个古城镇，这些古城古镇拥有优美的自然环境，保留有名胜古迹和各具特色的乡土建筑，它们体现了中华民族灿烂的历史文化。但随着旅游开发的日益加剧，中国古城镇也存在着开发过于严重、“古味”消失、现代气息太重等弊端。现阶段，我国的古城镇旅游仍以观光为主，建立在保护基础上的仿古文化休闲旅游是发展古城镇旅游的一种新兴形式，同时从旅游资源的价值禀赋来度量，社区性对古城镇的意义无疑是最大的，而创意更是其特色发展的命脉。

(一)有助于区域文化与技艺的传承与发展

随着社会的进步以及人们生活观念的转变,越来越多的人从农村来到了城市,从经济欠发达地区来到了经济发达地区,这使得诸如皮影、泥人、木版水印、雕版印刷等千百年来在广大农村流传下来的非物质文化由于后继无人而面临消失的危险。

创意的出现可以把一个地方的自然资源和传统文化及产业优势黏合在一起,形成一组具有高附加值的产业,同时将地方特色文化与技艺从被动保护转变为主动开发,从资源投入转变成资源产出,从简单挖掘转变成深度开发、提炼升华,或以某个创意产品为核心带动相关产业的发展和衍生产品的生产(见图 1),从而极大地提高区域文化与技艺的传承与发展。

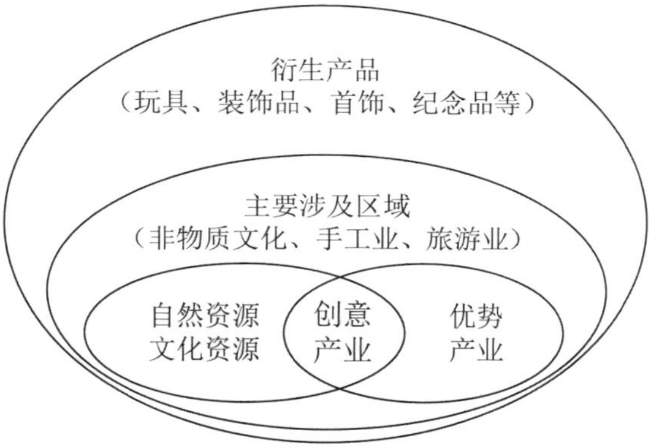

图 1 创意对区域文化和技艺的作用

(二)有助于实现"古城的保护与开发"双赢

随着近几年旅游市场日益火爆,不少古城镇正面临着一系列危机,有的被"现代化",有的甚至即将消逝,只保留了一个"古老"的名称。从这个角度看,旅游开发对那些陷于困境的古城镇不啻是一次拯救。越来越多的古城镇因发展旅游而焕发了生机,不仅像建筑物等静态文化得到了及时保护,而且像生活方式这样的活态文化也获得了传承的机会。但是旅游业的发展同时也带来了对古城的一种破坏,越来越多的人到古城参观使得古城不堪其重。有些原住居民无法忍受日益严重的"噪音污染"不得不选择主动离开,而游客超量也使得古城镇容易变成纯粹的"游览地"。

目前建立在保护基础上的仿古创意文化休闲旅游应该是发展古城镇旅游的

主要形式，为解决古城旅游的现实问题、实现古城保护与开发提供了有力的帮助。

三、创意社区视角下的古城镇开发与保护模式

创意社区的构建要素包括建设要素和基本原则（见图 2），其中建设要素包括创意产业、创意旅游、技艺开发；基本原则为以人为本、社区功能最大、人与自然和谐发展。

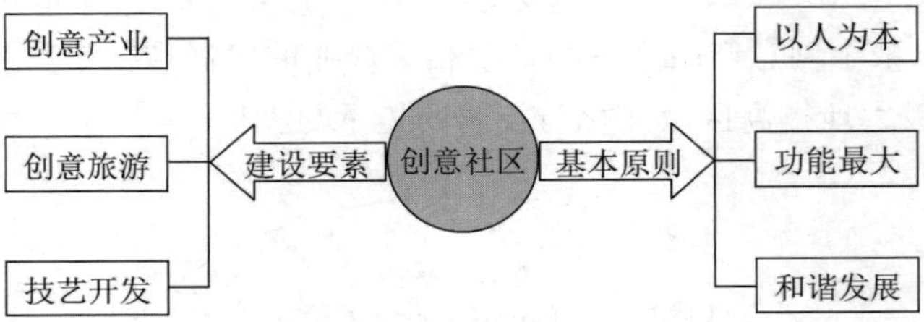

图 2　创意社区构建要素

我国地域辽阔，民族众多，地理和人文环境差别很大，古城类型众多，古城分布也是遍布于大江南北。有的是由于政教合一的社会制度，使得城镇与寺庙结合一体，宗教色彩浓厚，如拉萨、昌都等城镇，均是以佛教经堂或寺院为中心发展起来的。有的以山清水秀而出名，没有现代社会繁杂的商业气息，如镇远古城。因此，对古城的保护，首先要对古城进行形象和品牌定位，明确该古城是主打"环境"品牌，还是"历史"抑或"政治"品牌，只有将古城进行了品牌定位，才不至于在保护过程中走弯路。

在对古城进行个性及品牌个性定位的前提下，基于创意社区的上述理论，以发展和保护为核心目的的古城开发，有三种手段可供选择，即地方特色文化品牌化、旅游景点文化化和特色产业集中化。

（一）地方特色文化品牌化

1.地方特色文化品牌化的理解

特色文化品牌化，指的是将地方特色文化通过资源梳理与整合，形成能够体现该地区特色精神、具有品牌意义和价值的文化产品、文化公司名称以及相关的无形资产；或通过创意的手段，将文化本身作为信息，嵌入生产经营过程的设计和操作的文本之中，发展出以文化要素为基点的文化创意产业，进而形

成文化创意产业品牌。众所周知，在电影领域，美国著名的好莱坞、20世纪福克斯公司等都已成为文化品牌；在戏剧领域，俄罗斯的莫斯科艺术剧院、英国的皇家剧院等，也已成为文化品牌；在音乐、舞蹈领域，俄罗斯国家芭蕾舞团、英国皇家芭蕾舞团、奥地利维也纳金色大厅等，也可视为文化品牌。再如英国的白金汉宫、法国埃菲尔铁塔、日本料理、意大利的罗马帝国、西班牙的斗牛士、韩国的韩服、巴西桑巴足球等都可视为特色文化品牌。

2.地方特色文化品牌化的基本路径

该基本路径主要有两种：其一是“发掘和培育地方特色文化→分类与整合→不同类别的特色文化→不同类别的特色的文化品牌”；其二是形成产业化：优秀的品牌可以赋予文化强大的生命力和非凡的扩张能力，充分利用品牌的美誉度和知名度进行品牌延伸，进一步提高品牌的号召力和竞争力。最为重要的是，优秀的品牌文化还可以使消费者对其产品的消费成为一种文化的自觉，成为生活中不可或缺的内容。特色文化品牌化的关键是如何对地方特色文化进行合理的分类，正确的分类有助于特色文化的传承，反之则可能会导致其遗失。在这种情况下，只有充分的调研，考察不同人群对特色文化的理解，才能更好地发扬与传承特色文化。

上述基本路径示于图3：

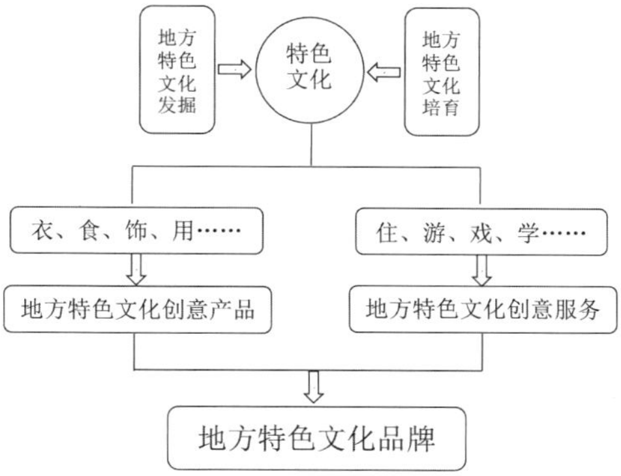

图3 地方特色文化品牌化基本路径

(二)旅游景点文化化

1.旅游景点文化化的理解

旅游景点文化化有别于景点的文化营销，文化营销是指充分运用文化力量实现企业战略目标的市场营销活动，即在旅游景区营销活动流程中主动进行文化渗透，提高文化含量，营造文化氛围，以文化作为手段与游客及社会公众构建全新的利益共同体关系。[5]本文所述的旅游景点文化化是指以文化为媒介对旅游景点的一种推广手段,即将地方特色旅游景点通过文学创作方式或将旅游景点通过实景拍摄的方式以电影、电视、新闻、画展等媒介进行传播,或以该景区为背景题材进行影视创作,或发掘该景区内的人文墨客,以写实的手法进行传播,以达到推广的目的。部分省市在央视所做的城市名片广告,如"哈尔滨——风情夏都"、"梦里草原神奇赤峰"、"饮水思源江苏涟水"、"江北水城运河聊城"、"浪漫之都时尚大连"等,这些对提高城市和地区的知名度和美誉度都有着较好的宣传作用。

2.旅游景点文艺化的基本方法

旅游景点文化化有两种基本路径,其一是通过媒介进行宣传,宣传的目的是将通过暗示的方法将一部分当地的旅游"品质"先售给游客,最终让游客产生旅游的欲望,这个欲望或来自一个景点的山水美景,也可能来自这个景点背后的故事,更可能是一个与该景点相关的电视剧、电影或动漫产品。如2011年,随着《新水浒传》在全国各大卫视的热播,到水泊梁山风景区体验"原汁原味真梁山,做豪情豪爽真好汉"的游客不断增加,掀起了水浒体验的新一轮热潮。来梁山旅游的游客中,很多是受到电视剧的影响,奔着体验真正梁山山寨水浒文化而来的。

其二是通过创意的方式,以创意旅游带动旅游业的发展,如大连的玉米迷宫、北京顺义迷宫——"奥运京印"、生态体验农场、自然氧吧等创意旅游项目等。

上述基本路径示于图4:

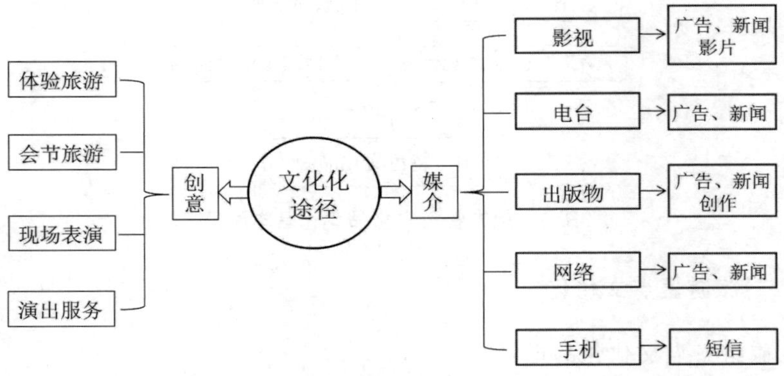

图4 旅游景点文化化基本路径

(三)地方特色产业集中化

1.特色产业集中化的理解

特色产业就是要以“特”制胜的产业,是一个国家或一个地区在长期的发展过程中所积淀、成型的一种或几种特有的资源、文化、技术、管理、环境、人才等方面的优势,从而形成的具有国际、本国或本地区特色的具有核心市场竞争力的产业或产业集群。目前,国内各个古城镇的特色产业中,有能力在国内站稳脚跟的,往往没有能力做外销业务,而有能力做外销业务的特色产业,往往有没有国内市场,整个产业常常处于自由竞争状态,集中度还非常弱,功能单一。这种局面最终导致各特色产业都无法达到突飞猛进的势头。特色产业集中化即是指将某一区域内的不同特色产业按照功能或性质进行划分,将功能或性质相同或相近的产业集中在一起,进行资源和信息共享,形成产业集群,以到达相互促进、协调发展的目的,更有助于古城镇的发展。

2.地方特色产业集中化的基本路径

该基本途径可以表述为:搜集区域内的特色产业+确定有开发价值的目标→从功能(或产品特点)的角度进行分类→确定不同区域的特色产业→地方特色产业的功能增值开发→立足于地方特色产业的创意产品和服务。

该基本途径的关键在于如何对该特色产业进行分类,合理的分类方法有助于特色产业的发展,而一旦分类错误,该特色产业或将逐渐消失。

四、实证:福建邵武和平古镇闽北民俗文化创意城建设

福建邵武建成至今已有1700多年,曾为福建八府之一,现为省级历史文化名城。邵武民俗文化内容丰富,类型多样,多元交融,特色显著。其中,邵武和平古镇被列为中国历史文化名镇,有中国进士之乡及福建最美的乡村之美誉,是福建乃至全国少有的古镇之一。和平古镇历史悠久,自然景观丰富,同时具有多种特色民间小吃及民俗活动。

(一)邵武和平古镇闽北民俗文化创意城的概念

邵武和平古镇闽北文化创意城(以下简称:和平古镇创意城)是指将文化创意原理与方法导入邵武和平古镇的建设中来,将其建设成为集闽北民俗文化之大成的文化创意园区。

(二)创建邵武和平古镇闽北民俗文化创意城的意义

第一,将和平古镇和其他闽北民俗文化遗产的被动保护转化为主动开发,将活化这些文化遗产的生命力,大大增强对其的保护力度。

第二,将和平古镇开发成文化创意区域,使之成为闽西北"绿三角之旅"发展新引擎和新制高点,通过本土特色文化与稀缺历史遗迹的融合,将大大强化邵武乃至整个南平市旅游产业竞争力。

第三,和平古镇创意城的创建将带动邵武文化创意产业的快速发展,使其成为带动邵武经济结构优化、发展战略性新兴产业、以文化增值效应推动传统产业升级的新经济增长极。

第四,将邵武文化建设与和平古镇创意城建设有机结合,使和平古镇文化成为邵武区域文化的标志,融入邵武城市建设、邵武城市形象建设和邵武公共文化服务体系建设,引导整个邵武朝建设"文化底蕴深、文化品位高、文化气氛浓、文化意识强"的文化型城市方向大步发展。

(三)创建邵武和平古镇闽北民俗文化创意城的 SWOT 分析

邵武和平古镇具有民俗文化资源厚实、自然景观丰富、区位优势独特等优势,同时也具有开发意识不强、区域品牌不亮、整合程度不足等不可回避的劣势,图 5 是有关于和平古镇的 SWOT 分析图。

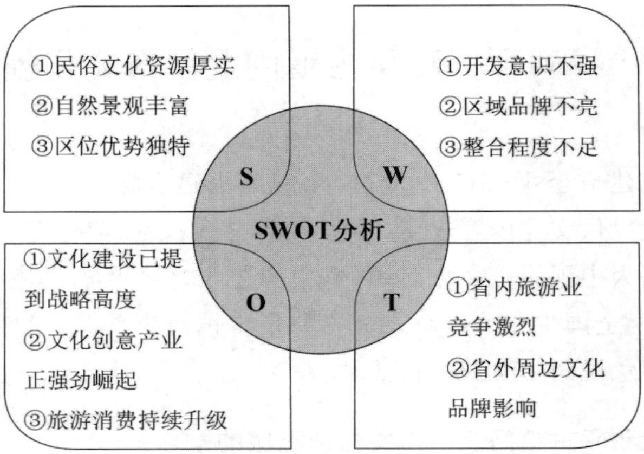

图 5　邵武和平古镇 SWOT 图

发挥优势、弥补劣势、抓住机遇、迎接挑战,是针对邵武和平古镇开发的宗旨。关于邵武和平古镇闽北民俗文化创意城开发的战略构想如图 6 所示。

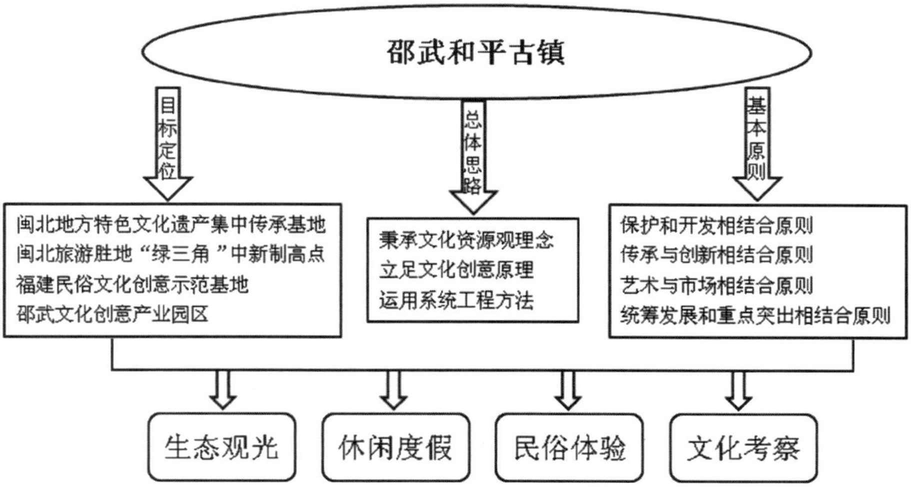

图6　邵武和平古镇闽北民俗文化创意城开发的战略构想图

(四)邵武和平古镇闽北民俗文化创意城开发的战略构想

秉持文化资源观理念,运用系统工程方法,立足文化创意原理,以和平古镇为载体,充分挖掘邵武地方特色文化资源,广泛吸纳闽北民俗文化资源,通过创意开发、精心设计、合理布局、科学规划,创建邵武和平古镇闽北民俗文化创意城,该战略构想分为两部分:其一是对邵武和平古镇闽北民俗文化创意城进行整体布局,形成“一二二五”空间布局的和平古镇创意城;其二是以和平古镇为中心的“一三四八”邵武民俗文化旅游圈布局,该布局将邵武和平古镇建设成为集休闲度假、民俗体验、文化考察、生态观光为一体的在省内外享有一定名气的民俗文化创意城。

1.邵武和平古镇闽北民俗文化创意城的布局

综合考虑和平古镇现状、功能需求及线路安排,和平古镇创意城的空间布局可概括为:“一轴纵贯、两翼延展,双圈环绕,五区辉映”。

一轴纵贯是指以被誉为和平镇的“福建第一街”的古街巷形成纵贯南北的主轴,作为创意城的景观轴线、结构轴线和联系轴线。

两翼延展是指主轴两侧,依据功能要求,突出文化与观光结合,生态与文化结合,演艺与科教结合,休闲与体验结合,实现创意城的综合吸引力。其中,东翼为人文景观和名人古迹展示主题区,重点展现明清古民居的建筑风格和历史文化古迹及人物,强化观光功能。西翼为农家生态休闲、民间技艺演艺

图7 邵武和平古镇闽北民俗文化创意城布局

区,突出休闲游憩和文化体验功能。

双圈环绕是指古城堡观光圈和农家休闲体验圈。对环绕古镇四周的古城堡进行修缮,形成由东西南北四个主城门谯楼为标志、以古城堡为连接线的古城堡观光圈;围绕和平古镇周边稻田养鱼、田埂种豆的淳朴风俗,建成住农家房、吃农家饭、干农家活、玩乡村游戏、赏田园风光的农家休闲体验圈。

五区辉映指在和平古镇规划建立入口服务区、民俗文化展览区、传统技艺展示区、明清古民居建筑区、农家生态休闲园区等五大功能区。

2.以和平古镇创意城为中心邵武民俗文化旅游圈的布局

以和平古镇创意城为中心的,覆盖整个邵武市区的南武夷民俗文化旅游圈的空间布局可概况成“一城三系四线八板块”(图8)。

一城是指立足邵武丰富的民俗文化资源、区位优势及和平古镇独具特色的人文景观、古建筑文化资源,将和平古镇建设成闽北民俗文化资源与生态建设、休闲观光整体协调发展的文化创意城。

三系是指配套建设邵武文化遗产保护、文化创意产业和公共文化服务发展三大体系。

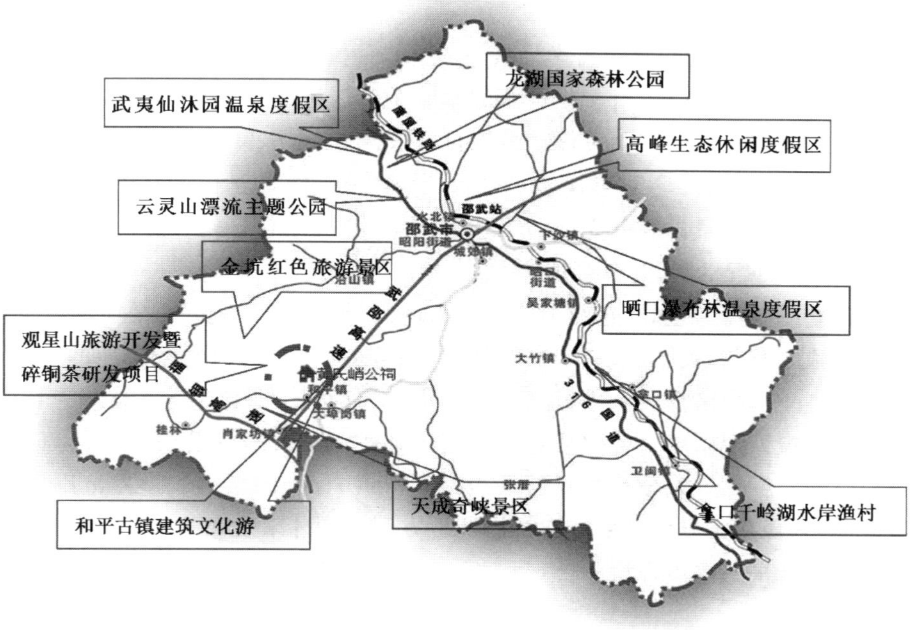

图 8　以和平古镇创意城为中心邵武民俗文化旅游圈的布局图

四线是指形成欢乐星光线、温泉养生线、休闲观光线、文化体验线四条旅游精品线路。

八板块是指根据文化资源的分布情况，重点建设古镇文化、地方民俗文化、闽越文化、夏楚文化、中原文化、宗教文化、红色文化、太极文化八大主题文化板块。

(五)推进邵武和平古镇闽北民俗文化创意城建设的对策建议

1.加强组织领导，统一思想认识

一要加强组织领导。成立和平古镇创意城建设领导小组，统筹和平古镇创意城规划建设全局工作；建立政府定期研究机制，解决和协调和平古镇创意城建设中的重大困难；提高工作执行力，切实落实好和平古镇创意城建设的各项工作和任务；开展政府公关，争取国家和省级相关机构、关键人物对和平古镇创意城的关心与支持。

二要统一思想认识。聘请国内外文化创意、文化领域、城市规划等领域专家到邵武举办文化创意产业的系列讲座，组织文化创意产业考察小组到国内外文化创意产业典型地区进行学习考察，逐渐形成“和平古镇就是闽北旅游绿三角新名片”理念的共识。

2.坚持规划先行，突出科学发展

一是在深化理解民俗文化资源的基础上，聘请国内外知名专家高层次规划和平古镇创意城及相关民俗旅游项目，并进行整体形象包装设计；二是强化科学决策，提高项目论证与管理水平，严格重视项目规划和实施决策的科学性、可行性，避免盲目规划立项。

3.创新运行机制，健全管理体制

建立以政府为主导、企业为主体的市场运行机制。政府争取在立项审批、基础设施配套、相关政策、资金扶持等方面得到福建省乃至国家层面的支持，切实引进一些战略投资者进行开发，创办经济实体。健全管理体制。一是建立资源监控管理制度。采取强有力的措施保护闽北民俗文化资源；二是健全融资管理制度。加大地方财政投入和招商引资力度，向全国和世界范围内招商；三是完善利益分配制度。注意协调地方利益和外来企业的关系，保障外来企业获得公平的竞争环境和合理利益，消除不正当竞争和制约影响发展的各种因素。

4.坚持品牌带动，强化宣传促销

重视品牌培育和形象塑造，加快和平古镇创意城形象识别体系的设计，并制订有效传播方案，在两岸、全国和国际范围进行传播，塑造和平古镇创意城的品牌个性和先导地位，通过品牌建设带动产业升级，提升和平古镇创意城的影响力和竞争力。

参考文献：

[1]胡沂佳.从创意园区到创意社区——山水杭州的创意之道[J].时代建筑.2010(06)：68-69.

[2]丁继军，凌霓.创意社区：凯文·格罗夫都市村庄及其新都市主义设计[J].装饰.2010(06)：99-101.

[3]兰德利.创意城市：如何打造都市创意生活圈[M].杨幼兰，译.北京：清华大学出版社.2009：22-23.

[4]厉无畏.迈向创意城市[J].上海经济.2008(11)：12-14.

[5]靳涛.旅游景区文化营销方式的探讨[J].时代文学.1996(1)：115-117.

[6]韦信宽.地方特色文化创意产业发展模式研究[J].三明学院学报.2011(6)：34-37.

[7]施玮，吴赢.文化资源禀赋对区域发展的价值研究[J].科技和产业.2012(12)：16-20.

创意社区营造与乡镇创新体系构建研究

阳光学院商学院　吴　赢　施　玮

摘　要：　乡镇创新体系是区域创新体系在乡镇范围内的具体体现。乡镇创新体系无论从要素构成、要素投入还是创新产出方面都与创意社区营造有着高度的一致与统一。本文基于创新理论、社区营造理论以及社区实证的研究，充分证实了创意社区营造是乡镇创新体系构建的一条充分必要的路径选择。创意社区的构建是以创意为核心的三个区域组成，分别是创意产业园区、生态保护园区以及居民生活园区。创意社区的三个区域除静态组成外，更重要的是动态的交互与融合。在动态的交互与融合中人文、社会以及自然要素得以协调发展，乡镇范围内的区域吸引力与区域竞争力得以迅速提升。构建以创意为核心的三区交互与融合模式的乡镇创新体系可以充分带动乡镇区域产业升级以及人与自然的可持续发展。

关键词：创意社区；区域创新体系；乡镇创新体系

区域创新体系是国家创新体系的重要组成部分。2010年以来，我国区域创新体系进入了一个快速发展时期，在创建国家创新型城市的同时，各地乡镇也在积极探索新的发展模式，进行乡镇创新体系建设。乡镇创新体系是区域创新体系的一部分，乡镇创新体系的构成是区域创新体系构成在乡镇特定区域中具体体现。在乡镇创新体系的研究中，无论是借用RIS的内生论还是系统论又或是其他学派的理论，乡镇创新体系的构成要素都会涉及企业或产业集群，要素投入以及影响因素都会与区域文化相关。与此同时，我国乡镇尤其乡村自身蕴含着十分丰富的文化，当地文化具有极大的经济价值与社会价值。

在乡镇创新体系的构建中如何利用这些文化以及传承这些文化是创新体系建设中的重中之重。而创意社区营造的核心就是合理利用在地文化，借助创意思想建立创意产业园区从而带动社区范围内的人、自然与社会的和谐与发展，使当地文化以社区发展的形式得以完整的保存与延续。可以预见，我国乡镇借助创意社区营造构建全新的区域创新体系具有极大的可行性。

一、创意社区与乡镇创新体系的解读

（一）创意社区

社区（community）的概念最早是由斐迪南·滕尼斯在《共同体与社会》中首次提出的。他认为社区是有着共同价值观念，关系密切的社会生活共同体[1]。社区营造则是对社区的经营与创造，是人类对社区的实践活动。创意社区是最近十年来提出的一新的区域创新体系概念，其源自新都市主义。“新都市主义”（new urbanism）是 20 世纪 90 年代于美国兴起主张改变二战以来城市郊区盲目扩展的局面，建设布局更为紧凑的、村居式的社区，形成以步行和公共交通为主的邻里或城市体系[2]，是美国城镇化进程的产物。凯文·格罗夫都市村庄（简称 KGUV）是全球第一个以“创意社区”理念规划和建设的新都市主义社区[3]。该社区是以创意产业园区为核心的人与自然、社会和谐发展的区域创新生态体。

（二）乡镇创新体系

乡镇创新体系是明确区域范围在乡镇的区域创新体系。而对于区域创新体系的界定国内外学者有着并不统一的见解。Cook（1998）认为区域创新体系是企业以及其他机构在根植性为特征的制度环境下从事交互式学习的系统[4]。Autio（1998）则认为区域创新体系是由相互作用的子系统组成的基本的社会系统，子系统内部以及子系统之间相互作用产生了知识流，这些知识流推动了整个区域创新体系演的演化[5]。Asheim 和 Isaksen（2002）认为，区域创新体系是由支持组织围绕的区域集群[6]。黄鲁成（2000）认为，区域创新系统是在特定的经济区域范围，与创新相联系的各种主体与非主体要素以及协调这些要素相互关系的制度和政策的网络系统[7]。借鉴目前区域创新体系的研究成果，笔者认为乡镇创新体系是在乡镇这一特定区域范围内，为实现预定的创新发展目标，创新体系主体要素通过资源的投入与利用，主体要素与资源要素之间的相互作用，推动乡镇地区不同形式与内容的创新，不断优化乡镇环境，带动乡镇可持续发展的创新系统。从对乡镇创新体系的界定可以看出，与区域创新体系相同，乡镇创新体系需要有一定主体要素与非主体要素的参与与投入，创新体系的构建离不开要素之间的相互作用，创新体系的结果需要大量的创新产出。

二、目前我国乡镇创新发展的主要困境

虽然“社区”的概念最先用于乡村，然而我国的社区建设却开始于城市。直到 2007 年，党的十七大正式要求“把城乡社区建设成为管理有序、服务完善、文明祥和的社会生活共同体”，乡镇社区建设才得以正式开展。近十年来，乡镇的社区建设已经成为乡镇地区乃至整个经济社会转型的重点，在众多试点体系中也取得了阶段性成果，形成了一村多社区、一村一社区和多村一社区等多种模式[8]，提高了乡镇居民的生活质量，促进乡镇与整个社会的大融合。但是，目前我国的乡镇社区建设习惯性依赖外生资源的推动，忽略社区内生资源的开发与内生能力的提升，使乡镇社区建设可持续发展后劲不足，面临诸多亟待解决的问题。

首先，乡镇“单位社会”的主体意识与创新思维淡薄。乡镇社区建设的最终目标和根本任务是通过社区建设培养居民共同合作、共同参与、共同创造的精神，提升乡镇社区自身的组织与再生产能力。目前我国的乡镇社区建设主要是政府或其他组织与机构以物质或资金等形式“自上而下”、“由外而内”帮助和支持社区的发展[9]，这种制度变迁模式在社区建设之初发挥了重要作用。但是从战略发展角度看，是与社区建设的目标与任务相违背的。“政府导向”使乡镇“单位社会”的社区建设的主体发生了转移，乡镇居民对社区建设的主体意识淡薄，使其在共同劳动中的创新思想与创意思维无法产生，也使其共同合作、共同参与的精神无法在社区建设中发挥作用。忽略乡镇居民社区建设的主体地位，阻碍居民创新思维的产生，削弱了居民参与社区建设的热情，不利于培养居民共同创造的精神，是乡镇创新发展困境产生的根本原因。

其次，外源型资源推动的同质与非可持续。为推进乡镇区域创新体系建设，各地方政府均向乡镇社区注入大量资金、技术、信息、知识资本与人力资本等资源。这种外部资源供给在短时间增强了乡镇社区的功能，加强了社区与

外部环境的联系。但是外源型增长模式给目前我国乡镇创新发展带来了两个主要问题。第一,社区建设的同质现象严重。在区域创新体系快速发展的今天,乡镇社区建设源于外部资源的获取。为了提高社区功能,社区建设就需要争取更多的外部资源。然而,地方政府所能够提供的外部资源一般都具有同质性,在社区建设忽略社区自身情况下更多地攫取外部资源,缺乏内部相应资源的积聚,特别是没有社区内在特质的变化与能力的提升[10],就不可避免地造成各地乡镇社区呈现出相同的发展模式。第二,社区建设的非可持续发展。现阶段乡镇社区建设的资源投入主体是各地方政府。以外部资源供给为主要思路的乡镇社区建设容易加强乡镇社区对地方政府的依赖,因此很多社区把争取政府外部资源放在乡镇社区建设的第一位。这种“外部资源效应”当外部资源的供给被切断,乡镇社区必然又会回到从前的状态,甚至发展瘫痪[11]。

最后,乡镇内生资源的未充分挖掘以及内生能力匮乏。从区域创新发展的实践中我们可以看出,区域创新体系不断演化的过程是区域发展内外部动力互动的过程。外部的动力无疑是政府的推动,而内部的动力则是区域自身的利用与开发。欧洲许多学者在研究南欧乡村地区发展战略时,强调乡村内部资源的充分利用与开发以及本地动员对于乡村发展的重要性[12]。因此,目前我国乡镇社区建设依赖外部资源的局面会对乡镇内部发展带来两个问题,使其不利于乡镇创新发展。一是造成乡镇的内生资源的浪费。我国乡镇的存在与发展由来已久,在其历史的长河中,乡镇居民通过自身的劳动与智慧创造和保护大量的人文财富与自然财富,而这些财富在不同的地理划分中表现出很强的异质性与独特性,在乡镇社区建设中也呈现出巨大的经济价值与社会价值。但是由于外源型社区发展模式的存在,往往会忽略乡镇内部的财富,使得内生资源无法充分挖掘与利用。二是造成社区内生能力匮乏。社区的内生能力是指存在于某个特定社区之内,能够被用于解决集体问题以及改善或维系社区福祉的人力资本、组织资源及社会资本的互动,它可以通过非正式的社会过程和有组织的行动的方式来运作(Chaskin,2001)。[13]“自上而下”的政府导向的乡镇社区发展,居民主体意识淡薄,共同参与、共同解决社区事务相对较少,因此这种社区内生能力严重缺失。

三、创意社区营造:乡镇创新体系的路径选择

创意社区营造是在一定区域范围内的创新与再造,其研究范围与乡镇创

新体系的构建范围基本相同。在区域范围内无论是创意社区营造还是乡镇创新体系的构建都在强调要素以及要素之间的相互作用。同时创意社区营造的核心是创意与创新,而乡镇创新体系构建的关键也在于此。由此可见,创意社区营造与乡镇创新体系构建有着千丝万缕的联系。因此,以创意社区形式构建乡镇创新体系具有极大的可行性,创意社区营造将成为乡镇创新体系构建的一条必然路径选择。

首先,从区域范围内的要素构成看,Samantha Sharpe 和 Cristina(2007)认为企业集群是区域创新体系的构成要素之一[14]。乡镇创新体系的构成自然离不开企业集群或产业集群,它是乡镇区域创新发展的动力。创意社区营造中的创意产业区是借由创新的方式与当地相关产业、文化资产、观光资源、文化与艺术活动等相结合,作为基础和诱因加以经营,从而提升区域品质,带动区域经济发展(张梅青、张蕾,2010)[15]。因此创意社区营造中的创意产业可以作为乡镇区域创新体系的构成要素,推动乡镇区域的发展。

其次,从区域范围内的要素投入看,乡镇创新体系是依托一定投入的资源支撑的,大多涉及资金、技术和人才等资源,[16]这些要素一部分是乡镇地区外部的投入,一部分是根植于乡镇区域范围内的。顾晓伟(2007)指出,有效的"社区参与"与"居民自助"是社区总体再造的成功关键。[17]因此,创意社区营造中的要素投入无论是人力资本还是文化资本都根植于社区并具备高度的认同度。创意社区营造是对当地资源要素的优化配置,在实现资源效用最大化的同时,有效地保护和传承社区文化。因此,以创意社区营造形式构建乡镇创新体系,从要素投入方面是减少投入、优化资源的必然选择。

最后,从区域范围内的创新产出看,乡镇创新体系的产出包括创新产品、创新产业甚至是创新环境的产生,从而推动乡镇地区整个 GDP 的提升。创意社区营造过程的产出不仅有创新产品的产出,同时更多地产出体现在环境创新与文化创新。狄金华(2005)在对台湾高雄县美浓社区再造的研究中指出,最大的产出就是推动美浓客家文化创新,带动地方从事客家历史文化的整理、记录以及保存。[18]由此可见创意社区与乡镇创新体系两者的产出具有极大的吻合度,而创意社区营造的产出对乡镇文化的保存与传承更具可持续性。

综上所述,创意社区营造不仅给乡镇创新体系构建开辟了一条崭新的途径,而且该路径的选择更具备一定的优势。

四、创意社区与乡镇创新体系的实践经验

全球第一个以“创意社区”理念规划和建设的新都市主义社区实践案例是凯文·格罗夫都市村庄(简称 KGUV),KGUV 以创意产强调以业园区为核心,注重人与自然、社会和谐发展。而真正意义上的乡镇创意社区的总体营造的实践经验,则主要来自日本的造町运动与台湾的社区营造。

1979 年平松守彦提倡的“一村一品”运动就是影响力与知名度扩及全日本乃至全亚洲的日本造村运动,即造町运动。日本造町运动的实质是以“社区共同体”存在和意识作为前提与目标,以创建当地特色的产业基地为核心,组织社区居民积极参与经营,凝聚社区共识,培养社区能力等。日本的社区营造一方面利用地方特色、产业特性与地方资源,另一方面提升产业科技,促进乡镇与社区再生[15],这正是乡镇创新发展的一个新途径。日本乡镇镇社区这一新型区域创新系统的构建最显著的成效就是美化了生活空间,提升了生活品质,带动了当地文化、产业以及经济的发展,进而促使乡镇区域活化。例如福井田原町商店街的社区营造,以及长滨市的黑壁社区营造[19]。

台湾地区多年来的社区营造虽然受日本的造町运动影响较深,但也具有其独特性。台湾的社区营造是将累积的经验加入“创意”,在其过程中发展出具有当地特色的社区文化产业,再借由创新的方式(例如与当地相关产业、旅游资源、文化资源相结合)作为基础和动力加以管理,从而提升社区品质,带动当地经济的发展。台湾地区社区营造的过程就是创意社区建设的过程。例如台湾北埔社区营造以及桃米生态社区营造。

而我国大陆地区的社区营造起步相对比较晚,借鉴日本与台湾地区的成功经验,一些城市也出现了有特色的文化社区,如杭州的山水社区,该地区的社区营造特点主要体现在与人文环境相结合,与自然环境相呼应,形成人文、自然与社会相互融合、协调发展的模式。在乡村,主要以地方特色文化为核心的创意社区开发,如福建邵武和平古镇的闽北民俗文化社区,该社区主要以闽北民俗文化为创意来源,以社区营造的方式构建邵武和平古镇区域发展模式。

五、创意社区营造的路径设计

借鉴区域创新体系的理论研究与日本、台湾社区营造的实践经验，笔者提出在乡镇地区营造“创意社区”的构想，试图以创意社区形式开辟新的乡镇创新体系路径，希望通过打通边界，使三区融合，在创意社区的柔性空间中完成资本积聚，提升区域创新能力与区域吸引力，从而吸纳更多资本，实现乡镇区域范围内的可持续发展。

（一）创意社区的静态构成

通过上述理论与实践经验的借鉴以及乡镇创新发展的具体问题的分析，笔者认为创意社区主要由三个部分构成：创意产业园区、生态保护园区以及居民生活园区，如图1所示。

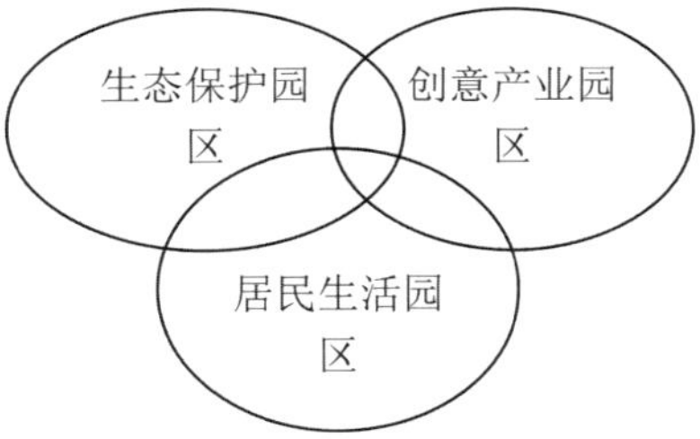

图1　创意社区的静态构成要素

创意产业园区是创意社区构成的核心，是创意社区构建的基础。创意产业园区的形成具有在地化的特征。它通过对当地乡镇居民生活中的文化资源以及自然资源的充分挖掘与利用，结合创意方法，形成创意产业，从空间上就形成了创意产业园区。

生态保护园区是从生态经济学与环境经济学的角度为了保护与合理开发乡镇当地的自然资源而形成的园区。它不断地向创意产业园区提供可利用的生态资源的同时，也从创意产业园区中吸纳保护生态多样性与平衡性的资本，使其在创意社区内部达到自然与社会的和谐发展。

居民生活园区的规划更多的是对历史与文化资源的传承与开发。我国上下五千年的悠久历史造就了巨大的文化财富，这些文化资源在各地乡镇保存比较完好。居民生活园区通过不断向创意产业园区输送更多的文化资源，使其发挥其经济价值、实现可再生之外,同时也可以发挥其更大的社会价值,实现文化的永续传承。

(二)创意社区的动态演化

1.三区交互与融合

当代社会是一个具有弹性的全球化、网络化的社会,区域创新系统也朝向网络化发展模式演进。网络化的区域创新系统主要表现在系统要素的无边界化。系统要素之间跨界形成的新形态、新动力、新行为成为创新活力的主要源泉。因此,乡镇创意社区的运作机制也呈现出网络化、跨界化的动态演化过程。把创意社区中创意产业园区、生态保护园区与居民生活园区分别看成是一个节点,三区交互与融合就是三个节点不断交织与作用的过程,就构成了创意社区的区域创新网络体,如图 2 所示。

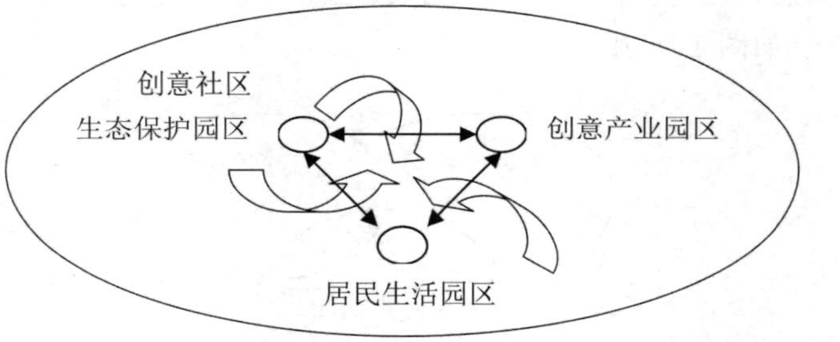

图 2　三区交互、融合模式

三区交互、融合模式主要是指地理空间相邻的创意产业园区、生态保护园区与居民生活园区之间在资源和功能上的紧密结合。三者在共同目标的指导下,通过明确分工、共享资源、协同发展,形成强大的区域创新集聚,从而强化和提升园区自身以及创意社区的整体能力。三区交互与融合主要表现在以下三个方面:

(1)生态保护园区是源头。区域创新系统的建立是希望凭借创新实现经济增长方式由原来的粗放型向资源集约型转变。乡镇创新体系的发展是希望在提高居民生活水平的同时,更多地保护好人们赖以生存的自然环境,实现人与自然、社会的可持续发展。因此,生态保护是乡镇创新系统的最根本目的。生态保护园区的功能主要是进行资源输送,是创意社区的土壤与原动力。它不但可以提供给居民园区更加美好的生活环境,而且可以输送给产业园区更多的自然资源,成为乡镇经济发展的活化剂与动力源。

(2)创意产业园区是主体。在“三区交互与融合”的格局中,创意产业园区的主要职能是吸纳生态保护园区与居民生活园区的自然资源与文化资源,并将其资源产业化,通过创意孵化,促使资源再生,促进乡镇创意社区的生产力发展,因此它是乡镇区域创新发展中的关键环节。

(3)居民生活园区是保障。居民生活园区主要功能是为生态保护园区与创意产业园区提供配套的公共服务与公共设施,为乡镇当地创新人才创造一个宜居的、休闲的和交流的生活环境,同时居民生活园区的在地文化也为创意产业园区输送更多的文化资源。居民生活园区的良好保障,可以促进生态保护园区与创意产业园区的合作,推动“三区交互、融合”区域创新网络的高效、良性运转。

2.资本积聚与资本吸纳

乡镇地区营造创意社区的过程,一方面在资源共享上表现为创意产业园区、生态保护园区以及居民生活园区的交互、融合发展的过程,另一面则是一个全新的区域内社会资本积聚以及区域外社会资本吸纳的过程。社会资本主要是指在目的性行动中获取的或被动员的、嵌入社会结构中的资源(Lin Nan,2001)。[20]社会资本通过社会网络获取社会资源。创意产业园区在创意社区体系中的功能,既表现在对社区资源的开发和利用上,又表现在创意产出的回馈中。更为重要的是透过创意产业园区尤其是营造创意社区来积累区域社会资本,社会资本通过创意社区网络可以促进创意思想与创意方法的传播,从而带动社区文化发展,引导学习气氛和创新意识,让创意与创新精神在社区建设中的作用进一步显著化。创意在社区经济发展中还会通过影响输入与输出总量与速度实现效益最大化[21],从而推动整个社区发展。

创意社区不断地资本积聚,可以实现社区能力的提升,从而增加社区吸引力,加大对社区外部资本的吸纳。从乡镇创新系统建设中可以看出,区域创新系统的外部资本主要依靠当地政府以及外部机构与组织的资本支持。创意社区中的三区交互与融合,可以提高三区网络的凝聚力与集聚力,就会形成如图2所示的对外在资本的旋涡式吸纳,最终实现乡镇地区经济的大发展。

六、结语

本文通过对创意与社区营造的文献梳理以及实践总结,为乡镇创新体系的构建找到了一条新的途径,即以创意社区营造的形式进行乡镇创新体系的建设。创意社区主要通过创意产业园区、生态保护园区以及居民生活园区三区交互与融合实现乡镇创新体系的构建。三区的构建以创意为核心,从静态到动态,从相互交互到相互融合,为乡镇区域发展开辟新路径、寻找新的发展机会创造了条件。

参考文献:

[1]龚世俊,李宁.公共服务视域下的新农村社区建设及其模式创新[J].南京社会科学,2010(11):82-86.

[2]高鉴国.美国新都市主义评述[J].中外管理导报,1997(4):32-36.

[3]丁继军,凌霓.创意社区:凯文·格罗夫都市村庄及其新都市主义设计[J].装饰,2010(6):99-101.

[4]COOKE P,URANGA MIG,ETXEBARRIA G.Regional systems of innovation:An evolutionary perspective[J].Environment and Planning,1998(30):1563-1584.

[5]AUTIO E.Evaluation of rid in regional systems of innovation[J].European Planning Studies,1998,6(2):131-140.

[6]ASHEIM B T,ISAKSEN A.Regional innovation systems:The integration of local "sticky" and global "ubiquitous" knowledge[J].The Journal of Technology Transfer,2002,27(1):77-86.

[7]黄鲁成.关于区域创新系统研究内容的探讨仁[J].科研管理,2000(3):43-48.

[8]李学斌.城乡社区建设的比较[J].中国民政,2008(5):24-27.

[9]许远旺,卢璐.从政府主导到参与式发展:中国农村社区建设的路径选择[J].中州学刊,2011(1):120-124.

[10]刘宝.农村社区建设的范式转换与实践路径——基于社区能力构建的视角[J].福建论坛·人文社会科学版,2013(6):179-184.

[11]袁小平,熊茜.社会动员视角下的农村社区能力建设[J].山东社会科学,2011(11):26-30.

[12]张环宙,黄超超,周永广.内生式发展模式研究综述[J].浙江大学学报(人文社会科学版),2007(2):61-68.

[13]CHASKIN R J.Building community capacity:A definitional framework and case studies from a comprehensive community initiative[J].Urban Affairs Review,2001,36(3):291-323.

[14]SAMANTHA SHARE,CRISTINA MARINEZ-FERNANDEZ.Messuring regional knowledge resources:What do knowledge have to offer[J].Innovation:Management,Policy&Practice,2007,9(3/4):262-275.

[15]张梅青,张蕾.文化创意产业与社区交融互动模式研究——借鉴台湾社区营造实

例[J].山西财经大学学报,2010(11):151-152.

[16]王松,胡树华,牟仁艳.区域创新体系理论溯源与框架[J].科学学研究,2013(3):344-349.

[17]顾晓伟.从我国台湾地区"社区总体营造"运动看我国旧城更新[J].现代城市研究,2007(4):48-54.

[18]狄金华.古老的客家社区——台湾高雄县美浓社区纪事[J].社区,2005(1):26-27.

[19]王羽,李成章,王曼,殷晓博.日本小城镇的社区营造活动对我国村镇规划建设的启示[J].小城镇建设,2012(3):91-94.

[20]林南.社会资本——关于社会结构与行动的理论[M].上海:上海人民出版社,2005:28.

[21]吴赢.文化创意产业对区域竞争力影响机制研究[J].技术与创新管理.2011(3):255-258.

一般三农研究

农业产业链组织演化视角下农产品源头质量安全约束机制设计

阳光学院商学院　范太胜　潘　津

摘　要：　农产品源头质量安全的关键在于农产品生产环节，农业产业链组织演化促进标准化生产、契约合作和利益联结，将有利于解决农户生产的投机行为、信息追溯监控失效和优质安全农产品供给短缺。本文结合农业产业链组织演化趋势，设计农产品源头质量安全的信息效率和激励相容双约束机制，包括“生产过程干预与质量信息控制”和“质量安全追溯与质量信号传递”的信息效率内外约束机制、“契约关系管理与质量利益共享”和“质量声誉治理与行业信任供给”的激励相容内外约束机制，双约束机制协同可有效治理新型农业经营主体的质量安全行为。

关键词：产业链组织演化；质量安全；约束机制；利益联结

一、引言

“十三五”规划将农产品质量安全列入农业现代化重要任务，农业产业发展必须要补齐质量效益短板，农产品质量安全核心在源头，关键要落实农业生产主体责任，监管要从“反应型监管”向“自主型监管”转变(任燕，等；2011)[1]，农业产业链组织中的新型农业经营主体对农产品源头质量安全控制越来越起着关键作用，农民合作组织和农业产业化龙头企业通过规模经营的生产组织模式(蒋永穆、高杰，2013；欧阳琦、石岿然，2012)[2][3]、组织内部成员的相互监督机制(任国元、葛永元，2008)[4]、优化资源配置完善农业生产过程的监督干预(苏昕、王可山,2013)[5],有效改善了农业小规模分散经营的质量安全监管低效率。

农产品质量安全从深层次看更是农业产业链问题,需要从产业链组织演化角度来解释农产品源头质量安全。钟真、孔祥智(2012)[6]认为农产品质量安全监管需从调整农业产业组织模式入手,农业供应链组织内部机制使得加入供应链组织的农户生产行为更为安全(华红娟、常向阳,2011)[7],产业链组织结构优化有利于农业生产的稳定合作关系,有效防范质量安全问题(陈瑞义,等;2013)[8],农业产业链整合过程中产前、产中、产后的标准化运作可降低农产品质量安全风险(耿宁、李秉龙,2014)[9],农产品供应链的协同程度对农业生产核心企业的质量安全控制意愿有显著影响(张蓓,等;2014)[10],农业供应链组织结构纵向协作体系越趋于紧密,农产品质量安全水平会有效提高(汪普庆,等;2015)[11]。

关于如何有效约束农产品源头生产质量安全行为,国内学者引入了机制设计理论开展研究,陈思等(2010)认为食品安全监管机制必须形成食品生产经营者与食品安全目标之间的激励相容[12],食品生产者可以通过产业链纵向一体化等有效载体构建企业声誉(李丽、胡伟,2011)[13],以声誉机制为切入点进行制度设计能破解食品安全监管困境(吴元元,2012)[14]。农民合作组织可通过减少信息不对称对农户生产行为形成约束(欧阳琦,2012)[3],加强农户与企业的契约合作,通过共生协同提升农户对优质安全农产品的供给意愿(苏昕、刘昊龙,2015)[15],农业产业链组织合作模式优化可实现农户与企业双方“利益最优”,有利于农产品源头质量安全(费威,2016)[16],农民合作社的制度规范和内部信任促进了社员自律,可有效规范社员的农产品生产质量安全行为(钟真,等;2016)[17]。

从供应链协同、产业链整合到农业产业链组织模式演化角度研究农产品源头质量安全,应重视产业链组织模式与利益联结机制的关联性,彭建仿(2011)[18]指出农业供应链的互惠共生模式使得企业与农户的质量安全行为成为一种自发行为,企业与农户联合行为形成的共赢信任关系,成为安全农产品生产的动力源泉(彭建仿,2012)[19],在农业产业化经营组织模式中构建联结共同利益的激励机制,可以让农户更加相信质量安全行为的长期收益(蒋永穆,2013)[2],产业链组织模式演变通过增强农业产业链增值收益,在制度设计上可以保证农业产业化与农民利益协同推进,从而促进农产品生产质量安全行为(廖祖君、郭晓鸣,2015)[20]。

农产品源头质量安全监管既要关注农业供应链对生产环节的行为约束机

制，又考虑农业产业链组织演变对利益联结机制的影响，关键在于通过制度设计让源头生产者在农业产业链组织演化中获得更多产业链增值利益，实现质量安全激励相容。本文将从农业产业链组织演化视角，设计农产品源头质量安全约束机制的整体理论框架，研究农业产业链组织演化进程中农产品源头质量安全的治理逻辑，通过信息效率和激励相容双约束机制构建农产品源头质量安全监管的内在逻辑和系统机制。

二、农业产业链组织演化下农产品源头质量安全的治理逻辑

（一）农业产业链横向一体化、标准化生产与质量安全行为规范

我国农业发展一直在追求农业现代化，但在农业现代化进程中遇到的最大难题就是农业生产方式，小规模分散式的小农经济阻碍了农业现代化的进程。农业产业链横向一体化则通过改变农业生产主体之间的竞争关系，将利益诉求不同的农业生产竞争者内部化为一致行动者，从而获得农业标准化生产的规模效益。因我国各地区农业产业现实情况，实际中采取多种形式的适度规模经营方式，如通过土地流转形式培养专业种植大户，通过土地入股合作形式扩大生产面积方式，通过龙头企业、合作社与农民合作，实现规模化订单式生产或建立农产品生产基地。农业现代化的基础是规模化生产，产业链横向一体化的规模效益可以提高农业生产组织化程度，进一步推动农业标准化和农业科技化进程，最终促进农产品质量安全水平的提升。

农产品源头质量安全管理必须在农业生产源头实现农业标准化生产，并且通过标准化将安全行为作为最基本的要求，才能有效解决农产品的质量安全。以农业标准化为重要手段确保农产品质量安全，重要的是要从农业产业组织结构入手，解决农村一家一户为单元的小规模分散式生产模式，而这种分散随意性的农业生产经营模式使推广农业标准化的难度加大，因此一定要通过农业产业链横向一体化，结合土地流转对生产要素进行优化配置，形成适度生产经营规模。规模标准化生产可以推动农业生产技术标准、农田操作规范和生产管理标准在农产品生产环节的实施，确保农产品产前、产中、产后全过程质量安全，通过全面系统配套的标准体系，保障农产品质量安全的生产技术规程和过程质量控制规范，让农业生产行为更加安全。

(二)农业产业链纵向一体化、契约合作模式与质量安全信息效率

农业产业链纵向一体化是农业生产、加工、流通全环节的产业链垂直整合,各主体因农业产业链条上下游环节之间交易内部化、关联协同而获得交易费用降低,使农业产业获得整体竞争优势。农业产业链纵向关系的强化一般通过上下游之间的契约合作来实现,上游农产品生产农户与下游加工企业在协作中,因长期稳定的契约合作关系形成利益共享和风险共担机制,上游农户与下游企业的合作联盟形成后农户将分享更多的农业产业链收益。农业产业链纵向整合过程中,通过利益分配机制增强农业产业链上各节点参与契约合作的意愿,大大降低了上下游之间的交易成本,形成共生关系,从而保证农业产业链的组织管理能力和标准化生产能力得到提高,同时对农业产业链组织中的各生产经营主体行为产生约束力。农业产业链中的核心企业通过对上下游链条成员的控制,实现了资源的优化配置,有利于掌握农产品最终消费者需求和源头农户生产的相关信息,建立稳定的契约合作关系,使得农产品生产加工的安全行为得到强化,有效规范了农业生产者的质量行为。

(三)农产品源头质量安全问题的存在,有一个重要原因就是农业产业链中存在"双柠檬市场"

一方面,由于农产品生产源头农户的信息劣势,导致农产品生产中的农资采购以价格为主要标准,从而出现逆向选择;另一方面,初级农产品销售时,农产品质量鉴别也存在着隐蔽性,使得农业源头生产者缺乏生产高质量安全农产品的激励。产业链纵向一体化主要通过对农业产业链的生产、流通和加工环节信息进行有效衔接,加强产业链下游加工企业与上游农产品生产主体之间的纵向协作,增强了农产品生产源头农户对农资市场信息识别能力,同时初级农产品销售方面契约关系的存在,提升了信息的透明化,从而有效解决了农业产业链中的质量安全投机行为。在农业纵向产业链中,如非诚信交易者提供低质量农产品,将因为违约而被驱逐出生产链组织,使得农产品源头生产者更有意愿生产高质量农产品,另外农业产业链纵向一体化将有利于构建农产品质量安全追溯体系,通过从产地到市场到餐桌的全程可追溯点的纵向衔接,利用信息效率改善进一步提升农产品质量安全监管能力,增强社会对农产品的消费信心。

(四)农业产业链混合一体化、利益联结机制与质量安全行为激励

家庭农场、农民合作社、龙头企业等新型农业经营主体目前逐渐成为我国农产品生产的中坚力量,但农业生产方式上农户分散经营仍是主体,导致低端农产品供应难以短期内大规模转向优质安全农产品供应,同时简单的农业产业链横向一体化和纵向一体化难以让农户分享农业产业链整合价值,在我国特殊的农业资源禀赋条件和目前农业土地产权制度下,农业产业链混合一体化成了一个确实可行的方案。农业产业链混合一体化目前主要依靠龙头企业和农民合作社链接家庭农场与农户,推进农业生产的适度规模化,如以农民合作社为核心、农户为单元的"合作社+农户"模式,龙头企业为核心、农民合作社为载体、农户为单元的"公司+合作社+农户"模式,龙头企业为核心、农民合作社为载体、家庭农场和农户为单元"公司+合作社+家庭农场+农户"模式等。

农业产业链混合一体化依靠龙头企业和农民合作社联结广大农户,通过多种利益联结形成共生关系,共同分享从"田头到餐桌"农业全产业链利益,引导新型农业经营主体和农民建立紧密的利益联结机制,已成为我国发展农业产业化的主要趋势。农业产业链混合一体化趋势下如何让产业链上的各经济主体享有平等地位,如何彻底改变农业生产链前端农户弱势群体地位,如何让农业生产链前后端诚信合作,如何建立相互信任机制,实现风险共担,平等分割产业链的增值利益,这些都需要农业产业链不同的经济主体之间结成利益联盟,通过有效的利益联结机制实现牢固的共生关系。目前农业产业链的利益联结关系主要有合同制、股份合作制、产业联合体等多种形式,让参与各方的博弈从零和博弈转向正和博弈,如合同制可以让龙头企业以契约的订单带动农户标准化生产,龙头企业会给予农户产前、产中、产后的系统技术服务;合作制和股份合作制让龙头企业、农民合作社和农户之间形成以产权为联结的共同利益关系,通过利润返还共同享受农产品生产、加工与销售的产业链增值利益;产业联合体是龙头企业和农民合作社联结广大农户形成农业产业化联合体,联合体内各主体的互动程度与依赖程度较高,形成的共生关系促进联合体内建立多元化农业生产服务主体,构建了共同发展的生态共同体。

农产品源头质量安全问题发生的本质原因,就是农业产业链上下游之间未形成互惠共生关系,导致农业生产供应链源头的安全农产品供给激励不足,难以形成农业产业链的整体质量协同和全产业链质量安全控制机制。在龙头企业、农民合作社和农户的合作中,因利益联结机制让农产品生产者农户在不

同程度上得到了帮助，如标准化生产技术、操作规范指导和产前产中产后服务等，农业产业链的组织激励对农户的质量安全行为影响越来越显著，同时外部市场对农产品优质优价的认可让农户收益增加，导致农户更加倾向与龙头企业和农民合作社合作生产优质安全的农产品。从长期来看，当农业产业链利益联结机制得到稳固，龙头企业和农民合作社就会逐步加强对农户的带动，通过进一步的技术与服务支持，增进双方的信任，并通过对农业产业链增值收益进行二次分配的高层次利益联结关系，让龙头企业、农民合作社和农产品源头生产者农户之间形成互惠共生型关系，从而农产品质量安全得到持续有效保证。

三、农业产业链组织演化视角下农产品源头质量安全约束机制模型构建

(一)农产品源头质量安全约束机制的总体框架设计

农产品源头质量安全具有原因不确定性、来源多样性和治理系统性等特征，为了针对农产品源头质量安全制定一套行之有效约束机制，必须精准定位质量安全问题产生的内在规律，根据农业产业链组织演化逻辑和农产品供应链组织运行机理，可以从信息效率机制和激励相容机制两个维度来设计，构建农产品源头质量安全双约束机制总体框架模型，如图1。

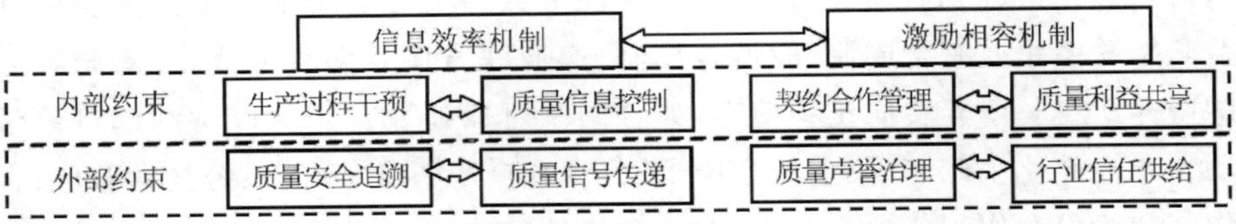

图1　农产品源头质量安全双约束机制总体框架模型

信息效率机制重点是解决农业产业链信息传递中下游参与者无法控制信息不对称的问题。信息不对称导致的逆向选择效应会使得农产品质量安全投机行为频繁发生。农产品源头质量安全的信息效率机制主要表现为质量信息控制的内部约束和质量信息传递的外部约束，内部约束让新型农业经营主体可以有效掌控农户的质量安全行为信息，农民合作社和龙头企业为了提高质量信息甄别能力，一般通过农业产业链的纵向一体化，通过提供标准化生产和技术服务指导，做到以农产品预先控制的质量管理体系，直接参与生产源头的

基础层质量控制，从生产环节杜绝质量安全机会主义行为；外部约束影响新型农业经营主体向农产品消费者有效传递质量安全行为信息，各种农产品质量信号传递的监管政策，如安全认证、外包装标签、食品检测信息、可追溯信息等质量信号，让新型农业经营主体主动追溯质量安全信息，实现向消费者进行有效质量信号传递。

激励相容机制重点是解决农产品源头生产主体的个人利益、农业全产业链价值和农产品消费者价值的一致性，通过合理的制度安排，让农产品质量安全监管中各行为主体实现激励相容约束，主动履行质量安全行为，提升监管效率。农产品源头质量安全的激励相容机制主要表现为质量利益共享的内部约束和质量声誉治理的外部约束，内部约束主要是通过利益联结机制，让农户的质量安全行为与农业产业链增值价值之间形成激励相容，农户和新型农业经营主体通过契约关系，利用产业链纵向一体化和混合一体化组织机制实现质量安全目标激励；外部约束主要发挥质量安全行为的声誉溢价效应，声誉机制带来的消费者广泛传播效应，决定着农产品生产经营者未来的交易机会和企业品牌的声望，让新型农业经营主体主动放弃逃避监督，分担了政府监管机构的执法负荷，最终提升消费者对农产品行业的食品安全信任感。

（二）生产过程干预与质量信息控制的信息效率内部约束机制

农业产业链组织演化让农产品源头标准化生产与农户行为控制成为可能，新型农业经营主体就可以通过向农产品生产的农业产业链前端延伸，通过“龙头企业＋农户”、“龙头企业＋合作社＋农户”的组织形式，对农产品源头农户的生产过程进行干预，直接掌控农产品生产过程的第一手质量安全信息。因此农产品源头质量安全信息效率内部约束机制主要利用对农业产业链的生产过程干预和质量信息控制，通过农产品标准化生产的信息控制路径来实现，如图 2。

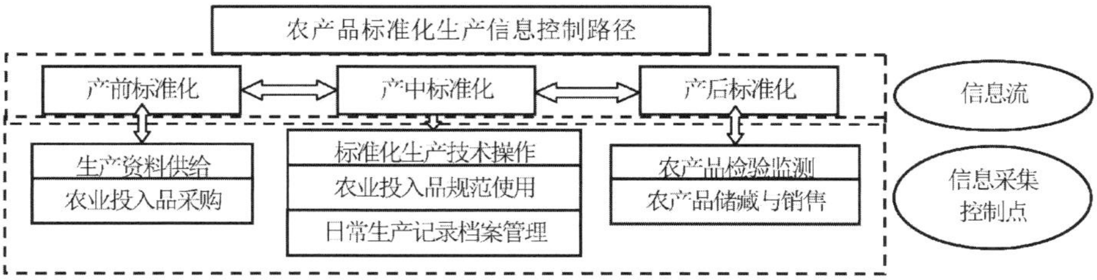

图 2　生产过程干预与质量信息控制的信息效率内部约束机制图

农产品标准化生产的信息控制路径，是通过农产品生产各环节将信息流向产业链下游输出的，信息流的获取、组织、加工和利用来源于产前、产中、产后的各个信息采集控制点，其中产前标准化信息源来自生产资料供给和农业投入品采购两个信息采集控制点，产中标准化信息来自标准化生产技术操作、农业投入品规范使用和日常生产记录档案管理三个信息采集控制点，产后标准化信息来自农产品检验检测和农产品储藏与销售两个信息采集控制点。农产品源头质量安全的信息效率内部机制取决于农业产业链上新型农业经营主体是否能够准确控制源头农户的生产信息，信息控制的有效性可以促进产业链内各主体之间分享信息，形成农业产业链紧密稳定的合作关系，进一步提升农业产业链中初级农产品生产标准、农业技术水平和产品质量可控性。

(三)质量安全追溯与质量信号传递的信息效率外部约束机制

新型农业经营主体通过向农业产业链农产品生产前端延伸，利用农业经营组织内部管理控制农产品质量安全信息，破解农业经营主体与农户之间的信息不对称问题，但是社会公众对农产品质量安全的信息不对称问题如何解决更是迫切的问题。农产品质量安全可追溯体系通过贯穿农产品生产的全链条，建立起农产品面对市场和公众的质量信息互通机制，有效落实了农产品质量安全责任惩罚途径，可以有效提升政府和社会公众对农产品质量安全信息的掌控能力。提升新型农业经营主体农产品质量安全的信号传递效率，就必须加强建设质量安全信息传递路径，随着互联网技术和可追溯管理技术的发展，利用信息化手段扩大可追溯建设的覆盖面，可以更加有效地规范农产品生产经营主体行为。因此农产品源头质量安全信息效率外部约束机制主要利用农业产业链的质量安全追溯和质量信号传递过程，通过农产品可追溯体系的信息传递路径来实现，如图 3。

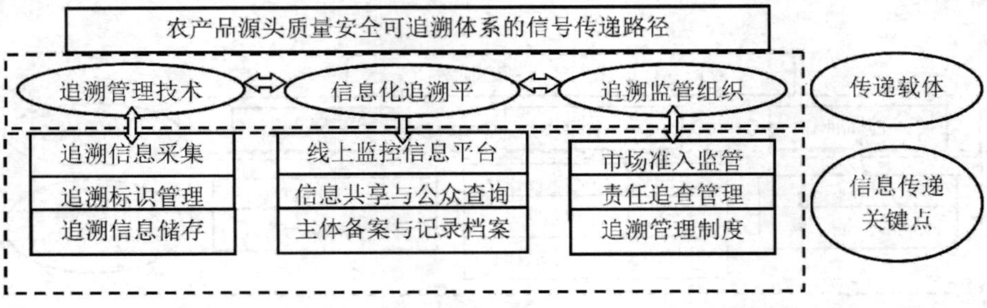

图 3　质量安全追溯和质量信号传递的信息效率外部约束机制图

农产品源头质量安全可追溯体系的信号传递路径，是通过政府监管机构、农产品监测机构、新型农业经营主体共同参与建设农产品质量安全可追溯体系，采集生产主体行为、农产品流向、农产品监测和市场评价等信息，把质量安全信息追溯到农业经营生产主体内部和农产品生产田间地头。信号传递路径的三个传递载体包括追溯管理技术、信息化追溯平台和追溯监管组织，追溯管理技术主要依靠追溯信息采集、追溯标识管理和追溯信息储存三个信息传递关键点，信息化追溯平台主要依靠线上监控信息平台、信息共享与公众查询、主体备案与记录档案三个信息传递关键点，追溯监管组织主要依靠市场准入监管、责任追查管理和追溯管理反馈三个信息传递关键点。农产品源头质量安全信息效率外部约束机制能否发挥作用，关键要看农产品可追溯体系的信号传递路径是否能够高效率运行，实现质量信息流与农产品实物流同步，推进农产品质量安全监管的可视化，从而通过建立违法行为信息披露制度和公众举报机制，发挥社会监督作用，真正提高农产品质量安全监管的针对性和有效性。

(四)契约关系管理与质量利益共享的激励相容内部约束机制

农业产业链组织演化趋势下，必须让农业产业链前端农户切实分享到产业链增值收益，建立农户对新型农业经营主体的内部信任，并通过有效的利益联结机制实现牢固的共生关系。利益联结路径下农产品源头质量安全的激励相容，由农户和新型农业经营主体的契约关系产生弱价值联结，进一步由农户和新型农业经营主体的利益共享产生强价值联结，从而形成巩固的利益联结机制，让农业产业链中新型农业经营主体和农户之间形成组织内部的信任关系，在此基础上农户的农产品质量安全行为就可以做到激励相容，农业产业链在农产品质量安全目标上可以保持高度一致性。因此农产品源头质量安全的激励相容内部约束机制主要利用农业产业链的契约关系管理与质量利益共享，是通过农业产业链中农产品生产的利益联结路径逐渐形成的，如图 4。

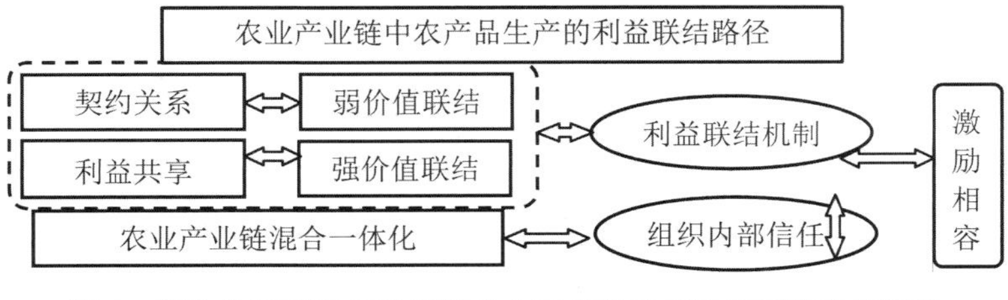

图 4　契约关系管理与质量利益共享的激励相容内部约束机制图

农业产业链中农产品生产的利益联结路径主要通过契约关系和利益共享的价值联结形成的，同时农业产业链组织的利益联结机制和组织内部信任之间是相辅相成的，当利益联结机制一旦巩固，就会形成稳定的农业产业链组织内部的信任，反过来进一步推进利益联结机制，这样农业产业链中的组织内部信任和利益联结机制形成协同效应，就可以保障农产品源头质量安全的长期稳定。农业产业链的组织内部信任和利益联结机制实现互动后，农户和新型农业经营主体之间会为了获得长期稳定收益做出合作策略，新型农业经营主体会要求农户遵循统一标准化的生产规程，农户也会主动执行农产品质量安全行为并相互监督，从而产生信任关系，在农业生产过程中农业产业链组织内部会实现技术信息共享、生产资料互助、质量协同合作等共生行为，更有利于实现对农产品质量安全进行监督和控制。当组织内部信任和利益联结机制协同后，激励相容就更能增强农业产业链组织内群体凝聚力，从而有助于完善农产品质量安全的组织内部监督制度，当出现农产品质量安全问题时，农业产业链组织内就会严格执行相关约束和惩罚措施，使农户对农业产业链组织的信任程度增加。

(五)质量声誉治理与行业信任供给的激励相容外部约束机制

农产品源头质量安全监管作为一个系统性工程，外部的监管约束需要政府监管主导，同时要探索各种社会力量，以突破政府执法资源不足的现实困难，同时有效集聚大众消费者、社会组织和行业机构的参与，提高社会公众对农产品质量安全的感知程度，让声誉机制深入影响农产品源头生产者，形成外部监管的合力，发挥外部约束激励相容机制。农产品源头质量安全激励相容外部约束机制主要利用以质量声誉治理和行业信任供给，通过外部市场声誉和政府监管执法的协同路径来实现，如图 5。

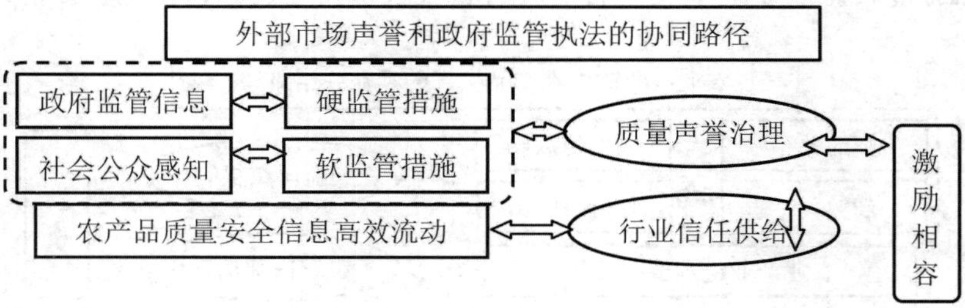

图 5　质量声誉治理与行业信任供给的激励相容外部约束机制图

外部市场声誉和政府监管执法的协同路径构建的农产品源头质量安全激励相容外部约束，关键是让农产品质量安全信息在整个社会形成高效流动。首先政府要利用农产品质量安全追溯管理信息平台，为农产品质量安全治理提供全面准确的信息监管，通过扩大监管覆盖面、提升监管监测能力和加大行政惩罚力度，让这些“硬监管措施”形成强威慑作用，为优质安全农产品保驾护航；其次利用社会组织机构、媒体舆论和公众消费者共同参与农产品质量安全信息的监督，让农产品质量安全诚信被全社会公众感知，从而社会公众自动自发地对新型农业经营主体进行守信激励和失信惩戒，这些“软监管措施”形成声誉机制深度影响新型农业经营主体；最后通过政府监管信息的“硬监管措施”和社会公众感知的“软监管措施”共同形成质量声誉治理，农产品源头质量安全信息高效流动带来行业信任供给，两方面共同协同形成农产品源头质量安全激励相容的外部约束机制。

四、研究结论

我国农业产业链组织演化正经历横向一体化、纵向一体化到混合一体化的趋势，小规模分散的农业经营组织正向复杂的产业链组织形态转变，特别是新型农业经营主体中龙头企业和农民合作社在农业产业链整合中的作用日益明显。因此农产品源头质量安全监管需要从产业链组织体系出发，考虑到农业产业链中农产品生产的产前、产中和产后环节，在关注农业标准化生产和生产过程质量安全行为控制的基础上，更需要重视契约合作、利益联结和声誉效应等治理措施，通过全面的制度设计构建有效的系统监管体系，做到农产品源头质量安全监管思路真正从“被动反应型”向“预防自主型”转变。

农产品源头食品安全约束机制设计是一项系统性工程，需要信息效率约束机制和激励相容约束机制的共同协同，才能有效监管新型农业经营主体和农户的质量安全行为。其中生产过程干预与质量信息控制的信息效率内部约束机制主要依靠新型农业经营主体对标准化生产的信息控制路径实现，保证农产品生产质量过程可控；质量安全追溯与质量信号传递的信息效率外部约束机制，主要通过农产品源头质量安全可追溯体系的信息传递路径实现，做到农产品质量信息流与农产品实物流同步，发挥外部监督作用；契约关系管理与质量利益共享的激励相容内部约束机制，主要通过农业产业链中农产品生产的利益联结路径形成，以实现组织内部信任和利益联结机制协同保障农产品源头食品安全稳定性；质量声誉治理与行业信任供给的激励相容外部约束机制主要通过外部市场声誉和政府监管执法的协同路径来实现，利用社会共治形成市场声誉机制和食品安全信息高效流动带来行业信任供给，促进农产品源头食品安全行为的激励相容。

参考文献：

[1]任燕，安玉发，多喜亮.政府在食品安全监管中的职能转变与策略选择——基于北京市场的案例调研[J].公共管理学学报，2011，8(1)：16-25.

[2]蒋永穆，高杰.不同农业经营组织结构中的农户行为与农产品质量安全[J].云南财经大学学报，2013(1)：142-148.

[3]欧阳琦，石岗然.农业合作组织对农产品质量安全作用的博弈分析[J].农村经济，2012(11)：126-129.

[4]任国元，葛永元.农村合作经济组织在农产品质量安全中的作用机制分析——以浙江省嘉兴市为例[J].农业经济问题，2008(9)：61-64.

[5]苏昕，王可山.农民合作组织：破解农产品质量安全困境的现实路径[J].宏观经济研究，2013(2)：76-79.

[6]钟真，孔祥智.产业组织模式对农产品质量安全的影响：来自奶业的例证[J].管理世界，2012(1)：79-92.

[7]华红娟，常向阳.供应链模式对农户食品质量安全生产行为的影响研究——基于江苏省葡萄主产区的调查[J].农业技术经济，2011(9)：108-117.

[8]陈瑞义，石恋，刘建.食品供应链安全质量管理与激励机制研究——基于结构、信息与关系质量[J].东南大学学报(哲学社会科学版)，2013，15(4)：34-40.

[9]耿宁，李秉龙.产业链整合视角下的农产品质量激励：技术路径与机制设计[J].农业经济问题，2014(9)：19-27.

[10]张蓓，黄志平，杨炳成.农产品供应链核心企业质量安全控制意愿实证分析——基于广东省家农产品生产企业的调查数据[J].中国农村经济，2014(1)：62-75.

[11]汪普庆，熊航等.供应链的组织结构演化与农产品质量安全——基于NetLogo的计算机仿真[J].农业技术经济，2015(8)：64-72.

[12]陈思，罗云波，江树人.激励相容：我国食品安全监管的现实选择[J].中国农业大学学报(社会科学版)，2010，27(3)：168-175.

[13]李丽，胡伟.消费者信念、声誉约束与食品安全[J].中国人口·资源与环境，2011，21(6).

[14]吴元元.信息基础、声誉机制与执法优化——食品安全治理的新视野[J].中国社会科学，2012(6)：115-133.

[15]苏昕，刘昊龙.农户与企业合作下的农产品质量安全演化博弈仿真研究[J].农业

技术经济,2015(11):112-122.

[16]费威.企业与农户的农产品质量安全努力水平——基于企业与农户不同合作模式[J].经济与管理,2016,30(2):82-87.

[17]钟真,穆娜娜,齐介礼.内部信任对农民合作社农产品质量安全控制效果的影响——基于三家奶农合作社的案例分析[J].中国农村经济,2016(1):40-52.

[18]彭建仿.供应链协同制度变迁下的农产品质量安全[J].华南农业大学学报(社会科学版),2011,10(2):33-40,

[19]彭建仿.供应链关系优化与农产品质量安全——龙头企业与农户共生视角[J].中央财经大学学报,2012(6):48-53.

[20]廖祖君,郭晓鸣.中国农业经营组织体系演变的逻辑与方向:一个产业链整合的分析框架.中国农村经济[J].2015(2):13-21.

中小农业企业成长机理研究

阳光学院商学院　钟冬明

摘　要：为了研究中小农业企业的成长机理，本文通过对 320 家农业企业进行访谈调研获得的数据，运用多元回归和结构方程模型进行分析。结果表明：农业企业家的经营能力和创新能力、管理团队理念一致性和成员异质性、网络关系对中小农业企业的成长具有显著影响。因此，加大对农业企业家的培训，搭建交流平台，扶持农业技术型人才、管理型人才的培养，健全农业企业的网络关系是促进农业企业成长的有效途径。

关键词：农业企业；成长机理；结构方程模型

一、问题的提出

扶持壮大农业企业，促进农业企业快速成长是当前我国面临的一大重要任务，也是各级政府需要高度重视并在政策上予以大力扶持的重要工程，这不仅对推动农业产业化快速发展、实现农民增收和建设社会主义新农村具有重要的现实意义，而且对促进中国现代农业的发展进程具有重要的战略意义。近年来，有学者开始对农业企业绩效和扶持政策绩效进行了探索性研究。在政策绩效研究方面，有研究认为，政策扶持农业龙头企业和产业化经营具有明显效果（龚文和，2007；农业农村部产业化办公室，2005）。但也有研究认为，政府对农业龙头企业政策扶持缺乏效率（林万龙、张莉琴，2004）。综观有关农业企业的绩效和扶持政策绩效研究，这些研究主要集中在企业绩效的评价、扶持政策和政策产生绩效的结果研究，对于提高龙头企业绩效和政策扶持绩效具有重要的指导作用。但是，鲜见学者深入研究中小农业企业的成长绩效，而中小农业企业成长研究是企业壮大发展的核心问题,具有更重要的现实意义。是哪些竞争资源促进中小农业企业成长?这些资源是如何影响企业成长壮大的?本研究以江西省320份中小农业企业调研数据为基础,基于企业能力理论,应用结构模型分析方法对中小农业企业的成长机理进行探索。

二、文献回顾

目前,国内外学者对企业成长概念的认识虽然有所侧重,但对企业成长本质的理解大致相同,即企业成长是企业由小到大,由弱到强的发展过程,表现在量的增长和质的提高。Coase(1937)[1]等学者认为企业成长是交易功能的增强与交易范围的扩大;经济学家马歇尔(1981)[2]指出企业成长的过程是适者生存、优胜劣汰的过程。国内学者宋克勤(2004)[3]指出企业成长是企业规模、销售额和员工增长的协调发展。张玉利(2004)[4]认为企业成长的"量"主要是经营资源的增加,"质"主要体现在创新能力。

在对企业成长影响因素理论的研究中,主要存在三种不同的视角。以资源理论、企业能力理论等内生成长理论认为企业成长的主要影响因素来自于企业内部,企业的特质性资源、核心竞争资源是企业成长的关键因素(Penrose,1995;Prahalad C.K.and Hamel G.,1990;Doz Y.,1994)[5][6][7][9]。以波特(Porter,M.E,1985)[8]为代表的产业组织学派认为企业成长的影响因素在于企业的外部环境及企业所处环境中的位置,企业成长的关键在于产业位势的选择。而近年来快速发展的企业演化理论趋向于一种中和观点,Rumelt P.richard(1995),Brian Loasby(1991)、Winter(1995)认为企业成长是企业内外部因素共同作用的结果,存在一个复杂的演化过程,使关注企业动态竞争过程的战略理论得到发展,出现了战略演化论[10]、动态能力论[11],以资源和能力研究为代表的内生成长理论虽然提供了一个分析企业内生成长因素的有益视角,但异质性资源和独特能力边界模糊、难以量化;虽然以产业组织学派为代表的外生成长理论在研究方法和分析工具上比较成熟,可操作性强,但其基于产业分析的研究基础受到广泛的质疑;企业演化理论的研究较为贴近现实的企业,但缺乏可供操作的研究工具、局限了该理论的进一步发展。因此,企业成长的机理研究并没有形成一个一致可行的分析框架。

三、研究框架与研究假设

(一)研究框架

本研究通过对现有的企业成长影响因素相关文献的梳理,提出一个基于"竞争资源—战略能力—成长绩效"的分析模型(图 1),对江西省 320 家中小农业企业进行实证研究,对所提出的理论模型进行验证,并对我国中小农业企业成长的影响因素进行识别和分析。

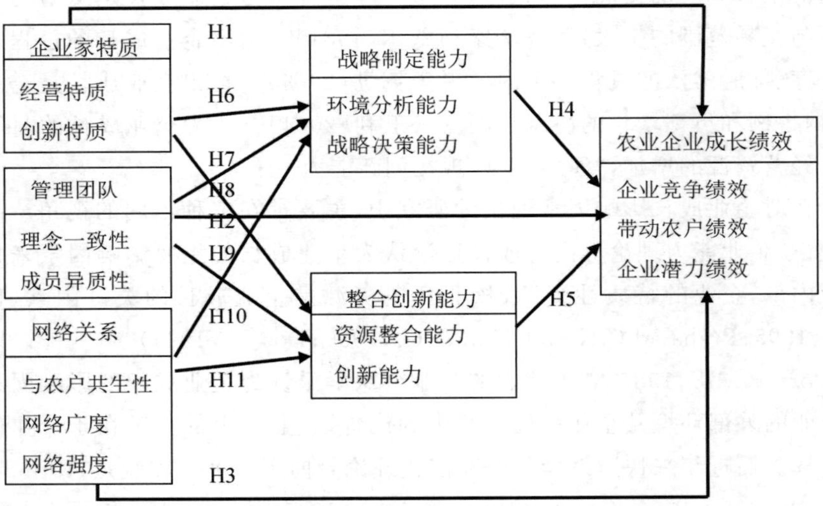

图 1　本研究的理论框架

(二)研究假设

1.企业家特质

企业家特质对中小企业成长起到至关重要的作用。(Zahra et al.,1999),Schumpeter(1921)和 Drucker(1985)指出企业家创新能力对企业成长的重要性;Miller(1983)、Stevenson(1983)、Ana、Mara 和 Peredo(2006)从企业家的主动性出发研究其对企业发展的重要性,Knight(1921),Smith 和 Miner(1984)、Raphael(1995)等学者重要分析了企业家的冒险性对企业发展的特征。本研究在现有文献的基础上,通过对中小农业企业调查研究发现,农业企业家的主动性和冒险性并不突出，而是综合表现为企业家经营能力对农业企业发展的重要性。因此，本研究认为，农业企业家的特质包括创新能力与经营能力，并针对企业家特质对中小农业企业成长的影响提出如下假设：

H1：企业家的特质影响农业企业的成长绩效。

2.管理团队

Levinthal 和 Myatt(1994)强调管理团队成员间理念一致性容易形成情感认同和共同的价值观，保证企业的经营目标和发展方向的顺利实施，提高企业的成长绩效。而成员间经历、知识与职业的异质性有利于解决企业在不断变化的外部环境中遇到的新问题(Bantel，1993)，这类团队不仅能够在动态的环境中察觉到机会与威胁，还能获得更多的信息(Weick，1987)。本研究在现有文献的基础上，通过对中小农业企业调查提出如下假设：

H2：管理团队特征影响中小农业企业的成长绩效。

3.网络关系

众多学者的研究表明网络关系是企业获取成长绩效的重要来源(Jarillo，1988；Burt，1992；Porter，1998)，这种独特的网络关系正是企业的核心竞争能力之一。农业企业与一般工商企业的一个显著特征是带动小而分散的农户致富，并与农户建立利益共享、风险共担的长期战略合作伙伴关系。近年来，农产品质量安全已成为关系国计民生的重大问题，引起政府的高度重视，体现在源头的管理问题，即龙头企业与农户的主动参与和紧密协作。农业企业与农户的共生关系受到了许多学者的关注。郭红东(2006)，彭建仿(2011)，瞿珊珊、蔡根女(2009)从不同视角研究发现：农户与龙头企业的共生性关系越强，对农业企业的成长绩效越有利。网络关系的强度与广度与企业成长绩效存在正相关关系 Uzzi(1997)，闫莹、陈建富(2010)，(Zhao&Aram，1995)，(邹爱其，2007)。农业企业在与农户、客户、科研所和当地政府建立关系的强弱与广度对企业的发展起到至关重要的作用。基于上述分析，提出如下假设：

H3：网络关系影响农业企业成长绩效。

4.战略能力

企业战略能力是最大限度使用资源、能力与战略的有机融合(张文松，2003)[12]，其既包括战略的制定与选择，也包括对资源的整合与创新。战略能力的关键在于"选择"、"协调"与"整合"，而不是某种技术，它是潜在的，具有适应性和记忆性，会随环境的变化进行调整。李允尧(2007)、揭筱纹(2007)、林忠、韵江(2006)等学者都认为战略能力是一种引导企业成长的关键资源，而战略能力的内容又集中在战略制定与决策，资源整合与创新等方面。本研究基于上述分析，提出如下假设：

H4：战略制定能力对农业企业成长绩效有显著正向影响。

H5：整合创新能力对农业企业成长绩效有显著正向影响。

5.战略能力的中介作用

战略能力的中介作用表现在：首先，在战略制定过程中，企业家起着决定性作用(Wilkund，1999)。Ahmed(1985)，Shane(1996)指出企业家的经营能力有利于企业家做出正确的战略决策。其次，管理团队的理念一致性和成员异质性对战略能力具有重要的影响。Talaulicar、Gnjndei 和 Werder(2005)以德国企业为样本，研究表明：管理团队成员间理念一致有利于企业战略的制定。管理团队成员间的异质性更容易对战略做出正确的决策，信息范畴越广，经历、知识越多元化，更有利于应对资源整合过程中的组织动态性和环境复杂性，更容易创新性方案(Jackson，1992；Stewart，2006)。再次，农业企业网络关系不仅包括与农户保持共生关系，还与客户、科研机构、专家学者等保持密切联系。这些网络关系既能够让农业企业获取资源、信息、市场、技术等，又能帮助农业企业准确地进行内外部环境分析，制定正确的战略、整合资源、创新产品。本研究基于上述分析，提出如下假设：

H6：战略制定能力在企业家特质影响企业成长绩效机制中起中介作用。

H7：整合创新能力在企业家特质影响企业成长绩效机制中起中介作用。

H8：战略制定能力在管理团队影响企业成长绩效机制中起中介作用。

H9：整合创新能力在管理团队影响企业成长绩效机制中起中介作用。

H10：战略制定能力在网络关系影响企业成长绩效机制中起中介作用。

H11：整合创新能力在网络关系影响企业成长绩效机制中起中介作用。

四、数据来源和研究设计

(一)数据来源

本次问卷通过调研(现场发放)和委托联系人发放两种方式共发放问卷500份，回收问卷325份，其中有5份不合格问卷，有4份问卷题项选择几乎没有差异，有1份问卷题项填写非常不完整。剔除不合格问卷后，得到实际有效问卷320份，有效问卷回收率为64%。

(二)量表设计

问卷设计主要在已有问卷的基础上,根据实证假设理论综合得出。在问卷设计中尽量使用已有问卷中的成熟题项。如果找不到现成的题项,则在现有文献基础上,结合对农业企业实地访谈得到的相关信息,建立测量指标,并以各变量的内容效度为依据对相关指标进行提炼,逐步剔除不合格的题项,最终经过反复比较寻找最合适的题项来询问(如表1)。题项以 Likert 五级量表来衡量。

表1　问卷设计变量表

变量	子变量	题项数	来源
企业家特质	创新能力	4	王庆喜(2005),贺小刚(2006),实地访谈
	经营能力	6	
管理团队	理念一致性	4	Lewis(2003),孙海法(2003),Wegner(1987)
	成员异质性	4	
网络关系	与农户共生	5	王庆喜(2005),Johnson、Raven(1996),实地访谈
	网络强度	4	
	网络广度	4	
战略能力	战略制定能力	8	Hansen(2007),Yaln et.al.(2004),实地访谈
	整合创新能力	9	
成长绩效	企业竞争绩效	4	Wiklund(1999),Ewart(2003),Zahra et al.(2002),实地访谈
	带动农户绩效	2	
	企业潜力绩效	2	

(三)主要的研究方法

本研究主要使用的研究方法主要包括以下两种:

(1)多元回归分析。运用 SPSS 13.0 软件的逐步多元回归分析法,即分别对多重共线性、序列相关和异方差进行检验,得出科学结论。

(2)结构方程模型(SEM)。运用 AMOS 6.0 分析软件,通过结构方程模型来检验三大竞争资源对企业成长绩效的影响,通过测量各自的影响路径和权重,以分析农业企业成长的作用机理。

五、实证分析与结果讨论

(一)多元回归分析结果

从多元回归分析的结果来看,本研究各回归模型的 VIF 指数均大于 0 且小于 5,各模型的散点图均呈无序状,各回归模型的 DW 值均接近于 2[①],解释变量之间不存在多重共线性、序列相关和异方差。

表 2 实证结果表明:企业家特质、管理团队和网络关系对中小农业企业的成长绩效有显著的正向影响;战略制定能力和整合创新能力对中小农业企业的成长绩效有显著的正向影响。企业成长绩效指标,虽在文献中可以分为几个指标,但因子分析结果表明可用一个指标,说明在农业农业中,财务指标与非财务指标存在很强的关联性,可以用一个成长绩效指标衡量。

表 2　中小农业企业成长绩效的影响因素回归结果

变量	模型一	模型二	模型三
常数项	.122	.142	.129
企业家特质			
经营能力	.555***	.550***	.523***
创新能力	.420***	.418***	.407***
管理团队			
理念一致性	.132***	.116**	.101**
成员异质性	.146***	.115**	.109**
网络关系			
与农户共生性	.283***	.189**	.152**
网络强度	.115**	.086*	.098*
网络广度		.064	.074+
战略制定能力		.268**	.195**
整合创新能力			.273**

注:被解释变量为中小农业企业成长绩效;表中回归系数为未标准化回归系数;N=320;+P<0.10　* P<0.05;** P<0.01;*** P<0.001。

① 由于篇幅有限,此处数据未能列出。

(二)假设检验与结果讨论

假设检验:表3是本研究假设的实证检验结果,除了H7、H8和H11没有通过检验之外,其余8个假设都得到了实证结果的证实。结构方程的拟合优度各项指标都符合统计检验的要求。绝对拟合指数中,$\chi 2/df$ 的值小于3,RMSEA的值小于0.05,符合统计检验的要求。相对拟合指数中,TLI、NFI和CFI等指标的值大于或接近0.9。各项拟合优度指标都说明模型的拟合度较好,实证结果具有较好的说服力(如表3)。

表3 模型修正后的最终结果

			假设	Estimate	Direct	S.E.	C.R.	P
整合创新能力	←	管理团队	H9	.929	.926	.255	6.263	***
战略制定能力	←	网络关系	H10	.362	.389	.058	6.202	***
战略制定能力	←	企业家特质	H6	.716	.734	.104	6.897	***
成长绩效	←	整合创新能力	H4	.947	.932	.587	3.657	***
成长绩效	←	企业家特质	H1	.851	.844	.331	4.623	***
成长绩效	←	战略制定能力	H5	.919	.911	.595	2.820	.005
χ^2	3817.172		CFI		0.916			
df	1286		TLI		0.897			
χ^2/df	2.968		RMSEA		0.022			

结果讨论:从实证结果的具体情况来看(如表3、图2所示),农业企业家的创新能力和经营能力、管理团队理念一致性和成员异质性、网络关系对农业企业的成长绩效有显著正向关系,其中农业企业家特质不仅通过战略制定能力对中小农业企业成长绩效产生显著影响,而且对成长绩效产生直接影响;农业企业的网络关系通过战略制定能力对中小农业企业成长绩效产生显著;管理团队通过整合创新能力对中小农业企业成长绩效产生显著正向影响。实证结果表明:

首先,农业企业家特质在中小农业企业的成长过程中发挥着极其重要的作用。农业企业家的个体特性、敏锐的市场经历和广泛的社会资源是农业企业家经营特质的关键因素,农产品企业受天时、地利的影响比一般工商企业大,需要承担的风险更高,这些因素促进农业企业家的经营特质具有竞争优势。同时,农业企业家的创新能力对中小农业企业的成长起关键作用,虽然农产品的功能属性偏强，但农业自身的弱质性导致对农业企业家的创新能力要求更强，农业企业家对农产品市场、农产品加工工艺、农业区域品牌和农产品营销渠道等不同方式和方法的创新是农业企业成长的重要过程。

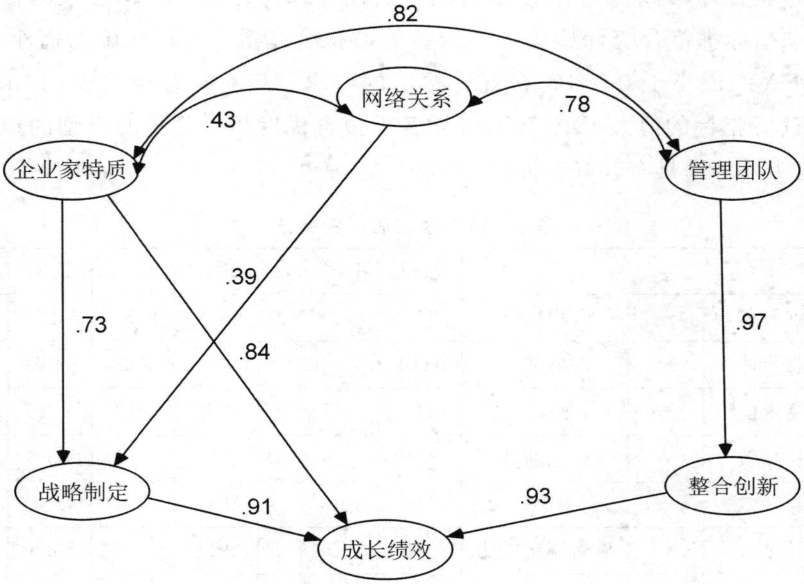

图 2　各变量间的路径关系图

其次，管理团队的理念一致性和成员异质性对中小农业企业的成长绩效有重要的影响作用。随着我国农业产业化的不断深入，大多数中小农业企业也逐渐由过去的“个人创业”或乡镇企业转变为具有一定规模的企业组织或企业集团，仅靠农业企业家个人力量难以支撑企业的持续发展，农业企业需要构建优秀的管理团队，利用管理团队成员的力量确保中小农业企业持续稳定的发展。同时也存在一些问题：第一，管理团队虽然对整合创新能力起到了中介作用，但对战略制定能力并不起显著影响，原因可能是各职能部门经理只关注本部门的发展，缺乏对公司整体发展的思考，或农业企业规模小，职能部门不健全，缺乏战略制定能力，甚至由企业家单独决策。第二，目前我国中小农业企业大多数是“家族式”或“准家族式”企业，理念一致性良好，成员异质性差，缺乏互补效应，这增加了企业经营风险。第三，随着我国农业扶持政策进一步加大，农业企业逐步发展壮大的同时，有些农业企业家成了活动家，钻政策空子，突显寻租行为，对企业的各项整合创新业务交给了各职能部门。导致农业企业家特质对整合创新能力的弱化，本研究实证结果也证明了这一个问题。

再次，中小农业企业与不同组织建立广泛的网络关系，保持经常交流并与主要合作者构建长期稳定的网络关系，能够为企业带来更大范围、更深层次、更高质量的有用信息，有利于指导企业战略决策制定，特别是与农户建立共生关系，有利于中小农业企业持续稳定发展。但从实证结果来看，网络关系的路径系数低于企业家特质和管理团队，且网络关系对整合创新能力并不显著，可能存在的原因是：网络关系的建立仅取决于企业家的偏好，缺乏管理团队成员的参与，管理团队成员间缺少互动与沟通，各职能部门的管理者只负责各自业务的发展，甚至认为企业网络关系的建立只是企业家的事情，与管理团队无关。

（三）研究结论与政策启示

中小农业企业的成长路径依赖于农业企业家的经营能力与创新能力、管理团队理念一致性和成员异质性和农业企业的网络关系。上述结论可能蕴含以下政策启示：

第一，各级政府对农业企业的扶持应该从政策、资金导向型逐步向技术、管理型扶持。通过对农业企业家的各种培训，创建农业企业家学习交流平台，提高农业企业家的经营能力和创新能力。我国中小农业企业地理位置往往位于乡、镇一级，这在一定程度上制约了农业企业家接受先进管理知识、及时的行业市场信息。教育水平的不足和地理位置的偏远局限了农业企业家创新思想、创新能力的提高。

第二，各级政府应加大对农业技术人才和农业管理人才的资金投入，对致力于农业创业的大学生和新型农民给予多渠道的培养与扶持。按照“有文化、懂技术、会管理”的目标对农业企业的管理团队输送人才。目前我国农业企业管理团队成员多数具有“三缘”关系，人力资源管理粗放，不敢大胆启用“外人”，缺乏对人才培养的投入，在产品销售上基本靠关系和人情，缺乏一支优秀的管理团队队伍，这束缚了农业企业的发展。

第三，积极培育农业社会化服务体系，加强农业基础建设，扶持农业合作社及各种农业中介组织，健全农业企业的网络关系，促进农业企业与上下游企业、科研机构建立稳定的战略合作伙伴关系，确保农业企业保持稳定、可持续和健康发展。

参考文献：

[1]COASE R H.The nature of the firm.Economica，1937，4(16)：386-405.

[2]马歇尔.经济学原理[M].北京：商务印书馆，1981：34-35.

[3]宋克勤.企业成长的特征.当代经理人[J],2004(8):54-55.

[4]张玉利.企业成长的非对称性问题.首都经济贸易大学学报[J],2004(6):13-16.

[5]PRAHALAD C K,HAMEL G.The core competence of the corporation[J].Harvard Business Review,1990.

[6]PENROSE.The theory of the growth of the firm[M].Oxford University Press,1995.

[7]CHANDLER G N,HALLKS S H.Founder competence,the environment and venture performance[J].Entrepreneurship:Theory and practice,1994,18(3):257-271.

[8]PORTER M E.Competitive advantage.New York:Free Press,1985:38-43.

[9]DOZ Y.Managing the core competence for corporate renewal:Towards a managerial theory of the core competencies[J].IN-SEAD Working Paper,1994.

[10]FARJOUN M.Towards an organic perspective on strategy[J].Strategic Management Journal,2002(23):561-594.

[11]TEECE D J,Pisano G,SHUEN A.Dynamic capabilities and strategic management[J].Strategic Management Journal,1997,18(7):509-533.

[12]张文松.企业战略能力研究概念框架[J].技术经济 2003(3):16-17.

农村文化生态系统及其建构
——基于社区营造的视角

阳光学商学院　吴　赢

摘　要：社区营造的过程是通过"公众参与"实现自然环境、社会环境与文化环境的和谐发展。而自然、社会与文化环境是文化生态系统的三要素。目前，我国农村文化生态系统正陷入发展困境，自然、社会与文化三要素无法实现协调发展。而社区营造的成功经验与其本质使农村文化生态系统找到了一个得以再生发展的途径。

关键词：社区营造；农村文化生态系统；再生路径

一、问题的提出

社区(community)的概念最早是由斐迪南·滕尼斯在《共同体与社会》中首次提出的。他认为社区是有着共同价值观念，关系密切的社会生活共同体。[1]

社区营造则是对社区的经营与创造，是人类对社区的实践活动。

社区营造起源于20世纪60年代。1952年联合国正式成立社区组织与发展小组，全力在世界范围内推行社区发展运动。1969年英国在庇护邻里行动中达成了居民与建筑师共同工作的构想。英国的社区营造主要体现为社区建筑与社区环境改造，同时也强调在社区建造中使用者的参与。20世纪60年代早期，美国也兴起尝试社区营造，其社区营造主要通过"公众参与社区设计"，构建社区认同感与归属感，其更多的是透过"公众参与"解决美国居民所关心的社会、文化以及种族等社会问题。因此，美国的社区营造通过"公众参与"打破了原有社区营造的界限，使社区营造由乡村走向城市。20世纪60年代后期，经济高度增长使日本面临着严重的环境及公害问题，[2]促使日本形成了对自然资源与文化资产保护的意识。日本开始“造町运动”(即社区营造)，其目的在于环境保护与历史资产的保护。借鉴日本社区营造的经验，结合台湾社会发展的特点，1994年，台湾提出“社区总体营造”的概念，主要体现在台湾文化产业的发展。台湾社区营造紧扣社会文化的现实问题，充分实现民众的参与权利，成为台湾的一项社会文化的改造工程。[3]20世纪30年代，著名社会学和人类学专家费孝通老前辈就把斐迪南·滕尼斯的“社区”概念引入中国内地，但中国的社区营造实践却相对较迟。

纵观世界各地社区营造的实践，无论是英美着重社会福利和居住环境的“社区复兴”和“社区能力”，还是日本与台湾地区偏重于环境空间的改造与产业振兴的“社区改造”，[4]都能够体现出社区营造的实质就是通过“公众参与”社区建设，实现人、自然、社会三个方面的和谐与发展。

综合人类社区营造的实践与学界的研究探索，可见社区营造的本质特征是对社区空间的经营与创造。社区营造通过社区居民积极参与、共同经营，从而使社区空间的自然环境、社会环境以及文化环境得以和谐与可持续发展，进而提升社区活力。然而，社区空间中的自然、社会与文化环境恰恰是构成文化生态系统的三个要素。因此，笔者认为，社区营造的过程是在社区居民的共同参与下，文化生态系统三要素之间相互协调、相互作用的过程。文化维系力与内部归属感是社区的两个显著特征，而传统的农村村庄则是社区的代表。随着中国现代化进程的推进，经济推动下地方治理的需要及精神文化建设的回归，都促使基于文化积淀的社区营造。尤其是在城镇化的背景下，社区营造能够推动农村文化生态系统的复活，构建并实现农村文化生态系统的良性循环。我国农村具有丰富的自然资源与社会资源，社区营造在农村，为农村文化生态系统的完善与再生提供了保障。

二、对于农村文化生态系统的解读

“文化生态学”的概念最早是由斯图尔德在1995年提出的。他倡导成立专门的学科，目的在于“解释具有不同地方特色文化形态与模式的起源”。[5]而“文化生态系统”是借用生态学的方法来研究文化现象而产生的一个概念。[6]黎德扬认为，文化生态系统是指由多元文化组成的人类文化的整体，并设定它是一个活的有机体、自组织系统。[7]张元卉则认为文化生态系统是某一相对独立、完整的社会区域中的各种文化及所赖以存在的自然环境、社会形态共同构成的有机整体，是一个不断变化和发展的动态系统。[8]而笔者认为，既然文化生态系统的概念由生态学发展而来，那么对于文化生态系统的界定就更应该站在生态系统的角度去分析文化。因此本文认为的文化生态系统是指在一定时间和空间范围内，文化与文化之间，文化与环境之间相互作用，通过不断地与周围环境进行物质、能量甚至是信息的交换，形成一个不断发展的、动态的开放系统。文化生态系统是人类社会发展的重要条件，是人类社会系统的重要组成部分。在文化生态系统中，不仅各种文化可以相互影响、相互作用，而且文化系统本身还可以与自然生态系统相协调。正如邓先瑞先生所言，人类与其自身的生活环境是不可分割的整体，人类创造的文化与其生存空间的环境及其变化相伴相依，生态与文化早已融合、无法分离。[9]

根据以上对文化生态系统的界定，笔者认为，对于农村文化生态系统亦可以站在生态系统的角度去分析。

首先，从文化生态系统形成的条件上看，农村文化生态系统的存在条件主要是其空间的独特。农村的地理界定决定了农村文化生态系统的生存空间即农村，与城市有着本质的不同。

其次，从文化生态系统的核心上看，农村文化生态系统的核心是文化，而农村文化中不仅体现了农民的生活方式、生活习惯以及价值观念，同时也体现出一些具有地方特色的建筑、工艺以及几千年来保留下来的最完整、最传统的民俗与信仰。

再次，从文化生态系统的运作上看，农村文化生态系统的运作，除了有农村文化与文化之间的交互，同时还有农村文化与农村独特的自然环境与社会环境的相互协调。农村文化生态系统就是在农村特定的空间下，农村文化与文化、文化与自然环境和社会环境相互作用，通过不断地与自然环境和社会环境进行物质、能量甚至是信息的交换，形成的一个不断发展的、动态的开放系统。

三、农村文化生态系统的困境与路径再生

（一）农村文化生态系统的困境

近年来，随着社会经济的发展，市场经济对传统村落文化冲击强烈，因此也带来一系列的激荡。从我国农村区域发展看农村文化生态系统，呈现出系统

内部的不协调以及农村文化生态系统的倒退局面。主要体现在以下几个方面：

首先，体现为农村文化构成要素的式微。文化是农村文化生态系统的核心要素。农村文化中既有对中华民族优秀传统文化的传承与保留，又有一些农民自身的价值观念以及生活习惯。前者具备先进文化的特征，而后者则部分属于落后文化。因此在农村文化生态系统中就呈现出先进文化与落后文化之间的相互作用，两者无法融合便产生了矛盾。这种矛盾产生的结果往往是牺牲先进文化，使落后文化不断地取代先进文化，使得传统优秀文化被无情地破坏甚至消失。

其次，体现文化生态系统运行的失调。农村文化生态系统的运作是通过文化与文化之间、文化与自然环境、社会环境之间的相互作用实现的。就目前而言，不仅文化之间产生矛盾，同时文化与自然环境、社会环境之间也出现矛盾。由于粗放式经济的发展，农村社会制度以及社会管理方面也呈现出粗放式的局面，这使自然环境遭到严重破坏。自然环境的破坏，使得整个农村文化生态系统不再是一个不断发展的系统，而是呈现出系统的倒退。

（二）农村生态系统的路径再生

通过上述分析可以看出，农村文化生态系统要恢复原有的可持续发展的状态，就必须寻找新的路径和方法。社区营造是一种通过“公众参与”，最终实现人与社会、人与自然的和谐与可持续发展的重要手段。由于农村文化生态系统呈现出的社会、文化与自然环境并存的运作模式，如何协调三种环境从而带动整个文化生态系统的良性运转成为农村区域可持续发展的关键。欧美日台等地的社区营造的成功经验为我国农村区域发展找到了一种可行性方式，从而使我国农村文化生态系统的再生与超越成为可能。

农村传统文化的保存与延续，使其呈现出与社会环境、文化环境、自然环境并存的态势。而联结三种环境的纽带则是文化生态系统的核心要素文化。文化的特性构成农村文化生态系统的重要指标。人类学家 Keesing 和 Strathern 认为，文化有两种不同的特征，一个是确定性或是明显性，另一个是隐含性。[10] 由此可将农村文化生态系统的文化指标划分为显著性文化与隐含性文化。

通过上述对社区营造本质的阐述可以看出，无论是欧美社区环境的改造还是日本的“造町运动”，社区营造的核心要素是公众的参与度。社区居民的参与社区建设的程度，直接影响着社区营造的成效，从而影响着社区文化生态系统的运行。因此本文采用参与度的高低作为农村文化生态系统的划分维度。

综上所述，如图1所示，用文化与参与度两个维度将农村“文化生态系统”划分为四个象限，象限Ⅰ代表农村文化生态系统呈现的在社区营造高参与度下显著性文化特征，象限Ⅱ代表农村文化生态系统呈现的在社区营造高参与度下隐含性文化特征，象限Ⅲ代表农村文化生态系统呈现的在社区营造低参与度下隐含性文化特征，象限Ⅳ代表农村文化生态系统呈现的在社区营造低参与度下显著性文化特征。

每个象限都代表了一种类型的文化生态系统。每一类型的文化生态系统具有每一类型的特征，因此其再生路径也就具备针对性的不同。

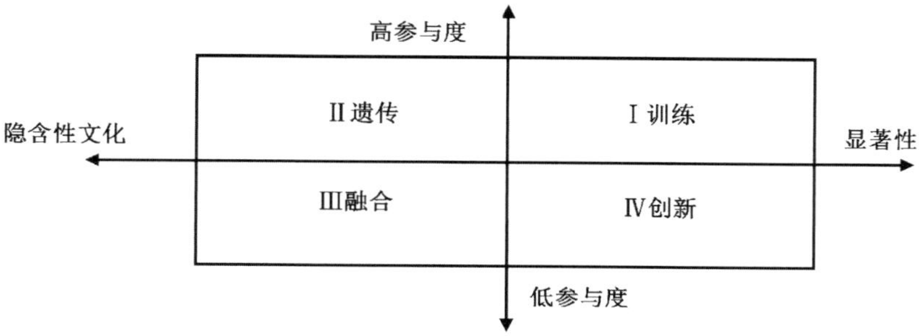

图1　农村文化生态系统再生路径

象限Ⅰ——训练化再生路径

司马云杰指出，文化生态系统的结构模式是由文化以及影响其产生与发展的经济体制、科学技术（包括经验、知识等）、自然环境以及社会组织和价值观（包括风俗、道德、宗教、哲学等）等变量构成的完整体系。[11]因此对于显著性文化的发展提倡一种整体性原则。刘魁立先生认为对于文化不能把具体文化事象与其生存环境和背景相分离，不能单纯地对文化遗产有形外观与其自身进行保护，更重要的是对它们所依赖的结构性环境与成因进行保护。[12]象限Ⅰ所代表的农村“文化生态系统”就是通过社区居民的高参与度的社区营造来尽可能完整地呈现显著性文化的特征。也就是说，由于高参与度的社区营造使得社区居民对社区文化具有强烈的归属感与认同感，对于根植于社区居民生活中的文化显现事项，社区居民不仅重视这份静态文化的成就，而且更加重视这份文化形成的动态性所蕴含的价值观念及其文化生态。这份动静结合的文化由于其显著性，直接影响着农村居民生活的方方面面。但是在象限Ⅰ中，虽然农村文化生态系统中农村居民的发自内心对文化的保护十分强烈和尤为渴望，但对其保护的方式与方法却缺乏科学性。如果在社区营造过程中任其自由发挥，不仅不能达到保护的目的，很可能还会产生事与愿违的保护性破坏,使原本活态的文化生态系统变成死循环系统。因此在社区营造中,除了通过"公众参与",也需要引进对公众的训练机制,训练农村居民用更科学的方式与方法呈现农村"文化生态系统"的显著性文化形态,从而提高农村文化生态运行的可控性与灵活性。

象限Ⅱ——遗传化再生路径

个人与区域、社会以及民族之间进行的社会交往活动都离不开文化,人们在这种交往中进行着文化的传递与传播。黎德扬、孙兆刚认为文化生态系统具有遗传功能,文化生态系统的遗传过程是指文化的传递或传播过程中保持其固有特征的演化过程。文化遗传就是人类社会交往活动中的文化传播。[7]文化的遗传使人类的社会习惯不断被强化,人们的社会观念不断被传递,人们的信仰与精神不断得以繁衍与延续。文化遗传不是对文化的机械式地传播与传递,而更多的是通过人们的实践经验主观能动地解释与评价文化价值的过程。在这个过程中被传播的文化多数为隐含性文化。由于隐含性的文化多通过人们的知识、语言、兴趣、习惯等方面表现,更多的是在人们生活中内化的东西,对此类文化传播更加困难。而农村高参与度的社区营造则因为在社区建设的过程中农村居民的高度参与,形成了对农村社区的强烈归属感与认同感。所以,这种农村居民生活与居民社区建设相结合的社区营造形式的形成过程就是文化传播的过程,这大大降低了农村文化生态系统中隐含性文化传播的困难程度。同时,在高参与度的社区营造过程中农村居民还会增殖和繁衍出许多新的文化与意义,这使得农村文化生态系统在文化遗传下,文化的价值与内涵被不断地扩展,新的文化被不断地衍生,文化信息被不断地诠释与注译,最终实现农村文化生态系统的可持续发展。

象限Ⅲ——融合化再生路径

从文化生态系统的演化过程可以看出,文化生态并非单纯地一元文化的衍生,而是多元性与多样性的文化交互的发展过程。只有通过融合多元文化生态,才能综合、合理地吸收其他文化要素,丰富与完善文化生态系统。中华民族的璀璨文化从地域上来说就是在中原文化与南方文化的冲突与融合中不断完善的过程。象限Ⅲ中,由于社区营造缺少社区居民的参与,社区居民对在社区营造中产生的新生文化缺乏认知性与认同感,必然会与农村社区内部现有的隐含性文化发生冲突与矛盾。人们总是自觉地保持已有或现有的状态,对新文化的出现总是缺少本能的倾向。新文化出现之初常常不容易被认知与接受,因为新生文化总会或多或少地包含着对农村社区原有文化的反对与敌意。而在农村传统文化也总是千方百计地扼制新生文化的发展,阻碍新生文化的传递与传播，这在农村传统文化的隐含性文化中更加凸显。隐含性的文化更加隐蔽，对农村社区居民的影响力更大。传统文化与新生文化的融合，可以在一定限度内调整文化传播结构，弥补两种文化的某些缺陷，协调两种文化之间的冲突与矛盾的部分。无论是农村的传统文化还是社区营造中的新生文化都是不断变化的动态文化，在动态变化的过程中两种文化的融合可以保持文化生态系统的相对稳定，可以说这种稳定是融合的结果。但是，文化生态系统的融合所带来的稳定是暂时的与相对的。文化生态系统之所以存在文化融合是因为人类所创造的文化是为了满足人类自身的需要，无论是农村的传统隐含性文化还是社区营造的新生文化，如果两种文化在融合中的某种文化要素不能完全满足人类现实生活的需要，农村文化生态系统的相对稳定将被打破，而传统文化与新生文化在文化生态系统中将产生新的融合。

象限Ⅳ——创新化再生路径

农村文化生态的可持续发展应该站在战略的高度，着眼于文化的未来。刘建祥等提出，保护与发展文化生态必须培养文化生态的多元性，加强文化的创新性，增强文化的先进性。[13]因此文化创新是文化生态系统发展必不可少的途径。象限Ⅳ呈现出的是缺乏农村社区居民参与度的社区营造下的显著性的文化特征。社区营造的参与度低说明农村居民社区营造下的新生文化的认知度比较低，如果对新生文化缺少一定的归属与认同，人们本能地就会对新生文化产生一种排斥，于是就会产生新生文化与传统的显著性文化的冲突与矛盾。同时全球经济结构调整而急剧膨胀促使了工业的发展，同时也冲击着以农耕生产方式孕育的农村文化生态，[14]尤其对显著性的文化表现破坏尤为严重。因此更需要对文化进行创新来对农村显著性的文化进行抢救与保护。在文化创新途径方面，可以借鉴台湾社区营造的经验，通过文化产业化的创新使其文化价值发挥最大效益。我国农村显著性文化主要表现在建筑、工艺美术、戏剧等方面，这些文化的显著性特征具有很高的经济价值与社会价值，将这些显著性的文化通过文化创新形成文化创意产业，使文化价值发挥最大则是对农村文化生态系统再生的最有利途径。

四、结语

综上所述，文化生态系统是以文化为核心，将其生存的空间中的自然环境、社会环境、文化认同共同组成的一个系统，在文化生态系统中，人与自然、人与社会实现和谐可持续发展。而农村文化生态系统由于丰富的文化资源与自然资源,更需要文化生态实现良性循环。社区营造通过社区成员的“共同参与”,将农村文化生态系统分为不同类别,其本质特征为我们提供了一条探索农村文化生态系统的再生路径的有效方法,即通过参与度与文化特征,进行文化的训练、遗传、融合与创新,最终实现农村文化生态系统的永续发展。基于社区为载体的农村文化生态系统的实践,将积累社区营造和文化建设的实践经验和学术探索的素材,通过典型个案的研究,拓展社区营造研究、文化生态系统研究的内涵与外延,更为重要的是可以移植成功的经验,跨学科地研究其他类文化系统运作、区域文化、政治治理等等交叉学科的问题。

参考文献:

[1]龚世俊,李宁.公共服务视域下的新农村社区建设及其模式创新[J].南京社会科学,2010(11):82-86.

[2]王羽,李成章,王曼,殷晓博.日本小城镇的社区营造活动对我国村镇规划建设的启示[J].小城镇建设,2012(3):91-94.

[3]王茹.台湾的社区总体营造政策及评价[J].台湾研究集刊,2004(6):36-42.

[4]方琼瑶.社区总体营造的政治经济分析[D].台湾:国立台湾大学,2006.

[5]唐纳德·L.哈迪斯蒂.生态人类学[M].郭凡,邹和,译.北京:文物出版社,2002:8.

[6]熊春林,黄正泉,梁剑宏.国内文化生态研究述评[J].生态经济,2010(3):153-159.

[7]黎德扬,孙兆刚.论文化生态系统的演化[J].武汉理工大学学报(社会科学版),2003(4).

[8]张元卉.社会转型前鄂伦春族的文化生态系统分析[J].世纪桥,2009(3):72-74.

[9]邓先瑞.试论文化生态及其研究意义[J].华中师范大学学报(人文社会科学版),2003(1):93-97.

[10]张敏,陈传明.基于知识的企业“文化生态系统”路径演化及其超越[J].当代财经,2007(1):57-60.

[11]司马云杰.文化社会学[M].太原:山西教育出版社,2007:119-120.

[12]刘魁立.文化生态保护区问题刍议[J].浙江师范大学学报(社会科学版),2007(3):9-12.

[13]刘建祥,郭松.论文化生态的多元化[J].求索,2002(5):97-98.

[14]潘鲁生.保护农村文化生态,发展农村文化产业[J].山东社会科学,2006(5):120-123.

推进农产品质量安全示范省创建

阳光学院商学院　范太胜　潘　津

国家历来高度重视农产品质量安全。“十三五”规划纲要将农产品质量安全列入推进农业现代化的重要任务。“十三五”期间，我省必须坚持不懈提升农产品质量安全水平，落实习近平总书记强调的“四个最严”要求（最严谨的标准、最严格的监管、最严厉的处罚和最严肃的问责），强调“产管并重”，从源头上确保广大人民群众“舌尖上的安全”。我们要重视农产品质量安全治理的制度供给和协同创新，完善农产品质量安全保障体系，从工作机制上创新，形成全社会协同共治格局的长效治理机制。

福建在全国率先创建农产品质量安全示范省，2014 年提出实施农产品质量安全“1213 行动计划”（“建设一批基地，建立两个平台，完善一个机制，实现三个目标”），农产品质量安全水平逐年提高。2016 年，全省累计 4 个县（市）被命名为第一批国家农产品质量安全县（市），建设各类标准化生产基地 3173 个，“三品一标”认证产品（无公害农产品、绿色食品、有机农产品和地理标志农产品）总数达 3310 个，农产品质量抽检综合合格率高于全国平均水平。“十三五”期间，农产品质量安全将成为福建特色现代农业建设的重要内容和关键环节，我们要重点提升农产品质量安全监测合格率，增强农产品质量安全监管能力，发挥龙头企业、农民合作社和家庭农场等新型农业经营主体作用，全面开展农产品品牌化建设。

以农业供给侧改革创新制度设计，实施福建生态农业质量安全战略。以质量安全战略思路推进农业产业政策、财政补助政策和金融保险政策供给，促进农业资源有效配置，转变农业生产方式和资源利用方式，从而创新农产品供应结构，培育福建畜禽、笋竹、水产、蔬菜、水果、食用菌、茶叶等十大重点特色农产品优势，打造七条特色农业全产业链，支持优质绿色农产品规模化、产业化、品牌化发展，从源头上解决“产出来”的问题，并以政策引导，鼓励新型农业经营主体成为推进农业供给侧改革和实施农业质量安全战略的主力军。特别要重视推进农业科技创新政策设计，探索产学研协同创新机制，推动科研与推广有机结合，围绕福建农业发展需求，集中攻克一批关键技术和共性难题，在农资质量安全、农业重大疫病虫害防控和面源污染治理等农业生态环境治理技术方面，促进农业科技创新成果转化，突出重大农技推广服务效能，完善基层农技推广机制，做到以科技创新驱动生态农业发展。

通过多元协同的共治制度保障，进一步完善农产品质量安全的长效治理机制。农产品质量安全的社会共治首先要以制度作为保障，监管部门要与农口相关部门及机构建立协同联动执行机制，并发动全社会共同参与，探索社会共治实践的区域联防工作机制，形成合力，从而构建政府、企业、媒体和社会公众多元参与共同监管的治理格局。落实质量安全有奖举报制度，畅通投诉举报渠道，营造公众积极参与农产品质量安全管理氛围；发挥新闻媒体舆论的社会监督作用，完善信息发布核实程序，提升媒体监督的震慑力同时兼顾可靠性；重视农业行业协会、食品标准制定和质量信誉评价等第三方独立机构的参与，实现对农产品质量安全的多角度监督，推动农产品生产主体的自律诚信。多元协同共治制度是农产品质量安全现代化治理能力的重要体现，只有引导各主体通过长期动态磨合，形成有效互动，农产品质量安全的监管才会系统、全方位，多渠道的多元威慑才能实现行政约束、法律约束、市场约束和良心约束相结合的协同约束惩戒机制。

做好农产品质量安全追溯管理的制度衔接，有效传导落实追溯管理试点的全面覆盖。农产品质量安全追溯管理可有效实现农产品从农田到餐桌各环节信息透明化，随着农业标准化、规模化程度提高和农业“互联网＋”应用深入，应做好追溯监管信息平台建设工作，完善农产品质量安全可追溯管理的制度衔接。坚持完善制度体系和创新工作机制相结合，组织福建特色农业的市级以上产业化龙头企业和取得“三品一标”认证的省级农民合作社先行试点，研究适应区域特色的追溯管理模式和管理制度，完善产地准出与市场准入管理衔接机制，落实农产品质量安全追溯基本要件，倒逼生产者履行主体责任，落实追溯管理与项目扶持、品牌认定和龙头企业及农民合作社示范社评定的挂钩工作，增强生产者主体的积极性。强化政府追溯信息平台的管理功能和动态评价机制，畅通消费者查询、投诉渠道，提升追溯信息验证的有效性，树立“可追溯”农产品品牌形象，从而提升消费者对“可追溯”农产品的信赖，激活市场激励机制，促进生产者主动完善企业内部追溯，开展差异化、高标准的追溯体系，通过新型农业经营主体示范作用引领，着实推进分步推广追溯体系的应用，最终实现农产品质量安全追溯管理可持续运行。

推进农业标准化生产的制度安排，整建制部署源头质量安全的控制工作。

首先,要突出以农业标准化为重要手段确保农产品质量安全,推进农业地方标准的贯彻实施,并将标准化各项措施落到实处,在产地推广标准化生产,制定一批保障农产品质量安全的生产技术规程和过程质量控制规范,促进良好农业规范(GAP)并得到有效推行,保障农产品生产有标可依,生产行为更加规范。其次,要建立农产品标准化生产激励机制,制定明确具体而有力的扶持政策,把无公害农产品生产示范基地作为推行农业标准化的一项重要工作来抓,不断扩大农业标准化示范实施范围和成效,进一步加强标准化基地建设和动态管理,巩固农产品质量标准分级机制,有效引导"三品一标"认证。第三,要加大农业标准化在生产源头的宣传培训和应用指导,扎实推进农业标准化生产在新型农业经营主体的落实,强化基层政府推动,激活新型农业经营主体带动作用,整建制推进标准化实施示范,让标准应用推广到基层农户,提升农户对标准的认可度和努力程度,实现标准化生产覆盖农产品产前、产中和产后的全过程。

深入完善源头监管配套制度,从而强化基层监管措施与落实属地责任。从制度上落实县、乡、镇基层政府的源头监管责任,源头农产品质量安全要与政府干部的提拔任用和考核等硬指标挂钩,强化基层政府切实承担起落实推进的责任意识和属地管理原则。第一,要完善对源头监管机构财政投入的配套政策,加大源头农业生态环境监测点建设、县级检验检测体系建设和乡镇监管基层机构监管装备投入,县级要设立特色农产品监测中心,乡镇级要有标准化流动监测能力,择优选建乡镇监管示范站,提高财政投入的使用效率。第二,要强化乡镇源头监管机构与监管队伍的能力建设,从源头有效监管农业投入品的使用,规范生产行为与农产品生产档案管理,做到基层监测全覆盖。第三,要提升基层监管机构的服务功能,宣传绿色生态农业对区域特色农业经济的重要性,对农业经营主体与源头生产农户产生激励效应。

落实信息化管理制度建设,构建农产品质量安全的动态预警与智慧监管机制。对农产品质量安全进行"数字化"管理,要通过制度建设强调信息化管理的务实性、针对性和指导性,健全完善农资监管和追溯监管两个监管信息平台,为农产品质量安全治理提供全面、准确信息,重点监控农药、兽药的流向动态,对农产品生产经营过程实时跟踪记录和监督,推进农产品数据信息共享,实现全方位精准监管。落实黑名单制度,实行信息动态管理,强化农产品质量问题信息反馈机制和失信惩戒机制,突出抓好安全风险监测和监督抽查"两检合一",例行监测与执法监管"检打联动"工作机制,将农产品质量安全检测执法工作融合到食品安全追溯系统中去。按照系统管理理念,构建区域特色农产品全程风险管控与舆情监测体系，利用大数据技术，提升对农产品质量安全的态势感知、问题溯源、隐患排除和源头预警能力，确保系统性、区域性农产品质量安全零风险。

乡村振兴视阈下创新 C2M 交易模式研究

——以物联网与共识机制为依托

阳光学院商学院　郁榕睿　黄章树

摘　要：在乡村振兴的大背景下，新兴的 C2M 模式为乡村小型工厂提供了生存的新途径，也为零散客户的个性化定制需求找到了一个解决的途径。但是在现有的 C2M 模式下，因物理位置、服务人群的散布特性，尚没有一个具有公信力的第三方中介机构为交易的顺利进行背书，这直接导致了欺诈行为或其他交易的信任危机。本文在物联网技术的基础上，采用共识机制原理，构建基于全网同步更新与存储的信用声誉值评价，有效地避免了 C2M 交易中的信任风险，解决了客户的个性化信息采集难题，为 C2M 交易模式的持续发展提供完善的交易流程与技术保障。

关键词：物联网；共识机制；C2M；全网信用积累

一、引言

电子商务模式自兴起至今，经历了数次变革。学者尹志洪、龙伟(2017)[1]认为，在“互联网＋”的应用下，电子商务模式的转型极大地影响了客户的消费习惯。类似的关于电子商务模式转型对消费的影响研究还有学者王娟娟、杜佳麟(2016)[2]所研究的“一带一路”经济区跨境电子商务发展模式，学者义梅练(2016)[3]所研究的“网红”社交型电子商务模式变革，学者何继新(2017)[4]所研究的在跨境电子商务供应链模式的创新等。最初客户的需求集中在价格、便利等方面，仅仅是数年后，客户的需求进一步提升。许多学者开始针对客户的需求进行电子商务模式改革的研究。如学者张旭梅、梁晓云、但斌(2018)[5]在“互联网＋”与电子商务模式的基础上首先考虑客户的便利性，项伟峰(2016)[6]在比较社交型电子商务模式与传统电子商务模式的基础上提出要重视客户的个性化订制产品需求，学者陈永平、李赫(2017)[7]基于大数据服务来满足客户的消费体验需求。虽然传统的电子商务模式在不断改革创新，但仍然存在几个不可逾越的缺陷：一方面，线上购物体验不如线下购物体验，是不争的事实；另一方面，客户在传统商业模式中总是缺乏话语权，只能被动地接受厂家提供的服务和产品。

电子商务模式在更新发展，客户也在学习成长。现在，传统农村电子商务的发展进入瓶颈期，纷纷改进技术与服务，出现了新零售、智慧零售、大数据辅助网络营销等改进技术与策略。如学者张科、叶影(2018)[8]研究VR技术在林业商务中的应用，学者苏培华(2016)[9]认为物联网技术可以辅助智慧物流的构建，学者吴文斌、王星亚(2017)[10]则着眼于智慧服务在社区建设中的作用等。在新的电子商务模式中，消费用户的地位再次被重视，增强客户的体验感与个性化服务需求是新型电子商务模式构建的重要基础。基于大数据的分析，能更好地为客户的个性化定制服务。尤其是互联网与物联网技术的发展，为客户数据的采集与存储提供了技术实现的可能。在此基础上，出现了新兴的电子商务模式——C2M(customer-to-manufactory，客户—工厂)。

二、C2M 模式

在传统商业模式中，客户与工厂之间是割裂的，即没有直接的联系。客户或工厂接触得最多的是处于中介位置的中间商、代理商或交易平台。传统商业模式固然极大地方便了工厂与客户，省略了其彼此互相寻找的过程，并提供中间状态的一切物流周转服务，但随之而来的物流成本与管理成本都是直接转嫁到客户身上，随着流转次数的增加，耗费的成本也越高。不仅如此，因客户缺乏与工厂的直接对话，根本不可能实现客户的个性化定制服务。

(一)C2M 的产生

客户的个性化服务需求促生了“客户—工厂”的C2M模式。在传统的零售服务模式下，已经有部分小手工作坊愿意接受客户的个性化定制服务，但限于物料成本、人力成本，这样的个性化定制服务费用高昂，很难做大，而且因其沟通交流方式受限，导致其服务范围也受地理位置所限。

在信息技术与物联网技术发展的现代社会，C2M 模式成为工厂发展的新途径。互联网技术帮助工厂方便地接收客户的个性化订单信息，并即时双向沟通；物联网技术帮助工厂远程获取用户个性化信息，如服装 C2M 中的身量数据等；物流服务使远距离的产品传递成为可能，克服了客户和工厂因距离因素带来的不便。C2M 模式的目标以互联网的方式连接原本散布、各自为政的生产线，通过云计算等计算服务进行数据交换，实时传递客户的订单要求，并反馈其中的修改意见，以设定供应商和生产工序，最终生产出个性化产品的工业化定制模式。

（二）C2M 的优势

在 C2M 模式下，工厂通过大量接单的方式降低了物料采购成本的过度支出，又能因为省略中间流通环节的成本损耗，能较好地控制利润与成本之间的平衡。同样，对普通客户来说，这种模式扩大了自主选择的范围和种类，使更多能提供个性化服务的工厂进入客户的选择列表中。

物联网技术与虚拟现实技术的发展模糊了空间地理位置的界限，使客户实时参与产品制造成为可能。一些制造业工厂使用虚拟设计软件，方便客户在设计阶段就能预览产品成品，能即时根据客户的意见需求进行调整，并经由互联网与物联网技术将反馈信息传送到工厂。在实施过程中，物联网传感器的信息采集技术和虚拟现实的展示技术都是产品制造成功必不可少的重要技术。

C2M 模式的产生为工厂与客户达成了新的沟通平台，也催发了信息沟通、物联网等领域的新技术发展。C2M 模式将人、机器和数据连接起来，同时结合大数据的采集、分析与对应的决策支持，为客户匹配出合理的生产与服务组合，这就重组了工业结构，激发了生产力进一步发展。因此，这是一种以顾客为中心、以数据为依据、以设计为导向的新型产业结构模式。

（三）C2M 的信任危机

与 C2M 的巨大效益所相对的是其随之而来的各种风险与危机。诸如物联网传感器信息在发送、接收过程中产生的信息丢失、敏感信息泄露等风险，这也一直是技术开发人员努力克服的难题。而经营实施人员所面临的则是另一个问题——信任危机。目前 C2M 模式虽然蒸蒸日上，但各自为政，并没有像电子商务模式那样有一个具有公信力的第三方平台加以监管制约，这就带来了交易双方同时承担的信任风险。

一方面，C2M为“客户—工厂”形式的新电子商务模式，但C2M模式中不仅存在恶意用户给工厂带来的风险，典型地体现为女巫攻击（sybil attack），同时也存在欺骗型工厂带给客户的风险，体现为拜占庭错误（Byzantine failures）。

在缺乏信任机制的对等网络信息通讯中，恶意用户可以通过伪造大量虚拟的假名标识来混淆身份，并破坏对等网络信息沟通的信誉系统。在大规模P2P对等网络通信过程中，远程通信实体需要知道通讯身份，但是不必且无法验证身份与本地实体是否存在对应关系，因此恶意用户可以向对等网络假冒多个身份，充当多个不同的节点。在以投票机制为信任基础的对等网络信任中，将影响信任的投票结果。这种模仿多个身份的攻击的行为被定义为女巫攻击。体现在C2M的信任危机中，具体表现为恶意用户假冒多个节点用户虚假提出订单，这样不仅占用了网络信道资源，而且浪费了工厂实际的物料资源与人力资源，导致真正有需要的普通客户的服务资源被挤占。

然而对客户这一方来说，风险也不容忽视。缺乏可信的第三方认证机制的C2M模式下，在对等网络上同样存在以欺骗为目的的不良工厂。在大规模P2P对等网络通信过程中，在一个存在消息丢失的不可靠信道上，试图通过消息传递的方式达到一致性是不可能的。拜占庭错误指一方向另一方发送消息，另一方没有收到，或者收到了错误的信息的情形。当拜占庭错误发生时，系统可能会做出任何不可预料的反应。体现在C2M的信任危机中，具体表现为普通客户向意向中的工厂发送订单信息时，在缺乏监管的情况下，因物联网的信息传输使用无线信号技术，容易泄密，也不能认证发送者身份，所以信息有可能中途遗失或被截留转向。当客户发送的信息被转至欺骗型工厂时，即无法正确执行并实现客户和真实工厂的共同订单操作。这种欺诈行为将造成客户的巨大损失，也间接伤害了工厂的利益。

另外，来自客户或工厂对彼此的信任投票也缺乏监管，容易出现恶意差评或恶意好评的现象。

以上信任危机的存在都是因为缺乏有公信力的第三方平台而导致的，但这并不是说建立有公信力的第三方C2M平台是唯一的出路。事实上，随着区块链概念的推广，去中心化的管理理念与技术发展深入人心，全网共享信息并形成信任制约的交易模式才是发展的趋势。

共识机制是区块链技术中重要的组件，共识机制有益于解决物联网技术中缺乏信任监管中心的管理难题。

三、物联网技术与共识机制

物联网技术在C2M模式中是重要的技术组成部分。物联网就是通过射频识别、红外感应器、扫描器等传感器设备的智能感知，通过识别技术与互联网通信感知技术，进行物物相连和信息交换的技术。物联网的信息传递核心仍然是互联网和无线技术。在物联网技术的作用下，物品与环境的状态信息都可以方便地实现实时的智能化识别、信息存储、共享、定位、跟踪监视等管理。物联网技术与互联网技术结合所形成一个巨大的网络，拓展了互联网中虚拟节点互相链接的概念，形成实现物与物、物与人、所有的物品与网络的互相链接，方便了识别、传输和控制的管理。

在区块链的概念下，共识机制的目标是促使所有在对等网络上的可靠节点都保持信息一致，是一种基于区块链的信息共享视图。共识机制应该同时满足以下两个性质：[11]

（一）一致性

所有诚实节点保存的区块链的前缀部分完全相同。

（二）有效性

由某诚实节点发布的信息终将被其他所有诚实节点记录在自己的区块链中。

区块链的信任机制是基于网络大数据的共享而形成的，它摒弃了节点通信前必须互相信任的前提，也不存在一个集中的、可靠的、具有公信力的第三方信任机构。

在区块链去中心化的思想前提下，区块链内的信任基础在于共同使用的基于区块链协议的软件系统。任何一个区块链中的可信节点在交易时不需要验证对方的信任背书，也不需要第三方可信平台提供的公信力保证。在区块链信任机制中，每个可信节点都是彼此独立并带有全网共同存储的信用数值的。因此，为了维护自身的全网公共信用，可信节点必须注意维护自身的信用，同时经由通信技术及时获取全网上其他节点的信用信息并存储保管。

当互联网节点存在具有公信力的第三方信任机构时，节点间互相通讯与取信的前提是获取第三方信任机构的信用。在区块链的共识机制下，全网的可信节点达成共识的前提条件是共同信任同一套技术协议。在共识机制的技术协议下，每一个可信节点都必须为自己的全网信用负责，因此存在着信用上的利益竞争。每一个可信节点的信用声誉值的变化情况都是全网广播并存储的。在这样的机制下，伪造身份的女巫攻击就没了用武之地。同时，每一个可信节点的信用声誉不受单个节点评价操控，只有当全网51%的节点认可该节点的新信用变化时，该节点的全网信用声誉值才会发生更改与存储。这样的机制也使伪造信息或信息出错的拜占庭错误无容身之地。

可见，区块链所使用的基于共识的数学算法能较好地规避C2M模式中恶意用户伪造身份给工厂带来的女巫攻击，也对欺骗型工厂带给客户错误信息的拜占庭错误有很好的遏制作用。在C2M模式中，以物联网技术与共识机制为管理、运行的基础能很好地构建安全、可靠、能持续发展的交易环境。

（三）去中心化的C2M交易模式构建

在一个C2M交易模式中，主要需要解决的问题包括个性化数据采集、交易与数据采集的身份认证、在不可信公网模式下的交易信用危机等。在一个可信的、可持续性发展的C2M交易模式中，为了实现客户个性化信息采集、工厂与客户的双向沟通、全网信用声誉值积累与共享、存储等服务，需要构建并协调运行的技术基础包括物联网、信息数据传递、数据存储三方面。C2M交易模式得以建立的技术基础如图1所示。

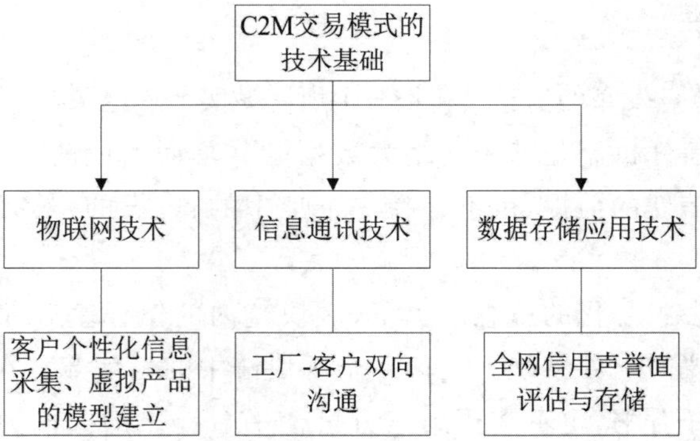

图1　C2M交易模式的技术基础

基于物联网与共识机制的C2M交易流程分为四个步骤。

第一步，数据采集。在C2M模式中需要建立物联网信息采集模块。工厂与地方政府应在协商合作的基础上，建立物联网信息采集网点，为客户提供就近服务。物联网通过射频原理采集用户数据信息并能随时反馈存储，使用物联网技术可以很方便地获取客户的个性化定制数据,并实时传递给工厂。在传统的交易模式中,工厂与客户不能很好地即时交流,而且由于沟通描述的差异,也容易形成对同一件产品或服务的误解。随着虚拟现实技术与物联网技术的协同发展,工厂与客户之间能够采用更方便的形式——诸如共同讨论实现代价较小的虚拟模型——来交流个性化定制的形成效果,在成品投入制造之前先进行充分的沟通和修正。

第二步,数据服务。在 C2M 模式中需要建立分布式大数据服务模块。来自物联网采集的数据信息、客户个性化定制信息、工厂的产品服务信息、交易双方的全网信用声誉值信息等,都是实时变动且数量庞大的。随着时间的推移,数据量将越发增长。这些庞大的数据集内信息丰富,具有极高的价值,但是数据特征稀疏,管理与存储不可能在集中式数据存储模式下进行。在云计算与云服务技术高速发展的基础上,存储、管理并应用这些庞大的大数据成为可能。C2M 模式中的分布式大数据存储模块为交易安全、可靠的进行提供了数据准确、可信的保证。

第三步,全网信任声誉评价。在 C2M 模式中,最重要的模块是基于共识机制的全网节点信任声誉值评价模块。在共识机制作用下,客户与工厂在网络上都体现为网络节点,共同受全网广播、存储的全局信用声誉值制约。共识机制可以有效地解决分散的客户与工厂之间的信任危机,为互不信任的网络交易提供信用积累,并通过全网广播的信用声誉值,来发布交易双方的可信身份,保障了合法可信的交易能正常进行。

最后一步,全网信任声誉积累。以物联网与互联网技术为基础,基于去中心化理念的信息跟踪模块有利于共识机制下交易双方信用声誉值的积累。同时,产品的耗材、生产、物流、使用情况等基本信息也可以通过去中心化的信息跟踪来进行保护,能公正地对待工厂和客户的共同利益。基于物联网与共识机制的 C2M 交易模式的模块组成如图 2 所示。

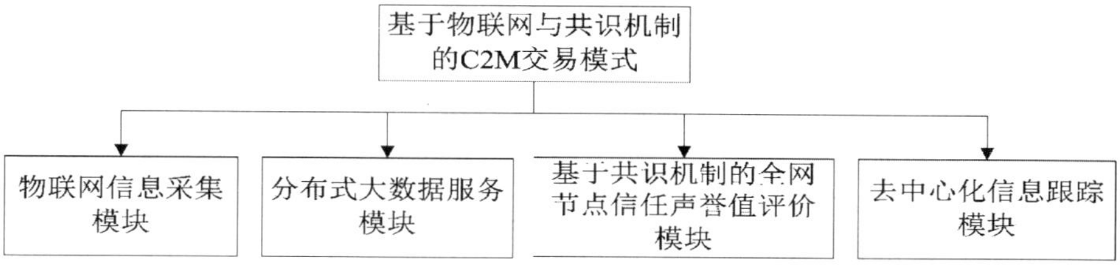

图 2　基于物联网与共识机制的 C2M 交易模式的模块组成

在一个基于物联网与共识机制的C2M交易模式中，最重要的全网信用评估是第三步——“全网信任声誉评价”。这一步为零散分布、缺乏第三方公信机构担保的客户与工厂建立信任声誉值评估与存储。在交易双方建立信任的前提下，才可能有效地进行交易、沟通等服务。客户与工厂在进行交易之前，先经历了互相查找与发现的阶段。一开始，客户与工厂不能有效地互相信任，因为既存在伪造客户身份骗取工厂资源的女巫攻击，也同时存在利用信息不对等欺骗客户的拜占庭错误。在这一阶段，客户或工厂在接到交易申请后，通过大数据服务查询存储在本地节点的关于对方的全网信用声誉值，判断彼此的信用度，借以评估交易的可行性。基于共识机制的全网信用声誉不由单个节点的评价所左右，因此有较高的可信度。在确定互相的信任之后，客户与工厂才能基于物联网的射频采集与互联网的信息传输服务，实现个性化产品定制的双向沟通与修正。在完成一次交易后，客户与工厂的互相信用声誉评估将作为一个节点的佐证被广播至全网，客户与工厂的全网信用声誉值同步进行更新。一个基于物联网与共识机制的C2M交易流程如图3所示。

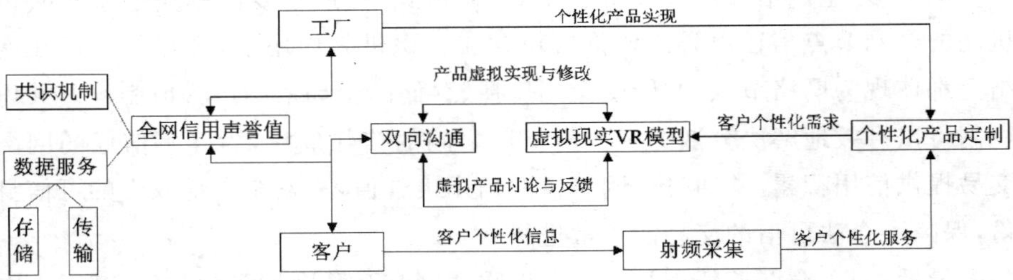

图3 基于物联网与共识机制的C2M交易流程

可以说，整个C2M的交易流程因物联网技术与共识机制的介入而成为可以实现的可靠模式。尤其是对于创业型的分散小作坊而言，共识机制避免了信用危机与欺诈危机，也适当节省了第三方中间机构所带来的成本。当然，维护自身的全网信用声誉值才是一切信用积累的前提。物联网射频采集技术与虚拟现实技术使零散的客户有机会实现自己的定制需求。在乡村振兴、农村电商的风潮下，基于物联网与共识机制的C2M交易模式能消除距离带来的不便，也能方便地弥消线上线下体验不一致的矛盾。在C2M交易模式中所面临的问题困境与对应解决的方法技术如图4所示。

在地区产业结构服务方面，可以模仿ATM机的设立模式，增设多个点的物联网射频设备，能为工厂和客户都各自增加一个机会，也降低了营销和广告的成本。

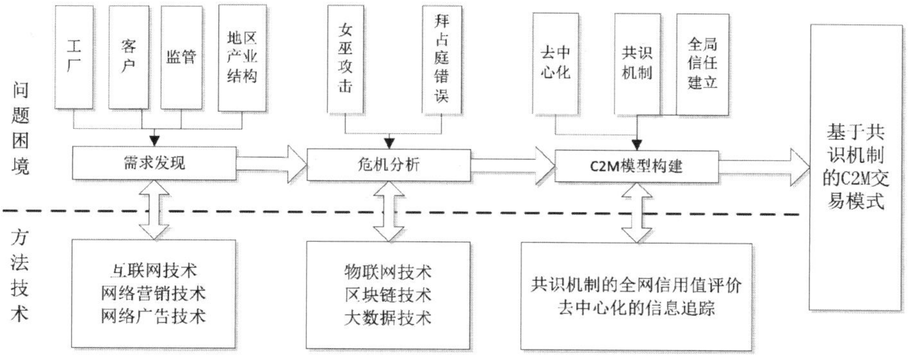

图4　C2M交易模式中所面临的问题困境与对应解决的方法技术

四、结论

C2M是电子商务发展中个性化需求的必然选择,是“客户—工厂”的新型电子商务模式。C2M模式建立在互联网与物联网的技术基础上,没有主导的第三方信任平台为中介,这恰恰符合了区块链的去中心化概念。使用区块链的共识机制为C2M交易中的可信节点做全网信用评价,是解决C2M交易中伪造身份的女巫攻击与信息不对等的拜占庭错误的良策。其中设立地方射频信息采集节点等行为涉及公共服务与产业结构调整,涉及公共服务,是需要地方政策扶持的,同时,这一举措也可以为乡村振兴贡献一份力量。

参考文献:

[1]尹志洪,龙伟.“互联网+”时代传统零售业向电子商务模式转型发展探析[J].商业经济研究,2017(15):64-66.

[2]王娟娟,杜佳麟.一带一路经济区跨境电子商务发展模式探索[J].中国流通经济,2016,30(9):100-107.

[3]义梅练.“网红”在社会化电子商务中的应用及其商业模式浅析[J].电子商务,2016(8):8-9+55.

[4]何继新.跨境电子商务供应链模式创新:属性特征、关系模型及前提条件[J].中国流通经济,2017,31(3):52-61.

[5]张旭梅,梁晓云,但斌.考虑消费者便利性的“互联网+”生鲜农产品供应链O2O商业模式[J].当代经济管理,2018,40(1):21-27.

[6]项伟峰.SNS社交电子商务与传统电子商务的商业模式比较[J].商业经济研究,

2016(15):142-144.

[7]陈永平,李赫.大数据时代物流末端配送、消费体验需求满足及其价值创造能力提升[J].财经论丛,2017(1):95-104.

[8]张科,叶影.智能交互式VR技术在智慧林业中的应用研究[J].信息化建设,2018(2):47-51.

[9]苏培华.物联网时代下智慧物流的构建[J].物流科技,2016,39(7):70-72.

[10]吴文斌,王星亚.智慧社区建设意义的分析与探讨[J].改革与开放,2017(23):64-65.

[11]韩璇,刘亚敏.区块链技术中的共识机制研究[J].信息网络安全,2017(9):147-152.

山区林下经济发展风险识别与应对措施

——以福建省龙岩市为例

阳光学院商学院　张英焰　钟冬明

摘　要：发展林下经济是当下发展现代农业和创建生态文明的重要方式之一。目前，山区林下经济的发展尚处于探索阶段，其发展面临众多风险。项目组成员在文献分析和专家访谈的基础上，识别了九类风险，并提出了应对措施，为我国更好地发展山区林下经济、推进永续发展提供了建议和支持。

关键词：风险识别；山区林下经济；风险应对

林下经济作为发展现代生态农业、提升生态工程质量，促进精准扶贫、落实沃土工程等，受到中央与各级政府的高度重视与大力扶持。作为森林覆盖率全国第一的福建省，在优先做好生态示范省方面起到了良好的带动效应。

龙岩市作为全国重点集体林区，在发展林下经济方面做了积极的探索，取得了良好的生态、经济和社会效益。2015 年，龙岩市林下经济经营面积 803.45万亩，实现产值 121.23 亿元，同比增长 19.3%，带动林农户数 12.8 万户。此外，武平、连城被评为全国林下经济示范县，极大地调动了农民的积极性。“绿”“利”双赢，“上”“下”循环的效应已逐步凸显。

2014 年，龙岩市政府为了解决林农经营过程中的资金困难，出台《关于深化集体林权制度改革加快林下经济发展的实施意见》，明确 2015—2017 年市财政每年统筹安排以代补资金 500 万发展林下经济。

林下经济作为近年来才提到迅速发展的产业，在发展的道路上并不是一帆风顺的，在经营过程中必然存在着风险。因此，如何把握机遇，切实推进林下经济的永续发展，有效识别和应对风险，是目前发展林下经济需要重点解决的问题。

为此,调研组成员利用自身地理优势,对福建省龙岩市进行了为期两个阶段、长达三个月的深入调查与访谈,对林下经济发展存在的风险进行识别,并提出了应对措施。

一、风险识别方法

相对于一般的林下经济,山区林下经济附加了更多、更严格的约束条件,故可以以林下经济的风险管理研究为基础分析林下经济发展存在的风险。风险识别的思路是:首先,通过文献识别林下经济发展可能存在的风险。其次,查阅林下经济相关研究,与21位参与林下经济发展实践经验的实业界人士进行交流(访谈对象背景信息见表1),深入了解发展林下经济的内涵与要求及其存在的风险,构建发展林下经济风险的初始清单。最后,经过专家访谈、课题组调研、咨询专家意见,对初始风险清单进行修正和完善,确立山区林下经济风险清单。

表1 访谈对象背景信息

受访者	职务	工作/年间	工作科室
发改委1	主任	15年	办公室
发改委2	科员	5年	投资科
林业局1	科员	6年	行政管理
林业局2	科员	4年	林业规划
环保局1	副调研员	4年	水环境监督管理
环保局2	调研员	5年	生态办
环保局3	—	2年	生态办
旅游局1	副局长	8年	市场促进科
旅游局2	科员	3年	产业发展科
水利局1	调研员	7年	水土保养
水利局2	调研员	12年	水土保养
规划局1	书记	17年	办公室
规划局2	调研员	5年	村镇规划
规划局3	规划师	9年	建设用地规划

续表

受访者	职务	工作/年间	工作科室
林农 1	—	11 年	—
林农 2	—	11 年	—
林农 3	—	8 年	—
林农 4	—	6 年	—
林农 5	—	9 年	—
非林农 1	—	23 年	—
非林农 2	—	30 年	—

二、发展林下经济的风险清单

在文献分析与专家访谈的基础上，本研究最终确定了以下九种风险，并对各个风险进行了分析。

（一）林下经济内涵不确定的风险

由于学术界对林下经济理论基础研究较少，更缺乏在次生林和人工林下，如何种养、种养数量多少才能逐步促进次生林和人工林由不稳定演替向着更加稳定的类型发展的研究，导致对林下经济发展的内涵变得不确定。各地的林下经济发展实践由于缺乏理论基础变得难以推广和令人困惑。林下经济的内涵不确定会给林下经济的发展和运营带来众多风险。

（二）林下经济发展制度不完善的风险

自 2010 年以来，虽然中央一号文件连续几年明确指出要鼓励和扶持林下经济的发展，各级地方政府也做了大量的工作，从财政补贴、金融扶持、企业带动、科学规划、林地流转、生态技术等方面，根据各地的实情做了很多示范工程，起到了参观学习的标杆作用，但项目组成员在实地调研发现：各地在发展林下经济时，新型林业经营体系并不健全，有很多存在改善的地方。各级运营组织如果不能把制约林下经济发展的所有因素形成体系，就会导致林下经济发展带来风险。

(三)发展林下经济的自然风险

龙岩地区地处闽粤赣三省交界,气候条件多样,森林覆盖率居全省首位,生态环境良好,但地形复杂,以山区为主,雨量大且急,一旦破坏植被,容易发生水土流失、雨涝、森林有害生物等自然灾害,对林下经济造成损失。项目组成员在调研时还发现,当地习俗也是导致森林火灾的一个重要因素:清明时,居民有在山上祭祖燃放鞭炮的习俗,这导致大片森林失火。每年七八月份,汀江水质浑浊,水土流失严重。

(四)发展林下经济的技术风险

项目组成员在调研时还发现,大部分林农虽然有一定的种植、养殖经验,但对林下种植、养殖的空间利用、新品种、新技术和方法,质量标准不熟悉,也不熟悉林下如何间作与套种,更不熟悉林下种植养殖的容量与密度及其科学使用生物农药与有机化肥。对标准化技术、安全生产、检疫防疫问题难以解决。而且林下高新技术涉及的因素多,容易由于技术原因导致生态环境遭到破坏。因此,发展林下经济存在技术风险。

(五)发展林下经济的市场风险

林农自身的学习能力较弱,获取市场信息的能力有限,容易盲目跟风,导致产销脱节,加之林下产品质量在市场上竞争能力有限,较难鉴定其生态性;此外,其产量受自然条件的影响大,品牌运作能力不足;市场销售渠道单一;水利、电力、交通等基础设施薄弱。在没有企业带动和制度保障的情况下,发展林下经济存在较大的市场风险。项目组成员在调研时发现,每到采摘时节,受自然条件和基础设施的影响,树下存在大量被风雨吹打的水果,浪费严重。

(六)发展林下经济的组织风险

项目组成员在调研时发现,除一些大型的生态示范园区外,林下经济的发展以小面积示范和散户经营居多,存在的主要问题是:规模小,林农组织处于刚起步阶段,缺乏具体运行机制;专业合作社带动能力不强,林农年龄大,劳动力有限;合作社负责人多为村委干部,干群关系较紧张,影响了林农组织成员的积极参与性。

(七)发展林下经济的金融风险

龙岩市林下经济投资主要是靠政府引导，以及林农自筹资金，虽然省、市、县对林下经济都有财政扶持政策，[1]但点多面广，特别是山区，前期资金需求量大，只能靠政府引导，依托大型企业投资，但由于林下经济生长周期长，投资回报低，基础设施与配套条件不足，因此难以吸引风投公司，这使得林下经济发展面临着较大的金融风险。项目组成员在调研时也发现，影响林下经济发展的主要因素中，资金是一个较重要的因素，制约了林下经济的进一步发展。

(八)发展林下经济模式的适用性风险

当前，全国各地政府对林下经济发展较重视，出台了相关的财政金融扶持政策，并总结了多种有效的发展模式。学者们通过调查研究归纳了多种对当地经济社会产生良好的林下经济的模式(黄春兰，2014；邹杰、李娅、李金海、杜德鱼，2013；范远江，2011)。这些模式大同小异，不仅缺乏不同模式的比较，也缺乏不同林下经济模式对生态环境的影响，更缺乏结合当地的自然环境与林业资源和配套设施等情况对林下经济进行研究。[2]

张东升(2013)认为应该从自然资源、生态位和生态容量进行探索林下经济发展的最佳规模。项目组成员在调研时也发现，类似的简单复制会导致对林下资源的破坏或开发不足现象。

(九)发展林下经济的林农意识风险

项目组成员在调研时发现，林农对发展林下经济存在以下几个意识风险：第一，大多数林农认为林下种植、养殖与森林旅游只是简单地把传统地种植、养殖与旅游搬到树木下，主动学习生态学知识与新技术，容易造成森林资源的破坏，导致水土的流失，进一步恶化生态环境欠缺。第二，仅以经济效益为中心的少部分村民在发展林下经济的过程中会出现破坏树种的行为。如在发展林菌产业中，有村民为了提高产量，到封山禁地大量砍伐阔叶林。第三，林农的盲目跟风行为，忽略了生态保护，造成的水、土壤的污染、物种单一化的严重问题不容忽视。

三、风险应对措施

(一)加强对林下经济理论基础研究

这是支撑林下经济发展的一项根本性战略,它使得林下经济开发过程有章可循,以最少的风险换取多项长期效益,促进社会永续发展。目前正值各地政府大力推广林下经济发展之际,这为科研工作者重点研究不同物种、不同数量的林下种植、林下养殖对次生林和人工林的演替发展、水土涵养等生态环境问题提供了自然实验室。

(二)健全新型林业经营体系

首先,新型林业经营体系必须与生态建设为战略目标,划定生态红线,结合林业产业发展,科学规划为前提。其次,政府要从政策、资金、用地、基础设施建设、税收、保险等方面进行创新。再次,要培育新型林业经营主体,建立健全林下经济标准体系,探索林下产品质量可追溯管理体系。最后,构建市、县、乡、村四级林业信息网,搭建林业产学研平台、林权流转平台、营销网络平台,强化科技支撑,完善技术服务,延伸林下经济产业链。

(三)完善林下经济风险预警机制

首先,构建林下生态风险和经济风险指标体系和确定预警指标阈值,将林下资源结构、生态功能、自然环境、林下经济四个风险预警子系统视为一个有机联系的整体。其次,建立林下经济风险卫星遥感动态监测系统,提高应对林下经济风险的动态监测、预报、预警的能力。同时,森林管理部门应与政府、各产业部门紧密合作,形成一体化的森林综合监测预警预报防范体系。

参考文献:

[1]黄春兰,等.闽南山区林下经济发展路径探析[J].福建农业学报,2014,29(12):1256-1259.

[2]张连刚,等.林下经济研究进展与趋势分析[J].林业经济问题,2013,33(6):562-567.

[3]罗彦卿,等.与林下经济发展相关的林产化工研究述评[J],林业经济问题,2013,33

(1):92-96.

[4]杜德鱼.陕西省林下经济发展模式研究[J].西北林学院学报,2013,28(5):92-96.

[5]李改伟,慎幸.健全新型林业经济体系,形成现代林业发展新机制[J],林业经济,2016(1):138-141.

[6]胡平均,高莹.西安城郊县发展林下经济的有利条件,风险与对策[J],安徽农业科学,2013,41(31):12345-12347.

[7]韩斌.集体林改背景下的广西林下经济发展模式研究[D].北京:北京林业大学2015年博士论文.

[8]王焕义,李春梅,杜发金.发展林下经济对林木生长环境的影响[J].中国林业,2012,(10):35-36.

[9]李丹,李国,王霓虹.基于条形码的林下经济产品质量可追溯管理系统[J].北京林业大学,2013,35(1):144-148.

温饱型老龄化背景下的农村"五老"模式探究：需求层次观点

阳光学院商学院　施佳璐

摘　要：随着老龄化加速和人口红利的趋势扭转，我国逐步进入老龄化社会，老年人口的增长将给社会经济带来显著影响，特别是农村地区，以常住人口计算，其老龄化水平超过城镇，处理好农村老龄化问题对维持农村社会稳定和促进"三农"事业发展具有积极的现实意义。文章依托我国人口结构变化趋势分析和当前农村发展现状，提出了"温饱型老龄化"的新理念，即解决当前农村老人吃饱穿暖的问题。根据马斯洛需求层次观点，当基本的生理和安全需求得到满足后，才会激发更高层级的需求。因此，本文系统和创新性地提出了温饱型老龄化背景下的农村"老有所养、老有所依、老有所学、老有所为、老有所乐"的"五老"模式，五个层级从低到高与马斯洛的需求层级高度相关。最后，提出模型应用的具体对策和建议，即将老年人从依赖者角色转化为生产价值创造者，为社会减轻养老负担，开拓新型农村银发商机。

关键词：温饱型老龄化；农村五老模式；马斯洛需求层次

2006年中国老龄办发布的《中国人口老龄化发展趋势预测研究报告》显示，2001—2006年为中国人口快速老龄化阶段，平均每年新增596万老龄人口，65岁以上人口年平均增长率达3.28%。报告预测，到2020年年末，全国65岁以上老年人口将达到2.48亿人，其中约70%居住在农村。国内研究表明，2020年后我国老龄化程度仍将继续，预计人口老龄化峰值将在2060年前后到来，届时老龄人口比重将达到40%（见图1）。[1]国家统计局数据同时显示，我国人口总抚养比自2010年降至最低点后向上反弹，这反映了我国人口红利趋势的扭转。老龄化加速和人口红利逆转将对我国国民经济发展产生显著影响。部分发达国家目前已经进入老龄化、高龄化甚至超高龄化社会，其由此引发的一系列社会问题值得我们重视。我国农村人口比重大，青壮年劳动力整体呈现持续流出状态，以常住人口计算，农村老龄化水平超过城镇，农村老龄化问题波及的规模更广、范围更大，加之农村生活水平相对较低，老龄化相关产业发展迟缓，老龄化导致的系列问题更加突出，因此解决农村老龄化问题对维持农村社会稳定、促进“三农”事业发展、实现我国建成全面小康社会的目录具有积极的现实意义。

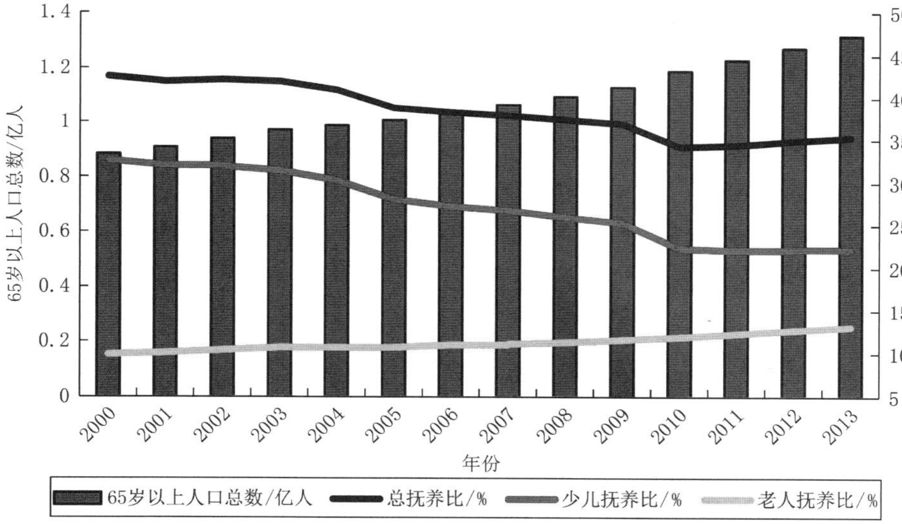

图1　2000—2013年老龄人口和抚养比重图

数据来源：中国统计年鉴。

一、当前农村老龄化现状与问题分析

(一)农村人口结构老龄化现状

中国统计年鉴数据显示，我国人口结构从金字塔逐渐向倒金字塔转变，出现严重的头重脚轻的形态(见图3)，年轻人背负着越来越多的养老压力和负担。部分学者研究认为，依照目前我国人口发展的趋势，到2060年我国总人口数会降至11亿左右，届时65岁以上的老年人口数预计会达到4亿，约占总人口数的39.39%。[2]而农村地区这一情况或将更加严重，根据中国统计年鉴数据，截至2013年，我国农村老年人口总数为1.27亿，是城市老年人口的1.69倍；农村老龄化水平高达9.7%，是城镇的2.1倍；农村老年人抚养比率为4.58∶1，即农村4.58个青壮年劳动力养活一个老人(见表1、图2)。农村青壮年劳动力在城市化大趋势下持续向城市流动，由此引发“空巢老人”的数量不断上升，据不完全统计，该数量目前已接近1亿。农村社会保障体系缺失与农村老年人口劳动能力衰退的矛盾尤为突出，具体表现如农村看病难，基本生活缺乏保障，甚至出现病死无人问津的现象，呈现出显著的“未富先老”矛盾，对农村社会经济发展甚至建设全面小康社会的中长期发展目标产生不利影响。

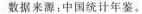

表1　我国人口结构比重和发展预测表

年龄	人口结构比重/%						
	2000年	2005年	2010年	2013年	2018年	2025年	2060年
0～14岁	22.89	20.30	16.60	16.40	13.23	12.58	10.56
15～64岁	70.10	72.00	74.50	73.90	73.54	68.23	51.57
65岁以上	6.96	7.70	8.90	9.70	15.19	20.47	39.39

数据来源：中国统计年鉴。

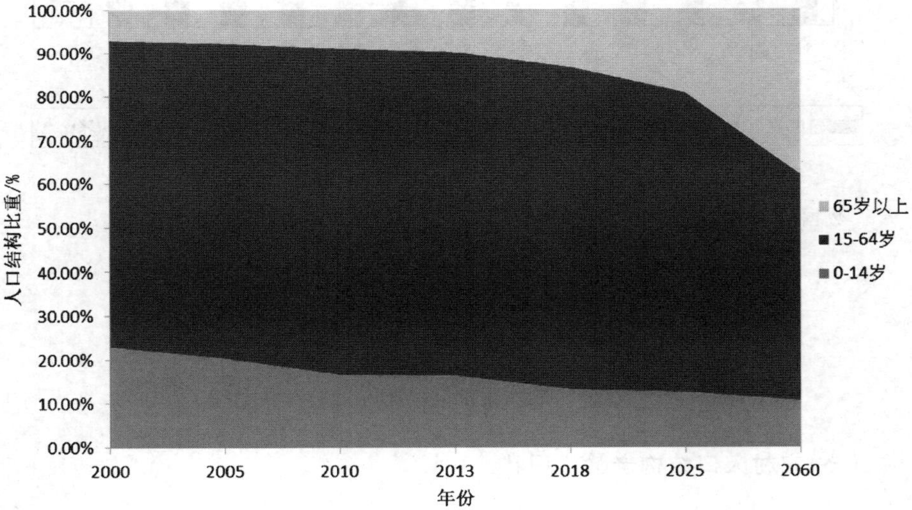

图2　我国人口结构比重和发展预测图

数据来源：中国统计年鉴。

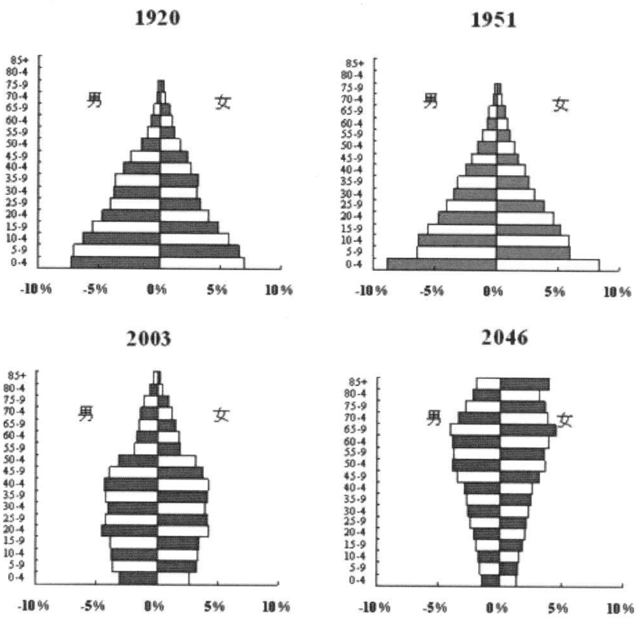

图 3　我国人口结构形态发展示意图

数据来源：见文末参考文献[3]。

（二）农村“温饱型老龄化“的基本定义

我国城乡二元结构差异显著，城乡间生活水平、需求、产业形态问题表现也不同。大多数城镇老人在满足物质生活需求的基础上，开始关注精神文化方面的需求，因此近几年有关老龄化的新观念、新概念频现，例如健康老龄化、在地老龄化、成功老龄化、优质老龄化等议题，这些议题的共同点都是将老年人转化为非依赖者的角色，实现老有所学、老有所为、老有所乐，发展老龄化产业，将老年人的价值转化为生产力。但农村地区相对经济滞后，土地经营为主要经济来源，养老保障不健全，农村贫困老人比例高，大部分老人的生活还停留在温饱阶段，追求的是老年吃饱穿暖的问题，即关注农村老人老有所养、老有所依的基本生活问题，笔者将这种观点创新性地定义为“温饱型老龄化”。该政策旨在帮助农村老人过上吃饱穿暖的基本生活，长远目标是在温饱型老年生活基础之上，逐渐迈向小康阶段甚至富裕阶段，激励精神需求因素，缩短城乡二元老龄化问题。

(三)“温饱型老龄化”是当前农村老人迫切又现实的需求

随着人口老龄化进程加速,社会资产配置将向医疗、健康、养老等领域倾斜。根据中国统计年鉴数据,2000—2013 年,65 岁以上老年人的医疗总费用呈现上涨趋势,同时,医疗费用在国民总收入中的比重及老人抚养比亦维持稳定攀升(见图 4)。我国农村老年人口占全国老年人口的 70%左右,其中约 46%没有养老保障,比城镇缺乏养老保障比例高出约 20%,而医疗、健康、养老等资源集中在城市[3],农村养老需求与供给存在显著矛盾。相关研究表明,2013 年老年人因病负债的比例为:农村 27%左右,城市 14%左右;空巢老人感到孤独寂寞比例为:农村 56%左右,城市 42%左右[4]。因此,在当前农村养老资源供给缺口较大的背景下,优先解决农村老人饮食、住宿和医疗等基本生活问题是当前农村老人迫切和现实的需求,“温饱型老龄化”应是当前农村最合适和紧迫的对策。

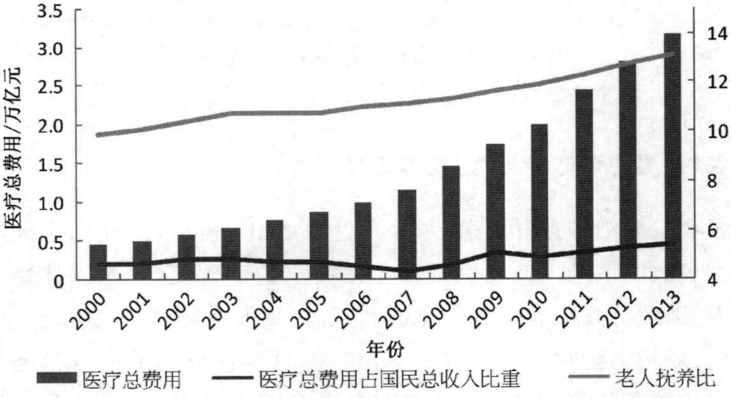

图 4　2000—2013 年农村老人医疗消费情况图

数据来源:中国统计年鉴。

二、马斯洛需求层次观点下的“五老”模式

(一)马斯洛需求层次理论

马斯洛需求层次理论是组织行为激励理论中应用最广泛的理论。马斯洛需求层次理论主要将人类的需求分成五个阶层,分别是生理需求、安全需求、

社交需求、尊重需求和自我实现的需求。五类需求从低到高形成金字塔形状。马斯洛认为人类需求在满足过程中，只有满足低层次的需求后才会出现更高层次的激励因素，此时相对满足的需求也将不会成为激励因素。

马斯洛同时也将需求层级从低到高分为低阶、中阶、高阶，即温饱阶段、小康阶段和富裕阶段。温饱阶段的需求即基本的生存和生活的需求，包括生理和安全需求；小康阶段需求是在满足温饱的基础上追求更高层次的精神需求，包括尊重和社交需求；富裕阶段需求为马斯洛提出的最高层级的精神需求，包括自我实现需求（见图5）。马斯洛认为，一个国家国民的需求层级是与这个国家的经济发展水平、科技发展水平、文化程度和人民受教育程度直接相关的。在不发达地区，追求生理和安全需求的人数占较大比重，而有高级精神需求的国民比例较小；在发达地区情况正好相反。我国农村目前老龄人的需求层级主要停留在温饱阶段的生理和安全需求。

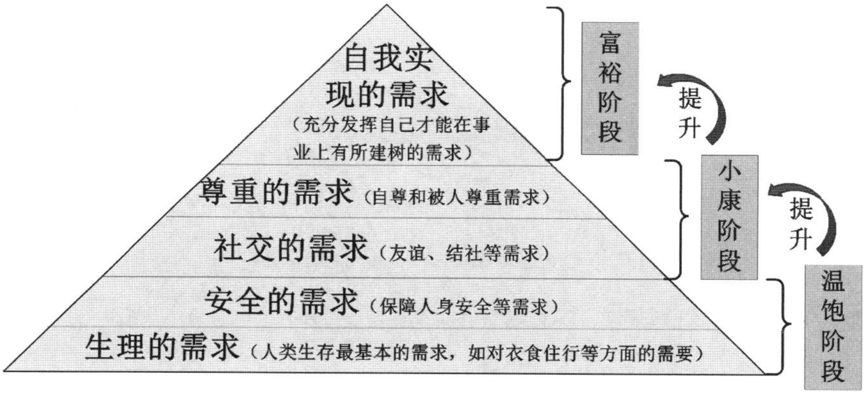

图5　马斯洛需求层次图

鉴于我国农村老人的生活水平较低，目前还处于温饱阶段，即物质需求的满足阶段，可将马斯洛需求层次理论调整成上下两个层级：低层级即物质需求层级，是目前农村老龄化问题亟待解决的需求；高层级即精神需求层级，是农村老龄化问题的长远目标（见图6）。随着城镇化程度的加深，以及经济发展的推进，人们在满足物质需求层级后将向高层级的精神需求迈进。

（二）农村“温饱型老龄化”背景下的“五老”模式

“五老”模式即老有所养、老有所依、老有所学、老有所为、老有所乐，与马斯洛需求层级高度吻合，形成一一对应关系（见图7）。“五老”模式从低到高

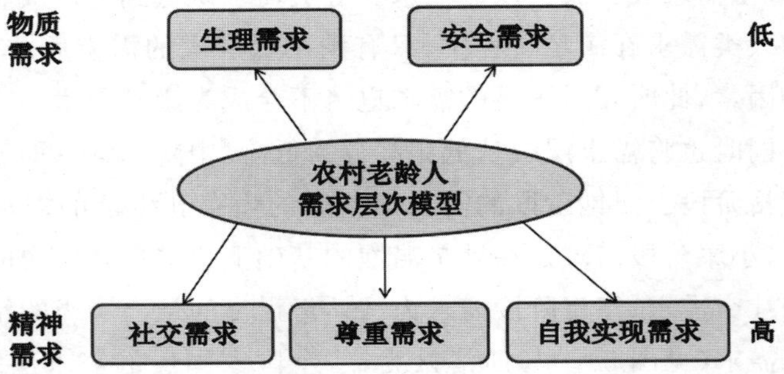

图 6 调整后的农村老龄人需求层次图

的养、依、学、为、乐与生理、安全、社交、尊重、自我实现存在高度关联性，因此从马斯洛需求观点来分析和构建老龄化系统架构是合理的。其中老有所养、老有所依是物质需求满足阶段，也称为温饱型老龄化阶段，符合马斯洛提出的基本生活满足层级。

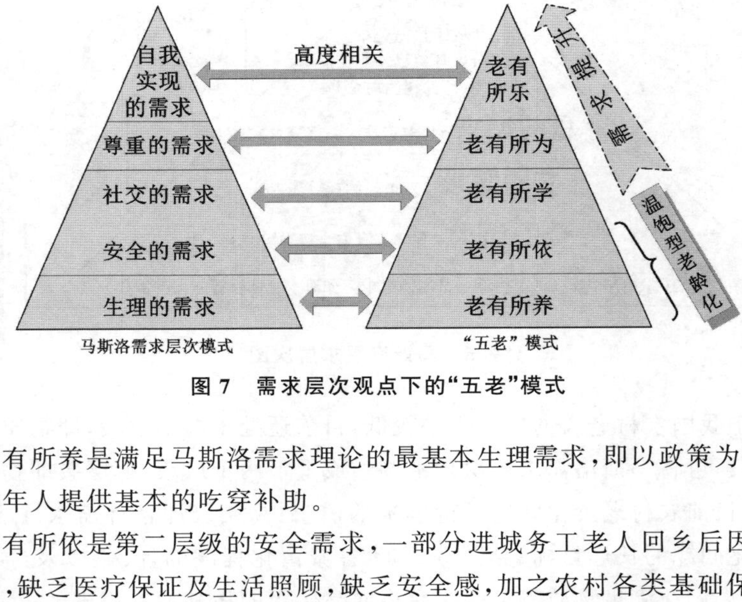

图 7 需求层次观点下的"五老"模式

老有所养是满足马斯洛需求理论的最基本生理需求，即以政策为导向，为农村老年人提供基本的吃穿补助。

老有所依是第二层级的安全需求，一部分进城务工老人回乡后因子女不在身边，缺乏医疗保证及生活照顾，缺乏安全感，加之农村各类基础保障制度不健全，无人养、无依靠成为大部分农村老年常态。

老有所学是在满足了基本温饱需求后，老年人可以通过提升个人的社会交际、教育娱乐的方式来丰富老年生活。

老有所为是将老年人依赖者的角色转化为非依赖者的角色，部分老人有一定的社会、工作经验，要将这部分财富转化为生产力，让老年人参与到社会价值的创造中，为新一代成长青年提供更多的晋升途径和工作技巧。

老有所乐是需求层次的最高阶段，当老年人达到了以上四个阶段后便可以不为名利，通过选择自己喜欢和感兴趣的生活方式实现天伦之乐，同时实现自身的价值。

当前由于我国农村生活水平还处于温饱阶段，因此满足农村老人的老有所养、老有所依是当前的首要任务。随着老龄化程度的加重和社会经济水平的提升，再逐渐构建完整的五老模式架构，满足老有所学、老有所为、老有所乐的需求。

三、“温饱型老龄化”背景下推进农村“五老”模式的对策与思考

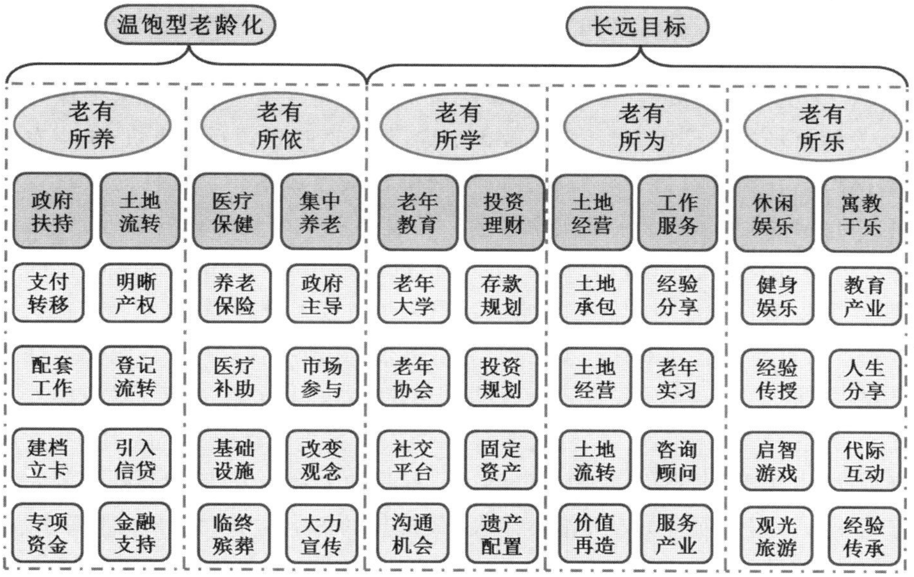

图 8 “五老”模式的对策与应用

（一）老有所养，全面推进“温饱型老龄化”

在当前城市化进程加速、农村劳动人口持续向城市转移的大背景下，以第一产业为主的农村经济成长速度将低于城市。养老资源的供给与经济发展水平密切相关，应尊重和把握农村经济发展规律，根据农村实际，推动全面实现

“温饱型老龄化”。一是国家可通过支付转移建立专项资金用于支持农村“温饱型老龄化”实现。地方政府应积极开展配套工作，县地方级政府应督导乡镇为农村户籍老年人口建档立卡，全面掌握老年人经济状况、健康状况、家庭状况和征信信息，以便政府安排相关支付转移时进行科学测算，也便于专项资金使用过程中精准对接。二是加速明晰各类农村不完全产权，赋予农村承包土地经营权、宅基地使用权、住宅所有权、林权等资产属性，保证农村老年人一定的财产性收入，从根本上提升“温饱型老龄化”内在质量和可持续性。三是有效管理各类农村产权的登记和流转；部分经济较为发达的农村可以依托上述农村资源资产化引入信贷资源，并探索倒按揭①方式为养老资源的注入提供金融支持。

（二）老有所依，完善养老保障机制

老有所依是老龄化进程中必须解决的安全需求问题。建议一是进一步完善农村医疗保健体系。据不完全统计，目前我国农村人口基本没有社会保障，因病致贫、因病返贫的现象在农村特别是贫困地区尤为突出。[4]同时医疗资源过度向大型中心城市集中，因此国家应统筹规划建立覆盖农村的医疗保障制度，发挥市场机制作用，依托财政政策引导，促进医疗资源重心下沉，丰富农村医疗资源，在提升农村看病便利性的同时降低交通成本。二是针对农村青壮年人口流出的实际情况推动集中养老。随着当前城市化进程的加速，农村青壮年劳动力大量流向城市，“留守”老人比例逐年增加，随着农村老龄化的加速，丧失生活自理能力的农村老年人比重将呈持续上升趋势，家庭养老在这一背景下具有显著的局限性。要实现“老有所依”必须结合农村实际情况发展具有农村特色的“集中养老”。可由政府主导建设“集中养老”基础设施，如养老院等，并适度补贴运营费用，由村集体和老人自主支付部分运营费用，探索政府主导、市场参与的农村集中养老制度。三是加大宣传力度，扭转传统的农村养老观念。据一项有关农村高龄老人“最理想的养老方式”的调查数据显示，大约70.8%的老人选择家庭养老，15.1%的老人选择自我养老，选择去养老院的老人只有7.5%（见表2）。[5]因此，家庭养老依然是农村养老方式的主流和

① “倒按揭”也称“反向住房抵押贷款”。是指房屋产权拥有者，把自有产权的房子抵押给银行、保险公司等金融机构，后者在综合评估借款人年龄、生命期望值、房产现在价值以及预计房主去世时房产的价值等因素后，每月给房主一笔固定的钱，房主继续获得居住权，一直延续到房主去世；当房主去世后，其房产出售，所得用来偿还贷款本息，其升值部分亦归抵押权人所有。

首选，但该方式或将逐步脱离农村实际。基层地方政府及相关部门应加大对“集中养老”的宣传力度，逐步让“集中养老”成为首选。

表2 农村高龄老人最理想的养老方式

养老方式	百分比/%
自我养老	15.1
家庭养老	70.8
社会养老	3.8
乡村集体出钱养老	1.9
养老院养老	7.5
其他	0.9

数据来源[4]

(三)逐步实现“老有所学、老有所为、老有所乐”的长远目标

1.老有所学，培养教育理财观念

老年人由于身体机能衰退，对新鲜事物的感知和接受能力不足，导致其落后于社会发展，甚至与科技发展脱轨。因此，应将“活到老，学到老”的观念渗透于老年生活中，帮助老年人再次融入社会，获得新鲜教育资源。可以通过村老年协会等教育组织，开展定期老年大学下乡，向老年人传授跟紧时代发展的新知识、新词汇、新技能，教会老年人一些简单的电脑知识、互联网应用工具等等。还可以通过村集体组织与部分技校挂钩，不定期开展老年养生知识讲座，让老年人的生活更加丰富，生活更加自理，同时减少年轻人的养老负担。除此之外，还可以开展一些投资理财培训或讲座，让老年人的养老储蓄得到再利用，拓宽老年人经济来源渠道。

2.老有所为，充分发挥老人价值

老有所为是发挥老年人价值的最佳途径，目前农村主要的劳动力集中在45～65岁之间，因此农村土地的承包、经营、流转的主力仍然是农村留守老人。要改变老年人“依赖者”的角色，打破“老年无用论”观念，让每一位老人都能最大化发挥自身价值，老龄产业的发展一方面可以为老年人提供更多的工作机会和充实生活，另一方面也为企业和年轻人带来更多的银发商机。首先，政府可制定相应的优惠扶持政策，鼓励社会资金进入农村老年产业。其次，发展专业的老年服务中介组织，为老年人需求工作机会和岗位创造更多的平台和途径。再次，培养老年人服务产业，45～65岁身体健康农村中老年人可以

成为家政服务中心的主要人力资源。最后，对于有一定城镇企业工作经验，或是管理经营能力的老人，可推荐进入企业作为咨询顾问，为企业的发展提供经验咨询，充分发挥老年人成熟、稳重、经验丰富等特质，将依赖者的角色转化为经验技术传承的最佳途径。

3.老有所乐，构建精神生活平台

目前，农村老人的高层次需求还处于精神贫困的状态，休闲健身、旅游观光、启智游戏等活动较少，连家庭电视都没有达到人均一台的比例[6]。因此，激励农村老人的精神需求是未来农村老龄化的一个迫切和强烈的趋势。目前较为实际的对策是充分发挥老年社团、老年活动中心、福利中介、服务组织的功能，多开展一些老年休闲娱乐活动，例如健身、经验分享、启智游戏，组织体能较好的老年人进行短期近距离的观光旅游。对于部分有一定文化程度或是城市工作经验的老人，可以开展一些经验分享会、技术传承教育等活动，不断丰富老年人的精神生活，让农村老年人也能过上乐不思蜀的生活，从而达到“老有所乐”的目标。

参考文献：

[1]杨江权.现阶段我国人口结构问题分析及推测研究[D].吉林大学，2013.

[2]林宝.中国农村人口老龄化的趋势、影响与应对[J].西部福坛，2015，2(25)：73-81.

[3]林莉莉.台湾高龄化社会的可行人口发展规划：需求层次观点[J].中国地方自治，2013，66(11)：49-74.

[4]张彬瑜，张大勇，赵建利.农村高龄老人照料困境剖析[J].理论观察，2008(3)：86-88.

[5]王瑞娟.农村老年人口养老问题透视[J].理论探索，2006(4)：97-100.

[6]杨军昌，余显亚.论我国农村老年贫苦人口与“温饱型老龄化”问题[J].西北人口，2007，28(1)：45-48.

[7]江大树，王子华，潘中道，梁铠麟.老有所用的理念与实践：菩提长青村个案研究[J].国家与社会，2013(14)：55-118.

[8]CHANG M L.The experiences of family caregivers in rural communities of an aging society——A case study in Yilan[M].2015.

[9]QIU C X，et al.The confucius hometown aging project：A community-based study of aging and health in a rural area[J].The Lancet，2015(386)：S57.

[10]PEEK，GINA G，ALEXANDER J.Keeping it safe：A study examining aging in place among rural older adults[C].HERA Conference，2015.

农户投入龙头企业信任结构的研究

阳光学院商学院　钟冬明

摘　要：　农户与龙头企业合作的过程中，投入的信任主要是计算型信任，这阻碍了农户与龙头企业的进一步合作。实证结果表明：制度型信任是计算型信任和关系型信任的基础，良好的制度型信任可以促进计算型信任和关系型信任的发展，但基于功利的计算型信任要转化为基于理解和认同的关系型信任必须具备一定的条件，它不会随着交往次数的增加而自发转化形成，这就有必要考虑组织管理的实施办法，而具体的实施方法，更多地以政府、协会、地方组织作为参照。

关键词：　计算型信任；关系型信任；制度型信任；SEM

一、问题的提出

“结石宝宝”、“大头娃娃”以及奶农倒鲜奶、杀奶牛的现象表面上是由于供求关系失衡，而深层次的原因则是“公司＋农户”模式的缺陷，乳品加工企业和奶农之间没有结成真正的利益共同体，农户不过是公司“编外”的“打工仔”和替市场风险“买单”的人。虽然“公司＋农户”的农业产业化模式在我国已经有了 20 多年的实践，但如何形成生产、加工、销售有机结合相互促进的机制，使企业与农户“风险共担、利益共享”，可以说并没有得到真正解决。基于此，许多学者从不同的角度进行了深入研究：王慧(2005)、畅小艳(2003)、陆迁(2003)、赵朋(2003)、牛若峰(2002)、杨明洪(2002)、徐金海(2000)等学者从利益衔接、组织运行机制、关系稳定性、履约率(机会主义行为)、契约完全与否等方面探讨了“公司＋农户”型农业产业化组织中存在的问题。黄祖辉(2000)强调农户有必要进行合作。牛若峰和夏英(2002)指出,“龙头”企业同参与农户要建立相互忠诚、相互信任的合作伙伴关系,守法履约,这是处理好相互利益关系的基础。

虽然“公司+农户”模式的研究从各个角度进行了探索,但现有的研究仍存在以下的不足:第一,现有的研究多数对宏观现象加以分析,缺少从微观层次进行的研究。第二,虽然有学者对农户进行了研究,但缺乏从信任的角度对农户进行实证研究。

本研究通过研究农户投入龙头企业的信任有哪些类型,它们之间是如何相互影响的,旨在从内层深处揭示农户投入龙头企业的信任结构,从本质上为龙头企业和政府提供一些方法,有效引导农户与龙头企业建立一种长久的合作伙伴关系,促进农民增收、农业增效;通过对农户进行深度访谈和抽样调查,并运用 AMOS 6.0 和 SPSS 13.0 对数据进行相关分析、回归分析、因子分析、信度分析和效度分析,进一步验证模型中的假设,并修正模型中的路径。

二、理论模型与假设

(一)农户信任的内涵

在我国,农户不仅是一种生活组织,更是一种生产组织;农户的行为也不只是个体的行为,而是有组织的群体生产行为(胡豹,2004)。严酷的生产环境、落后的生产条件和传统的人治以及现世主义风格导致农户具有天然的机会主义情结,再加上我国的基本国情:人多地少,人均占有耕地少,二元经济结构尚未完全打破,生存成本增加,进一步使农户成为理性的利益追求者(宋圭武,2007)。

在此基础上,农户投入龙头企业的信任可以定义为:在一定的历史条件中,农户基于风险和互惠的前提下,相信另一方(龙头企业、政府和其他中介机构)有能力且愿意去履行承诺,同时不会利用农户的弱点去牟取私利的心理状态,最终形成的一种较稳定的对未来预期的交往态度和价值倾向。

(二)农户信任的类型

针对 Lewicki & Bunker(1994)的研究,信任的产生首先是谋算型信任,亦有学者称之为基于计算的信任或基于制度的信任(Sako,1992)。谋算型信任通过外界环境提供的可信性证据来预测对方的行为方式。例如,通过合同、契约等方式来建立关系,关系双方可能彼此并不了解,更多的是对法律制度的信任,所以说也称之为基于制度的信任(Zucker,1986)。属于信任的理性部分,农户投入龙头企业的信任完全来自成本和利益的计算,一旦机会主义的利益高于成本时,违约行为依然可能发生。由于我国农户与龙头企业的合作起步晚,制度尚不完善,不同地区的合作组织存在较大的差异,因此将计算型信任和制度型信任分开研究有利于进一步了解组织制度对农户投入龙头企业信任的影响。

信任发展研究的后两个阶段,是基于了解的信任和基于认同的信任(Lewicki & Bunker,1994)。通过实地访谈发现,农户投入龙头企业更深层次的信任更像 McAllister(1995)提到的认知型信任和情感型信任,且对这两种信任的区分并不明显。加上我国社会整体信任度偏低,使得情感型信任多。企业间的"关系"来自两方面:一方面是企业之间已存在的既有关系,例如亲缘、地缘、血缘等,这种既有关系的存在,会使企业间产生一定程度的情感信任。另一方面,企业也可以通过长期交往建立起一种稳固的关系,这种关系的建立来源于以往成功的合作经验。彭泗清(1999)对信任建立过程中的关系运作进行了问卷调查,调查结果表明,不同的关系运作方法有不同的使用范围,在长期合作关系中加深双方感情的关系运作较受重视,而在一次性交往中,利用关系网和利益给予的关系运作较受重视。"人情关系"在企业间的联系与合作中起了很重要的作用(张延锋,2003)。由此,基于了解的信任和情感的信任在我国根据实际情况进行了修改,改为关系型信任,属于信任的感性部分。

通过以上分析,基于农户投入龙头企业信任的实际情况,将信任分为三个维度:计算型信任是基于功利关系的,来自于利益的计算或契约的限制,产生的条件是,信任行为的可能获利要大于可能损失。制度型信任是基于组织完善和制度公平,来自基层各类农业合作组织的完善和各种制度公平的信任。关系型信任是基于了解的,是由双方行为的可预测性而产生的,同时包括由于既有关系的存在而带来的基于情感的信任。在接下来对农户的调查中,笔者将对这一维度划分方式进行验证,以求探索出适合我国农户投放龙头企业的信任维度划分方式。

(三)模型建构与假设提出

把信任分为三个维度,并不是说它们相互孤立或者相互排斥,它们是可以同时存在的,信任可以由一种也可以由多个构建方式或程序发展而成

(Donny、Canon and Mullen，1998)。即使在同一关系中，也可能混合不同形式的信任(Rousseau、Sitkin、Bunt and Camerer，1998)。制度型信任是计算型信任和关系型信任的基础，在一定制度型信任的基础上，计算型信任和关系型信任更容易发展。依据上面对信任类型的分析，提出以下假设：

假设1：制度型信任越高，计算型信任也越高。

假设2：制度型信任越高，关系型信任也越高。

假设3：计算型信任越高，关系型信任也越高。

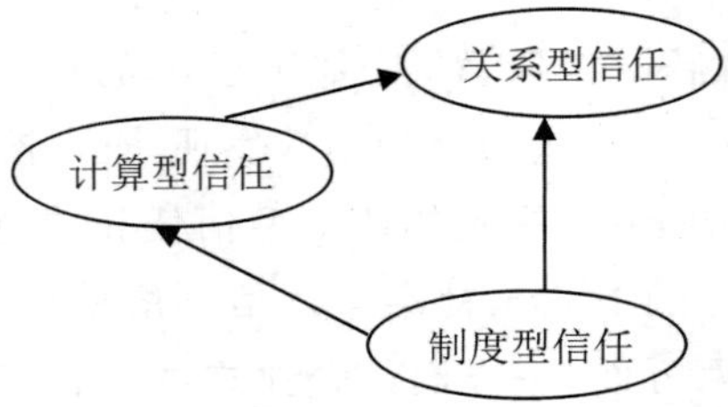

图1　制度型信任、关系型信任和制度型信任的三者关系

三、数据来源与变量测量

(一)数据来源

本文的调查对象是与龙头企业合作的核心农户和曾经与龙头企业合作的农户，笔者利用"三缘"(血缘、地缘、业缘)关系向核心农户进行了问卷调研，取得了62份样本数据，其中核心农户占36%；同时，通过"三农协会"和"三下乡"活动取得了70份样本数据；发动其他社会力量深入调查取得了40份样本数据。共收集数据样本208份，其中有效数据样本共172份，有效样本比例82.7%。虽然遇到了比较多的困难，但是从回收的数据来看，样本的有效率较高。

(二)变量测量

1.制度型信任

由于国内外关于制度型信任的测量量表研究较少，且国内外在制度上态度观点不同，制度型信任的指标很难选取，但是经过国内大量关于制度或制度型信任的文献翻阅和实地调查发现，我国在制度建设方面进展较快，人们对制度的认知已有大幅度提升。在农户与龙头企业合作中，对农户而言，制度主要来自两个方面：一方面是地方政府制定的各种带动农户增收的政策（包括土地流转政策、农业保险等）是否公平合理；另一方面是农户与龙头企业合作的过程中，各种正式组织或非正式组织是否完善，故本文认为测量表就应从这两方面来描述制度型信任的内容。如表 1 所示。

表 1　制度型信任测量量表

编号	项目内容	来源
zhidu1	这些年来地方组织或政府制定的各种制度对公司和农民是公平合理的	实地访谈
zhidu2	您对组织或政府制定的各种农业制度总体上是满意的	
zhidu3	如果公司违反合同，您相信一定会通过法律或组织保护自己的利益	
zhidu4	您认为本地的传统习俗有利于与公司合作共赢，并能长久发展	

2.计算型信任

在实地访谈中可以发现，由于当前中国的整体信任水平较低，因此计算型信任在农户对龙头企业中更普遍。计算型信任主要是对成本利益的衡量，即农户对龙头企业的信任仅仅是由于机会主义行为的成本过高，如果出现对农户自身有利的机会，这种信任可能很快会被破坏。问卷的测量条款借鉴 Handheld & Bechtel（2002）和 Zaheer，McEvily & Perrone（1998）中有关计算型信任的条款进行修改，同时将实地访谈中产生计算型信任的来源也纳入量表，如表 2 所示。

表 2　计算型信任测量量表

编号	项目内容	来源
jishang1	您认为公司与您合作只是抱着赚钱的目的	Handhel & Bechtel (2002)
jishang2	如果您发现某次与公司合作不能赢利，以后永远都不合作	
jishang3	您在与公司签订合同之前，会仔细计算合同对自己是否有利	
jishang4	您与公司签合同主要是看公司的能力和名声来决定是否签合同	

3.关系型信任

研究的量表借鉴企业间信任研究中与关系型信任相关量表，同时还借鉴了其他信任领域如人际间和组织内信任的量表，其中包括信任的一维测量

(Zaheer、McEvily & Perrone,1998;Anderson & Narus,1990;Kwon & Suh,2004)和多维度测量(Cummings & Bromiley,1995;McAllister,1995)。在此基础上修改,选出与农户信任有关的维度。如表3所示。

表3 关系型信任测量量表

编号	项目内容	来源
guanxi1	您和公司可以自由地选择合同的签订时间和内容,并表达自己的想法和希望	McAllister (1995), Cummings & Bromiley (1995)
guanxi2	您可以放心地跟公司(协会组织)讲农业生产中遇到的麻烦,且公司愿意倾听	
guanxi3	您家遭受自然灾害或生活困难时,公司会给予关切和帮助	
guanxi4	您能肯定您和公司在合作时投入了很大的精力和感情	
guanxi5	如果您不与公司合作时,您多少会有一点失落	

四、结果与分析

(一)问卷信度与效度分析

由于国内对于农户投入龙头企业信任的测度研究尚属探索阶段,因此在问卷回收之后,本文对问卷进行了信度和效度分析,测度模型的整体拟合优度以及内在结构拟合优度检验结果如表4所示。测度模型的内在结构验证结果表明,各维度的内部一致性指标Cronbach α系数均大于临界值0.7;建构信度(construct reliability,CR)值均大于临界值0.6,因此问卷的信度良好。测度模型的整体拟合优度验证结果表明,绝对拟合优度指数GFI以及RMSEA也显示测度模型的拟合优度较为理想;增值拟合优度指数NNFI也显示应该接受测度模型;另外,测度模型的各个维度的平均变异抽取量均大于临界值0.5,显示各个维度均具有较好的聚合效度(convergent validity);在区别效度方面,测度模型的卡方值为119.096,与自由估计时的卡方值之间的差距明显大于3.84($\alpha=0.05$),这意味着两两变量之间是可以区别的。综上所述,本研究所测定的信任量表具有较好的信度以及效度。

表 4　农户信任问卷的信度和效度分析表

	Cronbach α	GFI	RMSEA	NNFI	χ^2
制度型信任	0.6609	1.000	0.000	0.996	2.00
计算型信任	0.7006	0.993	0.036	0.917	5.00
关系型信任	0.7162	0.937	0.016	0.893	27.10

(二)模型拟合检验

从模型的拟合效果来看,所有的拟合优度指标都比较理想。所有的 χ^2/df 值均小于 5,所有 GFI,AGFI,NFI,IFI 和 CFI 的值接近理想的数值(0.9 以上),所有的 RMSEA 值不仅小于 0.1 的最高上限,还略小于要求更高的 0.05,因此可以看出测量模型是相对理想的。

表 5　模型检验的拟合优度指标分析表

	χ^2/df	GFI	AGFI	NFI	IFI	CFI	RMSEA
整体检验	2.34	0.896	0.841	0.762	0.774	0.862	0.038
制度型信任	0.5	1.000	0.999	0.997	1.052	1.000	0.000
计算型信任	1.25	0.993	0.966	0.907	0.981	0.978	0.036
关系型信任	4.52	0.937	0.812	0.839	0.865	0.860	0.056

(三)结论与分析

图 2 中的检验结果显示:

第一,制度是信任的基石。制度型信任对计算型信任和关系型信任均有显著的正相关关系,制度型信任对关系型信任的相关系数为 0.96,对计算型信任的相关系数为 0.74,均显著相关。这说明假设 1、假设 2 得到了支持,说明良好的制度信任可以促进计算型信任和关系型信任的发展。农户通过对制度的信任能够加强对龙头企业的合作,良好的制度可以促进农户与龙头企业进行合作,并能取得良好的合作绩效。同时,良好的制度是促进农户与龙头企业合作的基石,是小农户与大公司紧密合作的桥梁,无论是对基于功利关系的计算型信任的农户,还是基于了解与认同的关系型信任的农户都发挥了合作的基石。因此,各级政府在农户意愿的基础上建立有效的组织与协会制度是促进农户与企业合作的必经之路,是解决三农问题的重要手段;是发挥农户的内在潜力、提升农业产业链价值的重要途径。

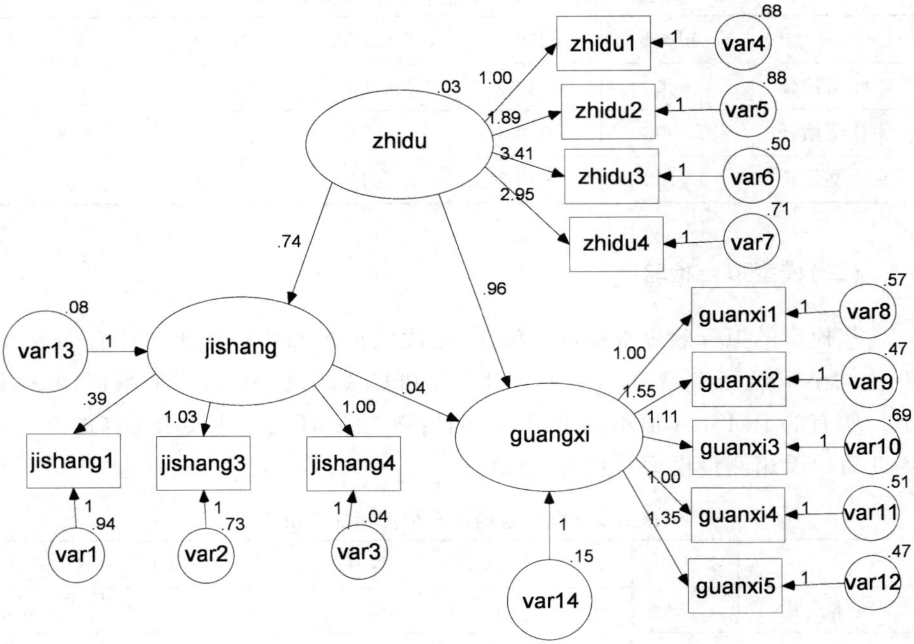

图 2　农户信任的结构方程模型图

第二，计算型信任对关系型信任没有显著的相关关系，相关系数只有0.04，假设3没有得到支持，说明良好的计算型信任不能发展为关系型信任，基于功利的信任无法发展为基于了解和情感认同的信任。这也证实了当前"结石宝宝"等食品安全事件的内在原因，一旦农户与龙头企业面临机会主义，就会做出逆向选择，违背道德，背信弃义，虽然有一些农户与龙头企业合作有多年的经验，但信任始终停留在基于功利的基础上。为何农户在与龙头企业合作的过程中，无法将计算型信任上升为关系型信任？可能存在以下两个原因：

首先，农业生产利润微薄，随着生存成本的增加（来自教育和医疗费用大幅增加），大多数农户只是把农业当作一种生存保障，多数时间用来外出务工，对农业的投入热情较低，导致农户对农业生产的信任只注重短期利益，对长期发展的信任缺失明显。严酷的生产环境、落后的生产条件和传统的人治导致农户具有天然的机会主义情结；此外，二元经济结构尚未打破，剪刀差的存在，导致农户投入龙头企业的信任停留在基于功利基础之上；再加上我国小农经济、人多地少的国情，农户在与龙头企业合作的过程中，往往处于弱势地位，不具备议价能力，这进一步阻碍了关系型信任的发展。

其次，龙头企业多数是由以前的乡镇企业转化而来的，核心竞争力不足，缺乏市场竞争优势，技术更新慢，农业科技成果转化率低；再加上龙头企业对农户生产过程的监管缺失，导致采购成本上升，原材料质量下降；销售渠道狭隘，抗风险能力差；品牌意识弱，一旦遭受市场的风险，很可能会将风险转嫁给农户，导致信任滑坡。

不管确切的原因是什么，可以发现，基于功利的计算型信任要转化为基于理解和认同的关系型信任应该具备一定的条件，其不会随着交往次数的增加自发转化形成，这就有必要考虑组织管理的实施办法，而具体的实施方法，更多地以政府、协会、地方组织作为参照。

本研究的局限有以下几点：首先，仅以地处欠发达地区的农户作为样本来源，从而本文的结论能否推广到其他地区的样本有待进一步研究；其次，在变量的实际度量中，缺少普遍认可的参考量表可以借鉴。因此，对于自行编制的量表的有效性有待在研究过程中进一步完善。

参考文献：

[1]BARBER B.The logic and limits of trust[M].New Brunswick，NJ：Rutgers University Press，1983.

[2]BUTLER J K.Towards understanding and measuring conditions of trust：Evolution of conditions of trust inventory[J].Journal of Management，1991(17)：643-663.

[3]LEWICKI R J，MCALLISTER D J，BIES R J.Trust and distrust：New relationships and realities[J].The Academy of Management Review，1998(23)：438-458.

[4]仝延龄.论三鹿奶粉事件教训深刻[J/OL].论文天下论文网，2009(3)：9-10.

[5]李熠煜.关系与信任：中国乡村民间组织实证研究[M].北京：中国城市出版社，2003.

[6]牛若峰.农业产业化经营发展的观察和评论[J].农业经济问题，2006(3)：8-15.

[7]李义波.农户合作行为研究——苏北P村蔬菜产业协会调查[J].南京农业大学学报，2006.

[8]彭泗清.信任的建立机制：关系运作与法制手段[J].社会学研究，1999(2)：55-68.

[9]陈冲.农民参与合作影响因素的实证研究[J].农村经济，2007(6)：122-124.

[10]郑也夫.信任合作关系的建立与破坏[M].杨玉明，皮子林，等译.北京：中国城市出版社，2003.

[11]费孝通.乡土中国[M].北京：北京大学出版社，1998.

[12]侯杰泰，温忠麟，成子娟.结构方程模型及其应用[M].北京：教育科学出版社，2004.

供应链管理视角下的农村电商物流发展路径研究

阳光学院商学院　张恩娟

摘　要：　“最后一公里”难题成为摆在快递下乡、电商下沉面前的一大难点，农村电商物流存在着配送慢、费用高、无法直接送达农户等问题，严重制约着“农产品进城，工业品下乡”，影响着农村的经济发展和农民生活品质的提升，根据实地调研及文献的查阅发现，高昂的物流成本成为制约农村电商物流发展缓慢的主要因素，文章从供应链管理视角出发，立足降低物流成本，制定出农村电商物流发展路径，以期促进农村电商物流的发展，助力乡村振兴。

关键词：　“最后一公里”；农村电商物流；供应链管理

在2017年政府工作报告中，李克强总理指出推进农村电商助力农业供给侧改革，2018年中央一号文件指出：“重点解决农产品销售中的突出问题，打造农产品销售公共服务平台，支持供销、邮政及各类企业把服务网点延伸到乡村，健全农产品产销稳定衔接机制，加快推进农村流通现代化。”可见中央政府对发展农村电商及农村物流现代化建设的重视，以及对农村电商在农村经济发展中作用的肯定。但发展缓慢的农村物流掣肘着农村电商的发展，严重制约着“网货下乡，农产品进城”，影响着农村的经济发展和农民生活品质的提高，这成为各地亟须解决的难题。

一、农村电商物流研究现状

农村电商物流的发展水平与农民收入密切相关，物流服务能力直接影响着农村经济的发展。梁雯等(2019)利用主成分分析法和 VAR 模型经实证研究得出农村物流对农民收入有着积极正向的影响。[1] 肖荆(2019)认为农产品物流对农村经济发展有着重要作用,但目前农产品物流还存在诸多问题,严重影响了农村经济的发展方向。[2] 吴成骏等(2014)利用格兰杰因果关系检验方法对 1992 至 2012 年福建省经济数据进行处理得出农村物流与农村经济的发展存在着相互促进作用。[3]

强调从人才引进、基础设施和信息技术等方面促进农村电商物流的发展。颜双波(2017)根据实证结果得出新型城镇化发展水平与现代化物流之间协调程度较高,并从布局基础网络、人才队伍建设、加强信息化建设等方面给出发展物流的政策建议。[4] 于小燕(2018)从完善农村物流基础设施、培养物流专业人才及提高农村物流信息化等方面给出了破解农村电商物流发展缓慢的路径方案。[5]

综合以上研究,农村电商的发展对增加农民收入、提高农民生活品质具有积极的促进作用,但是落后的农村物流物掣肘着农村电商的发展。学术界关于促进农村电商物流发展的研究主要集中在基础设施建设方面,这对农村电商物流的发展诚然很重要,但是大部分农村地区的经济基础薄弱,物流投入有限,而我国农村地广人稀,分布分散,基础设施的建设无法快速全面覆盖,所以对如何整合利用现有资源来提升农村电商物流服务能力的研究是十分有意义的。根据笔者实地走访调研及文献的查阅发现,高昂的物流成本是制约农村电商物流发展的瓶颈因素,所以文章从供应链管理视角出发,统筹规划,优化农村电商供应链系统中各节点的管理,旨在降低物流服务成本,助力农村电商物流服务效率的提升,帮助农户创收,提升农户生活品质,促进农村脱贫致富。

二、农村电商物流发展现状及难点分析

《2018 年全国农村电商数据分析》显示,2018 年全国农产品网络零售额达到 2305 亿元,同比增长 33.8%,农村网络零售额达到 1.37 万亿元,同比增长 30.4%,从数据上看,近年来农村电商发展迅猛,但却存在着严重的不平衡现象,经济相对发达的沿海农村与工业化程度较高的农村地区因物流发达,为农村电商数据贡献绝大部分力量,而物流落后的偏远农村、山区的电商发展还是困难重重,即面临着配送周期长、物流服务成本高等问题。

(一)工业品下乡过程中存在的难题

通过电商平台工业品下乡的路径如图1所示。

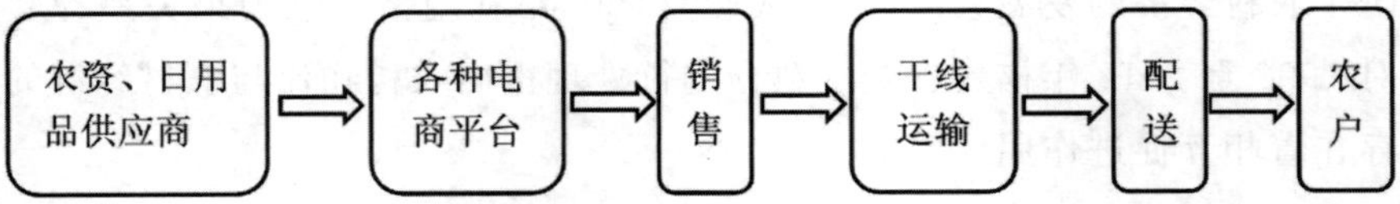

图1 电商平台工业品下乡的路径图

随着信息技术的发展,互联网、电脑及智能手机等电子通信设施设备开始走进农村,大部分农民都可以通过电商平台购买农资及生活日用品,据2018统计年鉴数据,我国农村公路通车里程约405万公里,农村投递路线长度约38万公里,所以网货下乡进行干线运输至乡镇现在已经较为便利快捷,但从乡镇至村落农户的配送还较为不便,根据走访的十几个乡镇、村庄,发现快递配送点多集中在乡镇,很少深入村落,特别是偏远山村,村庄的快递取件都必须到乡镇的快递站点,因此从网上购买的商品到达农户手中至少要5～7天甚至更多天,而且一些快递取件时还经常遭遇二次付费。

造成农村配送物流服务效率低且成本高的主要原因是农村村落分散,村与村间距离远,特别是山区,这就导致配送路程长,耗油量大,且每个村购买量不大,难成规模,致使单件快递的配送时间成本及经济成本都较城镇高很多。

(二)农产品上行进城过程中存在的难题

随着人们对食品安全的关注,城市居民对诸多健康营养的绿色农产品愈加喜爱,但却存在农户和城市居民供需双方互不相识、无法对接的问题,目前农产品供应与城市需求对接的重要通道是电商平台,农产品通过电商平台的上行路径如图2所示。

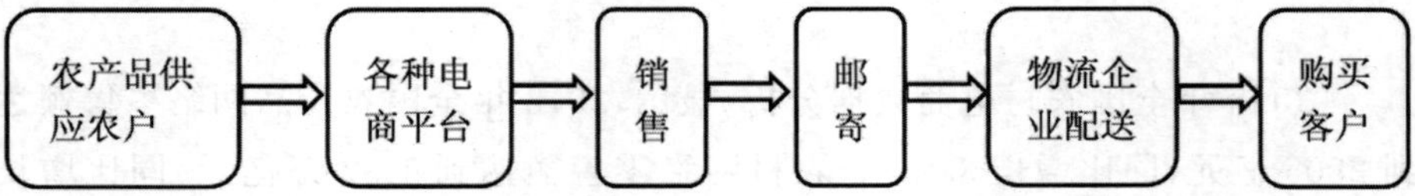

图2 电商平台农产品上行的路径图

农村电商作为农村扶贫的新兴途径,对增加农民收入、促进农村经济发展有着重要的作用,但目前农产品上行存在以下难题:

(1)农产品供需对接难。一方面农户生产的农产品找不到买主，另一方面消费者找不到出售优质农产品的卖家。如：一些野生菌类、笋干等干货都是农民采摘后利用传统工艺进行晾制的，绿色营养且口感极佳，但却因深居山区无法售出；另一方面，消费者因时间、距离等各种客观因素的限制，无法寻到这些优质农产品，同时很多网上销售的农产品因其溯源困难，假冒伪劣产品众多，大大影响了优质农产品的销售，从而影响了农民的收入。

(2)农产品生产统筹规划不足，一方面某些农产品因无人种植或养殖，丧失了市场机会，从而影响农户的收入；另一方面，某些农产品因大量生产导致供大于求，失去竞争力，致使其售价不高，创产不创收。

(3)农产品邮寄物流成本高。农产品通过电商平台成功售出后，农户常需跑到乡镇物流服务点进行邮寄，不仅路程远而且寄件贵，时间成本和经济成本都比城市寄件高很多。

基于以上研究，可见成本是影响农村电商物流发展的瓶颈因素，而想要解决这一难题，仅仅依靠农户或者物流企业某一方是难以实现的，应分析农村电商供应链系统中各节点的特点，挖掘影响物流成本的因素，制定出农村电商物流发展路径，从而实现资源利用最大化，降低物流成本提升物流服务效率。

农村电商物流供应链系统分为农资日用品下行进村和农产品上行进城双方向，而两个方向存在的难点不同，解决的方案也应不同：①在农资、日用品下行进村的过程中主要难点在于乡镇至村的配送，配送难成规模，配送成本高，配送周期长甚至不进行配送，需村民自行到乡镇物流站点取件并需交保管费用。②农产品上行进城中的主要难点在于农户邮寄农产品的物流站点少，邮寄距离远，费用高。下文将从农产品销售电商平台的建设、农产品邮寄及农村配送等环节进行分析，给出提升物流服务能力降低物流服务成本的对策方案，如图 3 所示。

(三)政企合作建立牵引式农产品电商平台，实现产需精准对接

(1)由政府与各电商企业合作建立牵引式农产品电商平台，利用大数据技术对农产品需求进行分析预判引导农民进行精准生产，避免盲目生产导致供需不平衡，还有助于扩大生产规模，实现农产品上行邮寄的规模效应，降低物流成本。

(2)消费者与农民通过电商信息平台实现信息互通，建立彼此信任。农民可在信息平台上将农产品的生产情况进行发布，消费者通过信息平台可对农产品的种植过程、养殖过程及制作过程充分了解，对满意的农产品直接进行预

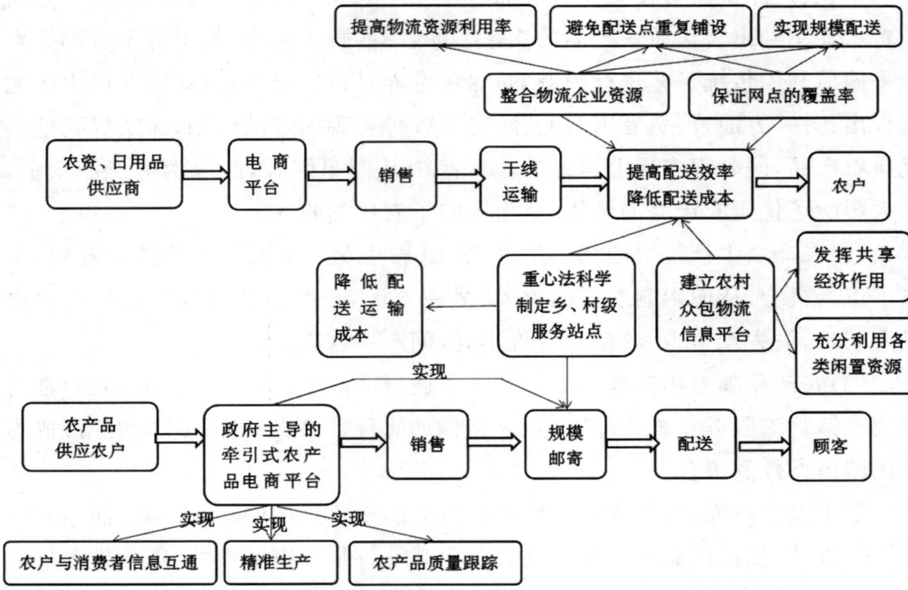

图 3　供应链管理视角下的农村电商物流发展路径

定，消除中间环节。这样一来，农产品生产完成后即可直接进入流通环节，降低了农产品在农户处的储存成本，减少了储存时间，保证了农产品的新鲜品质。

（四）网点资源整合共享，提高人力及设施资源的利用率

（1）成立物流配送网点管理协会对各物流企业现有网点进行整合规划协同管理，各物流企业对所属网点收取一定的租金。物流配送网点管理协会负责网点和设施的日常运营管理工作，根据各配送企业年收寄邮件量所占比例收取对网点及设施的使用费用于支付网点的日常运营和租金，网点及设施共同使用，从而减少物流网点及设施的重复铺设，降低物流成本，提高网点设施的利用率。

（2）建立物流信息共享池，划分每一快递员的负责区域，在从乡镇至各村落进行配送时，各物流企业将所需配送的快件信息录入物流信息共享池，整合发往同一方向或相近村落的快件形成快递包，分发给各负责区域的快递员进行统一配送，实现规模配送降低配送成本，提高配送效率。

(五)利用重心法科学确定乡级、村级服务站点铺设位置

以乡镇为单位,测定各村落的地理位置信息,统计近一年各村落在电商平台上农资、日用品及农产品的购销量,利用重心法帮助确定乡级、村级服务站点的位置,可按如下过程进行:

$$W_x=\frac{\sum A_{ix}S_i}{\sum S_i},W_y=\frac{\sum A_{iy}S_i}{\sum S_i}$$

其中,

S_i——第 i 个村落农产品的销售量与农资日用品的购买量之和;

A_{ix}——第 i 个村落的 x 坐标,A_{iy}——第 i 个村落的 y 坐标;

W_x——配送服务站点的 x 坐标,W_y——配送服务站点的 y 坐标。

将各村落的地理位置信息及购销量带入公式,初步确定各配送点的位置,调研该位置的可行性,再结合当地现有物流服务站点的情况,根据需要新增乡级、村级物流服务网点,并删减部分利用率低的服务网点,在保证网点覆盖率的同时,确保各物流服务站点的有效利用率,从而降低配送及收寄的物流成本,提高快递的配送效率,提升用户体验。

(六)建立农村众包物流信息平台,充分利用农村闲置资源

在农村,存在着"县—乡—村"间上下班的办事人员和通行班车司机等闲置运力,可通过建立农村众包物流信息平台,充分利用这些人员的便利性,使其成为"兼职"快递员。送件人凭身份证、驾驶证等证件进行实名认证注册,并存入定额押金作为快件安全保证金,即可在农村众包物流平台配送池进行抢单配送,赚取一定的配送费用,这样一来,通行班车、县里、乡里上下班的办事人员等闲置运力就得到了充分利用,充分发挥共享经济的作用,减少了资源浪费,提高了快件配送效率,同时降低了物流企业的配送成本,实现多方共赢。

参考文献:

[1]梁雯,桂舒佳.中国新型城镇化、农村物流与农民收入的关系研究——基于主成分分析和 VAR 模型[J].哈尔滨商业大学学报(社会科学版),2019(4):93-103.

[2]肖荆.农产品物流对农村经济发展的影响分析[J].农村经济与科技,2019,30(2):126,111.

[3]吴成骏,等.福建省农村物流对农村经济发展的影响分析[J].农村经济与科技,

2014,25(8):108-110.

[4]颜双波.福建现代物流与新型城镇化协调发展评价[J].商业经济研究,2017(2):107-109.

[5]于小燕.新形势下我国农村电商物流遭遇的瓶颈及破解路径[J].对外经济贸易.2018(6):85-88.

农林复合经营对山区生态质量提升的路径研究

阳光学院商学院　钟冬明

摘　要：　创新农林复合经营模式是提高山区生态环境和创建生态文明的重要路径之一。笔者通过调查研究发现，目前福建省创新农林复合经营模式主要有四类：林种模式、林养模式、林种养模式和林旅模式。这些模式是能够提升山区生态环境质量的有效路径，其中林种养模式和林旅模式是应用最广、综合效益最好的模式。与此同时，应及时建立生态规划区，制定生态红线，建立监控预警机制，防止过度开发而降低山区生态承载力。

关键词：　农林复合经营；山区生态质量；生态农业

福建省森林覆盖率达65.95%，居全国首位。山地森林不但对保障人民财产、生活生产起到关键的作用，而且对农业生产具有保土保墒作用，还起到为工业生产提供水源和防洪防涝等作用；森林还具有净化空气、杀菌降噪、防风防寒的作用，为旅游业、服务业、餐馆业等产业提供良好的经济环境，是创建生态家园的必要措施。要实现"百姓富、生态美"的有机统一，就必须在山地森林建设的大背景下进行农林复合经营创新，提升山区生态质量。

农林复合经营是指在同一土地管理单元上，人为地将多年生木本植物与其他栽培植物或动物，在空间上按一定的时序安排在一起进行管理的土地利用和技术系统的综合，以提高土地、空间、水分、光照、温度和肥料的利用率，增加边际土地的生产力，使单位土地面积上获得最大的经济效益、生态效益和社会效益。目前农林复合生态系统的主要类型有：林—农（粮）复合型、林—牧复合型、林—农—渔复合型、林—渔复合型、林—茶（或药）复合型、林—渔—副复合型。

项目组成员在创新创业项目和科技协会重点项目的支持下，深入各地山区，通过调查分析发现：当前福建省各地区的农林复合经营模式主要有以林菌、林药、林草、林茶为主的林种模式；以林蜂、林禽、林蛙为主的林养模式；以林草鸡、猪沼果林、林草牧肥、猪沼草菌肥林为主的林种养模式；以“森林人家”为品牌，集观光、垂钓、采摘、疗养、保健、餐饮、娱乐为一体的林下旅游模式。这些模式对提升森林生态系统的稳定性、提高山区生态环境质量、减少水土流失、增加土壤肥力、净化土壤污染、从根源上治理水污染起到了决定性作用，取得了经济、社会与生态的综合效益，是提升山区生态质量的有效路径之一。

一、林种模式

林种模式是充分应用间种和套种技术与生态位原理、边缘效应原理和共生原理在山地或森林种植牧草、灌木、果木、药材、花卉苗木、食用菌等经济作物。这种模式有利于改善林龄、林种结构，防止林分老化、树种单一；提高森林生态系统，涵养水土，减少洪涝风沙灾害；增加生物多样性，减少水土流失。如：河田镇种植杨梅林，溪口村种植姜黄、竹荪；上坪村种植金银花、石斛、金线莲、草珊瑚等药材；三明地区广泛种植金线莲、红豆杉、雷公藤、七叶一枝花等药材；霞浦县三七、三叶青分布广泛；尤溪县大量种植草珊瑚、太子参、三叶青等；灌洋芙蓉李下套种高山茶。在龙岩、三明、武夷山等地区，天然林或次生林下间作种植食用菌，包括香菇、红菇、木耳、竹荪、灵芝等菌类，食用菌生性喜阴喜湿，林地内通风、凉爽，为食用菌生长提供了适宜的环境条件，可降低生产成本，而食用菌采摘后的废料又是树木生长的有机肥料，克服了南方红壤的酸、瘦、粘等弱点，防止土壤酸化、肥力退化，提升了土壤的生态质量，是提升山区生态质量的重要路径之一。

二、林养模式

林养模式是指充分应用动植物间的生克制化关系与食物网链原理和协同进化原理在山地或森林养殖蚕虫、蜂蜜等昆虫类和蚯蚓等分解植物型动物、鸡、鸭、鹅，猪、牛、羊等禽类动物。这种模式充分利用天敌关系调节种群动态平衡，减少了农药使用量，增加了物种多样性。此外，通过动物过腹和物质能量转化,为土壤提供有机肥的一种有效的经济循环模式,是提高山区的生态环境质量的有效路径。福建省天然的森林资源为蜜蜂繁衍生息提供了绝佳场所,广阔的树林花粉资源丰富,一年各季中基本都有各种野花盛开,为开发林下养蜂提供了优越的自然条件。植物为蜜蜂提供了制蜂蜜所需要的花蜜和花粉,得到优质蜂蜜;蜜蜂反过来为植物授粉,促进植物的繁衍,形成林蜂共生循环系统。

林地养畜主要的模式是林下放牧,在林间自然生长的各类野草可供牛、羊等作为食物。林地放牧有利于家畜的生长、繁育;同时为畜群提供了优越的生活环境,有利于防疫。该模式在福建各地区都有出现。这是林下经济最常见的模式,林地给家禽提供广大的活动场所,林地内生长的杂草和昆虫是禽类最理想的食物。可在林地周边地区围栏,养殖鸡、鹅等家禽,林地内通风适温,不易发生病害,有利于家禽的生长,放养的家禽吃草吃虫,粪便可以肥沃林地,与林地形成互利共生关系。只需在林地建立简易禽舍,投资少,没有污染,环境好;禽粪给树施肥营养多;林地生产的禽产品市场好、价格高,有利于增加从业人员的经营收入。

三、林种养模式

林种养模式是在林种模式与林养模式的基础上进一步耦合而形成的农林复合经营模式,它不仅应用了上述两种模式的生态学原理,还应用了物质能量多级利用原理、循环经济原理。林种养模式不仅能减少农药化肥的使用量,保养水土、还能够调节种群间的关系,增加物种多样性。

如图为种养结合型的农林复合生态系统,利用农田和森林的枝叶等制成有机肥促进茶果草的成长,将茶果加工后的下脚料制成饲料发展养殖业。

目前,在长汀县三洲镇桐坝村建设林下种草养鸡示范基地100亩配置杂交狼尾草、宽叶雀稗、百喜草、三叶草、扁豆、钝叶决明、苇状羊茅、香根草、木豆、菊苣、多花木兰、截叶胡枝子、甜高粱、苏丹草等优良水土保持型牧草,通过生态草场建设有效解决林下水土流失的问题,取得明显的生态效益,充分利用养殖场废弃物的大量有机养分,培肥地力,满足农作物生长及农产品生产的需求(翁伯奇 2016)。

在长汀县河田镇深辉农牧有限公司构建“猪—沼—草—菌—肥—林”的循环利用体系,通过研究获得的芽孢杆菌菌株,为猪场排泄物的无害化处理提供

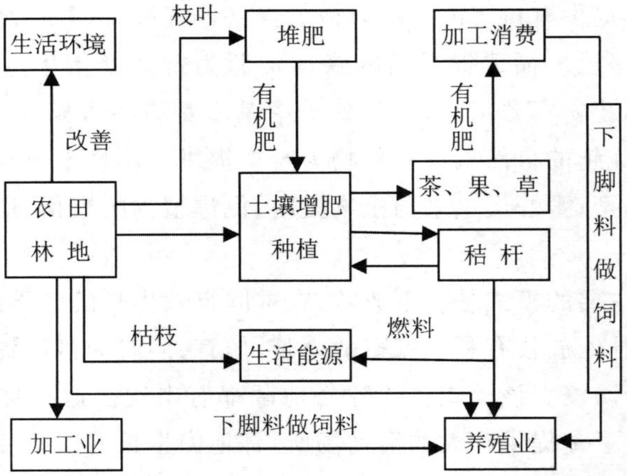

图1 种养结合型的农林复合生态系统

新途径,猪场周边种植100亩菌草,有效消纳猪场沼液的氮,用收获的菌草栽培猴头菌,建设木豆、互叶百千层、牧草蔗等经济林,治理猪场周边水土流失。

四、林旅模式

林旅模式是指以良好的山地森林环境和较高价值的休憩景观为依托,利用生态景观美学原理,通过绿化、环境整治、退化区修复、景观构建进行生态规划,建设成集娱乐、旅游、疗养、餐饮、保健为一体的休闲观光生态旅游模式。目前,福建省各县市以森林公园为主题、森林人家为品牌积极开展林下旅游,取得了良好的成效,对提高山区生态环境质量和生态效益、满足消费者物质和精神的需求效果显著,同时具有教育和辐射功能,带动了周边农民收入的增加,也促进了地方经济的发展。

例如:武夷山以建设山青、水绿、天蓝的生态绿都为战略目标,推出了"森林人家"森林旅游发展模式,目前全市已有武夷源、陶观、乡巴佬民俗风情等八处森林人家,各具地方特色。类似的林旅游模式还有顺昌华阳山、漳平九鹏溪、福安桃源山庄、龙岩云顶茶园、莆田笛韵等"森林人家"林旅游模式。

福建省森林资源丰富,自然环境优越,在林权改革助推、政府有力扶持的双重作用下,起到了全国生态示范省的作用,但也存在发展不平衡、交通不便利、推广力度小、资金有缺口、专业人才少、竞争激烈程度加大的问题。这也是亟待解决的问题与努力的方向。

福建三农研究

三权分置农地经营权抵押贷款试点有效性研究

——基于福建省实证数据的分析

阳光学院商学院　施佳璐
中国人民银行福州中心支行　荣　杰

摘　要：2015 年 12 月，国家启动农地经营权抵押贷款试点工作，此次试点不仅是对农村“三权分置”理论的实践，也是盘活农村资产金融属性的重大探索。文章基于课题组实地调研和专家问卷调查，采用层次分析法中新标度方法从试点业务开展情况、试点机制和保障制度、流转市场建设三个维度 15 个指标构建递阶模型，运用定量研究方法选取福建省 10 个试点县（市）各指标进行标准量化处理，最终得出试点地区得分排序。根据评价结果对指标权重和先进试点地区的典型做法进行深度剖析，从明晰产权、促进流转，缓释风险、金融创新四个维度为地方政府做好农地经营权抵押贷款试点工作提出政策建议。

关键词：农地经营权抵押贷款；层次分析法；新标度；试点有效性

一、问题的提出

长期以来，我国农地都置于“所有权—使用权”两权分离的不完全产权状态，作为农村最普及资源的农地无法发挥抵押担保的金融属性，与当前农村抵押担保物严重缺失的现状形成巨大反差。2014 年“中央一号”文件再次明确，要在落实农村土地集体所有权的基础上，稳定农户承包权，放活土地经营权，农地集体所有权、承包权、经营权“三权分置”的格局逐渐清晰。一些地区的金融机构结合地方经济发展实际情况，开展了农地经营权抵押贷款业务的探索，盘活了农地经营权金融属性，拓宽了农业经营的融资渠道，为支持“三农”事业发展注入了新鲜的金融血液。

2015 年 8 月国务院发布《关于开展农村承包土地的经营权和农民住房财产权抵押贷款试点的指导意见》，责成各省组织试点申报。同年 12 月，国家启动农地经营权抵押贷款试点工作，福建省福清市、古田县、屏南县、漳浦县、仙游县、武平县、永春县、建瓯市、邵武市、沙县 10 个县(市)获批开展试点。此轮试点为期两年，截至 2016 年年末，试点工作时间进度过半，并取得了显著的突破。试点以来全省 10 个试点县累计发放农地经营权抵押贷款 993 笔，发放总额约为 3.65 亿元，包括反担保模式在内的农地经营权抵押贷款年末总额约 3.1亿元，同比增长 157.11%(具体数据见表 1)，并实现试点县农地经营权抵押贷款业务全覆盖。对中期试点工作进行总结和梳理，提出下一阶段修正意见，对进一步完成试点工作具有重要意义。

表 1　试点县(市)农地经营权抵押贷款情况

试点县（市）	漳浦	沙县	永春	邵武	建瓯	古田	屏南	仙游	福清	武平	合计
所属地市	漳州市	三明市	泉州市	南平市	南平市	宁德市	宁德市	莆田市	福州市	龙岩市	
贷款总额（万元）	5361.00	5549.00	4597.40	2521.00	5104.00	3437.30	510.00	1349.00	390.00	2184.00	31002.70
去年同期贷款总额（万元）	3509.04	0.00	619.00	100.00	1495.00	5705.00	630.00	0.00	0.00	0.00	12058.04
同比增加贷款额（万元）	1851.96	5549.00	3978.40	2421.00	3609.00	-2267.70	-120.00	1349.00	390.00	2184.00	18944.66
同比增长率(%)	52.78	—	642.71	2421.00	241.40	-39.75	-19.05	—	—	—	157.11
累计发放总额（万元）	5338.00	5829.00	5708.50	1974.00	3945.00	3521.00	2452.00	510.00	4954.80	2305.20	36537.50
累计发放笔数（笔数）	17	86	197	367	0	49	10	67	19	181	993

二、文献综述

(一)试点有效性的定量评估研究仍处空白

由于本轮试点属于新生事物，国内学界目前对农地经营权抵押贷款试点地区的中期效果的定量评价仍处空白，因此本研究主要集中在典型试点地区的经验分享与启示、农地抵押行为的调查研究以及农地经营权抵押的影响因素分析等。例如黄惠春、曹青、曲福田(2014)[1]基于湖北天门和江苏新沂的典型案例从经济条件、职能分工、试点政策与进展对两地试点进行比较研究；常伟、程丹(2015)[2]运用 Logit 模型结合安徽 5 个试点乡镇研究了农民对农地承包经营权确权的认知程度和影响因素；赵翠萍、侯鹏、程传兴(2015)[3]通过福建明溪县与宁夏同心县两地农地抵押贷款试点的对比分析认为两地在抵押登记和处置方式、风险防范机制等很多方面都是通过组织创新和制度创新弥补了当前推进土地经营权抵押贷款的关键制约环节；许泉、黄惠春、祁艳(2016)[4]利用江苏试点区910户农户的调研数据实证检验了抵押风险对农地抵押贷款需求的影响；张辉、王维全(2016)[5]通过对江苏省10个农地经营权抵押贷款试点地区试点情况进行梳理，指出法律不完善、评估机制欠缺、抵押物处置难等三大制约试点的因素。高勇(2015)[6]从全国范围内不同地区的不同做法进行梳理总结，并参照国外成功模式，对试点提出确权、完善保障体系、加强政银合作等政策建议。

(二)试点评估方法的对比

农地经营权抵押贷款试点评估属于典型的公共政策评估，当前学界对于公共政策的主流评估方法主要包括熵权法、主成分分析法、层次分析法等。熵权法优点在于符合数学规律具有严格的数学意义，在公共政策评估中得到较为广泛的使用，特别是对延续较长时间的政策评估效果较好，且熵权法规避了权重赋值带来的主观性干扰。[7]但对于时间序列短、数据波动幅度大的对象，熵权法存在局限性，也容易忽视决策者的主观意图。主成分分析法在消除指标间影响方面具有较为明显的优势，但需要明确主成分"权重"占比达到一定高度，对于权重不明确或"主成分"权重集中度不确定的公共政策评估存在一定局限性。[8]层次分析法作为系统性研究方法，在每个层次中的每个因素对方案的影响程度都得到量化，清晰明确，特别是对于无结构特性的系统评价及多目标、多准则的系统评价尤为突出，[9]但层次分析法也存在主观成分多、不能提出新方案等缺陷。本课题着重于对现有福建省10个农地经营权抵押贷款试点地区现有方案的评价，并未涉及提出新的方案，而且试点方案的评估本身应考虑制度设计者对结果的评价，这一点恰是熵权法所忽略的，但很好地规避了层次分析法的缺陷；同时对于试点方案的评估涉及多个层次的方案分解，各要素之间存在有机的关联，无法确定权重集中度，需要运用系统化的方法对结果进行量化。综合权衡，课题组选择层次分析法对福建省农地经营权抵押贷款试点有效性进行政策评估。

三、基于层次分析法的试点有效性评价体系构建

(一)层次分析法基本思想

层次分析法(analytical hierarchy process，简称AHP)是由美国科学家萨

蒂于20世纪70年代提出并逐步完善的一种多层次权重分解法。AHP方法把复杂的问题分解成各个组成因素,又将这些因素按支配关系分组形成阶梯层次结构。其通过两两比较的方式确定层次中诸因素的相对重要性,然后综合有关人员的判断,确定备选方案相对重要的总排序。整个过程体现了人们"分解—判断—综合"的思维特征。

(二)试点有效性递阶模型构建

1.指标体系的构建

农地经营权抵押贷款实际业务涉及地方政府、农户和金融机构,因此对试点工作有效性的评估应综合各方视角。基于上述考量,本文选用德尔菲法的专家问卷对指标进行筛选,邀请政府相关职能部门、试点县农户代表和金融机构信贷部专家共30名,其中高级职称和中级职称所占比例分别为28%和37%,通过专家对备选方案进行筛选,最终确定从三个维度(子目标)进行评价,分别是试点业务开展情况、试点机制与保障制度设计和流转市场建设。对试点业务开展情况下设6个评价指标,对试点机制与保障制度设计下设5个评价指标,对流转市场建设下设4个评价指标(如图1所示)。

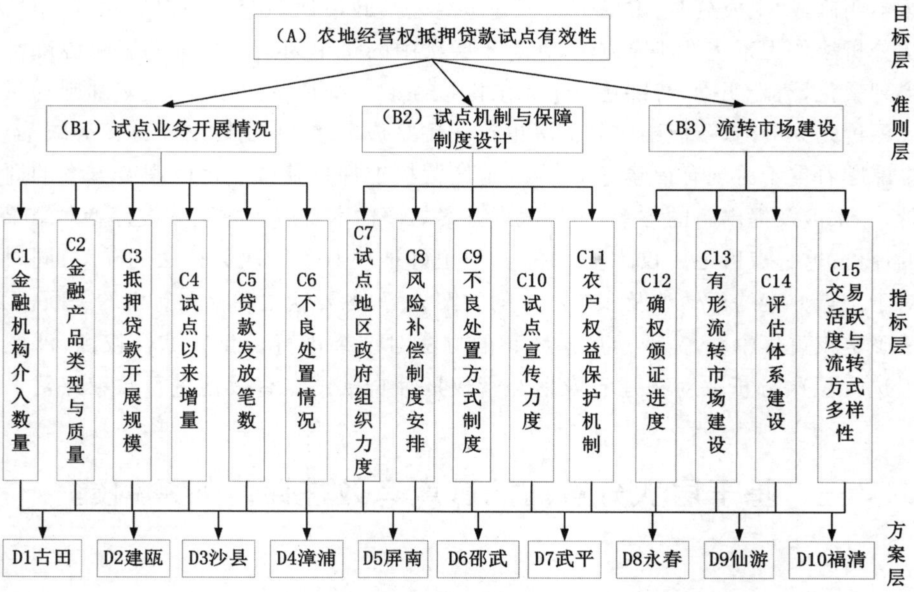

图1 农地经营权抵押贷款评价指标体系

2.评价指标的赋分标准及具体分值

指标体系的评价标准包含可量化和不可量化两类，综合参考层次分析法几种标度评估的文献，在对评价指标进行赋分过程中，相比其他标度，10/10～18/2 标度法最适宜精确的权值计算且能得到较为合理的结果[10]，因此本研究采用 10/10～18/2 标度的方法对赋分标准划分为五个层级进行标准量化处理，分别为 10/10(1)即相同、12/8(1.5)即稍微大、14/6(2.333)即明显大、16/4(4)即强烈大、18/2(9)即极端大。试点县各项指标的具体得分来源于课题组对 10 个试点县的实地调研数据、部分商业银行提供资料和专家问卷的调查结果(见表 2)。由于课题组所收集数据不涉及极端大情况，故具体赋分删除极端大层级。

表 2　试点地区参考赋分标准与具体分值

目的	准则层	指标体系	参考赋分标准及对应试点县实施情况			
			7（优秀）	5（良好）	3（一般）	1（基本）
（A）农地经营权抵押贷款试点有效性	（B1）试点业务开展情况	（C1）金融机构介入数量	5家以上	4家	3家	低于3家
			永春、建瓯、福清、武平	漳浦、沙县、邵武	古田、屏南	仙游
		（C2）金融产品类型与质量	直接抵押、组合担保、补充担保、反担保等多种模式，直接抵押占比高为7分；直接抵押占比低为5分；若仅有组合担保、反担保为3分；无业务开展为1分			
			漳浦、永春、屏南	仙游、武平、沙县、邵武、建瓯	古田、福清	
		（C3）抵押贷款开展规模	贷款余额5000万以上为7分；3000-5000万为5分；1000-3000万为3分；低于1000万为1分			
			漳浦、沙县、永春、古田	建瓯、屏南、福清	武平、邵武	仙游
		（C4）试点以来贷款增量	试点以来增量3000万以上为7分；1000-3000万为5分；500-1000万为3分；低于500万为1分			
			沙县、永春、福清	漳浦、建瓯、屏南、武平	邵武、仙游	古田
		（C5）试点以来发放笔数	试点以来贷款发放笔数超过100笔为7分；50-100笔为5分；10-50笔为3分；10笔以下为1分			
			永春、建瓯、屏南	沙县、武平	福清、漳浦、邵武	仙游、古田
		（C6）不良处置情况	出现不良，并成功处置抵押物	未出现不良，政府制定清晰的处置渠道	未出现不良，金融机构可处置	出现不良，无法处置
				古田、建瓯、沙县、漳浦、屏南	邵武、武平、永春、福清、仙游	
	（B2）试点机制与保障制度设计	（C7）试点地区政府组织力度	成立试点工作指导小组，主要领导参与，并召开会议研究和解决具体问题，制定详细的试点工作方案，出台文件解决试点问题	成立试点工作指导小组，主要领导参与，召开联席会议，协调解决问题，制定详细的工作方案	成立试点工作指导小组，主要领导参与，建立协调兼职，制定工作方案，协调力度一般	成立试点工作指导小组，主要领导参与，但并未实质性协调部门联动
			古田、漳浦、永春、武平	沙县、屏南	福清、建瓯、邵武	仙游
		（C8）风险补偿制度安排	安排专项、定额的风险补偿资金并制定了补偿管理办法，金额较大为7分；金额较小为5分；动态补偿，补偿比例低为3分；补偿金未到位为1分			
			古田（1600万，补偿比例70%）、屏南（1000万，补偿比例70%）	建瓯（1000万，补偿比例100%）、邵武（300万，补偿比例80%）永春（400万，风险补偿比例50%）	武平、沙县、漳浦（非专项、动态）	福清、仙游
		（C9）不良处置方式制度	探索成立收储机构，或建立乡、村一级抵押物处置协调机制	政府介入，协调处置解决	明确处置范围但未深入建立协调机制	未涉及处置制度安排
			古田（民富中心、民富专业合作社介入，政府指导，可在合作社内部流转）；建瓯（建立收储中心、出台收储办法）	沙县（协调乡镇、街道介入协调处置）、漳浦	屏南（小额信贷促进会，反担保）	邵武、武平、永春、福清、仙游
		（C10）试点宣传力度	政府积极、有序组织，金融机构参与、多层次多渠道密集宣传为7分；政府组织力度一般，金融机构参与为5分；仅金融机构宣传为3分；无宣传活动1分			
			古田	漳浦	建瓯、屏南、沙县、邵武、武平、永春、福清、仙游	
		（C11）农户权益保护机制	认真考虑农户权益，明确抵押必须征得其同意，考虑贷款期限为7分；适当考虑农户权益和贷款期限为5分；未考虑贷款期限为3分，未考虑农民权益保护为1分			
			古田、建瓯、沙县、漳浦、屏南，邵武、武平、永春、福清、仙游			
	（B3）流转市场建设	（C12）确权颁证进度	完成权属调查、公示，比例超过80%为7分；比例60-80%为5分；比例40%-60%为3分；比例低于40%为1分			
			沙县、福清	漳浦、建瓯、邵武	永春、古田、屏南	武平、仙游
		（C13）有形流转市场建设	建立登记机关，信息交易平台，挂牌交易地点，或成立县、乡、村三级流转市场为7分；已开展交易为5分；没有实际运作为3分；尚未明确登记机关为1分			
			沙县（土地信托业务已具规模）、漳浦（依托台湾农民创业园土地流转成熟）、武平（建立三级流转市场，并大规模流转）、永春（县平台连接22个乡镇平台，流转面积大）	古田、建瓯、屏南	邵武、福清、仙游	
		（C14）评估体系建设	构建评估体系或设立评估部门、发布指导价格为7分；设立评估制度，并有效运行为5分；初步构建评估制度，尚未运行为3分；尚未确立评估制度为1分			
			漳浦（直接设立土地租金指导价格）、沙县（较为完整的评估体系，并运转成熟）	永春、古田、建瓯	武平（引入评估公司，运行效果尚未明确）	屏南、仙游、邵武、福清
		（C15）交易活跃度与流转方式多样性	以信托方式成规模、专业化流转	一定程度的组织化、专业化流转	以自发流转为主	不流转或流转率极低
			沙县、漳浦	邵武	建瓯、古田、武平、永春、福清、仙游、屏南	

(三)构造判断矩阵

1.建立各阶层的判断矩阵 $\boldsymbol{A}$

$$\boldsymbol{A} \triangleq (a_{ij}) \tag{1}$$

专家问卷的内容主要包括三个部分，一是指标的选用和确定；二是各指标的赋分标准；三是指标之间重要度的两两判断对比，利用 30 位专家的重要性打分平均值作为最终得分。上式中 a_{ij} 为要素 i 与要素 j 相比的重要性标度。标度定义见表 3。

表 3　10/10～18/2 标度定义[11]

标度	含　义
10/10(1)	两个要素相比，具有同样重要性
11/9(1.222)	两个要素相比，前者比后者微小重要
12/8(1.500)	两个要素相比，前者比后者稍为重要
13/7(1.857)	两个要素相比，前者比后者更为重要
14/6(2.333)	两个要素相比，前者比后者明显重要
15/5(3)	两个要素相比，前者比后者十分重要
16/4(4.000)	两个要素相比，前者比后者强烈重要
17/3(5.667)	两个要素相比，前者比后者更强烈重要
18/2(9)	两个要素相比，前者比后者极端重要
倒数	两个要素相比，后者比前者的重要性标度

求各要素相对于上层某要素(准则等)的归一化相对重要度向量 $\boldsymbol{W}^0=(\boldsymbol{W}_i^0)$。常用方根法，即

$$\boldsymbol{W}_i=\left(\prod_{j=1}^{n}a_{ij}\right)^{\frac{1}{n}} \tag{2}$$

$$\boldsymbol{W}_i^0=\frac{\boldsymbol{W}_i}{\sum \boldsymbol{W}_i} \tag{3}$$

表 4　判断矩阵及重要性计算

$\boldsymbol{A}$	$\boldsymbol{B}1$	$\boldsymbol{B}2$	$\boldsymbol{B}3$	$\boldsymbol{W}_i$	$\boldsymbol{W}_i^0$
$\boldsymbol{B}1$	1	0.667	0.538	0.7107	0.2296
$\boldsymbol{B}2$	1.500	1	0.818	1.0706	0.3459
$\boldsymbol{B}3$	1.857	1.222	1	1.3142	0.4245

$\boldsymbol{B}1$	$\boldsymbol{C}1$	$\boldsymbol{C}2$	$\boldsymbol{C}3$	$\boldsymbol{C}4$	$\boldsymbol{C}5$	$\boldsymbol{C}6$	$\boldsymbol{W}_i$	$\boldsymbol{W}_i^0$
$\boldsymbol{C}1$	1	0.818	1.500	0.539	1.500	1.857	1.1299	0.1681
$\boldsymbol{C}2$	1.222	1	1.857	0.667	1.500	2.333	1.3956	0.2077
$\boldsymbol{C}3$	0.667	0.539	1	0.429	0.818	1.222	0.6878	0.1023

续表

B1	**C**1	**C**2	**C**3	**C**4	**C**5	**C**6	W_i	W_i^0
C4	1.857	1.500	2.333	1	1.857	4.000	2.1714	0.3231
C5	0.667	0.667	1.222	0.539	1	1.222	0.8140	0.1211
C6	0.539	0.429	0.818	0.250	0.818	1.000	0.5217	0.0776

B2	**C**7	**C**8	**C**9	**C**10	**C**11	W_i	W_i^0
C7	1	1.500	1.857	3.000	2.333	1.8113	0.3305
C8	0.667	1	1.222	3.000	2.333	1.4166	0.2585
C9	0.538	0.818	1	1.500	1.500	0.9980	0.1821
C10	0.333	0.333	0.667	1	0.818	0.5706	0.1041
C11	0.429	0.429	0.667	1.222	1	0.6843	0.1248

B3	**C**12	**C**13	**C**14	**C**15	W_i	W_i^0
C12	1	1.222	1.857	2.333	1.5169	0.3596
C13	0.818	1	1.500	1.857	1.2286	0.2912
C14	0.538	0.667	1	1.222	0.8138	0.1929
C15	0.429	0.538	0.818	1	0.6592	0.1563

2.λ_{max}及一致性指标 C.I.(consistency index)的计算在求得重要度向量 $\boldsymbol{W}$ 和 $\boldsymbol{W}_0$ 后进行。

$$\text{C.I.}=\frac{\lambda_{\max}-n}{n-1} \tag{4}$$

$$\lambda_{\max}\approx\frac{1}{n}\sum_{i=1}^{n}\frac{(\boldsymbol{AW})^{i}}{W_i}=\frac{1}{n}\sum_{i=1}^{n}\frac{\sum_{j=1}^{n}a_{ij}W_j}{W_i} \tag{5}$$

式中(**AW**)i 表示向量 **AW** 的第 i 个分量。λ_{max}计算结果如表 6 所示。

3.查找相应的平均随机一致性指标 R.I.(random index)。表 5 给出了 1～14 阶正互反矩阵计算 1000 次得到的平均随机一致性指标。

表 5　平均随机一致性指标

n	1	2	3	4	5	6	7	8	9	10	11	12	13	14
R.I.	0	0	0.52	0.89	1.12	1.26	1.36	1.41	1.4	1.49	1.52	1.54	1.56	1.58

R.I.是同阶随机判断矩阵的一致性指标的平均值，其引入可在一定程度上克服一致性判断指标随 n 增大而明显增大的弊病。最后，计算一致性比例 C.R.（consistency ratio），C.R.值小于 0.1 即通过一致性检验。

$$\text{C.R.}=\frac{\text{C.I.}}{\text{R.I.}}<0.1 \tag{6}$$

表 6　判断矩阵一致性检验与权重向量

判断矩阵	λ_{max}	C.R.	权重向量
A	3.0000	0.00002	[0.2296,0.3459,0.4245]
B 1	6.0625	0.00993	[0.1681,0.2077,0.1023,0.3231,0.1211,0.0776]
B 2	5.0285	0.00635	[0.3305,0.2585,0.1821,0.1041,0.1248]
B 3	3.9998	0.00001	[0.3596,0.2912,0.1929,0.1563]

表 6 中的一致性比例 C.R.均小于 0.1，说明判断矩阵符合要求。

（四）指标权重释义

在准则层中，流转市场建设权重最大达 42.45%，试点机制与保障制度设计权重达 34.59%，共占比 77.04%，体现了这两个因素是试点评价的核心要素。试点的目标是落实农地经营权权属改革，并促成农地经营权可抵押贷款，地方政府的重视程度和机制与保障制度设计显得非常重要，即试点业务开展情况在很大程度取决于流转市场建设与机制保障制度设计。

从指标层计算结果看，评价的核心指标是确权进度、有形流转市场建设、试点地区组织力度等三项指标，三者权重分别为 15.27%、12.36%、11.43%，相加达 39.06%，位列前三位。从逻辑上分析，确权进度是流转和抵押的基础，也是落实农地经营权权属改革的切入点；有形流转市场建设决定农地经营权的实际流转活跃度，直接影响甚至决定金融介入的广度和深度；地方政府对试点工作的组织力度则是试点举措得到落实的关键保障。此外，风险补偿制度安排、评估体系建设和试点以来增量三项指标权重分别为 8.94%、8.19%、7.42%，分列 4～6 位，排前 6 位的指标权重相加达 63.61%，即从指标层看，试点有效性主要取决于上述六项指标的完成情况。

（五）评估结果与分析

通过以上表 2 各试点县各项指标累计得分和表 6 的权重进行加权和计算，得到 10 个试点县（市）的最终评估得分和排序（见表 7）。

表7 试点县(市)评估最终得分

序号	1	2	3	4	5	6	7	8	9	10
试点县(市)	沙县	漳浦	永春	古田	建瓯	武平	屏南	福清	邵武	仙游
得分	3.099	2.998	2.771	2.486	2.368	2.244	2.202	2.102	1.792	1.28

有效性评价结果显示,沙县、漳浦、永春3个试点县(市)评分靠前,分列前3位;福清、邵武、仙游3个地区试点评价分列后3位。从上述6个试点地区对试点核心要素环节的做法看,存在显著差异。

1.确权颁证进度不一

本轮确权实际上是我国农地经营权的第三轮确权,即认可上一轮确权的前提下明确农地经营权四至,涉及航空摄影、权属调查和公示等多个环节。航空摄影为技术环节,对进度影响较小,直接影响进度主要是权属调查和公示工作。根据课题组的实地调研结果分析,农地经营权权属调查影响因素主要包括两个方面,一是从历史角度对上一轮权属认定的追溯;二是从现实角度对实际权属范围的确认。从历史角度看,第二次确权至今已有30多年历史,各地均不同程度存在承包耕地用途变更的情况。部分地区在承包耕地用途变更时未办理相关手续,进而造成上轮权属记录与现状的偏差,上述偏差的程度与本轮权属调查、公示进度存在关联。从现实角度看,第二次确权记录的权属范围为位置关系,并未确定明确边界。有无处置农地权属范围争议的机制,该机制运行效果,直接关系确权进度。沙县、漳浦两地在后两次权属认定中存在较小偏差,且相关职能部门畏难情绪低,并建立了有效的权属争议协调机制,因此确权进度优于邵武、武平和仙游等地区。

2.有形流转市场建设途径不同

不同试点地区由于经济和农业发展模式的差异,在建设有形流转市场时采取不同的路径。首先,以沙县为代表的土地信托模式最为典型。沙县针对当地农村劳动力大量外出的情况,创新"土地信托"这一流转模式。由该县国有资产经营有限公司出资150万元作为信托基金分别成立沙县源丰农村土地承包经营权信托有限公司和沙县金茂农村土地承包经营权信托有限公司。在运行模式上已经形成了村委会统一委托、信托公司统一流转、统一分配的大规模土地流转模式,将原本分散的小块农地集中向规模化经营的新型农业经营主体集中流转,取得显著的成效。邵武市也效仿沙县并结合自身实际情况采用这一模式推动土地流转体系建设。目前由财政注资1000万元成立邵武市农村土地流转信托有限公司,该公司还兼有土地流转服务中心职能,并设立

16 个乡、镇、街道子公司，通过县、乡两级流转服务平台整合、收集和发布流转信息，但从目前运行效果看，与沙县的信托模式仍存在一定落差。

其次，建立县、乡、村三级流转市场模式。如永春县人民政府专门成立乡镇土地流转平台建设指导小组，完成流转平台建设，平台接入 22 个乡镇平台，具有提供土地供需信息，促进产权交易等功能。武平县的农地经营权交易体系建设与永春较为相似，从运行效果看二者大致相当，均实现了当地土地的便利流转。仙游县设立了农村综合产权交易中心，交易范围还包括农民住房财产权、林地使用权等多种农村集体产权，该中心职责主要是行政审批、政策咨询、信息发布等，其组织形式未能覆盖乡、村，实际运行效果与邵武、武平还存在差距。

再次是漳浦模式。漳浦县早在 2010 年就出台了《关于加强农村承包土地经营权流转管理和服务工作的意见》和《漳浦县农村土地经营权抵押贷款暂行办法》，建立了完整的农地经营权抵押登记体系，并依托当地独具特色的台湾农民创业园集中开展土地流转。尽管实践证明漳浦模式也能显著促进农地经营权流转，但该模式依托当地独具特色的台湾农民创业园，其可复制性远低于前两种模式。

3.地方政府保障机制运作差异显著

自农地经营权抵押贷款试点工作开展以来，试点县（市）地方政府对试点工作都给予了高度重视，10 个试点县（市）均成立了试点工作指导小组。但各试点县（市）试点工作指导小组的运作模式、运作效率存在明显差异。永春县成立试点工作指导小组以县长为组长，以当地中国人民银行为轴心建立政府部门和金融机构两个维度的协调沟通机制，定期召开联席会议，建立通畅的银政沟通渠道，及时发现和解决试点过程中遇到的问题。漳浦、武平、沙县等试点县也都成立县长任组长的试点工作指导或领导小组，通过建立明确的协调机制来发现和解决试点工作中遇到的问题，并针对问题拿出解决方案。但部分试点工作推进较慢地区虽然成立了工作指导小组，但并未在指导工作小组内部建立沟通与协调机制，职能部门之间，职能部门与金融机构之间没有建立良好的沟通渠道，延迟了试点中遇到问题的反馈时间，职能部门也未能及时发现和解决这些问题，很大程度拖延了试点进度。

4.试点业务开展模式多样

准则层中试点业务开展情况的权重为 22.96%。从逻辑上看，试点业务开展情况是金融要素运行的直接体现，也是对试点基础工作成效的快速反映。尽管不同试点地区在试点基础建设及试点保障机制建设方面存在差异，但金融机构积极介入并创新多种担保模式，具有高度可复制性。一是直接抵押贷款模式。目前漳浦、永春、屏南等地金融机构积极开展农地经营权直接抵押，特别是永春县，仅以承包土地的经营权抵押贷款占比就达40.45%。此外，其他试点地区也积极探索了组合担保、反担保，互助担保金等多种模式发挥农地经营权抵押担保功能，有效拓宽了农户和新型农业经营主体以农地经营权抵押融资的渠道。

五、结论与建议

运用层次分析法中的新标度对农地经营权抵押贷款的评价指标体系进行构建，能够更加科学、客观、准确、系统地反映试点地区不同模式和路径的优势和劣势，使规划决策更具有效性。当然，在实施评价时，要根据不同省份的特征对指标体系进行筛选或扩展，确定具体的评价方式和时间节点。从本课题研究结果看，试点核心在于流转市场建设与机制保障制度设计，也是试点退出后承包土地经营权抵押贷款继续可持续发展的关键，基于此提出政策建议如下。

（一）加快明确“三权分置”的法律关系，明晰产权

修改农村土地承包法和物权法的有关条款，明确承包经营权、承包权和经营权的内容、性质、内涵和法律关系。支持试点县（市）探索将承包权和经营权分别登记发证，通过确权颁证稳定承包权、放活经营权，更好支持土地经营权抵押融资。在短期法律一时无法修改的情况下，推动试点县（市）通过各种通俗易懂的形式加大对农村土地“三权分置”制度改革的宣传，消除农民对经营权抵押融资的顾虑。

（二）因地制宜推进农地经营权权流转交易平台建设

农地经营权高效流转是金融机构最关心的环节。一是将培育农村合格产权流转主体放在更加重要位置，推动试点县（市）发展农村土地经纪人。鼓励试点县（市）政府通过出资和引进社会资本的方式，组建农村产权信托流转机构，与各村集体经济组织合作，集中开展农村土地承包经营权、宅基地、农民住房财产权的流转、收储和平整工作，活跃农村土地市场；二是循序渐进推进农村产权流转交易平台建设，鼓励有条件的试点县（市）组建单独的农村产权交易中心或依托各地行政服务中心、公共资源交易中心，建立包括农地经营权、

农民住房财产权在内的各类农村集体产权交易平台，提供流转信息集中发布、撮合、交易鉴证、抵押融资等服务。

（三）加快建立市场化的农地经营权抵押贷款风险分担机制

推进银行和保险公司合作，按照加强管控、权责均衡的原则完善风险共担机制，推动保险公司发展农地经营权抵押贷款保证保险。创新区域投保模式，改变借款人“一对一”向保险公司购买保证保险的方式，试行由商业银行集中向保险公司购买贷款保证保险。国家对商业银行投保保证保险的农地经营权抵押贷款，以及保险公司发展保证保险的保费收入缴交的营业税、所得税减半征收，促进建立市场化的试点风险分担机制，推动试点深入开展。

（四）鼓励多元化金融创新，最大限度释放改革试点红利

以有效服务“三农”融资为基本原则，鼓励各类有利于提高农民融资额度或降低融资成本的农地经营权抵押融资模式创新。对农地经营权抵押物流转条件较好的地区，鼓励开办农地经营权直接抵押业务；对流转市场不健全的地区，实事求是发展试点业务，发挥农户与产业化龙头企业之间基于供销合作的商业信用以及农民基于地缘、血缘形成的群体信用，发展“公司＋农户”、“互助担保基金担保＋农户土地经营权反担保”、“农户联保＋农户土地经营权担保”等以农村“两权”反担保或组合担保的金融产品，最大限度激活农地经营权抵押担保价值，释放改革红利。

参考文献：

[1]黄惠春，曹青，曲福田.农村土地承包经营权可抵押性及其约束条件分析——以湖北与江苏的试点为例[J].中国土地科学，2014，28(6)：44-50.

[2]常伟，程丹.农地承包经营权确权认知问题研究[J].统计与信息论坛，2015，30(8)：87-91.

[3]赵翠萍，候鹏，程传兴.产权细分背景下农地抵押贷款的基本经验与完善方向[J].农业经济问题，2015(12)：50-57.

[4]许泉，黄惠春，祁艳.农地抵押风险与农户抵押贷款需求[J].农业技术经济，2016(12)：95-104.

[5]张辉，王维全，孙俊.关于江苏省“两权”抵押贷款试点推进情况的调查分析[J].金融纵横，2016(5)：19-26.

[6]高勇.我国农村“两权”抵押融资的试点经验及启示[J].新疆财经，2015(3)：5-11.

[7]程启月.评测指标权重确定的结构熵权法[J].系统工程理论与实践，2010，30(7)：

1225-1228.

[8]鲍学英,李海连,王起才.基于灰色关联分析和主成分分析组合权重的确定方法研究[J].数学的实践与认识,2016,46(9):129-134.

[9]常建娥,蒋太立.层次分析法确定权重的研究[J].武汉理工大学学报(信息与管理工程版),2007,29(1):153-156.

[10]徐泽水.关于层次分析中几种标度的模拟评估[J].系统工程理论与实践,2000(7):58-62.

[11]骆正清,杨善林.层次分析中几种标度的比较[J].系统工程理论与实践,2004(9):51-60.

[12]崔颖.基于层次分析法的河南科技创新人才创新能力评价研究[J].科技进步与对策,2012,29(6):112-116.

[13]高子平.基于层次分析法的上海市人才吸引力研究[J].华东经济管理,2012,26(2):5-9.

[14]陈娜,向辉,叶强,朱修涛.基于层次分析法的弹性城市评价体系研究[J].湖南大学学报(自然科学版),2016,43(7):146-150.

供给侧改革背景下福建省构建农业电商大数据平台的研究

阳光学院商学院　许　艳

摘　要：农业大数据的成熟和深入应用，为农业电商市场流通带来了新的机遇和契机，使农产品企业不断走上电商之路，而"互联网+"的提出又为云计算、大数据平台提供了便利的信息技术保障。作为现代化农业推广的必由之路，农业电商大数据平台建设势必会成为未来助力供给侧改革的核心。本文以福建省农业电子商务为研究对象，结合时下供给侧改革的总体趋势，提出了依托农产品供应链建设电子商务数据信息服务平台的举措和路径，以供参考。

关键词：供给侧改革；福建省；农业电商；大数据；平台构建

一直以来，我国政府都十分重视"三农"问题，党的十九大以来，我国大力推进农业现代化建设，使亿万农民能够尽快步入全面小康社会成为我国农业发展的新目标。在当今这个信息时代，"互联网+"的商业模式成为主流，而云物流和大数据的概念提出，更是成为农产品交易的助力和保障。以往我国农业生产多分散经营，由此农业发展存在供求失衡等问题，而农业大数据与农业电商商务结合，能够为供给侧结构性改革增添新的活力。目前我国农业供给侧结构性改革正面临诸多压力，而且都是以市场为需求导向的，也就说供给侧改革的核心就是让市场和消费者来决定农产品的优劣，在市场的客观挑选与评价下才能体现自身的价值和意义。[1]而农产品产销服务信息平台的建立，可以为消费者提供个性化产品与服务，且借助电商领域的大数据挖掘，可以随时了解和掌握市场的需求与动向。因此，农业电商的发展离不开大数据平台的支撑，也更能够为农业供给侧结构性改革深化保驾护航。虽然福建省农业电商起步较早，而且电子商务的条件以及信息化的基础设施也日趋完善，然而依然存在一定缺陷和不足，为此在供给侧改革背景下研究福建省农业电商大数据平台的构建十分必要，且势在必行。它不仅可以为福建省农产品电子商务的可持续发展提供科学的依据，而且可以为加快其他兄弟省份的农业现代化进程带来实践借鉴和成功经验。[2]

一、福建农业电子商务现状

近年来，福建省农业经济发展态势良好，粮食、油料、蔬菜、食用菌、茶叶、园林水果、肉类、水产品产量都逐年增加，而且形成了独具特色的产业带。与此同时，福建省网民达已经超过 3000 万人，互联网普及率达到 77%以上。农产品数量以及特色农产品稳步增长。在电子商务运作模式方面，目前都采用"农户/种植基地＋供应链龙头企业＋消费者"。在以消费者需求为导向的前提下，整合供应链上各方资源，组织、引导农民进行科技信息指导等服务，确保农民在供应链整体效益中占据主动位置，不仅可以降低库存成本，同时也可以实现共同受益的目标。以龙头企业为核心背景下的供应链管理模式具有自身不可替代的优势，能够确保农业电商产销一体化，但也存在一定的劣势，因此，对现有交易模式进行改革具有现实的意义。[3]

(一)优势分析

1.电子商务基础良好

福建省网民、网站数量、全省域名总数和全省网民普及率在全国都处于领先水平，尤其是厦门、福州、泉州，更是优势显著，成熟的电子商务建设为农业电商发展奠定了坚实基础。

2.政府政策大力支持

福建省针对开展电子商务投入了大量的软硬件资源，全力建设电子商务基础，不仅启动了"百村示范"信息化工程，而且在综合信息服务的试点项目也取得了突破性进展，进而极大推动了福建农业信息服务水平。[4]

3.公路运输发达

福建省境内基本实现了建制村均通硬化路，为农业电商公路运输赋予了新的契机。在农村开展电子商务，汽车运输基本上是主要手段，因此农村交通条件的改善就为农产品物流提供了保障。

(二)劣势分析

1.农民现代观念落后

受各种主客观因素,尤其是传统思想和受教育水平的制约,福建一些地区的农民对于电子商务缺乏信心,认为农业与电子商务的关系不大,进而不敢轻易尝试。

2.农业大数据平台建设不完善

通过调查发现,福建涉农网站虽然为数众多,但功能、连接以及稳定性都缺乏保障。一些农产品信息的大数据资源信息量狭小,且与农产品信息发布不匹配,缺乏创新并存在极大的滞后性。

3.农业电子商务科技人员较为匮乏

福建省农民受教育水平偏低依然是不争的事实,这就急需农业电子商务科技人员的指导和帮助。然而广阔的农村地区很难吸引优秀的农业电子商务人才,而且农村对网络人才的培养也较为忽视,致使该类人才较为匮乏。[5]

4.农产品现代物流基础差

福建省农村物流体系不完善,尤其在时令果蔬成熟之际,受保鲜、冷藏冷链物流产业的限制,农产品容易出现腐蚀,且会增加农民的物流成本,因此而引发的运输、储存环节中的问题令人反思。

二、农业电商大数据平台对供给侧改革的作用和影响

(一)供给侧改革的作用

农业电商大数据的优势效应为借助大数据的一系列方法和技术,通过收集、分析、储存,进而对涉农农业相关领域的各种问题进行解决。农业数据作为典型的大数据,不仅覆盖范围大,同时数据种类多。就供给侧结构性改革而言,大数据作为有力的工具,能够对供给做到优化处理,尤其是可以总结规律预测趋势,推动产品创新,最终实现精准助力供给侧改革。[6]

(二)供给侧改革的影响

农业电商大数据对于深化农业供给侧结构性改革具有积极而深远的影响,在挖掘农业产业价值的同时,明晰并针对性地研究市场需求,对于促进农

业产业管理质量意义重大。在我国农产品市场需求布局还并不科学和成熟化的背景下,实施区域布局规划能有效推进都市现代农业的发展,还可以兼顾服务电商主体和农业供给侧结构性改革的要求。农业电子商务承载着经济社会发展以及三农事业,逐渐成为连接城市与农村的桥梁。

三、福建省农业电商发展模式应遵循的原则

农产品电子商务的发展要达到可持续发展的目标,就必须要对模式选择不断创新和优化,同时遵循相关原则,协调各方利益,并结合实际情况推动农产品产业链的良性运营。一方面,应该坚持适用性原则,即因地制宜选用农产品电子商务策略,同时根据农产品经营自身条件的各项影响因素,使其在创造更多经济效益的前提下,合理统筹开展区域范围内的电子商务,因此本地化应该成为电商模式的一大特色。另一方面还要加强协调性原则。农产品经营主体应结合自身的利润增长,还需要确保各参与主体的合作共赢,才会驱动电商活动更好更快发展。因此,模式与其资源条件应该保持协调和匹配,最大限度地减少各种矛盾和冲突,以顺利实现价值链成员的总体目标。[7]

四、福建省农业电子商务模式选择的策略与建议

福建省地理条件优越,山海资源十分丰富,这些得天独厚的优势一方面会为电商产品带来新鲜活力,同时由于生产规模、交通条件以及区域发展不平衡,电子商务模式的选取万不能一概而论,而是要充分了解当地的发展情形,结合生产经营的产品亮点,以及物流条件、自身实力、技术保障和规模实施科学的电商创建、运营和管理。

(一)准确把握企业外部条件

供给侧改革背景下,电商活动中平台的选择十分关键,选取有效的平台无疑等同于成功了一半,因此农产品企业要在第三方平台或自建平台的创建过程中,选用恰当的模式,并重视物流工作,确保农产品能够有效流通,这样才会保障农产品销售的顺畅。物流条件较好的福建省农产品企业,可以应用 O2O 模式、B2B 模式、B2C 模式,而在部分偏远的农村地区,则可以考虑实施 A2A

和 A2C 模式。[8]

(二)清醒认识农产品特点

农产品企业一定要根据产品类别采取科学高效的平台模式。据调查显示,福建省冷链物流起步较晚,且发展并不成熟,为此在新鲜可口的农产品储藏方面要慎重考虑。而对于特色农产品领域,由于相互竞争较为激烈,应该打造品牌效应,采用 A2C 模式对接全国市场。此外,选取的模式还要与生产规模保持一致。由于福建省的农产品具有多元特征,特别是大规模生产经营农产品的区域,可以尝试自建平台。

(三)不断审视企业自身能力

农产品企业在进一步把握企业外部环境的同时,还要强化对自身能力的审视。目前福建省独立分散的农户仍居多,为此实力与技术水平一般,这无疑增加了电子商务平台的难度。为此农产品企业要明晰电商大数据平台的核心优势,认真研究市场和消费者对农产品的需求,确保所选取的电商模式能够适合中小型涉农企业的可持续发展。

五、供给侧改革背景下福建省农业电商大数据平台的构建

(一)福建农业电商基本平台结构图

大数据平台的功能包括拓展及核心功能,其中拓展功能基本覆盖了市场监管、溯源管理、标准信息管理、信息管理,而核心功能则包括供应链信息管理与在线交易两部分。拓展功能与核心功能二者相互依存,作为基础部分核心功能应该在构建的过程中优先完成,而拓展功能必须要根据系统内外部的变化而酌情进行改进。基于此,涉及核心功能的福建农业电子商务基本平台结构如图 1 所示。该结构囊括了交易主体、农产品、订单,而且可以实施在线交易中能够优化加工、贮存、配送,且由八种不同功能的管理系统组成。

(二)农产品供应链大数据平台运作要素

在构建农业电商大数据平台的进程中,还需要掌握相关运作的影响要素,

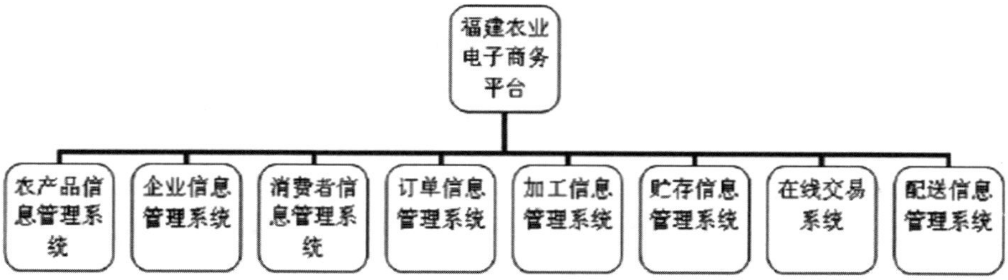

图 1　福建农业电商基本平台结构

进而针对这些不同因素开展相应的完善和创新举措。详见图 2。首先，在农产品的供应环节因素中，农产品加工商可以利用移动智能终端，借助大数据平台的作用对农产品供给信息进行浏览、分析和改进，实现供应的起点优势。其次，作为农产品供应链的终点，需求因素同样不容忽视，只有及时并跟踪了解消费者以及零售终端的最新需求以及长期规律，才会在洽谈、交易中占据主动位置，当然这也需要大数据平台在平台发布需求信息中要迅速更新，不能有延迟，以确保需求信息的准确性和实时性，这样供给者才会按照订单需求进行生产。再次，作为供应链云物流平台的核心，云平台服务因素对平台的稳定运行产生了不可替代的作用，尤其是在云服务技术支持的保障下，能够实现对大数据的快速分析和准确预测，在全面协调和调配下，云平台服务以及农业电子商

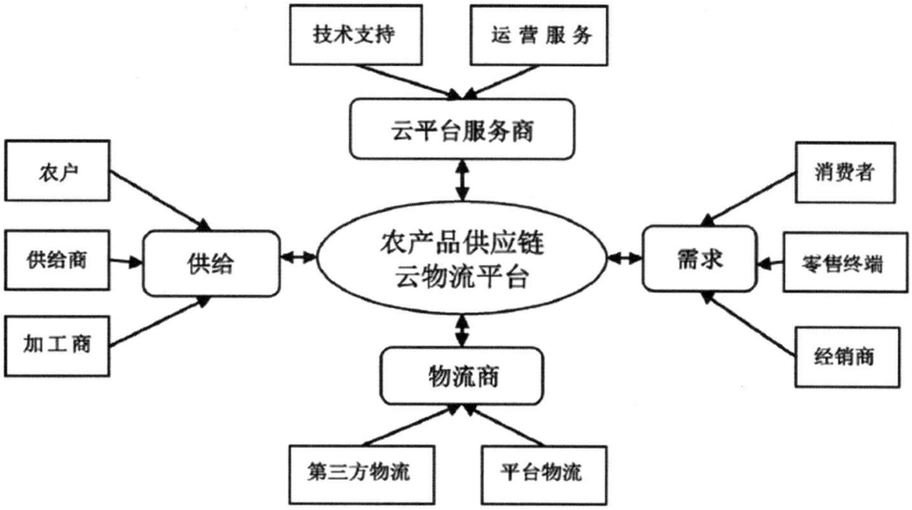

图 2　农产品供应链云物流平台运作要素

务整体供应链才会维持供给平衡。最后,由于在物流服务因素中包含了第三方物流和平台物流,因此只有遵循统一分配的属性,才会提高物流整体效率。

(三)农产品云物流平台架构分析

为了发挥福建省农业电商大数据平台的最佳效果,应该合理规划平台体系,即组建农产品云物流平台架构图,详见图 3。该平台的主要由基础设施、软件运营和平台组成,且包含了显示端、服务端和管理端三个部分。在对云平台集成服务的建设和维护过程中,还需要强化云平台和服务云系统,并结合分销商的实际经济实力进而选取私有云等其他云平台结构系统。

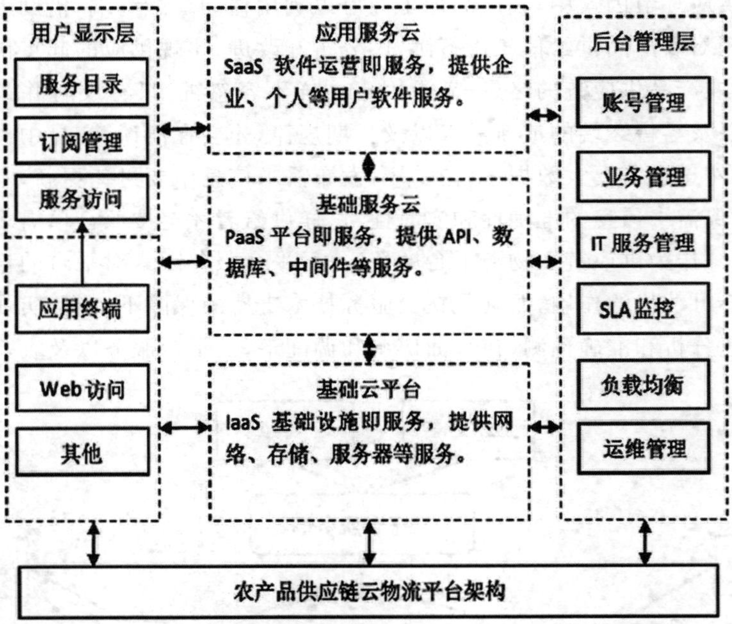

图 3　农产品云物流平台架构图

总之,大数据作为新一代信息技术,能够为福建省农业电商发展带来新的助力保障。在供给侧结构性改革的背景下,推进农业大数据战略行动,能够为支持决策和指导生产带来益处。当然不可忽视的是,福建省的农业现代化普及还远远不够,为此要继续跟进大数据的最新研究成果,加快完善农业数据监测,提高农业数据信息支撑,克服或解决发展中存在的诸多问题,加大企业信息管理力度,提高整体管理效能,并根据市场形势分析及预测进行数据收集、整理,构建基于云计算技术的“云物流”平台,提供市场形势分析及预测,使农户既增产又增收，增强农业竞争力及农产品的流通效率，进而打造福建省独具特色的“互联网＋现代农业＋大数据＋云物流”模式下的新型电商产业。

参考文献：

[1]储新民，李厚廷.农业电子商务的发展机制——基于“沙集模式”的拓展[J].价格月刊，2013(12)：84-87.

[2]邱碧珍.福建省农业电子商务发展分析及对策[J].农业现代化研究，2014(4)：50-53.

[3]王坷，李震，周建.电子商务参与下的农产品供应链渠道分析——以“菜管家”为例[J].华东经济管理，2014(12)：157-161.

[4]王艳华.“互联网＋农业”开启中国农业升级新模式[J].经济与管理，2015(1)：104-106.

[5]翟玮玮，邵运川，工泉等.基于“互联网＋”的农产品物流信息服务平台分析[J].南方农业，2015(36)：242-243.

[6]刘春英.基于云计算的农产品产销信息服务平台的建设研究[J].价值工程，2013(20)：212-215.

[7]孙振兴.农产品的云物流平台构建研究综述[J].生产力研究，2015(4)：157-160.

[8]张士华.“供应链云下”农产品电子商务物流体系和模式研究[J].科学管理研究，2016(12)：216-220.

福建省农产品“互联网+”出口战略与路径研究

阳光学院商学院　曹小娜

摘　要：福建农产品出口额持续放缓，发展“互联网+”将为农产品出口带来新的发展机遇，不仅有利于降低农产品出口成本，还有利于促进农产品的出口转型。由于福建农产品产地区域与互联网发展区域不平衡、农产品产地冷链物流发展不平衡、农村缺乏电商人才等因素导致福建省发展“互联网+”农产品出口也面临诸多挑战。基于上述现实，为了提高农产品出口竞争优势，需要逐步完善农产品产地“互联网+”建设、建立农产品“互联网+”综合服务平台、加大农产品产地冷链物流建设、培养农村跨境电商人才、扶持“互联网+”农产品出口龙头企业等。

关键词：“互联网+”；农产品；出口战略

福建省位于中国东南部，境内峰岭耸峙，丘陵连绵，河谷、盆地穿插其间，山地、丘陵占全省总面积的80%以上，受季风环流和地形影响，形成暖热湿润的亚热带海洋性季风气候，雨量充沛，光照充足，适宜多种农作物生长，茶叶、蔬菜、水果、食用菌等特色农产品丰富。同时，福建的海岸线长度居全国第二位，形成了丰富的水产资源。特殊的地理和气候环境，使得福建省拥有丰富的粮食作物、油料作物、果茶、蔬菜、食用菌等资源。闽西北山区素有“福建粮仓”之称，闽东南粮食作物一年可三熟，并盛产水果、工业原料作物等。

2017 年福建省粮食产量 665.40 万吨，比上年增加 14.53 万吨，增长幅度达2.2%，774 家省级以上重点龙头企业销售收入 3254.63 亿元，比上年增长 2.6%。其中，主要的农产品，蔬菜、水果、茶叶、食用菌产量分别达 1879 万吨、914 万吨、45 万吨、123 万吨，且均呈上涨态势。表 1 反映了福建省主要农产品的产量情况。

表1　2017年福建省主要农产品产量及产地情况

产品名称	产量(万吨)	比上年增长(%)	主要产地
茶叶	45.20	5.9	南平、泉州、宁德
水果	914.41	7.1	漳州、三明
蔬菜	1879.81	2.5	莆田、泉州、漳州
食用菌	123.16	4.2	漳州
水产品	802.55	4.5	泉州
粮食	665.40	2.2	三明、龙岩

数据来源:福建统计年鉴。

一、福建省农产品出口现状及问题

(一)农产品出口增速放缓

丰富的农产品资源为福建省发展农产品加工业和农产品出口提供了得天独厚的优越条件。虽然福建农产品出口额已由2011年的68.9亿美元增加到2017年的89亿美元,但出口增速却由2011年的39%下降到2017年的−2.6%,甚至在2015年和2017年出现了负增长。与全国农产品出口增速相比,除2017年外,福建每年的农产品出口增速都高于全国农产品出口增速,但福建农产品出口增速呈现下降趋势,2017年出现负增长−2.6%。农产品出口增速放缓,一方面是由于受到全球经济形势严峻、国外需求下降、贸易保护主义抬头等因素的影响,另一方面则是由于受到农产品出口成本不断增涨、出口竞争优势减弱等因素的影响,国内和国外的双重因素导致农产品出口形势不容乐观。

表2　福建及全国农产品出口情况

年份	出口额(亿美元)		同比增速(%)	
	福建	全国	福建	全国
2011	68.9	607.5	39.0	23.0
2012	75.6	632.9	9.7	4.2
2013	82.3	678.3	8.9	7.2

续表

年份	出口额(亿美元)		同比增速(%)	
	福建	全国	福建	全国
2014	87.7	719.6	6.6	6.1
2015	87.5	706.8	−0.2	−1.8
2016	91.4	729.9	4.5	3.3
2017	89.0	755.3	−2.6	3.5

数据来源:根据福州海关网站、中国海关总署网站数据整理。

(二)农产品出口以初级产品为主

福建省出口的农产品中,水海产品、蔬菜、水果等初级产品所占比重较大。2017年,福建省出口农产品约89.0亿美元,其中水海产品、蔬菜和水果约70.5亿美元,合计占福建省农产品出口总值的79.2%,而出口烤鳗、蘑菇罐头、猪肉罐头、番茄酱、果蔬汁等精深农产品5.9亿美元,仅占6.6%,且均呈现下降趋势。占福建一半以上出口比例的水海产品主要是活鱼、冻鱼、冻鱼片、鲜对虾、冻对虾、冻虾仁,加工程度都不高,主要进行的是保鲜、冷冻等粗加工。由此可见,福建省的出口农产品粗加工产品比重较高,精深加工产品较少,产品附加值不高,且出口的初级农产品主要是进行简单的保鲜、冷冻处理,技术水平比较低。

表3　2017年福建主要农产品出口情况

类别	出口总额(万美元)	同比增速(%)	占农产品出口比重(%)
农产品	889557	−2.2	—
水海产品	573547	−1.8	64.5
蔬菜	90665	−3.7	10.2
水果(含坚果)	40378	−14.2	4.5
茶叶	23896	8.8	2.7
粮食	3334	32.0	0.4
果蔬汁	183	−2.7	0.02
番茄酱	924	−29.4	0.1
制作或保藏的鳗鱼	35984	−2.2	4.0
猪肉罐头、蘑菇罐头	22339	−19.3	2.5

数据来源:福州海关网站:http://fuzhou.customs.gov.cn/publish/portal123/tab63611/info879678.htm。

(三)水海产品出口竞争优势减弱

水海产品一直是福建农产品出口的主要产品。2017 年,福建共出口水海产品 57.4 亿美元,约占福建农产品出口的 64.5%。福建省水海产品出口的主要竞争对手是越南、印度等国,凭借其低廉的成本优势,越南水海产品出口快速增加,与福建省水海产品出口形成激烈竞争。2017 年,越南在国外的虾销售额为 38 亿美元,比 2016 年多 7 亿美元,比预计的多 4 亿美元。

表 4 水海产品出口额及增速

单位:亿美元,%

	福建省		印度		越南	
	出口额	增速	出口额	增速	出口额	增速
2016 年	58.9	6.29%	57.8	—	70.5	7.4%
2017 年	60.2	2.2%	60	3.8%	83.2	18%

数据来源:

从表 4 可以看出,近两年福建水海产品出口增速放缓,而越南的出口却增长迅速。越南已成为日本第一大虾类供应国、美国第三大虾类供应国和欧盟第四大虾类供应国。2017 年前 7 个月,越南虾产品对日本和韩国的出口同比分别增长 35.2%和 27.4%。周边国家或地区水海产业的迅速发展对福建省水海产业的发展产生了深远影响。

(四)农产品出口市场以日本、东盟和中国台湾为主

日本、东盟和中国台湾是福建农产品的主要出口贸易地,占福建农产品总出口额的 50%以上。2017 年,福建省对日出口活鳗、烤鳗、干香菇、罐头、茶叶、冻对虾仁等农产品 9.5 亿美元,占对日出口比重的 17%左右。2017 年前三季度,福建省对东盟出口农产品 136.6 亿元,下降了 0.2%;2017 年,闽台农产品贸易总额达到 18.8 亿美元,同比增长 8.8%;福建农产品出口贸易地主要集中在周边国家,究其原因一方面是由于农产品不易保存、易腐烂变质等本身的特性,另一方面则是由传统贸易运输成本较高、国际物流发展缓慢等因素所导致的。

二、"互联网+"为福建省农产品出口带来新的发展机遇

随着互联网的普及,2018年全球互联网普及率将超过50%,中国网民规模将达到90%以上。互联网在给人们带来生活便利的同时,也为各行各业的发展带来了新的发展机遇,互联网技术将不断与各个产业融合,助推各产业链升级。互联网的迅速发展,同样为"互联网+农业"带来了新的发展机遇。福建省政府也高度重视数字福建建设,把发展互联网经济作为推进转型升级的重要举措,积极部署推进"互联网+"行动。

(一)福建省互联网发展迅速,为农产品"互联网+"出口提供了技术支撑

2017年,福建省电子商务交易总额14168亿元,比上年增长39.0%,跨境电子商务交易额超3000亿人民币,增幅超30%。福建跨境电商出口连续3年保持35%以上快速增长,已成为全国发展最快的跨境电商进出口中心之一,跨境电商卖家数量位列全国第四。

发展"互联网+"农产品出口,离不开技术的支持。根据中国互联网络信息中心(CNNIC)发布的《国家信息化发展评价报告(2016)》,福建信息化发展水平处于领先位置,具有明显的"创新引领型"特征。2016年,福建省拥有网民2678万,互联网普及率69.7%,居全国第4位;域名总数509.59万个,居全国第3位;网站数量28.59万个,居全国第5位;7家企业入选2016年中国互联网企业100强。另据宽带发展联盟发布的《中国宽带速率状况报告》显示,2017年前三季度,福建固定宽带普及率已达89.4%,居全国第4位;移动宽带用户普及率达90.0%,居全国第9位;2017年第四季度,福建的4G网络用户下载速率排在全国省级行政区第4位。根据腾讯研究院发布的"互联网+"指数结果显示,福建省以9.80的指数值位居全国31个省/自治区/直辖市的第6位,并在全国"互联网+"六大梯级中位处第2梯级。"互联网+"发展领先,为发展"互联网+"农产品出口奠定了良好的技术基础。

(二)"互联网+"出口有利于降低农产品出口成本,提升农产品出口竞争力

农产品出口成本不仅包括生产成本,还包括从产地到境外消费者手中所形成的流通费用,以及流通过程中的劳动费用等。持续上升的劳动力成本已经成为传统劳动密集型产业面临的突出矛盾。据国际劳工组织统计,2006年

以来中国的平均工资已经翻了一倍有余。另外,农产品出口科技含量低,生产效率低,市场信息缺乏、管理水平落后等因素都使得农产品出口成本不断上涨。因此,农产品出口的价格优势不仅与劳动生产率、资源禀赋等密切相关,还与出口营销渠道、物流配送效率等相关。在资源禀赋和自然条件不易改变的情况下,通过改善营销渠道和物流配送体系等,仍是可以降低成本的。

在传统贸易模式下,农产品出口流程是:国内生产商、出口商—国内运输—报关报检—境外经销商、分销商—国外消费者等,即经历很多复杂的程序,农产品才能最终到达消费者手中,流程复杂,时间耗费长,流通成本高,而这都使得农产品价格居高不下,从而丧失了价格优势。“互联网+”形成新的销售渠道,农产品出口流程就变为:由国内的农户、生产商、经销商—国际运输—国外消费者,中间省去了境外分销商的环节,从而降低了物流时间,也避免了国外分销商的价格垄断、价格利润等不利因素,从而降低了农产品的价格,提升了出口竞争力。

因此,“互联网+”为农产品出口提供了降低成本的新契机,将降低成本的发力方向从劳动力的“点”,扩大到物流、信息流的“线”,进而提升了农产品出口竞争力。

(三)“互联网+”有利于促进出口农产品的转型升级

农产品与一般的工业制成品不同,季节性比较强,尤其是生鲜、瓜果蔬菜等,在运输过程中,往往需要特殊的保鲜措施,而这又加大了运输成本。借助“互联网+”的开放性、低成本、高效率等优势,农产品的营销出现了新模式:C2B模式(消费者驱动的商业模式)。互联网大大削减了产销之间的信息不对称,加速了农产品生产商与市场需求间的紧密连接,这就要求农产品出口企业和农户不断强化包括分销、质检、包装、冷链、物流等在内的农产品服务体系,而这也促进了现代化农业服务体系的发展。

消费者驱动的商业模式也驱使农产品出口商注重出口农产品的质量和品牌建设。农产品出口企业和农户应该按照国际质量标准和进口国的习惯来组织生产和销售,扩大品牌效应,使之符合出口市场的质量检测标准,从而获得更多的订单。这有利于全面提高农产品出口竞争力,实现外贸增长方式的根本性转变。

(四)“互联网+”有利于拓宽农产品出口市场

受农产品本身特性的影响,利用传统营销方式使得农产品出口贸易地大大受到限制。农产品的季节性、运输时间长、运输成本高等因素都使得福建农产品出口贸易地主要集中在周边国家和地区，日本、东盟、中国台湾占福建农产品出口的50%以上。出口市场过于集中，将大大增加农产品出口贸易的风险，而“互联网＋”的全球性和无国界等特点，为丰富农产品出口市场提供了机遇。随着全球互联网技术的发展，农产品出口将打破地域限制，开拓更多的新兴市场，极大优化农产品出口市场，从而降低农产品出口贸易的风险。

三、福建省发展农产品“互联网＋出口”面临的挑战

（一）农产品产地区域与农村互联网发展区域不平衡

福建全省耕地面积1806万亩，仅占土地面积的10%，地势以山丘、丘陵为主，沿海地区耕地缺乏，后备资源有限，宜农荒地和滩涂可开垦为耕地的潜力也不大，这就使农业生产发展受到一定限制。受地理环境等因素的影响，福建省农产品生长区域主要集中在内陆的三明、龙岩、南平等山区，沿海地区则比较分散且面积比较小。

2017年虽然福建省淘宝村总数量位居全国第五，但从事农产品电子商务的商家屈指可数，而且福建省淘宝村主要集中在沿海地区。其中，泉州淘宝村数量位居全省第一，占比超过三分之二；其次是福州，第三是莆田。晋江是福建省最大的淘宝村集群。福建农村电子商务商品出口主要以鞋服、家具和工艺品等为主，这些产品并非农产品，而是工业制品。图1反映了2017年1—9月福建省互联网重点行业零售额主要区域分布情况。

福建农产品种植区域与“互联网＋”发展区域的不平衡，在一定程度上对发展农产品“互联网＋”出口带来了不利影响。农产品集中的地区“互联网＋”发展比较落后，企业就无法通过电子商务销售其农产品。福建农产品种植区域与福建农村“互联网＋”发展区域的不平衡已经成为影响农产品出口的不利因素。

（二）“互联网＋”与农产品出口的深度融合面临挑战

首先，农产品从田间到消费者手中需要经过很多的产业链节点。农产品一般都在偏远山区，不仅经济发展落后，交通不发达，而且农户文化水平还不高，互联网利用率低，这就削弱了农产品通过“互联网＋”进行销售的基础。农

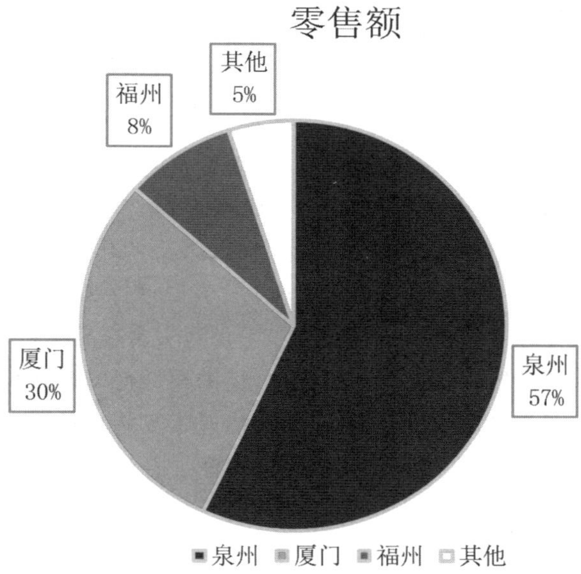

图1　2017年1—9月福建省网络零售重点行业零售额主要区域分布

资料来源：福建省商务厅网站，http://www.fiet.gov.cn。

民是互联网领域的弱势群体，互联网知识和技术较为匮乏，面对多变的互联网环境，难以认知和获取有效的信息渠道，更多的是被动应对。

其次，农产品种植、生产和加工企业多为散户和中小企业，农产品“互联网+”的产业化程度低下。农产品的生产、加工、销售、储运等规模较小，且各环节之间较为独立，相互分割，使得其难以通过互联网打通信息传递的通道。

再次，互联网、物联网等农业技术尚不成熟，小农户分散生产经营的格局与高度智能化和市场化的“互联网+”模式难以有效对接。此外，农业作为高风险弱质产业，自然风险因素影响对整个产业的影响不容小觑，尽管“互联网+”在加速农产品流通和推动农业产业结构调整方面发挥着积极作用，但是受制于农业自然风险的不可控性，农民仍可能选择被迫违约行为，反而阻滞了“互联网+”的深度融合。

(三)农村跨境电商人才缺乏

农村主要劳动力趋于老龄化是目前我国农村的现实。农村青壮年大部分都到城市打工，留在农村的这些人学历普遍比较低。据福建农村固定观察点统计，福建农村中上过高中的农民比重仅为12.56%，大专以上学历的农民仅为1.33％。互联网对于大多数高龄农户来说是很陌生的，他们不仅不会像年轻人一样关注互联网，也不会利用网络分享农业信息。有的农户虽然知道“互联网＋”，但仅理解为在网上购买产品，缺乏深入了解。这就导致农户并没有成为农产品“互联网＋”经营的主体，农产品也没有成为农村电子商务经营的主要产品。因此，农村急需信息技术过硬、懂得农业经济运行和国际营销的复合型人才。人才匮乏成为福建省发展“互联网＋农业”的一大挑战。

据《县域电子商务人才研究微报告》显示，未来两年县域网商对电商人才的需求量将超过 200 万，其中最缺运营推广、美工设计和数据分析三类人才，其他还包括客服、物流仓储。此外，发展“互联网＋农产品出口”对人才的需求是多方面的，不仅需要了解农产品的特性，还需要懂得国际贸易、国际营销、网络技术等知识。受各种因素的影响，在同等待遇下或略高过城市待遇下农村很难招到相应的人才；即使通过一些优惠政策培育或招来了人才，但流失严重。

(四)农产品冷链物流体系发展不均衡

冷链物流泛指冷藏冷冻类食品在生产、贮藏运输、销售，到消费前的各个环节中始终处于规定的低温环境下，以保证食品质量，减少食品损耗的一项系统工程。冷链物流的适用范围包括：初级农产品、加工食品及药品等。据统计，我国每年仅农产品因冷链物流不完善造成的损失就高达 3000 亿元，造成了巨大的经济浪费，而这一损失正是由于不恰当的运输方式所造成的。如果能在农产品运输过程中引入一站式冷链物流服务，就可最大限度减少果蔬运输过程中的损耗。

“互联网＋”农产品出口离不开冷链物流的发展，受制于农产品季节性强、易腐变质、农村交通设施不发达等因素影响，农产品保鲜—冷链物流一直是生鲜农产品互联网发展的最大难题。福建省农产品冷链物流发展不平衡，冷链设施多集中于沿海，内陆地区少。漳州、福州、泉州、厦门四城市冷库容量占全省的 74.8％，冷藏车辆占全省冷藏运输车辆的 71％以上。从冷链涉及的产品看，水产品和调理食品占 65％，畜禽肉制品和速冻食品占 30％，还有少量桂园干、荔枝干、食用菌干品、茶叶等。新鲜水果、蔬菜、食用菌等植物性食品的冷藏保鲜因刚刚起步，总量较少，而且贮藏型冷库多，低温加工配送中心等建设相对不足；冷库建设与实际需求不匹配，一方面产地冷库建设相对滞后，产品源头的冷库严重缺乏，冷藏运力不足；另一方面部分地区存在低水平重复建设、冷库利用率低、低价竞争等现象。冷链发展的不均衡、不完善影响了农产品出口的发展。

四、福建省发展农产品"互联网+"出口的路径选择

(一)加大农产品产地"互联网+"建设

在推进福建沿海地区农产品"互联网+"出口建设的同时,更要加大农产品产地的"互联网+"建设。农产品尤其是特产鲜货不少集中在僻远山区,外运困难,而外地对原产地农产品信息获取不畅,缺乏了解,导致求购无门,而"互联网+"却可以解决这种信息不畅的问题。比如杨梅、百香果等季节性非常强的水果,如果没有村级的"互联网+"服务网点,这些产品就进入不了电商的流通领域。

1.完善农产品产地"互联网+"基础设施建设

首先,要加强本省"互联网+"基础设施建设,尤其是产地农产品产地"互联网+"建设。农产品"互联网+"出口的发展离不开网络基础设施的完善。一方面,政府部门应设置农产品产地信息建设专项资金,并鼓励社会力量投入到农产品产地信息化建设中来,加大信息网络基础建设投入;继续深挖宽带网络提速降费潜力,完善4G网络覆盖,实现网络覆盖和速率进一步提升、移动流量平均资费进一步降低、农产品出口企业宽带和专线使用成本进一步下降,逐步缩小城乡互联网基础设施之间的差距。加强交通运输、商贸流通、邮政快递等部门对农产品产地物流服务网络和设施的共享衔接,加快完善县乡村农村的"互联网+"物流体系,重点扶持偏远山区农产品产地的物流设施建设,提高流通效率,加强农产品产地集配和冷链等设施建设。另一方面,作为农产品种植和出口企业也应该加强自身的"互联网+"出口基础设施建设。微信、微博等即时通信工具已成为海内外网友的"连接器"和"传声筒",农产品出口企业可借助微信和微博等及时发布农产品种植、加工、销售等信息,也可开发自己的应用,实现网上选购、网上支付等。

其次,在发展产地"互联网+"基础设施的同时,农产品种植和出口企业也需要加强与国际接轨,不仅要适应出口贸易地消费者的购物习惯,还要采用与国际网络安全支付相同的标准,并加强与出口贸易地的"互联网+"融合力度。

2.对农产品产地企业和农户进行网络技术培训

推进农产品"互联网+"出口,不仅需要具备电子商务、国际贸易、市场推广等方面的知识,还需具备农产品生产、加工、储存、物流等专业知识。而农产

品产地由于地处偏僻、交通不便等因素，农户和企业不仅缺乏农产品加工、储存、物流等专业知识，还缺乏网络营销意识，从而使得在产地推广“互联网＋”出口变得更为困难。因此，为了推动农产品产地“互联网＋”出口的建设，必须对产地农户和企业进行网络技术培训和出口专业知识的培训，培养“互联网＋”思维，大力推动农产品“互联网＋”出口的发展。首先，要在农户中积极宣传“互联网＋”对农产品出口的积极作用，培养产地农户的“互联网＋”思维，并引导其积极接受这种新的营销方式。其次，加大对农户的“互联网＋”培训力度，提高产地农户的技术水平和操作能力。再次，引导具备“互联网＋”出口知识的复合型人才积极加入农产品“互联网＋”发展的潮流中，从而提升农产品网络营销从业群体的整体素质。

（二）构建农产品“互联网＋”出口综合服务平台

农产品“互联网＋”出口综合服务平台，应该包括网络技术支撑体系、信息查询体系、售后服务体系等。首先，应依托现代计算机技术、网络通讯技术、云计算、大数据等，在保障网络安全和信息安全的前提下，构建农产品“互联网＋”出口的网络技术体系。建立沟通农产品批发市场、产地农户、农产品出口企业、检验检疫机构、物流企业等内外强大的计算机网络和通讯平台，建立并完善农产品信息数据库、农产品产地信息数据库、农产品供需信息数据库、农产品宏观分析数据库等。另外，还应逐步实现与其他地区的农产品信息资源网络的互联互通，促进农产品在更广范围内流动。其次，建立农产品质量安全追溯系统，实现从种植到终端消费全过程的农产品质量安全可追溯体系。同时应及时发布和更新农产品信息，可利用AR技术展现农产品种植、生长、采摘、加工、包装等环节，让国内外消费者了解其整个流程，从而提升该农产品的认知度。再结合出口国家和地区的相关规定及饮食习惯确定农产品出口质量和产品包装等。再次，完善跨境支付体系，提高网络支付的安全性。完善网络支付环境是发展“互联网＋”的重要环节，如果支付存在风险，就会阻碍农产品出口的发展，因此，要提高技术安全标准，采用更强的加密措施，避免支付风险。

（三）完善农产品冷链物流体系

1.加大农产品产地冷链基础设施建设

首先，加大农产品冷藏库、冷藏车建设。农产品受限于自身易腐、不易保存的特征，在产后存储、运输和销售过程中很容易腐烂，造成巨大的损失与浪费。在美国，农产品在物流环节的损耗率约2%～5%，农产品在运输的全过程中都使用冷藏箱或冷藏车，确保农产品的新鲜度。农产品在田间采摘后先进行预冷，然后存到冷库，再运到批发站冷库或超市冷库，最后到消费者手中。而我们的农户常常重视了农产品的种植环节却忽略了采后环节，造成农产品在物流运输中的巨大损耗，因此，需要在农产品产地推广预冷技术，建立农产品冷藏库、冷藏车等，保障农产品从田间到冷库再到消费者的新鲜品质。

其次，推进低温加工和配送中心建设。低温加工中心负责把农产品部分或全部加工成包装产品；配送中心用于短期贮存和整理不同来源的农产品及其加工产品，并根据订单给客户发货；同时鼓励生鲜农产品种植户和经营主体加强与国际配送、快递等企业合作，开展多品种、小批量、多批次的冷链配送服务。

最后，交通运输方面，应建立起冷藏集装箱始发、中转、接运的设备设施，从而提高国际冷藏运输集装箱的接运能力。

2.组建农产品冷链物流联盟

针对农产品冷链物流的现状，仅依靠一家企业建立起一整套的冷链基础设施是很困难的，因此要推动农产品冷链物流的发展，就必须联合各方面的力量，政府要加大支持和引导力度，激励私人部门进行投资，鼓励企业加大投入，鼓励金融机构加大融资支持，成立一个由企业、运营商和投资者、金融机构等组成的冷链物流联盟，逐步建立起完备的冷链物流体系。同时加快培育第三方冷链物流企业，积极推进冷链物流服务外包，扩大第三方冷链物流市场规模。

（四）培养农产品“互联网+”出口龙头企业，发挥其带动作用

目前福建省的农产品出口企业主要以中小企业和部分散户为主，这类企业不仅在产品创新和品牌培育等方面比较薄弱，当农产品出口遭遇问题时也缺乏积极应对的意识。企业规模小也导致生产不规范，缺乏统一标准，不仅无法达到国外的质量和技术要求，也无法满足国外消费者的消费需求，这都阻碍了农产品进一步扩大出口规模，因此，应该积极培育“互联网+”龙头企业。首先，鼓励拥有资质和符合条件的大型农产品出口企业积极建立“互联网+”营销渠道，并发挥其带动作用，引导中小农产品生产和出口企业建立“互联网+”出口渠道。其次，培育壮大“互联网+”龙头农产品出口企业，引导企业制订符合自身和行业发展的发展规划，使企业成为产业发展方向的主要执行者和体现者。再次，鼓励龙头企业在技术创新、品牌培育、拓展市场等方面发挥带头

示范作用,减少和避免“谷贱伤农”的盲目性生产。

(五)利用“互联网+”积极拓宽农产品出口市场

“互联网+”技术和国际物流的发展为远程异地交易提供了物质基础,“互联网+”农产品出口大大缩短农产品的交易流程,提高了农产品的交易效率。

一方面,农产品种植和出口企业要借助“互联网+”进一步拓宽农产品销售渠道,加大国际市场开发力度,利用农产品在品质和价格上的比较优势,扩大在国外市场上的知名度和影响力。另一方面,积极创造条件,借助福建自贸区和一带一路等政策,巩固对日本、东南亚、中国台湾等地区的农产品出口,同时还要开拓南亚、西亚和欧美等市场。农产品出口市场的不断完善,将不断降低农产品出口的市场风险,提高农产品出口竞争力。

“互联网+”技术的发展为发展农产品“互联网+”出口提供了技术支撑,为农产品出口带来了新的发展机遇,“互联网+”的无国界、及时性等特征,还有助于解决农产品面临的出口困境,促进农产品出口转型,优化农产品出口市场,降低农产品出口成本等。

参考文献:

[1]韩雅丽,徐力,范静.后互联网时代农产品出口对策研究[J].淮阴工学院学报,2015,24(5):79-81.

[2]颜波,石平,丁德龙.物联网环境下的农产品供应链风险评估与控制[J].管理工程学报,2014,28(3):196-202.

[3]路吊霞,杜亚芳,郭月萍.城乡统筹视角下我国农村互联网发展的研究[J].现代经济信息,2016,4(8):243-244.

[4]刘利猛.移动互联网,电子商务与物流在我国农村地区的协同发展研究[J].物流技术,2015,34(4):208-210.

农村土地承包经营权流转现状调查研究

——以福建省为例

阳光学院商学院　施佳璐
中国人民银行福州中心支行　荣　杰

摘　要：福建省耕地稀缺性和重要性的特征决定着“农村土地”问题，这一直是政府关注的焦点。本文在对福建省64个县(市、区)为期5个月调研的基础上，从福建省农村土地承包经营权流转的总体情况、配套制度、流转模式等方面出发进行实证研究，分析目前福建省农村土地承包经营权流转的主要问题，并从政府、市场等角度提出改革的政策和措施。

关键词：农村；土地；承包经营权；流转；福建省

2014年“农村土地”成为中央一号文件关注的焦点，这已是2004年以来中央一号文件连续第11年“锁定”三农主题。福建省人均耕地面积位居全国末位，耕地稀缺性和重要性特别突出，盘活经营权，赋予土地产权流转、抵押、担保等新属性对解决福建省“三农”问题具有重要的现实意义。为了解福建省农村土地承包经营权流转的现状和问题，笔者在2014年1月到5月期间通过实地调研的形式，对福建省(除厦门市)64个县(市、区)的农村土地承包经营权流转现状进行了调查，调查数据来源于相关职能部门，通过结合典型调查和个别访谈的方式走访了具有代表性的部分县(市)以及农户家庭，调查数据均截止到2014年3月末。

一、福建省农村土地流转总体情况

福建省人均耕地面积位居全国末位，近年来随着农村劳动力向城市转移农村土地荒置与人均耕地少的矛盾日益凸显，省内各级地方政府高度重视通过推动农村土地承包经营权流转整合农村土地资源，促进农业生产规模化、现代化。根据相关调查，截至 2014 年 3 月末，福建全省耕地总面积 1638.94 万亩，其中家庭承包经营耕地面积 1414.39 万亩，耕地流转面积 402.76 万亩，耕地流转面积占耕地总面积的比例为 24.57%。耕地流转比例高于总体平均水平的分别为三明市（10 个县、区）、泉州市（7 个县、区）、漳州市（12 个县、区）、龙岩市（7 个县、区），其中龙岩市比例最大，为 35.82%。表 1 为福建省各县土地流转总体情况。

表 1　福建省各县（市、区）土地流转总体情况

单位：万亩

调查内容	调查辖区								
	福州市	宁德市	三明市	莆田市	泉州市	漳州市	龙岩市	南平市	合计
耕地总面积	189.25	184.47	237.84	42.10	170.19	236.38	239.10	339.61	1638.94
家庭承包经营耕地面积	148.32	169.49	224.02	31.13	131.41	191.09	199.81	319.11	1414.39
耕地流转面积	34.12	41.16	69.14	5.69	42.07	65.39	85.65	59.55	402.76
耕地流转面积占耕地总面积比例（%）	18.03	22.31	29.07	13.52	24.72	27.66	35.82	17.53	24.57

数据来源：中国人民银行福州中心支行农村金融专题调研报告及部分县市农业主管部门。

二、福建省农村土地承包经营权流转配套情况与流转模式

（一）福建省农村土地承包经营权流转配套情况

2013 年以来，福建省部分县（市）认真贯彻落实当年中央一号文件及福建省委省政府一号文件精神组织开展推进农村土地流转配套制度建设。根据政

府规范性文件精神，此次调查主要从确权颁证土地比例、土地流转平台建设、产权抵押登记机关、政府鼓励性政策文件、产权抵押贷款司法解释、抵押贷款业务、风险补偿机制、抵押处置变现机制等方面对福建省各市辖内土地配套政策完成情况进行统计分析。截至2014年3月末，全省已有30个县建立土地流转平台，占全省县(市、区)总数的46.88%；11个县(市、区)明确土地承包经营权抵押登记机关，占全省县(市、区)总数的17.19%；9个县出台鼓励农村土地流转文件，占全省县(市、区)总数的14.06%；9个县已开办土地承包经营权抵押贷款业务，占全省县(市)总数的14.06%；4个县政府已建立风险补偿机制、抵押处置变现机制，占全省县(市)总数的6.25%；各县均不同程度实现了土地承包经营权流转，其中三明市和南平市在政策完成度方面表现尤为突出，各项调查指标均高于总体水平。具体数据详见表2。

结合各县(市)经济发展情况可以看出，经济发展水平与人口流向、交易平台建设情况、地方政府对土地经营权流转的规范性文件等配套服务情况对农村土地经营权流转有较大影响。一是经济发展水平与人口流向对土地流转规模具有显著正向影响。如沙县、晋江等地二、三产业占比较高，沙县外出人口占比高，土地经营权流转占比显著高于全省平均水平。二是政府规范性文件与激励机制对农村土地经营权流转具有正向激励作用，如沙县作为全国农村综合改革试验区，在地方政府积极推动下开展土地信托，当地流转耕地占全部耕地比重达67%，位居全省第一；土地流转占比位居全省前列的武平、福清、晋江等县(市)地方政府也从不同角度出台文件指导和规范当地土地流转。三是交易平台的建设是土地流转的必要条件而非充分必要条件。莆田等地区情况显示，缺乏地方政府规范性文件指导与支持，交易平台难以发挥应有作用。莆田市较为广泛的建立农村土地承包经营权交易平台，但缺乏地方政府出台的鼓励或促进农村土地承包经营权抵押的政策文件，其农村土地流转占比远低于全省平均水平，为全省末位。

表2　福建省各县(市、区)土地流转配套服务情况

单位：%

调查内容	调查辖区								
	福州市	宁德市	三明市	莆田市	泉州市	漳州市	龙岩市	南平市	合计
当地完成土地承包经营权确权颁证的土地比例(%)	0	0	0	0	0	0	0	0	0

续表

调查内容	调查辖区								
	福州市	宁德市	三明市	莆田市	泉州市	漳州市	龙岩市	南平市	合计
建立农村土地流转交易平台	11.11	0	60	100	42.86	100	28.57	50	46.88
明确土地承包经营权抵押登记机关	0	0	20	0	28.57	8.33	28.57	40	17.19
当地政府已出台鼓励土地承包经营权抵押的政策文件	11.11	0	20	0	0	8.33	42.86	30	14.06
司法部门已出台支持土地承包经营权抵押的司法解释	0	0	0	0	0	0	0	0	0
当地金融机构已开办土地承包经营权抵押贷款业务	0	0	30	0	14.29	8.33	14.29	30	14.06
当地政府已建立风险补偿机制、抵押处置变现机制	0	0	10	0	14.29	0	0	20	6.25

数据来源：中国人民银行福州中心支行农村金融专题调研报告及部分县市农业主管部门。

(二)地方政府支持土地经营权流转的主要举措与配套制度

1.省级层面推进农村土地确权发证

2014年福建省农业厅出台《2014年农业改革实施方案》，明确全省9个设区市各选两个乡镇、平潭综合试验区选择1个乡镇、76个涉农县(市)各选择两个建制村开展农村土地承包经营权确权登记颁证试点，通过明晰产权为推进农村土地流转扫清关键障碍。

2.县级政府通过财政资金扶持明确政策导向

部分县(市)级政府通过财政资金扶持，引导农村土地向专业大户等新型经营主体集中，促进规模化农业生产。泉州市辖内惠安县政府2014年出台了土地流转的资金扶持政策《惠安县人民政府关于进一步加强农村土地承包经营权流转规范管理的实施意见》(惠政文〔2014〕38号)，对土地承包经营、种植大户依据经营项目、业绩实行数额不一的资金扶持。南安市政府积极推进土地承包经营权流转，出台了相关扶持政策，对当年形成连片流转 50 亩以上（含 50 亩）的，或新一年在原流转土地周边新增连片流转 20 亩以上（含 20 亩）的，流转期限 3 年以上（含 3 年）并签订规范流转合同的原土地承包户和农业经营主体，由市财政分别给予资金扶持。龙岩市辖内连城县出台《连城县人民政府关于推进农业适度规模经营的实施意见》（连政综〔2013〕33 号）规定，对参与土地流转的农业规模经营主体进行奖补，县财政对当年新增规模经营耕地面积 100 以上且流转期限在 3 年以上的经营主体给予一次性补助；100～300 亩的，每亩补助 100 元；300～1000 亩的，每亩补助 150 元；1000 亩以上的，每亩补助 200 元。

（三）建立农村土地登记、流转服务体系

以泉州市辖内德化县成立县级农村产权交易中心为例，该中心由该县农办牵头农业、林业、国土、住建、水利等多部门参与组建，将原来分属于住建、国土、水利、农业、林业等部门的产权交易登记进行整合，搭建了统一的农村产权交易平台，为德化县农村各类产权交易提供场所设施、信息咨询、组织交易、鉴证登记等一站式便利服务。龙岩市辖内武平县明确县农业局为耕地经营权抵押登记机关，并在县、乡两级分别成立农村土地流转指导中心和服务中心；连城县还进一步在村级设立农村土地经营权流转服务站，建立县、乡、村三级土地流转服务体系和土地流转合同管理制度，规范土地流转的操作。截至 2014 年 3 月末，该县流转耕地占全部耕地比例高达 45.81％。三明市在构建 135 个乡镇级农村土地流转服务平台的基础上进一步建立覆盖全市的农村土地承包经营纠纷仲裁体系，及时有效解决土地流转纠纷。

农村土地承包经营权流转的主要模式。据调查，福建省农村土地承包经营权流转模式主要有转包、租赁、转让、入股、互换、合作、联营、土地信托等模式，其中转包和出租模式较为普遍，如漳州市、南平市通过上述两种模式流转的农村土地分别占流转总面积的 81.8％和 79.89％；三明市沙县开展的“土地信托”流转模式，此模式在当地也取得极大成功，据统计，目前沙县流转耕地面积已占全部耕地面积的 71.72％。

三、福建省农村土地承包经营权流转存在的主要问题

农村土地承包经营权的流转形成了资产的增收和农村大量劳动力转移的双赢局面,使一大部分农户逐步摆脱了土地的束缚,转而从事第二、三产业,许多农户不仅可以从土地流转进程中获得固定的收益,还能通过外出打工等方式获得其他收入。通过实施农村土地承包经营权流转,为农业发展规模经营、促进农业产业化建设创造了有利条件,有效推进了农村土地基础设施建设,提高了农业综合产出效益,为农业发展的产业化、规模化经营营造了良好环境,较好地防治了农村土地“抛荒”的现象。[1]

但农村土地流转过程中也暴露出了一些问题:

(一)部分县耕地面积偏小,难以大面积流转

例如莆田市仅有仙游一个县具有耕地,在政策执行层面完成度较低,主要原因是地形地貌较为复杂,山丘地大片少,机械化耕作难度大,人工投入成本较高,大部分农民不愿意将资本投入耕作,特别对于种植大户难以实现土地的大面积长期流转。

(二)土地确权颁证进度迟缓

农村土地承包经营权确权登记颁证是一项基础性工作,直接涉及亿万农民的利益。农村土地承包关系总体是稳定的,但也存在承包期内随意调地、土地纠纷多发等问题,对土地承包经营权的物权保护缺失。福建省土地承包经营权确权颁证工作虽已开展,但是据调查,福建全省无一县市落实到位,已确权颁证土地比例均为 0。

(三)土地流转市场不完善

据调查结果显示,除宁德市外,其他的乡镇均建立了土地流转交易平台,且莆田市和漳州市的比例达到了 100%。虽大部分乡镇成立了土地流转服务平台,但市场参与度参差不齐,信息传递手段相对落后,供需双方的信息不对称且不能高效准确提供,部分有流转土地意向的农户找不到合适的受让方,而有经营需求的受让方又没有找到合适的出让方,部分土地流转仍是农户和项目主私下对接。

(四)社会保障机制不健全

社会保障体系未能覆盖所有农村地区,无法为转出土地的农民提供充分的社会保障。据调查,福州市、宁德市、莆田市、漳州市、龙岩市政府均未建立风险补偿机制以及抵押处置变现机制,福建全省各县市司法部门也均未出台支持土地承包经营权抵押的司法解释,因此在没有政府和集体提供保障的前提下,大多数农民的恋土情结深厚,对土地流转的态度比较慎重,土地成为他们的“活命田”,由于对土地具有普遍的预期增值和稳定的经济收益保障心理,宁可粗放经营,甚至荒芜弃耕,也不轻易进行流转。[2]

(五)流转途径单一,缺乏收益增长机制

我国新型城镇化进程需要征用大量土地作为就地城市化建设。在农村土地转移上,政府征用是唯一的合法途径,但仅通过政府这一条途径远远无法满足城市化的需求。因此,只有盘活土地经营权,提高土地利用率,才能有效促进我国城乡统筹发展。但在土地流转合同约定上,农民土地流转收益一般固定,流转期间不再调整租金,流转收益没有随经济发展得到相应增长,缺乏有效的收益增长机制。

四、促进福建省农村土地承包经营权流转的对策建议

(一)建立完备的土地登记认证体系,赋予农民“有条件”的农地处分权

根据《物权法》第127条规定:“县级以上地方人民政府应当向土地承包经营权人发放土地承包经营权证、林权证、草原使用权证,并登记造册,确认土地承包经营权。”建立完备的土地登记认证体系有助于从根本上解决现行土地产权关系中的不明晰因素,使之能够在较长的周期内有计划的投入和经营土地。[3]除此之外,还应赋予农民真正的土地处分权,这不仅是农业经营投入长期化的必要保障,更是农村社区股份合作制改革和建立现代产权制度的必然要求。而赋予农民真正处分权是在一定条件基础上,即“在农村土地承包期限内”和“不改变土地用途”的前提下,承包经营权可以入股。

(二)健全农民社会保障体系

对于农民来说,土地具有特殊的生存保障功能。要解除农民的后顾之忧,

使广大农民从土地中解放出来，首先必须完善农民社会保障体系。农民社会保障体系主要包括农民最低生活保障，城乡医疗保障，养老保险等，除此之外，还包括专门的纠纷调解机构，通过三级（街镇、区级、市级）调解问题，把矛盾泯灭在基层；建立多形式的农村经济合作组织，提高农民整体信用度，增强抵御各种风险的能力，逐步将农民的生活保障机制由依靠土地转为依靠社会和制度。

（三）形成自由顺畅的市场机制

形成自由顺畅的农村土地流转机制，使农村土地的利用率从效率低向效率高的方向转变，实现农村土地资源的最优化配置。根据调查，福建省各县市都通过转包、租赁、转让、入股、互换、合作、联营、土地信托等模式，积极推进农村土地经营权流转，这样不但加快了农业市场化步伐，还进一步推动了农村剩余劳动力向城镇合理转移，加快了城市化的进程。在实际中，可大力培育第三方组织或中介机构在市场中的服务作用，建立市场监督机制，减少政府在土地流转中的行政干预，形成顺畅的市场机制。[4]

（四）完善农村土地流转相关配套政策和制度

农村土地自由流转还需要地方政府配套相关的政策和制度，主要概述为“三有”：一是要求“有法”，即国家应完善和落实土地经营权流转的相关法律法规，当地司法环境支持农村土地经营权流转，并给予有效的司法解释；二是要求“有制”，即地方政府要出台相关制度性文件，不断推进农村户籍制度改革，农民技能培训机制等，从心理上和精神上给予农民一定的社会、医疗、技术等保障；三是要求“有道”，即可通过第三方中介组织、土地信托模式、金融机构抵押贷款等不同形式丰富农村土地流转的渠道。[5]

参考文献：

[1]钟真.农村土地承包经营权产权残缺与市场流转困境：理论与政策分析[J].管理世界，2012(1)：35-43.

[2]郭晓鸣.中国农村土地制度改革：需求、困境与发展态势[J].中国农村经济，2011(4)：4-8.

[3]苏映平.农村土地流转的现状问题及措施[J].农业与技术，2013，33(9)：222-223.

[4]李晓清.加快推进农村土地流转的对策建议[J].农业科技与信息，2012(22)：8-10.

[5]孟玉红.农村土地承包经营权流转现状与思考[J].甘肃农业，2012(3)：57-58.

闽台农业合作问题及对策研究

阳光学院商学院　朱莉莉

摘　要：　本文从闽台农业合作基础入手，通过技术、生产要素等方面的比较，从而发现闽台农业合作存在的问题，如：合作溢出效应不突出、区位优势不明显等，最后结合自贸区内新举措提出闽台农业合作的对策。

关键词：闽台农业、合作、现状

一、闽台农业合作基础分析

闽台农业合作贸易往来源远流长，福建省与台湾农业合作交流的重要内容之一便是农业良种的引进，然而闽台农业合作远不止于此，随着福建省自贸区的建立，闽台农业合作将开启新的合作路程。

(一)闽台农业技术投入

二战后台湾农业结构的升级转型都归根于农业技术，尤其是高新技术的快速发展，使得其在培育栽种、培育建林、病虫害的防治、农药的研发等方面都具备高超水平；且农产品的加工、运输、保存、保鲜等技术也在整个亚洲都享有盛誉；在农业科研经费的投入中，技术开发就占了50%以上。目前农畜水产品基本实现良种化，农业基本实现机械化，从农业生产到收割都采用自动化处理、种苗，自动化设施栽培及管理作业。机械化拓展也越来越广，在稻谷杂粮业、园艺作物、畜牧业等方面也都采用机械化生产，并不断更新换代。

福建农业企业技术相对于台湾仍有较大差距，农村人口受教育程度也不高，农产品技术含量相对较低。截止到2015年，福建省从台湾引进农业先进设备5000多套；引进台湾农业良种2500多个，其中150多个得到推广；生产技术有800多项，包括种植业的植物组培技术、农业果树嫁接技术、产期调节技术，产品综合深加工技术、饲养配方调和技术等。但由于台湾当局"高新尖技术根留台湾、严禁溢出"措施的限制，台湾地区准许输入大陆的农产品有1481项，其中的881项未对福建省开放，据WTO秘书处报告台湾对大陆货品采取的负面表列高达2000多项，禁止进口的就有七成。[1]这导致福建省引进的农业技术并不完整。

(二)闽台农业生产要素投入

1.闽台农业劳动力要素

从表1可看出两地农业从业人口都呈现递减状态，且两地的农业资本数量都有逐年上升趋势，福建劳动力人口和农业总产值都远超过台湾。但从人均占有量看，台湾的人均资本拥有量超过福建的人均资本。

表1 2005—2015年闽台农业劳动生产力水平

年份	福建		台湾		福建	台湾
	农业总人口（万人）	农业总产值（亿元）	农业总人口（万人）	农业总产值（亿元）	人均产量占总产量比重	人均产量占总产量比重
2005	702.49	1373.01	55.8	764.69	0.14%	0.39%
2010	636.54	2307.06	51.2	852.88	0.16%	1.95%
2012	642.23	3007.40	49.5	888.39	0.16%	2.02%
2014	615.96	3522.31	49.2	1040.56	0.17%	2.03%
2015	609.33	3717.87	48.1	1103.49	0.16%	2.04%

数据来源：福建统计年鉴2015、统计年鉴民国104年。

2.闽台农业资本要素

由于台湾农业资金较为丰富，因此福建省在促进农业产业的发展中，积极引进台资，推进了福建农业外向型发展，同时拉动了经济增长，截至2016年，福建省合同利用台资37.1亿美元，累计批办的台商投资农业项目2594个，农业利用台资的总额是两岸中大陆各省区市中占比最多的省份。台商投资的增加给福建农业产业带来了大量资金，也引进了先进的管理方式和经验水平，促进了福建农业生产进一步规模化。

表2　2015—2016年福建农业利用台资项目统计

	新批台资农业项目	累计批办台资农业项目	累计合同利用台资金额（亿美元）
2015	37	2546	36
2016	48	2594	37

数据来源：福建省统计公报2016—2017。

由表2可看出，2016年福建省累计合同利用台资约37亿美元，闽台农产品贸易突破15.5亿美元，同比增长4.6%以上。闽台农业合作基础深厚，前景看好。

（三）闽台农业对外开放程度

在对外开放上，福建农产品面向的主要是国内市场，缺少国际知名的农业品牌；而台湾具有较好的国际市场应接能力，其在管理经营和产品营销方面都积累了丰富的经验；从流通方面来说，台湾渠道较为广阔通畅，交通较为便利，加上台湾的开放型经济发展战略，其农业经营的对外开放程度逐步提高。

二、闽台农业合作的问题

（一）福建引进技术溢出效应不够明显

从闽台农业的技术合作来看，台湾当局在技术引进方面为了保护自身核心技术，仅将部分单项的技术，笼统分散地传授给福建。[2]以水产业为例，当前闽台合作的领域主要限制在水产养殖和水产品加工上，主要以资金、优良品种、加工技术作为主要的引进来源；且项目总量和资金总额都偏小，超过千万美元的项目更是屈指可数，在开拓关键生物技术的研发和共同市场的方面合作薄弱。纵然近年来闽台农业交流密切，但大多的科技推广和研究人员交流都以互访层次为主，落实到位的合作项目攻关较少，其中较大的原因是台湾当局“高新尖技术根留台湾、严禁溢出”措施的限制，台湾地区准许输入大陆的农产品仍然还有881项未开放，禁止进口的农产品还有七成。

福建虽有众多的农业企业，但主要基于自然资源和引进基础技术，对引进的项目缺乏管理经验，重硬件轻软件，重产量轻营销，重外引轻内联等问题逐渐突出，很难对良种引进出现的问题做出较好的解决。[3]引进品种过于依赖台湾的输入，缺乏自主创新和保护，引进多、消化慢、保护差、推广少、创新低。引进的优良品种在使用几年后慢慢退化，对引进技术溢出效应不够明显。在台湾严谨的技术投资、福建创新力度和管理机制低的对比下，福建引进台湾技术的溢出效应几乎不明显。

(二)福建区位经济优势落后“长三角”“珠三角”

与福建原有工农业基础相比，“长三角”“珠三角”地区工农业发达，城市水平高，腹地广，是我国市场中心区。从闽台农业对外开放程度看，福建对外产业对接能力差，市场辐射功能弱。而“长三角”“珠三角”区域在不断改善投资环境下，对台商产生了强烈的吸引力，虽然闽台有人缘、地缘等“五缘”优势，但在经济因素和交通、通信发达等因素的影响下被大大弱化了。

在“两岸三通”政策下，除了福建，其他开放港口也纷纷争抢台湾市场，福建的区位优势逐渐降低，各港口充分发挥自己的特殊渠道增进与台湾经济合作。现在，北京凭借首都政治经济集中地，上海凭借金融贸易中心繁华地，广州凭借地理区位和扎实的经济基础，三大区位一并涌入，湮没了福建的特殊优势。“三通”实行后，“长三角”“珠三角”地区对福建的竞争威胁越来越强。

从投资环境方面看，江、浙、沪、粤等地大部分实行低地价、低税收等政策，且政府重商、扶商、富商的诚意吸引了不少台商前往投资。福建省也在吸引台商来闽投资方面发挥了较大作用，但由于自身缺乏丰厚土地、资金的支持，且本地农业还未完全达到现代化水平，在承接台湾技术、资金密集的农业产业方面相当有压力；台商在闽融资艰巨、外汇使用不便等种种因素在一定程度上影响了台商对福建的投资热情，如果再考虑“长三角”“珠三角”经济腹地和市场辐射能力以及产业机构配套都优于福建等因素，台商将投资重心逐步从福建沿海转移到长江三角洲和珠江三角洲就不难理解了。

三、深化闽台农业合作建议

通过第一部分合作现状的分析可看出，台湾农业经济整体水平优于福建省，两岸农业深化合作虽有广阔前景，但基于福建省薄弱的农业基础，合作道路仍非坦途，然而福建自贸区的建设无疑为未来的闽台农业合作打了一剂强心针。

(一)利用高效合作缓解台湾市场管理限制

福建自贸区的成立,为探索闽台农业合作新模式提供了思路。在福建自贸区内,政策推动了台湾先进制造业、高新战略性产业、现代服务业等在自贸试验区内集聚发展,集中力量承接台湾地区产业转移,弱化了闽台对接能力不强的缺点。闽台双方合资经营下利于台湾高尖新技术的输入,一定程度上打破台湾当局“高新尖技术根留台湾、严禁溢出”措施。

首先,自贸区优惠政策下,发展涉农保税加工制造业,有利于外引内联制造成套涉农装备提高产品效率水平,增强企业核心竞争力。具体提出加强农资设备、以技术为主,推动农资生产安全,拓展两岸高效绿色农业相关领域的合作空间。其次,发展涉农机械装备、制造业生产基地,通过选用国际原材料和引进国际先进技术,满足现代化农业发展需求,降低成本提高产品质量,增强福建国际交流提升福建省对外开放力度,有效对接台湾高新技术。再次,学习台湾“建设富丽农村”的经验和理念开发自贸区农业经济总部,采取多功能农业发展,增加最美乡村旅游对接服务,[4]发展最美生态农业和美丽乡村建设合作,促进闽台的乡村旅游和休闲农业及农业文化创意产业深度融合。

(二)开放金融政策增强福建经济区位优势

台商投资合作方向除了对土地、劳动力等客观条件的选择,更重要的是对金融服务政策的选择。福建自贸区内扩大金融对外开放、拓展金融服务功能的诸多举措在一定程度上吸引了台资合作,增加了自身的区域优势:第一,自贸区政策中对相关重大的农资项目融资采取股本化和债券化。允许金融机构在可控的情况下对稳定流量的台资农业企业发放农村土地和海域区域使用权和森林资源产权作为贷款,用来解决农业研发发展资金不足的问题,同时也大力鼓励开展农业经营合作。第二,自贸区政策中允许设立台资银行,为在闽投资的台商企业和当地企业提供了金融服务,另外台资银行将服务台湾中小企业的经验、金融理念带到福建,从而带动福建省金融建设管理的优化升级。第三,自贸区政策中对于农业项目的租赁,允许台商通过自由贸易账户取得境外融资,台商企业可以到自贸区内注册公司,从而解决了农业资金的来源问题。第四,自贸区政策中对于农业的保险,允许在自贸区内设立保险公司的分支机构,增加农业保险险种,完善涉农巨灾保险业务,保障农民务农收成及资产分配。

以上措施确实为福建省对抗“长三角”“珠三角”的经济区位竞争提供了有

力的保障,但政府和涉农企业还应该充分利用政策导向,将政策福利转化为生产效率。

参考文献:

[1]柯瑞清.福建海峡两岸农业合作实验区的发展趋势与对策思考[D].福建农林大学,2013.

[2]谈鑫娟.我国技术引进中存在的问题与对策分析[D].盐城师范学院,2012.

[3]黄跃东,邓启明.闽南农业合作的现状、趋势与推进策略[J].福建农林大学学报,2009(1):4-9.

[4]郑少红.借鉴台湾“富丽农村”经验 推进福建新农村建设[N].福建日报,2012(13),37-39.

数字经济背景下福州市乡村电商供给侧平台的构建研究

阳光学院商学院　许　艳

摘　要：近年来，福州市乡村电商以迅猛的发展态势取得了令人瞩目的成就，不仅在电子商务百佳城市中排行靠前，而且县域电子商务发展指数以及百佳县数量都居于国内领先水平，成为辐射福建乡村电商发展的重要标杆。与此同时，智能移动终端的普及应用，在数字经济发展趋势下，为提升农业价值链、供应链、产业链带来了新的机遇，通过数字化乡村建设，可以为农村电商发展添增新动能。尤其是电商平台大数据的应用，为农业供给侧改革搭建了新的平台。本文以福州市乡村电商为研究对象，依托数字经济为视角，重点探究构建乡村电商供给侧平台的优化策略和创新路径，以供参考。

关键词：数字经济；福州市；乡村电商；供给侧平台

我国电子商务的迅猛发展为供给侧改革带来新的压力和挑战。为了提升产业的竞争力，改变以往市场局限功能性的制约，就需要以解决供需不平衡这一基本矛盾，坚持以提高供给质量为核心，不断促进产业结构调整供给的有效性和灵活性，确保供给侧改与电商发展同步协调，进而形成合力促进产业的转型升级。福州市是我国首批电子商务示范城市，电子商务产业起步相对较早，且十分活跃，网络购买指数以及商品零售总额在全省都处于绝对领先地位。而乡村电商作为福州市电子商务发展中长期战略规划的重要组成部分，在数字经济以及供给侧结构性改革的背景趋势下，应该继续依托省会中心城市的区位优势，以乡村电商经济模式倒逼供给侧改革，不断构建新型和具有示范性作用的侧供给平台，为福州经济产业转型和跨越发展提供强有力的支撑。

一、数字经济时代的内涵与机遇

随着互联网技术和社会经济的发展,数字经济时代悄然来临。在数字经济的时代背景下,融合创新成了其核心内涵。通过提升经效率进而达成催化新技术和新业态的目标,可以达成驱动宏观经济发展的引擎。数字经济的范畴兼顾了增量经济和存量经济,借助于云计算和大数据的优势能够实现传统产业经济的转型和升级。数字经济与“互联网＋”经济息息相关,与实体经济的关系具有水乳交融、缺一不可的联系,为此并不存在谁取代谁的说法。数字经济的提出,成为结构性改革的必由之路。在我国各省份和地区不断加快乡村电子商务的发展的今天,做大做强数字经济,能够有效分享共赢局面,并提升无限生机与活力的发展空间。未来数字化应用和转型将会得到深入的发展,实时对接,储存、积累、信息共享都将在数字化经济的驱动下实现突破升级,为此智能化的发展势在必行。大量小微和初创企业都会被席卷而入进而发挥巨大的经济价值。最终数字化会渗透到不同行业产业链的各个环节,逐步实现数据的互联互通,推动业务模式的变革升级。

二、目前福州市乡村电子商发展存在的问题

虽然福州乡村电商发展起步较早,而且多数村民已经形成了互联网思维,故对于开放合作理念并不陌生。然而通过调查发现,电子商务发展还存在诸多问题,依然有待于健全和改进。只有明晰这些不足,才会为电商平台的顺利构建提供坚实保障,进而拓宽新的思路和方法。

(一)农村资源相对缺乏

目前福州市下属农村电商面临的首要难题就是劳动力以及固有资源短缺的现象。大多数村民受教育程度有限,虽然对电子商务非常感兴趣,而且愿意尝试,但是受计算机技术、固守思维以及实物现金交易习惯的限制,在电子商务工作的开展中十分被动,且效果并不显著。尤其是目前多以生鲜农产品为卖点,而这些商品对于时效性、运输条件以及保存环境的要求极高,最终成为产品实际流通的难题。

(二)乡村电商缺乏品牌效应

福州地区乡村电商开展得如火如荼,都与当地的独特自然环境有很大关系,在天然绿色生态的保障下,无污染的农产品自然会得到青睐。然而通过实际走访调查发现,这些质量上乘的农产品却多处于无包装、无安全认证流通状态。这种小规模的作坊式电商模式很难占领大范围的市场,更无法起到应有的品牌效应。在市场竞争日益激烈的情况下,电商经营者很容易受到冲击和约束。

(三)农村物流建设发展滞后

福州市乡村电商在物流建设发展方面依然面临巨大困境,尤其是最后1公里问题更是亟待解决。详见如表1所示。

表1 福州市乡村电商最后1公里问题原因、困境及对策

最后一公里问题原因	面临的困境	政府应承担的作用	破解问题的对策
政府思想重视不够	配送成本较高	公共物品的提供者	提高思想认识
发展规划有待完善	配送车辆进城难	宏观经济的调控者	制定科学发展规划
基础设施建设不足	客户满意率低	外在效应的消除者	加强基础设施建设
物流监管有待加强	市场无序竞争	市场秩序的维护者	完善物流管理体制
规章体系有待改进	末端网点分布不均		完善物流规章制度
资金扶持力度不强			加大资金扶持力度

首先,福州部分农村地区物流建设发展滞后,尤其是普遍存在最后1公里问题,这些问题的出现具有主客观因素的制约,而且具有基础设施的巩固产品属性。在市场信息不对称的影响下,市场竞争难免会出现失衡,为此要想破解这些矛盾,政府必须要从思想入手,通过健全的规划、基础设施保障以及监管,进而通过持续的优化对策进行改进。其次,福州市乡村电商物流面临的困境同样不容忽视,例如末端网点分布不均、市场无序竞争、客户满意率低等等,为此政府还是要承担起应有的职能作用,通过编制物流发展规划、推进物流设施建设、制定相关扶持政策、设立职能监管部门、出台车辆管理规定以及完善快递规章制度给予完善。最后,在破解问题的对策方面,政府还要加强创新,利用数字经济时代下优势,不断对供给侧平台进行完善,最终确保农村物流建设的可持续发展。

三、构建乡村电商供给侧平台的必要性

福州市人文资源丰富,社会经济发展水平相比于省内其他地区具有先天的文化和天然因素。众所周知,人民生活与农业的发展水平具有直接的关系,要想解决农业供给侧的问题,就要明晰农民电商群体的生活需要和生态需求。通过构建乡村电商供给侧平台,能够有助于提升改善农业发展模式,统一制定产品标准,集中管理农业生产,进而促进农业技术改革,进而改变现有农产品销售困难的现状,提升种植产品的规模和效率,使农商土地更为集中。其次,电商供给侧平台的建设可以极大提升农产品交易价值,确保升级传统农产品的贸易方式,进一步优化农产品交易价值,实现了村村直接通邮的目标。这不仅促进了生产经营思路的转变,而且推动了农产品贸易方式的创新。再次,在数字经济时代,互联网和大数据为乡村电商的发展带来了新的共享资源和信息。为此构建新型信息化平台供给模式,可以加快农产品流通,打破传统的农业贸易格局,确保福州农业现代化格局的形成。在数字经济的指引下,通过平台效应农民可以更为合理安排生产,进而为区域内农产品和电商企业的知名度带来积极的作用,为此可以真正实现解决三农问题的目标。最后,发展农村电子商务,不断拓展和延伸新型供给侧平台,可以达到吸引农民工返乡就业,便于农民工在家门口高效创业或就业。借助当地的特色资源,不仅为增产增收提供保障,而且还可以解决留守问题和社会治安问题带来保障。目前,农民的基本需要逐渐向活品质升级,多样化的需求成为时下显著的特征。而社会对于农产品的品质要求也随之提升,不仅要求新颖、新鲜、健康,而且要力争生态和环保。此外在价格因素中,供应农业加工企业要兼具品质和价格,这样才会具有竞争力。由于农业生产与自然环境紧密相连,民众对于农商产品更加理性。在保证物质生活的基础上,还要力争能够美化生态环境,这就为农业供给侧平台的构建带来了新的挑战。乡村电商的发展作为时代互联网时代的必然产物,对于农业供给侧产生了诸多影响。一方面,电商依靠互联网信息为载体,借助大数据资源可以掌握销售情况、消费习惯、市场需求,进而达成更为迅捷的沟通供需,为此预测和判断将会更加准确。同时还可以充当农产品的推广者,让原来市场业务范围相对狭小的电商可以拓展和推销,传播范围进一步提升。另一方面,乡村电商可以承担农业生产组织的职能作用,根据农产品市场需求量的大小对分散农户进行针对性的组织,并应用集中先进的农业技术

和设备，统一进行品质监测，确保实现农业现代化。此外乡村电商还可以发现市场机会，挖掘农村供需潜力，在共赢的驱动下，合理地将社会资本进行高效引导和投入。

四、数字经济背景下福州市乡村电商供给侧平台的构建研究

(一)依托数字经济开发农产品电商信息平台

未来福州乡村电商的发展前景被广泛看好，它不仅是沟通城市与农村的重要纽带，而且可有效增加农产品的供给，进而达成去库存、降成本、补短板的供给侧改革宗旨。为了提供更为多元化的产品，农村电商平台应该发挥电商信息平台的作用，凸显数字经济时代的特征，解决过去供需信息不对称的隐患，确保需求端和生产端能够对称衔接。要想发挥电商信息平台的优势，需要采取云电商信息平台技术支持，详见表2。其中基础云平台作为基础都是基于Xen的，一般是为了终端面向客户所开发的服务。而在基础云环节，其核心作用就是连接现时段和云平台。而应用云服务及用户显示主要任务就是面向最终用户，提供所需访问需求。由于农民群体依然是福州农村电商的主体，为了健全农村电商服务体系，还需要帮助农民做好美工设计、店铺装修、创意设计以及客服外包等多项服务，同时鼓励新型农民返乡创业，加大产品服务标准的制定，定期优化课程培训服务体系。

表2　农产品电商信息平台技术支持

平台	基础云平台	基础云服务	应用云服务及用户显示
技术支持	分布式存储 虚拟技术 NoSQL数据库技术	REST服务 缓存服务 并行计算 分布式缓存	JavaScript Css Flash

(二)数字经济系统平台的设计

在数字经济背景下，乡村电商供给侧平台的构建需要树立系统设计目标，并遵循系统设计原则，这样才能够确保农产品信息平台具有及时化、透明化，并达成集线上、线下及物流的综合体系模式。首先，在系统设计目标中，要实

现市场导向化，确保产品的匹配即时化，能够高效利用互联网和大数据的优势，通过预先得知的供需信息进而做出科学合理的预判，着力平台的商业化价值，有效指导农业生产和电商良性发展。其次，侧供给平台的构建应该满足系统性、层次性、科学性原则。设计层次清晰，充分考虑供需双方的要求，最终满足系统最优化的要求。最后，在系统架构设计中，即农产品信息平台体系结构的设计，要做好统一管理体系、仓储系统、溯源防伪系统、后台交易系统、交易客户端、资金划拨系统、风险控制系统、客户服务系统的管理，详见图 1。

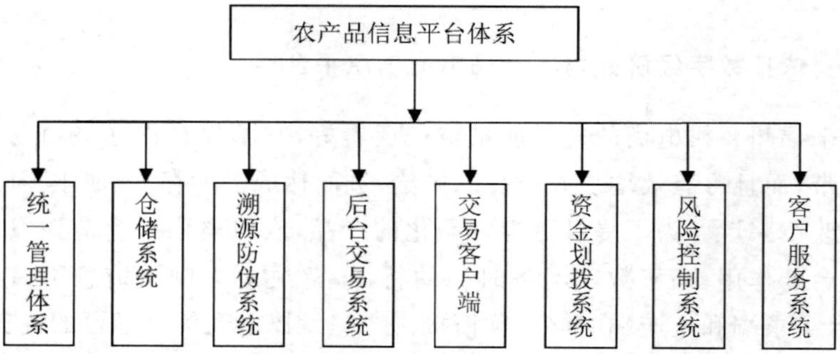

图 1　农产品信息平台体系结构设计图

(三)引进和培育科技型人才推动平台建设

福州市乡村电商的可持续突破发展还要重视高端数字化人才和团队的力量，培育壮大电子经济商务人才队伍，实施人才吸引战略，提供工作保障机制，建立常态化人才交流平台，并依托云计算、大数据和数字经济为视角，对农商企业和经营者进行培训，实现电子商务人才战略体系的常态化，从而抢占乡村数字化电商人才竞争的先机。此外，还要加大实行农产品标准化战略，通过政府引导，实行农产品标准化，打造属于自己的品牌，确保消费者对产品的信赖和认可，提高市场竞争力。

(四)全方位推进县域数字化电商融合发展工程

福州市要充分利用自身的资源和优势，发挥示范带动的作用，并结合县域地区的产业结构特征，重点推动电商应用进企业战略，先行开展行业应用数字化试点，全面提升集约化运营水平，探索建立线上线下模式，打造县域电商产业集群，提升社区信息化服务水平，支持引导乡村电商进社区，方便群众生产生活，满足社区居民的网购需求。此外，还应遵循统筹城乡、突出农村的理念，构建大型特色农产品交易平台。同时加快基础设施建设，扶持乡村物流发展，对农村物流企业进行资源整合，推动福州市乡村电商产业业实现跨越式发展。

参考文献：

[1]贺国杰.农村电商的物流瓶颈及应对措施[J].物流技术，2015(14):61-62.

[2]汪向东.对当前农村电商发展新进展、新趋势的思考[J].种子科技，2016(10):422-422.

[3]陈文胜.论中国农业供给侧结构性改革的着力点——以区域地标品牌为战略调整农业结构[J].农村经济，2016(11):3-7.

[4]姜长云，杜志雄.关于推进农业供给侧结构性改革的思考[J].南京农业大学学报：社会科学版，2017(1):297-297.

[5]沈友娣，卢美英，桂婷炜.农业供给侧结构性改革的金融支持路径探析[J].江苏农业，2017(19):50-52.

[6]黄震.发展互联网金融，助推农业供给侧结构性改革[J].农业发展与金融，2016(6):50-53.

[7]洪勇.我国农村电商发展的制约因素与促进政策[J].商业经济研究，2016(4):152-152.

[8]孙超.经济全球化背景下我国电子商务发展动态及创新研究[J].价格月刊，2016(5):55-59.

[9]张传秀.农村电商发展中的问题与对策[J].中共青岛市委党校青岛行政学院学报，2016(1):29-32.

[10]王胜，丁忠兵.农产品电商生态系统——一个理论分析框架[J].中国农村观察，2015(4):39-48.

漳州市果蔬出口国际竞争力及策略分析

阳光学院商学院　朱莉莉

摘　要：本文系统地分析了漳州市果蔬出口品种结构和国际市场地理分布两方面的特征与变化，并综合运用贸易竞争力指数、市场占有率指数等三项国际竞争力指标对漳州市不同种类果蔬的出口竞争力进行了数据分析。研究结果表明，漳州市果蔬出口贸易竞争力较高，但出口增长优势相对薄弱；市场占有率逐年缓慢下降，且与发达国家相比存在一定的差距。在此基础上，本文还探讨了出口市场过于集中、低价出口模式受挑战、地域品牌国际竞争力薄弱以及农产品出口成品增加等四个主导因素对出口贸易增长的影响。最后就加快建设绿色蔬菜标准化体系、加强绿色农业创新、打造国际品牌、完善农产品市场调控机制等方面给出对策和建议。

关键词：果蔬出口，国际竞争力，影响因素，对策

引　言

福建省作为我国最大的果蔬生产地区之一，蔬菜生产持续稳定发展，根据福建省统计局统计，2012 年蔬菜种植面积达 692.17 千公顷，2000 年蔬菜种植面积达 538.12 千公顷，相对增加 154.05 千公顷，增长 28.63%；2012 年总产量为 1586.1366 万吨，2000 年总产量为 1161.1096 万吨，相对增加425.027万吨，增长 36.6%。漳州市是福建省龙头果蔬出口生产基地，据漳州市出入境检验检疫局统计，2012 年全市果蔬出口达 37.36 万吨，比 2011 年相对减少 2.76 万

吨，同比增长－6.88%；创汇 4.61 亿美元，比 2011 年相对减少 0.19 亿美元，同比增长－3.96%。因此，分析漳州市果蔬国际竞争力下降的因素，为漳州市政府和企业实施积极有效的措施以扭转漳州果蔬出口的不利局面，是漳州社会发展的一项重要研究课题。

一、漳州果蔬出口现状分析

(一)漳州果蔬主要出口种类

1994 年，漳州市经国务院批准正式列入"国家外向型农业示范区"，紧接着 1997 年被联合外经贸部、农业农村部正式批准为"海峡两岸农业合作实验室"[1]。漳州市借助该有利时机，加大对台、对外农业合作，创办了一批中外合资蔬菜加工企业，陆续引进菜农喜种的适销蔬菜良种、先进的种植技术和齐全的加工设备，使该市果蔬出口品种不断增加，形成豌豆、马铃薯、黄瓜、西兰花、芦笋、大葱、胡萝卜等 50 多个供出口的蔬菜品种。从图 1 中可以看出，漳州市出口的蔬菜种类主要有冷冻蔬菜、盐渍蔬菜、脱水蔬菜及保鲜蔬菜，加工工艺不但包括传统单一的净菜、盐渍等初级加工，且涵盖了具有较高水平的速冻、真空脱水、低温保鲜等精深加工。可以看出，冷冻蔬菜、保鲜蔬菜、蜜柚占据了漳州市果蔬出口的主导地位。

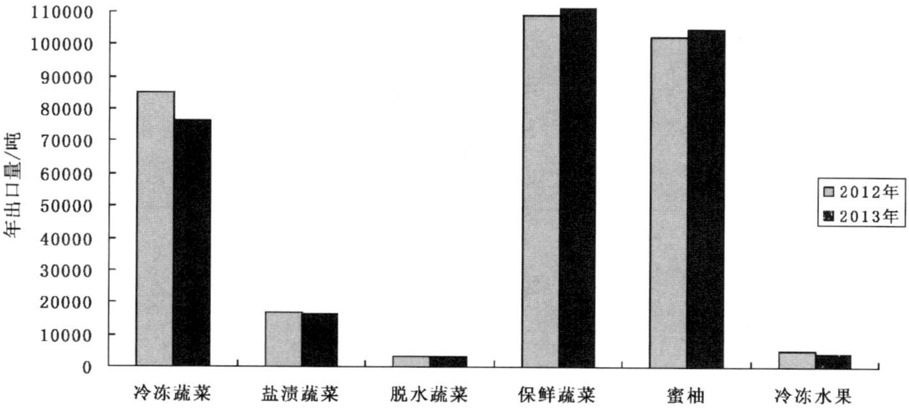

图 1　2012—2013 年漳州市果蔬年出口量

数据来源：漳州市出入境检疫局。

(二)漳州市果蔬出口贸易地理分布

漳州市果蔬在对外贸易中的主要出口市场有欧盟、美国、日本、东盟、巴西、澳大利亚和中国台湾等国家或地区。2011—2012年漳州市果蔬主要出口市场的出口额见表1,从该表看出2012年漳州市出口到日本的果蔬份额明显增多,取代欧盟成为第一大出口市场;其在主要出口市场虽有所下降,但整体没有太大变化,仍保持较稳定的状态。另外,从这两年的市场结构中可看出,漳州市果蔬出口市场过于集中,对日本尤为依赖,所占份额为出口总份额的1/5。

表1　2011—2012年漳州市果蔬主要出口市场的出口额

单位:十万美元

年份	出口总额	欧盟	美国	日本	东盟	巴西	澳大利亚	中国台湾	其他
2011	4800	1050	561.05	828.60	888.53	110.37	141.26	179.73	1040.48
2012	4610	1000	549.56	1000	705.40	119.28	136.12	187.90	911.79

数据来源:漳州市出入境检疫局。

二、漳州果蔬出口国际竞争力分析

(一)贸易竞争力指数(TC)分析

从表2的数据中可以看出,近年来漳州市每年果蔬出口的贸易竞争力指数无限接近于1,最突出的是0.9980(2011年),这说明目前漳州市果蔬出口远远大于进口,具有极高的出口竞争优势。

表2　2009—2013年漳州市果蔬出口额、进口额以及贸易竞争力指数

年份	出口额(万美元)	进口额(万美元)	贸易竞争力指数TC
2009	34700	69.3	0.9960
2010	40600	103.8	0.9949
2011	48000	48.8	0.9980
2012	46100	98.7	0.9957
2013	45700	100.7	0.9956

数据来源:漳州市出入境检疫局,经计算整理所得。

(二)市场占有率(MS)分析

如表 3 所示,2009—2012 年的漳州市果蔬出口市场占有率整体呈缓慢下降趋势。从年度变动趋势上看,漳州市果蔬出口市场占有率减少幅度不大,保持在 23%以上。虽然漳州市果蔬总体上出口竞争力表现不突出,但一些具体果蔬出口产品所占比重却远远高于其他地区。如截止到 2013 年 12 月,漳州市蜜柚出口量占全国总出口量的 90%以上,呈现出强大的出口竞争力;冷冻蔬菜、保鲜蔬菜的市场占有率已远超过平均水平,具有较强的出口竞争力。相比较而言,漳州市出口盐渍蔬菜和脱水蔬菜略显不足,出口竞争力较弱。

表 3　2009—2012 年漳州市果蔬出口市场占有率

年份	漳州果蔬出口额(万美元)	福建果蔬出口额(万美元)	漳州果蔬出口占全省比重(%)
2009	34700	135828	25.55%
2010	40600	165117	24.59%
2011	48000	207339	23.15%
2012	46100	197551	23.34%

数据来源:漳州市出入境检疫局,经计算整理所得。

(三)出口增长优势指数(Ei)分析

从表 4 可以看出漳州市的果蔬出口增长优势指数各年份都呈现负值,2009 年甚至下滑至−23.31%。这主要是因为我国与发达国家在果蔬种植和检测上的技术差距,以及国际果蔬市场上绿色贸易壁垒愈演愈烈,漳州市果蔬的出口竞争力处于相对薄弱状态导致,但从另一方面看 2009—2011 年漳州市果蔬出口增长优势指数均较上一年都有所增长,表明漳州市果蔬出口竞争力将可能进一步提高。

表 4　2009—2013 年漳州市果蔬出口增长优势指数

年份	果蔬出口额(亿美元)	农产品出口额(亿美元)	果蔬占农产品出口的比重(%)	果蔬出口额增长率(%)	农产品出口额增长率(%)	果蔬出口增长优势指数
2009	3.47	8.7	39.89	15.03	38.34	−23.31
2010	4.06	12.0	33.83	17.01	37.93	−20.92

续表

年份	果蔬出口额（亿美元）	农产品出口额（亿美元）	果蔬占农产品出口的比重（%）	果蔬出口额增长率（%）	农产品出口额增长率（%）	果蔬出口增长优势指数
2011	4.80	15.7	30.57	18.23	30.83	−12.6
2012	4.61	17.1	26.96	−3.96	8.92	−12.88
2013	4.57	18.8	24.31	−0.86	9.91	−8.68

数据来源:漳州市出入境检疫局,经计算整理所得。

三、影响漳州果蔬出口竞争力的主要因素

(一)出口市场过于集中于绿色贸易壁垒的“重灾区”

近年来,发达国家出于自身利益的考虑,出台了一系列绿色贸易壁垒,如:日本实行的“批批检验的临时加严检验措施”和“肯定列表”;美国颁布的“绿十字”和“UL 计划”;WTO 推行的“CAC 标准”及欧盟制定的“EU 制度”。[2] 漳州市果蔬出口市场主要是欧盟、美国、日本、澳大利亚和中国台湾等发达地区,而这几个出口市场又是实施绿色贸易壁垒最频繁的地方,所以漳州果蔬销售到上述任何一个市场都极易遭受绿色贸易壁垒。2014 年 6 月,欧盟再次提高对中国花椰菜的检验检疫比例,漳州花椰菜出口商也包括其中。另外,与 2011 年相比,2012 年漳州市出口到日本的果蔬份额明显增多,输日所占份额超过出口总份额的 1/5。再者,2011 年日本受核辐射和强地震灾害影响,首季漳州保鲜蔬菜对日出口突破历史记录,输日累计 6.47 万吨,创汇 5131.52 万美元,成为漳州保鲜蔬菜对外贸易最大市场。过度依赖单一市场,容易导致漳州市果蔬出口受到发达国家临时措施及规定的牵制而引发一系列不确定性因素,使果蔬对外贸易受到直接的负面影响。

(二)低价出口模式受到挑战

从福建省近两年农产品的出口贸易指数来看,2012 年的出口价格指数为 110.3,出口物量指数为 99.5;2013 年出口价格指数为 102.5,涨幅低于 2012 年,出口物量指数为 106.2,增幅高于 2012 年。可见,出口数量增减与出口价

格涨跌程度成反比关系，出口价格仍是决定出口数量的关键因素。但随着成本的不断提升，出口价格连年上涨，2010 年至 2013 年，福建省农产品的出口价格指数依次为 101.3、105.8、110.3 和 102.5，出口价格竞争力不断减弱。

漳州市果蔬出口企业，以整体视角观察，除了紫山集团、龙海亚细亚、东海、格林集团等几家龙头企业外，大多数是中小型企业，这些中小企业在与发达国家进行贸易时，无法满足其所制定的各项绿色贸易标准及环境指标，主要以低廉的价格来占领国际市场，因此漳州市果蔬出口的主要竞争力仍是低廉的价格。从漳州市出口果蔬品类结构中可得出，漳州市果蔬出口加工产业不具备规模效益，加工结构未跟上国际步伐，果蔬加工产品质量偏低，主要以冷冻类产品为出口品种，其所创造的利润远远低于深加工的果蔬品。另外，这些出口加工企业欠缺合作交流，较少考虑到国际市场的需求和变化；产业化落后且缺乏合理性，导致漳州果蔬在快速增长的国际产品市场上的贸易额增长几乎停滞甚至下滑。[3]

(三)地域品牌国际竞争力薄弱

果蔬出口竞争力和果蔬产地有着紧密的联系，对于那些地域特色尤其突出的果蔬产品，地域品牌为提高其国际竞争力提供了有力的帮助。果蔬地域品牌具有特色化、地域化以及规模化的特点，在这个区域内每一个果蔬生产单位都可以使用这个公共标志。[4] 在国际市场中，趋于完全竞争的果蔬市场，拥有地域品牌的果蔬产品优势尽显无遗。从目前漳州市果蔬出口现状来看，主要是以价格优势提高出口竞争力，销售价格仅为发达市场的 12.5%～20%。[6] 但依靠微薄的价格优势很难在国际市场上打开销路。再者，随着经济全球化的发展，果蔬的竞争手段已经从价格优势逐渐转变为绿色、品牌等非价格因素。[7] 目前漳州市果蔬地域品牌数不胜数，许多在国内具有较强的竞争力，比如“琯溪蜜柚”、“云霄枇杷”、“天宝香蕉”、“诏安红星青梅”、“程溪菠萝”等地理标志商标，但正式步入国际市场的却少之又少，国际竞争力薄弱。

(四)农产品出口成本不断提高

近年来我国化肥、农药等农资价格总体呈上涨态。2003—2011 年，农业生产资料价格累计上涨了 1.78 倍，年均涨幅 6.64%。而反映农业生产的农产品生产者价格指数上涨了 2.07 倍，年均涨幅 8.4%。同时，我国物流损耗大、物流成本高进一步抬高了农产品价格，中国商业联合会的资料显示，2005 年以来我国物流总成本占当年 GDP 的比重一直保持在 18%左右，而西方发达国家同类指标是8%～10%。另外，农产品从国内田间生产到国外市场，蔬菜要经过菜农、产地收购经纪人、农产品批发市场、农产品出口采购商、国内企业加工等几个环节。每个环节都有污损、装卸、运输、人员成本、资金成本、利润等。每增加一个流通环节，成本将增加5%～10%，加上各种税收和管理费用，流通过长、过多、成本过高。总体算下来，物流环节会将蔬菜价格提高1倍以上；加之金融资本进入农业领域的炒作，导致农产品包括果蔬品价格波动被进一步放大。

这就造成，一方面出口价格优势减弱导致出口减少，另一方面，出口利润不高也降低了出口积极性。加之我国自加入东盟自由贸易区后，受到东南亚等周边过的竞争加剧的影响，东南亚地区的水海产品、水果等农产品与福建省相近。近年来，随着养殖业、种植业的产业化进程的推进，其农产品产出以及输出不断加大，加剧了与福建省尤其是漳州市争夺国际市场份额的力度，同时又导致福建省尤其是漳州市对东盟果蔬等农产品出口份额的减少。

四、漳州果蔬出口贸易提升对策

（一）加快建设绿色蔬菜标准化体系

作为果蔬产业快速发展的基础技术工作，绿色蔬菜标准化体系是控制果蔬产品质量、提高出口竞争力与扩大内需的重要核心内容。加快建设绿色蔬菜标准化体系，首先要对现行的绿色蔬菜标准化体系进行修订，废除已不适用的内容，积极采用适合我国国情及与国际先进标准接轨的果蔬标准，解决国家标准、行业标准、地方标准相互交叉的问题，使其层次清晰、界限分明。另外，政府部门发文激励果蔬龙头企业改革企业标准的进程，拓宽科技合作领域，将绿色蔬菜标准化体系充分融入果蔬产业链的各个环节。政府从法制上将绿色蔬菜标准与国际标准接轨，从实践上将标准落实到果蔬出口企业的生产加工，从根源上成功解决发达国家实施的绿色贸易壁垒。

笔者以四川省通江县的优势农作物之一马铃薯为例，以期抛砖引玉，为漳州市果蔬标准化体系的建立提供思路。马铃薯在通江县常年种植面积达18万亩，为适应国际市场对无公害马铃薯的需求，通江县质监局、农业局起草制定了《通江县马铃薯质量安全要求》、《通江县无公害马铃薯生产用肥使用准则》、《通江县无公害马铃薯栽培技术规程》、《通江县无公害马铃薯产地环境条件》等 4 项无公害马铃薯地方标准。该 4 项标准在全县的推广应用面积达 4 万余亩，亩产值 700 余元，平均亩产 1400 公斤以上，较推广该项标准前增收 140 元/亩。

面对竞争日益激烈的国际市场和绿色贸易壁垒的挑战，这个成功案例为漳州市出口果蔬指明了发展的方向，对漳州市果蔬出口具有建设性的意义。漳州市政府的相关部门必须加快修订绿色果蔬地方标准，加强对绿色果蔬、有机蔬菜以及无公害果蔬的认证力度，将果蔬生产加工各个环节步入标准化的轨道。

(二)细分出口市场

欧盟、美国、日本、东盟这四个国家和地区的绿色贸易壁垒对漳州市果蔬出口影响较大，但每一个国家和地区的标准也是各有高低。因此，漳州市出口加工企业在销售不同品种的果蔬产品时，要比较同一品种的果蔬产品在不同市场检测标准的高低，将出口市场细分为一类国家、二类国家以及三类国家。择优选择检测标准相对较低的二类国家，例如在大白菜的出口贸易中，欧盟的检测标准要比日本高得多，那么日本就是漳州市果蔬出口的二类国家，而欧盟则是检测标准相对较高的一类国家。漳州市果蔬类农产品应以二类国家为主要出口市场，一类国家次之，并且努力寻找比二类国家检测标准更低的三类国家。如果检验标准偏低的三类国家突然提高技术性贸易壁垒，那么在了解各国检测标准的情况下，果蔬出口加工企业也可以在最短的时间里将产品销售到相对有利的二类国家，甚至一类国家，将自身的损失降到最低。果蔬出口加工企业利用出口市场细分，可以在一定程度上分散果蔬产品出口的风险。

(三)转变出口模式，加大绿色农业创新力度

随着国际绿色贸易竞争日益激烈，发展绿色科技也变得尤为严峻。大力提升果蔬的绿色科技水平，是打破发达国家绿色贸易壁垒最根本的方法，同时也是打开国际农产品销路最有利的捷径。[6] 目前漳州市果蔬出口主要集中在初级产品上，这就导致出现果蔬产品出口量逐年增长而出口额却变化微小甚至下降的状况。依靠价格因素优势在短期内可对其他来源国的果蔬出口产品起到价格抑制作用，但从长期来说，其薄弱的综合竞争力很难在国际市场上站稳脚跟，且随着人们生活水平的提高，果蔬竞争逐渐从价格因素优势向绿色、营养等非价格因素转变。果蔬出口加工企业要想在竞争激烈的国际贸易中拥有一席之地，就要舍弃传统落后的加工工序，进行果蔬产品结构的优化。

漳州市果蔬出口加工企业应加强绿色科技创新,引进国外先进绿色科技。如现在风靡韩国的淀粉牙签,这种牙签由土豆、红薯或玉米淀粉制成,长度一般在6厘米左右,颜色为绿色或浅黄色。虽然硬度不如传统牙签,但这种牙签克服了传统牙签很难自然分解的弱点,入水10分钟就会变软。而且,由于其成分与红薯、土豆等相差无几,因此,即使人和动物吃下去也会被消化掉,也不会危害健康。同时,淀粉牙签质地相对柔软,不伤牙龈。此外,淀粉牙签的出现还替代了大量的竹子和木材,保护了森林资源,还减少了垃圾的产生和对环境的污染,可谓一举多得。该产品的研发,源于在韩国境内,传统牙签被混入剩菜剩饭中,致使许多猪在食用后由于牙签戳伤内脏而死亡,针对这一情况,韩国商人研究出了能吃的牙签并迅速打开了市场,该发明人还为此申请了专利,并特许经营这种环保产品,获得了较高的经济利益。从该事例中可看出,农产品绿色创新不是一句空的口号,它来源于实际生活,要将创新理念和实践相结合,并辅以果蔬加工水平的提升,才能带来农产品的高附加值,也才能开辟全新的国际市场,从根源上拥有农产品出口竞争主导力量。

(四)打造地域优势品牌

笔者将以"挠力河毛葱"为例,说明漳州在国际品牌建设上该如何借鉴其他地区的成功经验。"挠力河毛葱"是黑龙江宝清县特产蔬菜,2006年12月批准为国家地理标志保护产品,为了保持挠力河毛葱的优良品质,提高产量和效益,宝清县根据农民需求和市场的需要,会同毛葱协会、组织制定了《毛葱生产技术规程》等黑龙江省地方标准。2009年该县毛葱种植面积已达1.5万亩,产值3000万元,商品葱2万吨,占全国总产量的10%,其中出口80%,占全国出口总量的20%,可以看出宝清县作为毛葱生产大县和出口基地是当之无愧的。

漳州市果蔬产品与黑龙江宝清县特产蔬菜有着异曲同工之妙。漳州地处"闽南金三角",素有"鱼米之乡"、"花果之城"之称,且属于亚热带季风性潮湿气候,区域条件优越。在打造漳州市果蔬地域名牌的定位上,要以国际绿色标准为突破口,发挥漳州市地域的特定优势,生产具有漳州特色,且在种植与加工过程中体现国际标准化种植方式与生产规则的产品。

品牌果蔬不仅是果蔬的标志,更是企业形象与果蔬质量水平的体现,因此为了提升漳州市果蔬产品知名度和进一步实施名牌战略,应加大经济与技术投入,维护和提高果蔬质量。同时,对具有漳州地域特色的果蔬产品,还要加大原产地品牌的保护力度,严厉打击假冒伪劣商品,在这一点上,笔者认为,可挑选1～2个成熟品种优先打造国际品牌，如“琯溪蜜柚”在国内已有一定知名度，若能在国际上将其品牌进行推广，将在很大程度上形成示范扩大效应，促进漳州市其他农产品出口的国际竞争力。

（五）借鉴国际经验，完善农产品市场调控机制

应该说，农产品的资本化取向改变了以往单纯的消费属性，这种资本化的取向直接导致农产品价格形成机制有强烈的杠杆效应，价格上涨一点就会马上引起暴涨，从而带来市场的恐慌，使原本供求平衡的市场变得严重不平衡。所以，漳州市政府要高度重视农产品资本化取向对农产品价格形成机制变异的影响，积极调控农资产品价格，缓解生产压力。由于农产品属于特殊商品，合理涨价虽然会引起CPI指数走高，但有利于保持农业的稳定发展。因此，很多国家包括美国在内，对农业补贴力度非常大，漳州市政府也应借鉴国际经验，在稳定国内农产品物价的同时，兼顾国际出口市场，加大对漳州菜农和果农的出口补贴，并对果蔬出口企业也给予一定的资金扶持，以抵消部分成本上涨的负面效应。另外，政府也应想办法提高农产品流通渠道信息化水平，为产农和出口商之间搭建平台，实现高效产销合一的综合体，降低生产流通成本，提高出口竞争力。同时，还应积极为果蔬出口商寻找合作商机和国际市场，可派遣专业人员赴外地考察或定期参加，举行国际果蔬产品贸易交流会。漳州市是我国出口农产品的大市、强市，应依托现有优势，加上政府宣传，努力打造具有国际知名度的果蔬产品国际交流会，这将对该地果蔬经济的发展注入更多元、更丰富的竞争力，也有利于将最新的创新型农产品引入国内，带动农产品整体产业链的发展。